POMPÉIA

ALEX BUTTERWORTH

RAY LAURENCE

POMPÉIA

Tradução de
MARCELO MENDES e GABRIELA MÁXIMO

Revisão técnica de
MÁRCIA GUERRA

EDITORA RECORD
RIO DE JANEIRO • SÃO PAULO

2007

CIP-Brasil. Catalogação-na-fonte
Sindicato Nacional dos Editores de Livros, RJ.

B993p Butterworth, Alex
Pompéia / Alex Butterworth, Ray Laurence; tradução Gabriela Máximo e Marcelo Mendes. – Rio de Janeiro: Record, 2007.

Tradução de: Pompeii
ISBN 978-85-01-07403-4

1. Escavações (Arqueologia) – Itália – Pompéia (Cidade extinta). 2. Pompéia (Cidade extinta) – História. 3. Pompéia (Cidade extinta) – Usos e costumes. I. Laurence, Ray, 1963-. II. Título.

06-2355 CDD – 937.7
CDU – 94(37)

Título original em inglês:
POMPEII: THE LIVING CITY

Direitos exclusivos de publicação em língua portuguesa para o Brasil adquiridos pela
EDITORA RECORD LTDA.
Rua Argentina 171 – Rio de Janeiro, RJ – 20921-380 – Tel.: 2585-2000
que se reserva a propriedade literária desta tradução

Impresso no Brasil

ISBN 978-85-01-07403-4

PEDIDOS PELO REEMBOLSO POSTAL
Caixa Postal 23.052
Rio de Janeiro, RJ – 20922-970

EDITORA AFILIADA

SUMÁRIO

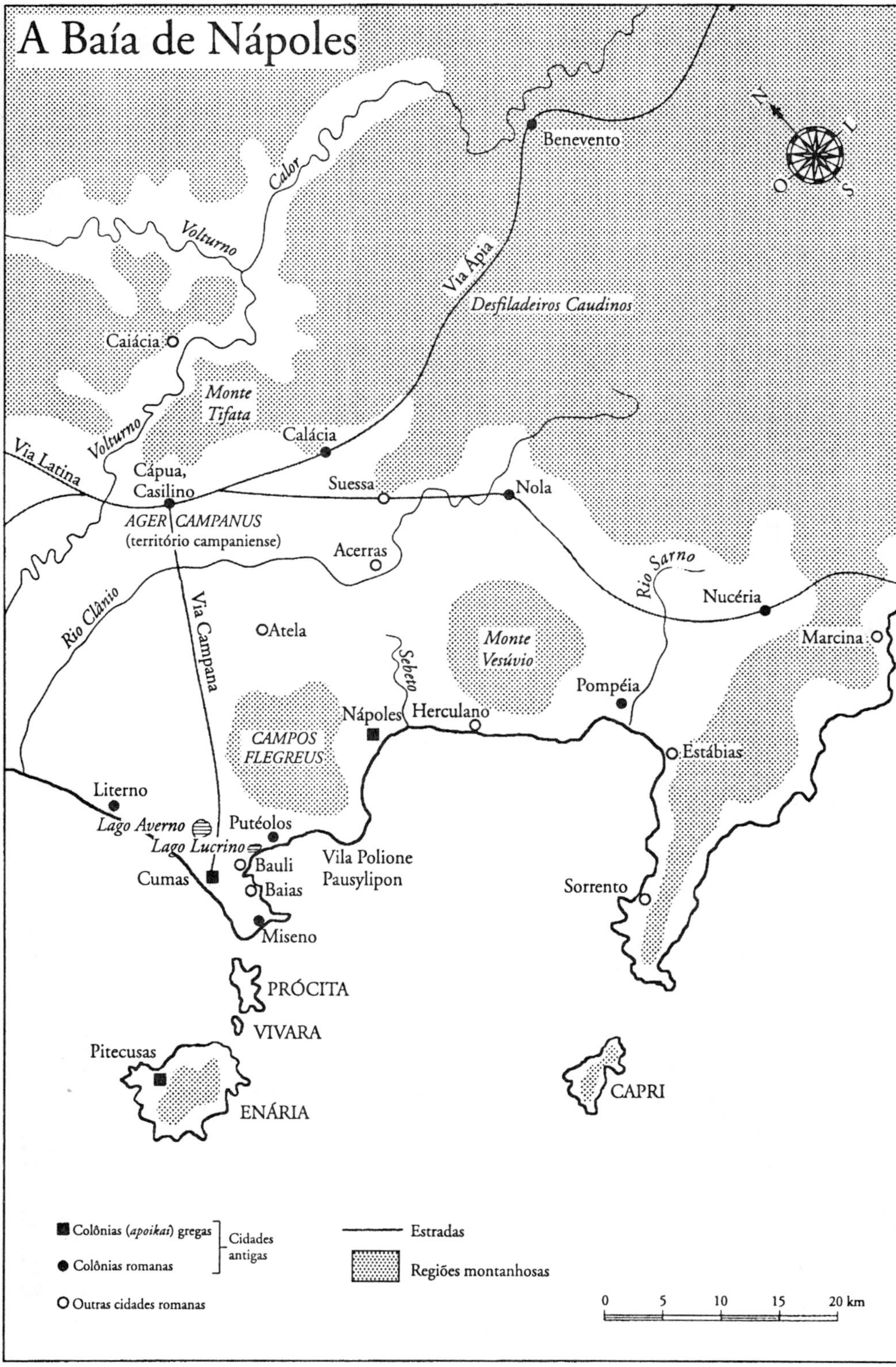

A Baía de Nápoles
Benevento
Calor
Volturno
Via Ápia
Desfiladeiros Caudinos
Caiácia
Monte Tifata
Calácia
Via Latina
Cápua, Casilino
Suessa
Nola
AGER CAMPANUS
(território campaniense)
Acerras
Rio Sarno
Nucéria
Rio Clânio
Via Campana
Atela
Sebeto
Monte Vesúvio
Marcina
Pompéia
Nápoles
Herculano
CAMPOS FLEGREUS
Estábias
Literno
Lago Averno
Putéolos
Lago Lucrino
Bauli
Vila Polione Pausylipon
Cumas
Baias
Sorrento
Miseno
PRÓCITA
VIVARA
Pitecusas
ENÁRIA
CAPRI
N
L
S
O
Colônias (*apoikai*) gregas
Colônias romanas
Cidades antigas
Outras cidades romanas
Estradas
Regiões montanhosas
0 5 10 15 20 km

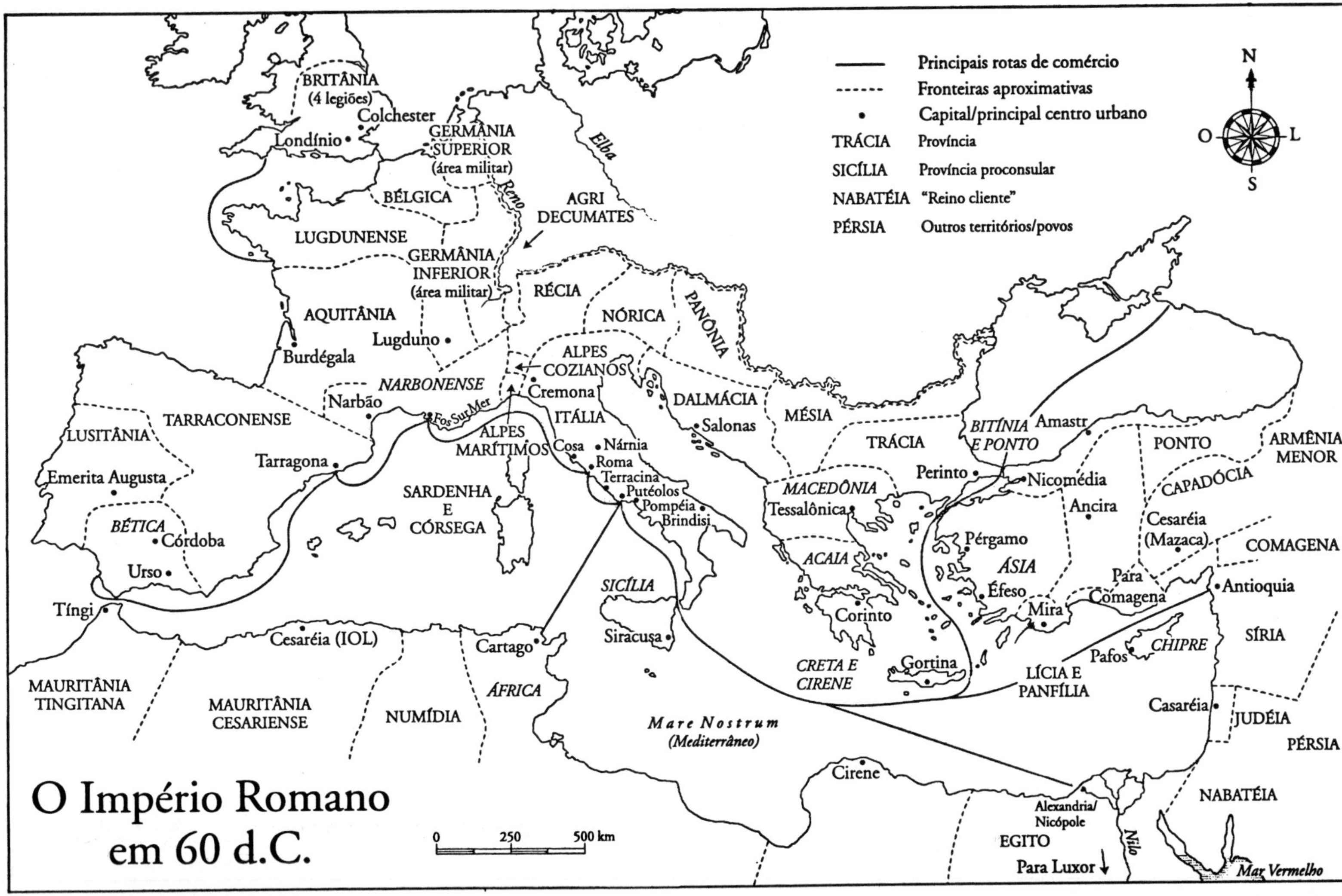
O Império Romano
em 60 d.C.
Principais rotas de comércio
Fronteiras aproximativas
Capital/principal centro urbano
TRÁCIA Província
SICÍLIA Província proconsular
NABATÉIA "Reino cliente"
PÉRSIA Outros territórios/povos
N
O
L
S
0 250 500 km
BRITÂNIA
(4 legiões)
Colchester
Londínio
GERMÂNIA
SUPERIOR
(área militar)
Elba
Reno
AGRI
DECUMATES
BÉLGICA
LUGDUNENSE
GERMÂNIA
INFERIOR
(área militar)
AQUITÂNIA
Lugduno
Burdégala
RÉCIA
NÓRICA
PANÔNIA
ALPES
COZIANOS
Cremona
NARBONENSE
Narbão
Fos Sur Mer
ALPES
MARÍTIMOS
ITÁLIA
DALMÁCIA
Salonas
MÉSIA
TRÁCIA
LUSITÂNIA
TARRACONENSE
Tarragona
Emerita Augusta
BÉTICA
Córdoba
Urso
Tíngi
SARDENHA
E
CÓRSEGA
Cosa
Nárnia
Roma
Terracina
Putéolos
Pompéia
Brindisi
SICÍLIA
Siracusa
MACEDÔNIA
Tessalônica
ACAIA
Corinto
CRETA E
CIRENE
Gortina
BITÍNIA
E PONTO
Amastr
Perinto
Nicomédia
Ancira
PONTO
CAPADÓCIA
ARMÊNIA
MENOR
Cesaréia
(Mazaca)
COMAGENA
Pérgamo
ÁSIA
Éfeso
Mira
Para
Comagena
Antioquia
SÍRIA
CHIPRE
Pafos
LÍCIA E
PANFÍLIA
Casaréia
JUDÉIA
PÉRSIA
NABATÉIA
Mar Vermelho
Nilo
Alexandria/
Nicópole
EGITO
Para Luxor
Cirene
Mare Nostrum
(Mediterrâneo)
Cartago
ÁFRICA
NUMÍDIA
Cesaréia (IOL)
MAURITÂNIA
CESARIENSE
MAURITÂNIA
TINGITANA

Pompéia: ruínas escavadas

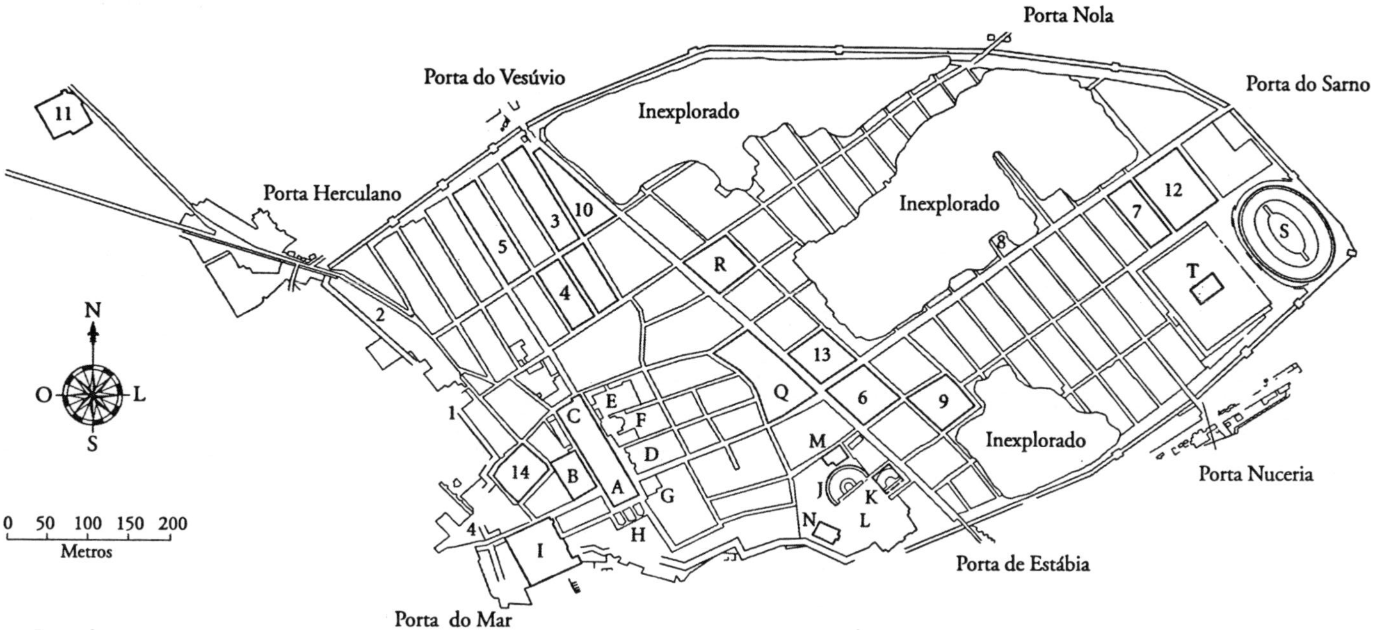

Legenda:
A Fórum
B Templo de Apolo
C Templo de Júpiter Capitolino
D Prédio de Eumáquia
E *Macellum* (Mercado)
F Templo dos Lares Públicos
G Comício
H Cúria
I Templo de Vênus
J Teatro
K Odéon
L Teatro e palestra (quartel dos gladiadores)
M Templo de Ísis
N Fórum Triangular
O Templo de Esculápio
P Termas do Sarno
Q Termas Estabianas
R Termas Centrais
S Anfiteatro
T Palestra
U Termas Suburbanas
V Templo de Fortuna Augusta

Casas

1. Fábio Rufo
2. Umbrício Escauro
3. Família Vétio
4. Do Fauno (família Sátrio)
5. Dos Dioscuros (Nigídio Vacula)
6. Do Citarista (L. Popídio Ampliato)
7. Da Vênus Marinha (Lucrécio Valente)
8. Júlio Políbio
9. De Menandro (família Popéia)
10. Amorini Dorati (família Popéia)
11. Vila dos Mistérios
12. Complexo de Júlia Félice
13. Marco Epídio Sabino
14. Do Marujo

Nada dura para sempre;
Mesmo brilhando como ouro,
O sol tem que mergulhar no mar.
A lua também desapareceu
Embora reluzisse até há pouco.

Grafito de Pompéia

PRÓLOGO

O fim da jornada

Outubro de 79 d.C.

Faltava pouco para a alvorada e o céu sobre Luxor já exibia a mesma coloração amarelo-pálido que vinha apresentando todos os dias no último mês. Próximo à estátua do Rei Mémnon, um pequeno grupo de homens batia os pés e tremia devido ao frio incomum. De vez em quando, os homens olhavam para a enorme base da estátua de pedra, sobre a qual estava a figura solitária de seu mestre à espera dos primeiros raios de luz, quando o antigo rei faria sua célebre saudação.

Suédio Clemente, prefeito imperial do Egito, estava tão quieto que, à medida que os minutos passaram, a poeira que enchia o ar começou a se depositar em suas roupas e em sua pele, cobrindo-as com uma fina película escura. Ele viajara muito tempo para chegar aqui, atravessando desertos de areia e desertos interiores, e agora era um momento de contemplação. Notícias do desastre na distante Campânia chegaram a Alexandria quando ele finalizava os preparativos para sua última viagem de inspeção. Os primeiros comerciantes que voltaram rapidamente com seus navios para o Egito, fugindo da chuva de fogo e das enormes ondas, logo encheram Alexandria com histórias de um apocalipse — sobre como a montanha do Vesúvio explodira em chamas, cuspindo fogo sobre as cidades, cobrindo-as de sombra e lançando pedras por toda parte.

Embora Clemente conhecesse bem Pompéia, pelos dias em que estivera na cidade como juiz supremo do Imperador Vespasiano, quando seus conselheiros disseram que a expedição programada ao interior do Egito deveria ser cancelada, ele os ignorou sem hesitar. Mas à medida que os dias se passaram, Clemente lamentou a decisão tomada. A cada passo que dava, as lembranças de Pompéia iam ficando cada vez mais próximas.

Seguindo para o leste a partir do Nilo, o prefeito imperial contou as caravanas que atravessavam a terra seca. Viu-as aproximando-se por um horizonte para sumir em outro com suas cargas preciosas e sabia que deviam estar indo para Pompéia. Ele seguiu adiante pelo deserto, até chegar a Mons Porfirites, lugar onde chovia apenas uma vez a cada década em um único aguaceiro torrencial. Lá, conheceu as terríveis minas e os homens que escavavam a pedra brilhante sem cessar, iluminados à noite pela chama de tochas e vigiados pelas torres redondas da fortaleza militar. Mas em seu pensamento, eram os pisos em pórfiro púrpura de Pompéia que ele via.

De volta ao Nilo, Clemente foi lançado novamente no mundo comandado pelos romanos. Para ouvidos por tanto tempo feridos por ordens gritadas no latim tosco dos soldados, o grego melífero que ouvia nas cidades e vilas pelas quais passava era cativante e o murmúrio dos marinheiros egípcios, um bálsamo para sua mente. Mas ele havia esquecido do quanto o tempo passara, que já era novembro e que tinha sido pego de surpresa pelo canto dos adoradores de Ísis que celebravam o renascimento de seu amado às margens do rio. Os esbeltos íbis marcando a lâmina d'água com o bico e os crocodilos escorregando para dentro do Nilo eram imagens muito familiares aos muros pintados de Pompéia.

Por fim, Clemente chegou a Luxor e ao fim de sua viagem. Em poucos dias voltaria para Alexandria e lá tomaria um navio para a Itália. Será que conseguiria ver Pompéia? — cidade que ele considerava tão livre e que somente agora, tarde demais talvez, começara a apreciar. Seria possível que alguém em Pompéia tivesse sobrevivido?

INTRODUÇÃO

Em julho de 1738, operários que cavavam as fundações de um palácio de verão para Carlos de Bourbon, Rei de Nápoles, encontraram os primeiros vestígios consistentes das cidades soterradas pelo Vesúvio em 79 d.C. Estátuas e outros fragmentos vinham surgindo na região havia séculos, mas somente naquele momento um novo profissionalismo foi dado à investigação do que havia sob os campos férteis da Campânia. Passagens foram abertas para se ter acesso ao Teatro de Herculano e alguns visitantes distintos receberam permissão para explorar com tochas acesas, enquanto tesouros eram adicionados às coleções particulares dos Bourbon.

Mas a excitação do Rei foi reduzida pela frustração. Embora os recursos para financiar os trabalhos fossem ilimitados, a grande diferença entre o nível dos terrenos da Antiguidade e da era moderna impediu avanços importantes. Quando, em 1755, a construção do Canal Sarno revelou novos vestígios a poucos quilômetros de distância, desta vez a apenas poucos metros de profundidade, houve esperança de que o local permitiria uma exploração muito mais rápida. Durante escavações um pouco além do que depois foi identificado como um complexo de bares, banhos e casas de aluguel pertencente a uma mulher chamada Júlia Félix, ficou claro que um enorme mundo perdido de fato existia e estava ao alcance. Mas o que era aquele lugar que ficava em uma pequena escarpa e que ainda era chamado no folclore local de "Civita", ou "Cidade"? A reticência dos textos clássicos ao tratar do tema da erupção é uma prova da dimensão do choque vivenciado na época: tudo o que as fontes clássicas forneceram ao Rei foi uma simples lista de lugares que tinham sido destruídos. Somente quando as palavras de uma dedicatória vieram à luz, a verdade foi revelada. A cidade antiga era Pompéia.

A notícia se espalhou rapidamente para os padrões da época: uma cidade que ainda emanava a vida dos tempos antigos estava sendo desenterrada na baía de Nápoles. Entre as classes instruídas da Europa, para as quais o mundo clássico ainda era um ideal muito presente, a chance de viajar de volta no tempo era uma maravilha que não podia ser perdida. Pompéia, a menos de 250 quilômetros ao sul de Roma, rapidamente se tornou um destino indispensável no *Grand Tour*. Goethe, o grande poeta da época, visitou o local e acompanhou a escavação de uma casa que recebeu seu nome; William Hamilton, embaixador britânico em Nápoles, enviou amostras de material vulcânico para a Academia Real, e sua mulher, Emma, ficou famosa por adotar poses clássicas — ou "atitudes"; outros traduziriam a estética de Pompéia em peças de cerâmica Wedgwood e em decoração de interiores; Mozart visitou o então recém-descoberto Templo de Ísis em 1769 e as lembranças do lugar ficaram tão fortes em sua cabeça que acabaram inspirando a composição de *A flauta mágica* quase vinte anos depois[1] (Figura 26). No século XIX, o romancista Stendhal escreveu: "A coisa mais notável que vi em minhas viagens foi Pompéia, onde a pessoa se sente como se tivesse sido transportada de volta à Antiguidade; mesmo que a pessoa normalmente só acredite em fatos comprovados, [em Pompéia] ela se sente como se, apenas pelo fato de estar lá, conhecesse mais do lugar do que qualquer estudioso."

Dois séculos e meio mais tarde, o visitante moderno não desce mais, boquiaberto, nas escavações de Pompéia, mas paga a entrada e sobe uma ladeira íngreme até a Porta do Mar ao lado de uma parcela dos dois milhões de pessoas ou mais que passam pelas roletas de acesso a cada ano. Mesmo assim, a experiência inicial continua sendo impressionante: mais de três quilômetros quadrados de construções — casas, choupanas, templos, mercados, casas de banhos e teatros — estão ao alcance da vista, ao menos nos lugares onde os seguranças e as barreiras permitem. Caminhando pelas ruas de Pompéia na alvorada do Terceiro Milênio, é impossível não sentir algo da sugestão de Stendhal de que naquele lugar a história está quase viva. Mas esta impressão pode ser ilusória.

No final do século XVIII e durante as escavações feitas no século XIX, artistas registraram os prédios em seu estado imaculado, exatamente como estavam quando vieram à luz: os pigmentos brilhantes das pinturas murais recém-descobertas; os rebocos com grafitos, embora rachados, ainda presos às paredes. Apenas a uma altura de quatro metros ou mais, onde as últimas camadas de cinza se assentaram, as edificações foram interrompidas; abaixo, é como se os antigos moradores apenas tivessem acabado de partir. Só que, tragicamente, muitos deles permaneceram. Presos entre os escombros vulcânicos compactos estavam os esqueletos de centenas de moradores da cidade, agarrados a seus pertences e abraçados a entes queridos em bolsas de ar que continham a idéia da agonia final de cada corpo. O turista curioso do final dos anos 1860, ou ainda mais tarde, ao caminhar pelos locais de escavação deve ter testemunhado a descoberta destes cidadãos antigos.

É uma experiência que podemos apenas invejar. Hoje, os dois terços da cidade que já foram escavados estão se deteriorando rapidamente. Rebocos e pinturas despencaram das paredes; os mosaicos estão desgastados e suas peças, espalhadas, enquanto as paredes que antes gritavam com seus grafitos agora estão nuas e em silêncio.[2] A maior parte das peças de arte foi removida para conservação — pelo menos aquelas que não foram arrancadas do próprio local e roubadas a mando de colecionadores particulares. Devido à perda de parte das peças e ao desgaste pelo sol e pela chuva do que sobrou, a cor da cidade acabou. O visitante não tem mais as informações necessárias para imaginar a cidade em seu pleno esplendor ou para ressuscitar, na imaginação, os que nela viveram: os escravos que chegavam à Campânia da África ou do norte gelado e eram levados ao mercado de Pompéia; Cecílio Jucundo, o confiável porém ambicioso leiloeiro da cidade que mantinha um meticuloso registro de suas vendas, incluindo observações sobre cargas humanas; o grupo político de Júlio Políbio, que se intrometia nos mais variados negócios; ou o ardiloso Grosfo, que não conseguiu estabelecer a paz durante seu mandato de magistrado sênior.

Em vez dos antigos grafitos e cartazes políticos que cobriam as paredes e ofereciam o sabor do mundo perdido, o grafito que mais chama a atenção em Pompéia talvez seja o que está escrito no banheiro da lanchonete: "Se eu quisesse ruínas, teria ido a Cabul."

No entanto, há formas de se reencontrar a vida perdida dos muros de Pompéia. Ela está nos livros formidáveis que transcrevem os grafitos e os milhares de apelos a eleitores escritos nos muros da cidade por candidatos a cargos públicos; e nas peças de arte retiradas das paredes ou dos pisos de Pompéia e que agora estão nas salas de museus; informações que ficaram para trás nos ossos das vítimas da erupção ou que estão nas prateleiras das bibliotecas esperando para ser retiradas de textos literários da época. Com as informações contidas nestas fontes, é possível hoje refutar versões criadas pelos cristãos moralistas do século XIX bem como as interpretações igualmente equivocadas de acadêmicos de anos mais recentes.

De todos os sítios arqueológicos da Antiguidade, Pompéia talvez seja o que contém o maior volume de informações no mundo inteiro. Mas isto apenas aumenta o desafio enfrentado pelos pesquisadores contemporâneos. A enorme quantidade de material somada aos problemas técnicos e de armazenamento de informação das pessoas que trabalharam no local no passado torna ainda mais difícil a tarefa de transformar os indícios encontrados em alguma coisa que faça sentido. O estado da maior parte dos esqueletos achados nas escavações é sintomático: depois que os esqueletos foram desmontados no século XIX por estudantes de raça e de eugenia interessados apenas em crânios, os ossos estão hoje em ossuários, empilhados de acordo com o tipo. O lugar onde foram encontrados não está documentado. O registro dos artefatos retirados dos prédios é um pouco melhor: centenas de cadernos com relatos das atividades diárias e das descobertas dos primeiros exploradores estão acumulando poeira e agora precisam eles próprios ser "escavados". Enquanto os primeiros exploradores necessitaram de músculos e resistência física para remover as centenas de milhares de toneladas de lapíli — pequenas pedras de material vulcânico — que cobriam a cidade, os pesquisadores de hoje precisam de uma quantidade semelhante de paciência, persistência e calma para compreender o que foi deixado para trás.

O produto do esforço intelectual dos pesquisadores é impressionante. Registros da altura na qual os corpos foram encontrados são cruzados com estudos sobre erupções vulcânicas para que se possa entender melhor como foram as horas finais das vítimas. A disposição das camadas de grafitos políticos nos muros foi usada para se estabelecer uma cronologia da vida política e para reconstruir as redes de alianças existentes nas décadas que precederam a catástrofe; e uma pesquisa cuidadosa feita abaixo do nível do solo de antes de 79 d.C. revelou como viviam as pessoas. O estudo dos espaços deixados por raízes de plantas calcinadas permitiu que se reconstituísse a fauna de jardins e granjas e revelou técnicas usadas na agricultura da época. Em 1982, a descoberta de vários esqueletos humanos no Herculaneum possibilitou a realização de uma análise de doenças que antes teria sido impossível.

Mesmo com uma virtual moratória de trabalhos arqueológicos em áreas ainda não escavadas da cidade antiga, novos estudos feitos em vestígios já descobertos possibilitaram interpretações originais sobre como as edificações eram utilizadas pelos moradores e a respeito das características das diferentes áreas da cidade.

A maior intenção deste livro é reunir toda esta riqueza de informações, juntamente com alguma avaliação original, em uma história que conte como o cotidiano era vivido, em toda a sua singularidade, durante os conturbados 25 anos que precederam a destruição de Pompéia. As cidades do Vesúvio sempre foram vistas como óculos através dos quais é possível ver uma era que elas supostamente representam: uma era na qual a prosperidade da Itália romana atingiu níveis sem precedentes, quando a escravidão florescia e uma sociedade rigidamente estruturada teve que confrontar estas mudanças. No entanto, por um acidente do destino, a cidade que definiu nossa compreensão de como era a sociedade no Império Romano é uma pequena fatia de uma planície litorânea, o declive mais baixo de uma montanha vulcânica e um pequeno porto e centro comercial localizado em uma região rural cerca de 250 quilômetros ao sul de Roma. Esta é a micro-história daquele lugar e de seus desafortunados habitantes na época em que seus dias de sossego tinham ficado para trás e que os pompeianos se viram diante de uma série de graves ameaças, cujas origens eram tanto humanas quanto divinas. Trata-se do retrato de uma sociedade que ignorava o destino trágico que a aguardava.

Considerando o mundo romano de uma forma mais ampla, este foi o período dominado pelo infame reinado de Nero. A influência do imperador era sentida por todo o império, mas o era especialmente em Pompéia, cidade na qual Nero tinha especial interesse por causa de sua segunda mulher. Porém, assim como os relatos sobre Nero permitem as mais diversas interpretações — a cronologia dos acontecimentos provavelmente manipulada por historiadores antigos por interesses ideológicos —, é ainda mais difícil saber com certeza, dois mil anos depois, quando exatamente determinados fatos aconteceram em uma cidade pequena. Até o dia exato do terremoto que devastou Pompéia em 62 d.C. (ou terá sido em 63 d.C.?) não pode ser afirmado com certeza, e as datas em que determinadas pessoas ocuparam cargos públicos são ainda mais incertas. Sobre a seqüência dos fatos, entretanto, é possível haver mais precisão, e a partir dela sabemos que o ritmo da vida cotidiana era marcado pelo rígido calendário de festivais e feiras.

É quase certo que nas próximas décadas a forma como entendemos Pompéia mudará fundamentalmente. A escavação de uma única nova edificação é capaz de alterar toda a percepção que temos hoje: a descoberta de uma dedicatória na fachada de um templo poderia mudar o nome pelo qual um deus é conhecido; uma inscrição eleitoral é capaz de elevar a um alto grau de importância uma figura política menor; uma nova tabuleta descoberta pode dar uma dimensão totalmente nova à economia da cidade. Afinal, um terço da cidade continua enterrado, e poucos metros atrás das fachadas da parte norte da rua principal — cujos nomes de alguns ocupantes conhecemos, mas nada além disso — pode estar escondido um impressionante conjunto de informações. Graças a métodos modernos de pesquisa, três dos mais recentes prédios pesquisados — a Casa dos Amantes, a Casa de Júlio Políbio e a de Fábio Rufo — possibilitaram a obtenção de dados extraordinários. E é claro que alguém vai querer escavar ainda mais fundo na Casa do Papiro, do lado de fora do Herculaneum, e conhecer sua biblioteca de pergaminhos. Por enquanto, no entanto, acreditamos que a descrição a seguir é a mais precisa possível. Para os que desejarem se aprofundar nos temas pincelados aqui, fornecemos uma extensa bibliografia.

As exceções estão nas partes ressaltadas em itálico, que são reconstituições puramente ficcionais. Embora possa parecer insensato imaginar que alguém entre na cabeça de outro ser humano tão distante no tempo com tantas diferenças culturais sutis ou não, estes interlúdios propõem meios de se acompanhar a experiência de alguns pompeianos na relação com seu mundo e com seus contemporâneos. Em alguns casos, tratamos de homens e mulheres dos quais alguma coisa é conhecida. Nestes casos, uma certa consistência foi mantida entre o retrato fictício e a discussão sobre as provas existentes. Em outros casos, especialmente aqueles referentes a mulheres e escravos — que estão praticamente ausentes dos registros históricos —, foi necessário um grau ainda maior de liberdade. As descrições de suas vidas devem ser entendidas como conjecturas bem fundamentadas, mas, acima de tudo, conjecturas. Da mulher morrendo nos braços do gladiador que amava às prostitutas apoiando a eleição de candidatos suspeitos, existe uma quantidade mais do que suficiente de mitos sobre a população de Pompéia.

Abrindo sua narrativa de um período que se sobrepõe ao nosso, Tácito afirma: "A história na qual estou ingressando trata de um período rico em desastres, batalhas horrendas, guerras civis, um período terrível mesmo em tempos de paz." Em suas características básicas, a relevância do período que vai dos primeiros séculos a.C. e d.C. para os nossos tempos é inequívoca e tem sido reforçada nos anos recentes. O nosso é um tempo em que a riqueza dos ricos e a pobreza das classes baixas são tão assombrosas quanto foram em Roma; em que o comércio que alimenta o consumo ilimitado de luxo e recursos naturais no coração do império é um arremedo da extorsão de tributos de estados vassalos nos tempos antigos; e em que a população envelhecida do Ocidente mais uma vez requer a importação de trabalhadores estrangeiros, mas desde que ela seja bem administrada para não desestabilizar a sociedade. E embora a erupção do Vesúvio tenha sido uma catástrofe que desafiou a segurança até mesmo do império mais poderoso — uma catástrofe havia muito esperada e profetizada pelos inimigos de Roma no que é hoje o Oriente Médio —, paralelos explícitos com os dias de hoje serão evitados.

Nunca podemos esquecer que a arqueologia de Pompéia é sobretudo a arqueologia de uma zona de desastre. Somente por causa de seu fim trágico e do enorme poder de conservação da lama e dos fragmentos vulcânicos, Pompéia pode oferecer um material tão rico e atrai o interesse há tanto tempo. Enquanto é necessário escavar para encontrar o menor sinal de vida de uma escrava na cidade — a inscrição em um anel, talvez, ou a lápide de uma criança —, um registro único foi encontrado, longe dali. Trata-se do testemunho de um homem que esteve em Pompéia pouco antes da erupção do Vesúvio.

O nome de Tito Suédio Clemente ainda pode ser visto onde ele o inscreveu na base colossal da estátua do Rei Mémnon, do lado de fora de Luxor, ao lado de seu título de Prefeito Imperial do Egito. Já naquela época, o monumento devia estar em ruínas. Embora Mémnon e seu companheiro a poucos metros de distância outrora tivessem alcançado uma altura de vinte metros, na época em que Clemente os viu eles já estavam incompletos e em ruínas. No entanto, as figuras de pedra ainda causavam tanta admiração que eram incluídas no roteiro até do mais exausto turista romano no Egito, pois ali estavam vestígios que se tornavam mais notáveis pela crença de que uma das estátuas representava o rei etíope que lutara ao lado do fundador de Roma, Enéias, na defesa de Tróia. O fato de a estátua emitir sons estranhos ao amanhecer — uma saudação à mãe de Mémnon, diziam alguns — apenas aumentava a mística.

Mas o fenômeno é facilmente explicado: a atividade sísmica que danificou as estátuas abriu uma cavidade no interior de Mémnon que amplificava as vibrações provocadas quando o ar era esquentado pelo sol ao amanhecer. Embora não conhecesse a acústica da estátua, Suédio Clemente sabia muito bem das estranhas conseqüências que os abalos sísmicos provocavam — no homem e na sociedade. Por volta de 75 d.C. ele foi enviado em uma missão a Pompéia, que 13 anos antes tinha mergulhado no caos devido a um terremoto devastador. Em sua missão, Suédio Clemente atuou como juiz imperial, encarregado de resolver os problemas mais urgentes da cidade. E foi lá, na cidade ao pé do Vesúvio, que as únicas outras inscrições que o mencionam — comemorando sua contribuição à cidade — foram encontradas.

Já era final de 79 d.C. quando Suédio Clemente se viu em Luxor e certamente havia muita coisa em sua cabeça. Apenas algumas semanas antes, em 24 de agosto, a única grande catástrofe a atingir o mundo romano tinha destruído Pompéia.[3] Mas nossa narrativa sobre esta cidade começa 25 anos antes, quando a inesperada ascensão ao trono imperial de um jovem vigoroso parecia anunciar uma alvorada nova e promissora. Um papiro descoberto no Egito, com a data de 17 de novembro de 54 d.C., captura a excitação do momento: "A expectativa e a esperança do mundo inteiro foram proclamadas Imperador; bom gênio do mundo e início de todas as coisas importantes e boas, Nero foi proclamado César."[4]

CAPÍTULO I

A morte de um cavaleiro romano

Novembro de 54 d.C.

Décimo Lucrécio Valente esticou o corpo frágil no leito que seus escravos tinham colocado no salão de jantar de verão a seu pedido. De lá, olhava os últimos raios do sol que se punha por detrás dos telhados e sentiu que a sala ia ficando mais fria. Das ruas próximas, os sons da cidade podiam ser ouvidos enquanto as atividades normais aconteciam como de hábito: homens voltando dos banhos para casa a fim de se preparar para o jantar, lojistas fechando as portas de seus estabelecimentos, carroças vazias regressando ao campo depois de terem distribuído seus produtos.

Em sua propriedade rural, não muito distante dos muros da cidade, os escravos de Valente deviam estar terminando suas tarefas externas do dia, espalhando as últimas carradas de esterco em volta das oliveiras antes de entrar para acender as lâmpadas a óleo. Em seguida, eles iniciariam o trabalho da noite, cortando estacas para as videiras, consertando suas ferramentas e construindo colméias para as abelhas. Lucrécio Valente ficou pensando se haviam sido suas próprias abelhas que forneceram a cera na qual sua máscara mortuária fora esculpida na véspera; ele esperava que sim.

Valente determinara que a noite seguinte seria o momento de seu alívio. Como os gladiadores da companhia pertencente à família Lucrécio, ele enfrentaria a morte de forma inabalável. Vivera por mais de sessenta anos e estava conformado com seu fim. Quando jovem, visitara o Lago Averno, Putéolos e os Campos Flegreus, onde se dizia que a boca de Hades se abriu. Ele se lembrava que não tinha sido uma viagem longa, apenas um dia de ida e volta.

Praticamente toda a sua geração já tinha partido. Quantos restavam em Pompéia que ainda eram capazes de se lembrar da procissão solene que carregara o corpo do grande Imperador Augusto, fundador do Império, em sua viagem de volta de Nola para a capital? Quantos restariam entre os que homenagearam seu féretro sagrado durante as horas quentes do dia em que foi sendo depositado nos salões de mármore das cidades por onde passava? Ele se lembrava bem: o corpo de um homem idoso abatido pelo cansaço de um longo período de vida pública; um corpo como o seu próprio.

Não havia sequer um descendente de seu sangue vivo, mas o nome da família Lucrécio permaneceria. Ele tomara providências para isto adotando um jovem impetuoso da família Sátrio. Os Sátrio estavam mais do que dispostos a forjar uma relação com uma antiga família de cavaleiros com fortes vínculos com a corte imperial. E seu novo filho já havia demonstrado suas qualidades. Ele se sairia bem, Valente tinha certeza.

Já estava escuro e ele se sentia cansado. Com a sua morte e a de seus contemporâneos, os pompeianos começariam a se esquecer do Divino Augusto e dos ideais austeros sobre os quais seu Império foi construído. Mas era tarde demais para tais pensamentos. Valente estava partindo e Pompéia teria que encontrar seu caminho sem ele.

Assim que o Cavaleiro Romano Décimo Lucrécio Valente morreu, os procedimentos para celebrar sua vida foram colocados em prática: os executores de seu testamento reuniram-se, as autoridades foram notificadas e os órgãos oficiais apropriados entraram em ação. A missão dos envolvidos era preparar um cortejo fúnebre com pompas. A mulher de Valente, cujo nome desconhecemos, certamente conteve seu lamento de acordo com a tradição da sociedade romana, que vetava a manifestação pública de sentimentos privados; na aparência, ela aceitava o capricho da deusa Fortuna sem se queixar. Seu marido havia tomado providências para que as suas necessidades fossem atendidas, mas o status dela a partir daquele momento, sem filhos como herdeiros, era inseguro: a situação dependeria muito do herdeiro adotivo.[1]

Quando a viúva doou seu manto fúnebre, ela deve ter se preocupado com o jovem da família Sátrio que recebera o nome de seu marido. Estaria ele disposto demais a correr riscos? Um ou dois anos antes, este Décimo Sátrio Lucrécio Valente fizera uma declaração clara de sua fidelidade política ao se tornar sacerdote de Nero em Pompéia: seu flâmine. Era novembro agora. Muitos devem tê-lo considerado imprudente; outros o achavam presciente. A mãe do jovem príncipe, Agripina, ajudada por seus aliados — particularmente pelos tutores do menino, o filósofo milionário Sêneca e o soldado enganador Burro —, fez de tudo para torná-lo sucessor do Imperador Cláudio. Uma imagem de maturidade precoce foi esculpida e a adoção da *toga virilis* (marcando a transição para a vida adulta) por Nero, apressada. A ênfase na maturidade do adolescente foi uma peça chave da estratégia para afastar o filho natural de Cláudio, o jovem Britânico. Os dois meios-irmãos, com apenas dois anos de diferença, apareceram lado a lado em público — seus respectivos trajes indicando que um era um homem e o outro, apenas um menino — e Nero beneficiou-se ainda mais de seu status de adulto casando-se com a irmã mais velha de Britânico, sua própria meia-irmã, Otávia. A união foi uma estratégia inteligente, pois não apenas consolidou a posição de Nero dentro da família imediata de Cláudio, como também simbolizou a união política de duas famílias que disputaram o trono imperial por séculos.

No final de 45 d.C., os anos de preparação trouxeram recompensa. Quando, em outubro, Cláudio morreu — estranhamente jovem e depois de ter comido cogumelos envenenados que, também estranhamente, passaram pelo crivo de seus provadores oficiais —, Nero, aos 16 anos, foi imediatamente proclamado herdeiro do manto imperial. Britânico ainda estava vivo, mas — assegurando a lealdade das legiões mediante suborno — Nero tornara-se imbatível. No entanto, apesar de todo o poder legítimo do jovem, até mesmo na provinciana Pompéia, todos sabiam o quão rapidamente mudava o destino dos que ocupavam a corte imperial. Afinal, quem saberia quantos aliados poderosos Britânico conseguiria atrair para a sua causa?[2] E se Nero fracassasse nos meses seguintes, o jovem Décimo Sátrio Lucrécio Valente, agora conhecido por todos como o flâmine de Nero, seria degradado junto com ele e o nome da família ficaria manchado.

A casa de Décimo Lucrécio Valente foi identificada, com alguma precisão, próximo ao muro oriental da cidade, em um local surpreendentemente modesto, perto da Porta Sarno. Situada na mais importante via pública da cidade — conhecida como Via dell'Abbondanza — e próxima ao anfiteatro onde os Lucrécio costumavam patrocinar jogos com seus próprios gladiadores, a casa era relativamente distante do centro político e comercial de Pompéia, localizado dentro e nos arredores do fórum. Ali, a reconstrução feita durante a grandiosa era augustana no final do século I a.C. criou um enorme espaço público com pórticos, templos, prédios administrativos e mercados. Embora um pouco estreito devido às restrições impostas pelas edificações mais antigas dos dois lados, o complexo correspondia quase inteiramente ao ideal traçado pelo autor de livros de arquitetura Vitrúvio. Seria lógico imaginar que as casas das figuras mais importantes da cidade ficassem naquele local. No entanto, para os Lucrécio e outros como eles, o rebuliço da cidade era apenas uma parte de suas vidas.

Uma escavação recente em Scafati, um subúrbio da moderna Pompéia próximo à cidade antiga, revelou que os Lucrécio possuíam também uma grande vila rural e ali está a explicação para a necessidade dos Valente de adotar um herdeiro. A sessenta metros da estrutura principal, em um magnífico jardim construído para evocar a paisagem idílica do Elísio — o Paraíso Romano — está localizado o túmulo da família: uma pequena casa com portas, telhado e um altar. Dentro do recinto, várias pedras esculpidas no formato de cabeças humanas, com inscrições, marcam a posição das urnas funerárias, ao lado das quais havia pequenos objetos em forma de funil que permitiam o envio de libações para os mortos. Conhecidas como *columellae*, essas pedras dão uma visão da vida e do destino de quatro gerações da família Lucrécio, incluindo dois filhos conhecidos de Valente, um menino e uma menina, que morreram ainda crianças.[3]

Talvez em suas idas regulares ao fórum, o sofrido Valente olhasse com inveja enquanto Sátrio e seus filhos saudáveis realizavam suas tarefas cotidianas antes de regressar para sua casa imponente — a maior dentro dos muros da cidade — localizada a apenas um quarteirão ao norte do Templo de Júpiter. Agora conhecida como Casa do Fauno — em homenagem a uma bela estátua em bronze de um sátiro dançando encontrada em um pedestal no hall de entrada (provavelmente um trocadilho visual com o nome de Sátrio) —, é uma construção impressionante. Como muitas casas pompeianas, a de Sátrio tinha lojas dos dois lados, mas elas em nada prejudicavam a elegância das pilastras que ladeavam as largas portas de entrada, que pareciam advertir o visitante a se empertigar. Do lado de dentro, dois peristilos podem ser vistos estendendo-se ao longe, oferecendo um agradável jogo de perspectivas até o interior da casa, que podia ser ocultado por biombos ou cortinas quando necessário.

Esta era a casa de uma família que impôs respeito à comunidade por muito tempo, antes mesmo do domínio romano, e era acostumada a ocupar importantes cargos públicos. Com uma decoração belíssima e magníficos mosaicos cuidadosamente restaurados — em vez de simplesmente substituídos — desde que foram colocados originalmente, o prédio emanava os valores dos tempos antigos. Mas no início do século I a.C., conflitos com Roma enfraqueceram os habitantes de idioma osco. Depois disto, muitas famílias antigas nunca mais recuperaram seu prestígio.

O divisor de águas para os Sátrio e seus aliados aconteceu em 80 a.C., quando os soldados do ditador romano Lúcio Cornélio Sulla invadiram o território das cidades supostamente aliadas de Roma para sufocar a revolta dos que exigiam direitos iguais aos de seus vizinhos. Naquela época, a cidade de idioma osco já tinha perdido seu apogeu, mas os habitantes eram orgulhosos de sua herança. As melhores casas foram construídas durante o século II a.C. e sua arquitetura espetacular era uma lembrança da civilização grega que dominara a Campânia e a tradição da raça samnita ainda era forte na região. Quando todas as cidades já tinham sucumbido ao exército de Sulla, Pompéia tornou-se a única a desafiar a investida e a resistir ao cerco. Finalmente derrotados, os pompeianos tiveram que pagar um alto preço por seu orgulho. Sulla tinha que honrar a promessa que fizera a seus soldados: iria recompensá-los com terras e propriedades onde poderiam viver e iniciar uma vida civil. E qual a melhor forma de obtê-las senão expulsando de suas casas aqueles que ousaram enfrentar Roma? A transformação de Pompéia na "Colônia de Vênus" de Sulla — a *Colonia Cornelia Veneria Pompeianorum* — viu a chegada de toda uma legião de provavelmente quatro a cinco mil homens, todos exigindo pelo menos terras suficientes para cultivar, sendo que os de patentes mais altas exigiam espólio maior. Em alguns casos, os novos habitantes levaram consigo as famílias e a cidade se viu inundada de novos moradores.

Foi um período traumático para os pompeianos nativos. Os veteranos de Roma provocaram um profundo choque cultural: calejados por muitos anos de serviço, os soldados preferiam se divertir com a dança da morte dos gladiadores do que com os prazeres refinados das peças de teatro. A imposição de suas tradições políticas causou ressentimentos ainda mais fortes, segundo Cícero. E isto foi antes de os romanos darem início a seu programa de edificações: um grande anfiteatro, um fórum novo e um segundo teatro pequeno para música e competições de retórica — tudo pago pelos recém-chegados, cujos vastos recursos foram provavelmente tomados de seus novos vizinhos.[4]

É difícil identificar as riquezas das famílias nativas durante este período. Muitas delas passaram da riqueza à pobreza sem deixar rastros de sua queda. Entretanto, embora relativamente poucos dos primeiros sobrenomes de Pompéia apareçam nos registros políticos da cidade nos anos posteriores, isto não significa necessariamente que seus descendentes não estavam em atividade. Aparentemente, muitas famílias trocaram de nome a fim de agradar os novos dominadores. Antes da invasão, os Sátrio eram conhecidos por toda a Campânia como Sutrios e há vários outros exemplos deste tipo de romanização: Numistreio tornou-se Numistrio; Luccaecia tornou-se Luccia; Lassaei virou Lassio. As diferenças parecem sutis, mas para as famílias da época tratava-se de um claro manifesto que produzia vantagens óbvias. Nas famílias com duas ramificações, aquele que optou por se camuflar por trás de um nome romanizado teve mais êxito.[5]

Quando o impacto inicial das acusações diminuiu, até as famílias nativas menos dispostas a uma aproximação parecem ter conseguido ascender socialmente de novo, utilizando seus conhecimentos do local e comprando suas terras de volta a preços baixos dos veteranos que acharam o trabalho na agricultura árduo demais. À medida que reaviam seus bens, recuperavam também o poder político. E na inscrição em um assento do anfiteatro, o nome nativo de Istacídio Cilix aparece como magistrado ao lado de seus colegas romanos. Por toda parte, há evidências da realização de casamentos ente famílias romanas e nativas: Lassio casando-se com Clodio, Epídio casando-se com Lucrécio. A partir do momento em que a colônia foi criada, todas as crianças nascidas em Pompéia passaram a ser cidadãs de Roma como membros da tribo Menenia, o agrupamento arcaico e administrativo que abrangia a maior parte dos campânios. Apesar de todos os prejuízos que a população nativa enfrentou, havia a sensação de fazer parte do estado romano, com todos os privilégios e garantias de proteção que isto trazia.

Na época em que o jovem da família Sátrio foi adotado por Décimo Lucrécio Valente, a casa de sua família ganhou um adendo a sua já grandiosa entrada: um mosaico de boas-vindas em idioma latino e não no osco. Era um sinal de como as coisas tinham mudado em um século: o jovem que poderia reivindicar uma ascendência profundamente enraizada na terra da Campânia não tinha problemas em se declarar romano. Mas algumas coisas importavam mais do que ser cidadão do maior império do mundo conhecido. Independentemente da nacionalidade que Sátrio Valente declarasse, eram as características do solo onde pisava o que, em última instância, influenciaria a sua vida de forma mais profunda.

Quando os primeiros habitantes de Pompéia decidiram construir seu povoado na foz do rio Sarno durante a Era do Bronze, não lhes passou pela cabeça que a escarpa onde estavam havia sido criada, muito tempo antes, por um intenso derramamento de lava da montanha aparentemente inofensiva que assomava diante deles. O Vesúvio e as terras a seu redor foram uma das regiões agricultáveis mais importantes da península italiana durante séculos antes de 54 d.C.: extremamente fértil e verdejante, a própria encosta da montanha era cultivada com videiras e oliveiras e, segundo diziam, era o lugar preferido do deus do vinho, Baco. Mas para os etimologistas atentos, as origens de Pompéia estavam no próprio nome da cidade. Estudando o folclore da região alguns séculos mais tarde, o escritor Sérvio descobriu que a palavra Pompéia tinha origem no desfile triunfal ou *pumpe* de Hércules* depois que ele expulsou os gigantes da Campânia.[6]

De acordo com a lenda, o último dos Dez Trabalhos de Hércules era roubar o rebanho vermelho do monstruoso gigante alado Gerião e levá-

*Héracles para os gregos. (*N. T.*)

lo de volta para a Grécia. Segundo a tradição, a residência de Gerião ficava onde hoje é a Espanha; a Campânia era o lugar onde Hércules foi obrigado a interromper sua viagem de volta e prender o rebanho enquanto atendia questões mais urgentes. Em meio a um cenário de fogo e destruição, a raça dos gigantes ("filhos da terra, devido ao enorme tamanho de seus corpos", de acordo com o geógrafo Estrabão) estava em guerra com os deuses e levava vantagem. Apenas com a intervenção pessoal de Hércules a situação poderia ser revertida. Isto foi feito e os gigantes acabaram mandados de volta para as suas cavernas subterrâneas.[7]

Hércules deu seu nome a Heraclein, ou Herculaneum, a cidade que ficaria unida a Pompéia para sempre em seu destino trágico. Perto dali, o balneário de Baias, onde os romanos ricos veraneavam ao lado da família imperial e banhavam-se nas águas curativas, recebeu este nome, acreditam muitos, por causa da palavra grega para curral. Ao norte de Baias ficavam os Campos Flegreus, uma paisagem lunar repleta de crateras enormes, onde a atividade vulcânica fez com que vários trechos de terra desabassem. De forma dramática, Estrabão alertou seus leitores que aquelas terras incandescentes "cheias de enxofre, fogo e águas quentes" eram "as feridas dos gigantes derrotados que provocavam aquelas torrentes de fogo e água".[8]

Os romanos viviam em um mundo cheio de mitos e rituais que vinham de séculos. Os deuses que os cidadãos de Pompéia adoravam com sacrifícios regulares eram imaginados como seres não muito diferentes dos homens e mulheres que assistiam às cerimônias. Tendo um dia existido no plano físico juntamente com a geração de homens que precedeu os heróis que lutaram na Guerra de Tróia, estes superseres de um tempo passado agora habitavam algum lugar distante da humanidade, mas continuavam sendo sensíveis a seus desejos e subornos. Referências a eles existem em abundância em Pompéia, seja na forma decorativa, na pintura das paredes das casas ou nas imprecações e maldições que podem ser lidas nos grafitos dos muros da cidade. É impossível saber a importância que os cidadãos de Pompéia davam ao poder dos deuses — ou da sinceridade com que eles acreditavam que o tecido de sua própria realidade estava interligado às fibras do destino ou aos caprichos divinos. Mas a presença maciça em Pompéia de templos para honrar ou acalmar as divindades ou para pedir mediações sugere que os deuses influíam em todos os aspectos da existência de seus habitantes.

Para olhos modernos, é difícil penetrar na singularidade desta visão de mundo, especialmente para os mais familiarizados com uma cultura monoteísta ou mesmo secular. Tudo, da entrada de um prédio aos diferentes estágios do parto, passava por rituais presididos por um deus específico; e os espíritos de abstrações, como família e lugar, também recebiam significados inimagináveis para uma cabeça não acostumada às formas animistas de pensar. Tipos de vôo de pássaros e a composição dos órgãos internos dos animais tinham significados secretos que só podiam ser interpretados por especialistas iluminados. Como uma sociedade tomada por uma comoção obsessivo-compulsiva, com medo de pisar nos buracos do calçamento, todos os pontos de contato com o divino eram governados por regras precisas e imutáveis.

Quando Rômulo fundou Roma — ao menos como se contava —, ele amarrou um touro e uma vaca em um arado com uma lâmina de bronze e fez um profundo sulco em torno do espaço a ser ocupado pela cidade, erguendo a relha do chão para marcar onde ficaria cada porta. Dali para frente, Roma e, mais tarde, suas colônias passaram a ser definidas pelo *pomerium*: a zona tampão sagrada que rodeava o ambiente urbano com uma barreira contra todas as forças malignas e anárquicas, particularmente o espírito dos mortos. Com até mesmo os imperadores enterrados em um grande mausoléu do lado de fora do *pomerium* de Roma, não poderia haver exceções: os mortos eram mantidos "vivos" dentro da cidade por meio de comemorações diante de estátuas erguidas em locais públicos ou em altares privados, mas a presença ativa de seus espíritos era definitivamente indesejada.[9]

Diógenes sabia que algo daquele tipo aconteceria justamente quando ele tinha outros seis enterros e a crucificação de um escravo já marcados: os funerais de um homem importante, não menos do que um cavaleiro, um personagem importante. O mensageiro enviado para fora dos muros da cidade pelos executores testamentários de Décimo Lucrécio Valente não fez por menos: a lei estipulava que, em um caso como aquele, o responsável pela casa funerária tinha que largar tudo o que estivesse fazendo. Por cada trabalho que ele perdesse, teria que pagar o dobro do preço que ele mesmo cobrava para que outro terminasse a tarefa. Por acaso eles se importavam com isso?

Quando ele e seus assistentes percorreram o caminho em volta dos muros ao norte da cidade, a capa de trabalho jogada sobre a cabeça, Diógenes teve um forte ressentimento. Por que ele tinha que fazer aquele longo caminho em vez de pegar o caminho mais curto até a casa de Lucrécio, o que seguia pelas ruas pavimentadas da cidade? Ele não entendia os romanos. Suas leis sem sentido forçavam-no a viver fora dos muros da cidade como se sua mera presença pudesse poluir seus sonhos. Era obrigado até a tomar banho na água gelada da manhã, tendo os aleijados e os doentes como companhia. Já fazia muitos anos que ele chegara da Ásia Menor como escravo e desde então ganhara a liberdade, mas essas humilhações o deixavam furioso.

Quando chegou à casa de Valente, Diógenes encontrou as pesadas portas fechadas e com ramos de pinheiro espetados indicando a presença do morto. Músicas fúnebres enchiam a penumbra do átrio, cujo piso estava repleto de cestas de frutas e coroas de flores. Diógenes instruiu seus homens para arrumar os arranjos decorativos em volta do leito onde o morto descansava. O honorável Valente teria que ficar deitado ali durante um dia inteiro ou dois, enquanto os amigos e parentes passariam para prestar seus respeitos. Diógenes aplicou todos os truques que conhecia para manter o corpo em bom estado e postergar o início do processo de necrose. Antes que terminasse seu trabalho, o átrio começou a se encher com pessoas da casa. Entre elas estava um grupo de escravos que seriam postos em liberdade segundo a vontade do falecido; os chapéus que vestiam designavam seu novo status. Eles manteriam vigília durante todo o tempo que o corpo permanecesse na casa.

Pouco tempo depois, surgiu um jovem com um ar levemente arrogante: Décimo Sátrio Lucrécio Valente. Com um gesto de lealdade à família que ele em breve dirigiria, o herdeiro do falecido abriu vários armários, revelando dentro de cada um a misteriosa figura de um rosto. Aquelas fantásticas réplicas de ancestrais mortos eram esculpidas em cera amarela que pareciam ainda mais estranhas depois de expostas à densa fumaça da iluminação a óleo por anos. Embora o agente funerário tivesse visto más-

caras como aquelas muitas vezes, elas ainda o deixavam nervoso: ele aprendeu que sua tarefa era guardar os mortos fora da cidade, mas em momentos como aqueles era como se eles tivessem voltado.

Entre as culturas antigas, a elite romana era inigualável no hábito de preservar imagens de membros da família que ocuparam cargos públicos importantes. No entanto, muita coisa sobre estas máscaras ancestrais permanece desconhecida: se foram confeccionadas assim que a pessoa representada assumiu o cargo público ou se foram refeitas para celebrar realizações posteriores e quando a máscara foi colocada junto com a dos ancestrais como sinal de orgulho da família. Podemos dizer que é muito provável que elas fossem guardadas em casa. No átrio, em pequenos armários, como os que são retratados em esculturas feitas em alguns túmulos, e dos quais eram retirados em momentos importantes da vida da família — para ficar próxima, por exemplo, à criança recém-chegada à família ou ao jovem que celebrava seu ingresso na vida adulta ou ao corpo de um descendente morto que logo se juntaria aos ancestrais mortos. Parece, também, que os artistas que confeccionavam as máscaras se esmeravam em fazê-las o mais parecida possível à realidade para que a aparência das gerações passadas causasse efeito nos ritos de passagem importantes das novas gerações.

Os dados físicos das máscaras de cera perecíveis são inevitavelmente enganosos, mas um busto de cera com olhos de vidro encontrado na cidade de Cumas, cerca de oitenta quilômetros ao norte de Pompéia, mesmo não sendo uma máscara ancestral deste tipo, demonstra o efeito que a técnica de escultura era capaz de produzir.[10] Plínio o Velho vai além ao insistir que estas máscaras eram a forma realista de retrato mais característica na cultura romana. O retrato fiel de homens importantes cujos rostos refletiam a força de seu caráter seguia desafiando gerações futuras a conseguir alcançar os mesmos elevados padrões morais. Plínio lamentava que na época em que escrevia, pouco antes da erupção do Vesúvio, a tradição das máscaras de cera estivesse começando a perder força, sendo substituída por outras formas de celebração importadas da Grécia. Ele provavelmente se referia aos bustos de bronze e de mármore que resistiram ao calor do Vesúvio e ainda sobrevivem como uma recordação viva de muitos rostos de pompeianos, infelizmente desconhecidos na maioria dos casos.

Para um membro da elite romana, nada era mais importante do que possuir um nome de família cuja linhagem nobre fosse conhecida de todos e que seria perpetuada através dos filhos honrados. Dos grandiosos túmulos familiares que refletiam os feitos de seus ocupantes às inscrições em prédios públicos que serviam de homenagem à generosidade de seu benfeitor ou às estátuas públicas como a erguida em honra a Décimo Lucrécio Valente para homenagear seu status de cavaleiro romano ou *eques*: tudo servia para alardear os feitos passados da família e para lembrar as virtudes tradicionais nas quais os descendentes deveriam se espelhar. Era através desse costume e desse ritual que uma sociedade fundamentalmente conservadora controlava e restringia mudanças. No entanto, em um aspecto a sociedade romana era impressionantemente dinâmica: na libertação de escravos para que eles se tornassem cidadãos.

O Império Romano é o único, entre todas as sociedades escravocatas que já existiram, no qual um número significativo de homens levados para as cidades acorrentados acabava ganhando liberdade e se tornando cidadãos. Embora os escravos não tivessem direito algum, nem mesmo sobre seu próprio corpo, eles ao menos podiam aspirar a ganhar a liberdade e constituir uma família. No processo, eles acabavam criando orgulho de sua linhagem da mesma forma que seus donos tinham das suas próprias.

Ao ser posto em liberdade, o escravo adotava os dois primeiros nomes do antigo dono. Sabemos, por exemplo, da existência de Décimo Lucrécio Estefânico, que muito provavelmente foi escravo de Décimo Lucrécio Valente e se chamava apenas Estefânico antes de ser libertado.[11] Esta identificação do escravo liberto com seu antigo senhor e sua família, juntamente com as possibilidades de fazer empréstimos e construir uma rede de relacionamentos, permitia que ele se tornasse uma força importante dentro da economia. No entanto, as famílias deviam libertar apenas os seus melhores escravos. Seria inconcebível deixar um homem e uma mulher com o nome da família circulando livremente a menos que se tivesse certeza de que eles nunca o desonrariam. O nome de famílias bem-sucedidas era o equivalente romano às marcas comerciais e era guardado com o mesmo zelo com que é tratada a imagem das celebridades dos nossos dias.[12]

Desde a época de Cícero, um século antes da ascensão de Nero ao trono imperial, já havia preocupação quanto aos efeitos da libertação em massa de escravos e a erosão dos valores tradicionais que a entrada de pessoas de fora poderia causar. Exibição de liberalidade com a soltura de um grande número de escravos passou a ser vista como auto-indulgência, uma forma de luxúria assim como a gula e a efeminação. Tendo isto em mente, no ano 2 a.C., como parte de um amplo programa de renovação nacional ao qual dedicou toda a sua vida, Augusto aprovou um conjunto de leis impondo limites ao número de escravos que poderiam ser libertados de uma só vez, tanto em termos absolutos quanto em proporção ao número total de escravos da família, juntamente com um manual indicando quem estaria ou não apto a ganhar a liberdade. As comportas da alforria ficariam sob controle e mesmo o fluxo contínuo de libertações autorizadas seria mantido sob constante monitoração. Augusto também introduziu medidas incentivando o bom comportamento para que o mundo dos alforriados tivesse uma espécie de autocontrole.

Com a morte do Imperador Cláudio, os libertos de Pompéia devem ter ficados apreensivos, imaginando que tempos difíceis os esperavam. Era sabido que Cláudio ouvia muito os alforriados e a poderosa Agripina, sua mulher, chegou a ponto de enviar seu ex-escravo favorito — Narciso — ao exílio para que fosse tratado de gota. Com a morte de seu marido, Agripina rapidamente se certificou de que Narciso nunca mais retornaria. Enviou soldados à casa onde ele estava na Campânia para pedir que ele cometesse suicídio. Sua morte prematura teria espalhado um sinal de alerta entre homens libertos como Júlio Felipo ou Cláudio Verus, que fixaram residência em Pompéia, além de outros como Quinto Coelius Caltilius Iustus, filho de um ex-escravo não conhecido em Pompéia que foi adotado por uma família da elite para apagar a mancha de sua condição original.

O medo deles, entretanto, era infundado. Apesar da nova legislação que obrigava os ex-escravos a vestir um uniforme especial e determinava que eles voltassem à condição de servidão caso desrespeitassem seus antigos senhores, os 15 anos seguintes mostraram que os alforriados davam muito menos preocupação do que a aristocracia. A necessidade de sangue novo tanto por parte da economia quanto das instituições políticas garantia muitas possibilidades aos libertos. Os cofres públicos também se beneficiavam com as taxas que os ex-escravos tinham que pagar às organizações oficiais que lhes garantiam status. Embora eles não pudessem ser eleitos para o conselho municipal, nada impedia que seus descendentes o fizessem. Assim, a partir do momento em que o escravo ganhava a emancipação, iniciava-se um processo lento, porém contínuo, para a sua integração à sociedade romana como cidadão.

Esta mobilidade social parece surpreendente, dada a tradição romana de continuidade através da linhagem familiar, como simbolizado pelo culto generalizado aos antepassados. Mas isto é explicado por alguns fatores simples: a qualificação financeira necessária para se postular um cargo público, que a elite muitas vezes não conseguia alcançar; a lei romana de herança estipulava a divisão equânime das propriedades entre os irmãos, homens e mulheres igualmente; e o alto índice de mortalidade infantil. A impossibilidade de equilibrar esses fatores tão imprevisíveis resultou em um índice surpreendentemente alto de adoções, como era o caso da elite de Pompéia.

Ao ansiar pela sobrevivência de uma criança do sexo masculino que herdasse a propriedade inteira, a elite limitou o tamanho da família. Mas, ao fazê-lo, arriscava-se a perder todos os seus filhos em conseqüência de doenças da infância, das quais o crescente número de túmulos de crianças em torno de Pompéia prestava um testemunho doloroso. Foi exatamente isto que mobilizou Décimo Lucrécio Valente. Ele não estava sozinho em seu dilema — ao lado dos vinte ou mais filhos de ex-escravos com assento no conselho municipal de decuriões (que tinha um total de cem homens) durante os anos anteriores à erupção do Vesúvio, sabemos da existência de mais de vinte filhos adotivos eleitos para o órgão.

Três dias haviam passado desde que Licineu Romano recebera a notícia da morte de Décimo Lucrécio Valente. Mas agora, quando se dirigia ao fórum para uma reunião do conselho municipal, sentia-se envergonhado por não estar refletindo sobre o passado daquele grande homem, como deveria durante o período de luto, mas sim sobre seu próprio futuro. Muitas vezes ele ficava encantado apenas pelo fato de poder assistir, ouvir os mais velhos, aprender o ritual. Mas então olhava seus companheiros — jovens de origem parecida com a sua, filhos de homens libertos ainda recentes na cidade; homens confiantes como Júlio Políbio e Cláudio Verus — que inspiravam respeito, mas não medo. Mesmo para os que ainda não tinham permissão para falar, não havia dúvida de que a vida pública não tardaria a chamar.

Romano chegara cedo, antes da terceira hora, quando o conselho daria início à sessão extraordinária na qual decidiria sobre uma doação oficial para os gastos com os funerais e com o memorial de Décimo Lucrécio Valente. O conhecimento de Romano a respeito de famílias como a de Lucrécio já era bastante grande: ao caminhar pelo fórum, ele costumava ler as inscrições sob as estátuas eqüestres que declaravam a eminência de membros da família Lucrécio como cavaleiros romanos. Os homens que podiam reivindicar aquele status exibiam uma fortuna pessoal pelo menos quatro vezes maior do que os cem mil sestércios que ele conseguira reunir para se qualificar ao ingresso no conselho municipal.

Mas, apesar de às vezes ele ter a impressão de que nunca faria parte da elite de Pompéia, alguns homens mostravam que era possível, como, por exemplo, Cneu Alleio Nigidio Maio, adotado já adulto pela rica família de negociantes de Alleio Nobilis. Diferentemente dos Lucrécio, os Alleio não vinham de uma linhagem rica, mas Maio construiu uma carreira política tão importante quanto a do filho adotivo de Décimo Lucrécio Valente.

No momento em que Romano pensava sobre a carreira daqueles dois homens, uma tempestade caiu sobre Pompéia, proveniente da cadeia de montanhas alguns quilômetros para o interior. Com a torrente de água, as ruas se esvaziaram. Quando os membros do conselho se reuniram sob o pórtico fora do prédio onde se daria o encontro, Romano ficou ao lado de Quinto Celio Caltílio Justo. Apesar de ser filho de um ex-escravo novo em Pompéia, Justo foi adotado por uma família importante e, no ano anterior, servira como magistrado sênior. Um bom exemplo a ser seguido, talvez ele pudesse dar conselhos a Romano.

Em outro lugar da cidade, a sociedade dos homens libertos conhecida como Augustales decidiu erguer uma estátua em homenagem à memória de Valente e outro grupo concordou em custear um conjunto de baixos-relevos para o túmulo com desenhos que simbolizassem a posição do homenageado.

Os que passavam diante da casa dos Lucrécio nas primeiras horas da manhã do funeral escutavam uma estranha cacofonia: os sons dos músicos testando seus instrumentos, os pranteadores aquecendo suas cordas vocais, dançarinas ensaiando seus movimentos e os atores — recrutados entre amigos, membros da família e profissionais do teatro — repassando os maneirismos e as características dos ancestrais do morto que iriam representar.[13]

Para o vizinho que acabava de acordar e se espreguiçava diante da porta de casa esquecido do significado daquele dia, os preparativos dos funerais na entrada da mansão dos Lucrécio teriam causado um susto. Entre as máscaras mortuárias usadas pelos atores, estava a do próprio Décimo, que parecia vivo novamente e acompanhando seu corpo na última jornada. Atrás dos atores, os membros da família se alinhavam. Os escravos recém-alforriados apresentavam-se pela primeira vez como cidadãos livres, com expressão de gratidão nos rostos, para demonstrar a generosidade de Décimo. Por fim, estava o corpo de Décimo e a procissão seguiria lentamente para o leste ao longo do *decumanus major* em direção ao fórum.

O costume mandava que o corpo de Décimo ficasse exposto durante toda a procissão, vestido formalmente e arrumado pelo engenho do agente funerário em uma posição que dava a impressão de estar vivo. Talvez ele tenha sido disposto reclinado sobre um dos cotovelos como se estivesse jantando — como às vezes é retratado em esculturas em tumbas —, ou então escorado para ficar sentado, pronto para receber os panegíricos que seriam recitados diante dos presentes assim que o cortejo fúnebre entrasse no fórum. Os funerais de um homem tão importante certamente reuniram uma multidão formada pelos que eram atraídos pelo espetáculo em si e pelos muitos que tinham uma dívida de gratidão com Valente pela generosidade com que ele os tratou durante a vida toda. A responsabilidade por tudo agora recairia sobre os herdeiros.

Os que moravam na parte oeste da cidade devem ter ido diretamente para o fórum a fim de esperar a chegada da procissão, mas o caminho permitia que a maioria das pessoas entrasse no cortejo sem se afastar muito de suas casas, pegando as ruelas transversais entre os conjuntos de casas a um intervalo de quarenta ou cinqüenta metros entre elas. Em Pompéia não havia aglomerações de casas de pessoas de elite — como em Roma um século antes ou como os condomínios cercados tão comuns no século XXI —, mas sim tabernas, lojas e oficinas espremidas entre as casas e com pequenos apartamentos sobre elas. Portanto, em cada lugar onde a procissão engordava, havia uma mistura de rostos de todos os níveis sociais, do mais alto ao mais baixo, embora a hierarquia logo se impusesse, com cada pessoa assumindo um lugar apropriado na procissão.

Os primeiros a entrar no cortejo devem ter sido os membros da família do herdeiro de Décimo, que, logo depois da adoção, passaram a ocupar uma casa em frente à dos Lucrécio. Proprietários de terras e de vilas que moravam fora da Porta do Sarno, a oeste, devem ter chegado cedo também, juntando-se à procissão desde o ponto de partida, juntamente com os que moravam na parte mais oriental da cidade próxima do anfiteatro e do grande campo de exercícios conhecido como *palaestrum grande*. Os gladiadores de Lucrécio provavelmente também se concentraram naquele ponto, pois estavam alojados na estalagem próxima à Porta Nuceria e não nas tendas atrás do teatro na parte oeste da cidade onde estavam instalados na época da erupção do Vesúvio. Eles se posicionariam no final do cortejo, no lugar dos *infames* — aqueles considerados repugnantes pela sociedade refinada.

Em seguida, de casas do lado direito da rua, surgiram as famílias de dois futuros magistrados: primeiro, a de Trébio Valente, na época apenas uma criança levada pela mão; depois, a família Júlio, de ex-escravos, com Júlio Políbio, acompanhado de Júlio Felipo, que seria seu pai ou seu irmão mais velho. Do lado esquerdo da rua, onde moravam as famílias ilustres, devem ter saído os Ceii e os Popéia, cujas casas ficavam a uma quadra da rua principal. E, um pouco mais adiante, da entrada de uma casa modesta, sairia Lúcio Popídio Ampliato, embora não tenhamos certeza se ele já ocupava aquela casa na época dos funerais. Nos anos seguintes, ele expandiria a casa e a tornaria um palácio.[14]

Depois de andar cerca de seiscentos metros, o cortejo chegou a um quebra-mar onde a rua principal era cortada por outra passagem importante, hoje conhecida como Via de Estábia. Ela cortava a cidade em um eixo perpendicular entre o que hoje conhecemos como Porta de Estábias e Porta do Vesúvio.[15] Ao lado das pedras colocadas para impedir a passagem de veículos de rodas, havia uma estrutura imponente, cuja natureza ainda é motivo de discussão. Conhecida como Arco de Holcônio, em homenagem ao homem cuja estátua fora colocada próxima, a estrutura foi provavelmente construída por ele para comemorar um ato do Imperador Augusto.[16] Entretanto, opiniões técnicas especializadas hoje consideram os quatro pilares que restaram finos demais para suportar o peso de arcos grandes o suficiente a ponto de cobrir a distância entre eles. Arco ou não, o monumento marcou o início da área cerimonial que, cem metros adiante, chegava ao fórum; neste percurso, não havia estabelecimentos comerciais e as casas particulares, pertencentes a famílias importantes como os Epídio e os Cornélio, eram mais suntuosas.

Décimo Sátrio Lucrécio Valente deve ter tido muito sobre o que refletir quando tomou seu lugar dentro do fórum, encarando a multidão que fora homenagear o homem que ele reconheceu como pai por tão pouco tempo, mas cujas esperanças agora dependiam dele. Não temos como saber quantos anos Décimo tinha naquela época, mas a se calcular pela idade com a qual seu próprio filho concorreu a uma vaga na magistratura, é provável que ele já tivesse vinte e tantos anos.

Ser flâmine de Nero em um momento como aquele certamente era algo cobiçado pela maioria dos pompeianos. Nero marcou sua ascensão declarando que pretendia governar seguindo os mesmos princípios que guiaram seu bisavô Augusto, que exigiu *pietas* — respeito à ordem certa das coisas, tanto neste mundo quanto entre homens e deuses. Para muitos, o início do reinado de Nero prenunciava um possível retorno à Era de Ouro perdida.

Como Nero, Augusto foi extraordinariamente precoce em sua ascensão política. Tinha apenas 21 anos (e ainda era conhecido como Otaviano) quando vingou o assassinato de seu pai adotivo, Júlio César, na batalha de Filipos; e tinha apenas 32 quando derrotou seu antigo colega de armas Marco Antônio e sua companheira Cleópatra e reivindicou o Egito como parte de um Império Romano unificado. Com poderes sem precedentes depois de décadas de desordem social, Otaviano elaborou um projeto para recuperar a glória de Roma inteiramente permeado com uma ideologia de austeridade moral e obediência ao Estado — e, sobretudo, ao imperador. E a personificação desses ideais elevados era o próprio Otaviano, relançado em 27 a.C. como mais do que um homem e assumindo o nome de Augusto, que anteriormente era um epíteto usado apenas para os deuses (Figura 5).

Mas, com as edificações do fórum cercando os pranteadores nos funerais de Valente repletas da ideologia de Augusto — o mármore brilhante e as fachadas pintadas de ouro clamando moral e renovação religiosa; os templos e as estátuas celebrando sua divindade —, os moradores da cidade começaram a pensar quando a esperança se transformaria em decepção.

Se Valente tivesse levantado o pescoço para olhar a hora no relógio solar no pátio do Templo de Apolo, teria se lembrado que seu doador fora o mesmo Marco Holcônio Rufo cuja estátua ficava próxima ao "arco". Este Rufo, juntamente com um antepassado da família adotiva de Valente, chamado Decidiano Lucrécio Rufo, fora um dos mentores das reformas de Augusto em Pompéia. Ao lado de Caio Ignácio Póstumo, remodelou todo o Templo de Apolo e seus arredores com seu próprio dinheiro e renovou o principal teatro da cidade. Pompéia devia muito a ele e pagou suas dívidas. Além da estátua feita em sua homenagem, a cidade assegurou que seu filho herdasse o posto de flâmine de Augusto quando ele morresse. Mas quando o líder da família Holcônio da geração seguinte escolheu mal e se associou ao Imperador Calígula, a reação foi dura. Após a queda de Calígula, nenhum membro da família Holcônio ocupou cargo público por quase quarenta anos.

Os paralelos entre o início do reinado de Calígula e a situação em 54 d.C. estavam desconfortavelmente próximos. Calígula era tio de Nero e sua ascensão também contou com a aclamação das massas; como Nero, Calígula era jovem e se beneficiou do entusiasmo dos romanos pelo brilho da juventude. Apesar de todas as palavras bonitas que Nero pronunciava agora, quem poderia garantir que ele não seguiria os mesmos passos de Augusto ou de Calígula?

Era um bom dia para funerais. A chuva cessara e o fórum estava coberto de guirlandas de flores para o festival de Júpiter que se aproximava. Atrás do Templo de Júpiter ficava o Monte Vesúvio. Observando a multidão, Décimo Sátrio Lucrécio Valente estava certo de que seu momento havia chegado. Os templos e o mercado do lado ocidental do fórum lembravam-no Roma — o formato das edificações inspirado nas estruturas do grande fórum da capital; os templos e altares freqüentemente dedicados a Augusto e seus descendentes. E agora Valente era o representante de Roma em Pompéia; o preferido do novo imperador.

Ele estava orgulhoso dos preparativos para os funerais. Não se fez economia. Dois mil sestércios tinham sido doados apenas para os perfumes, a maior parte dos quais teria subido aos céus em forma de fumaça perfumada quando o nono dia terminasse. Diferentemente do gosto mais simples de seus ancestrais da família Sátrio e de outras famílias tradicionais da cidade que se orgulhavam de seus funerais modestos, este Lucrécio repousaria sob o mais nobre mármore. No entanto, seu túmulo seria de bom gosto, ao contrário dos palácios burlescos que os homens libertos estavam erguendo para quando morressem. Algumas leis foram aprovadas para coibir excessos, mas de nada estavam adiantando. Talvez Nero impusesse uma nova austeridade equivalente à de Augusto.

Outros magistrados discursaram e chegou o momento do elogio público. Uma onda de silêncio invadiu o fórum. Os ancestrais personificados pararam com as tolices que faziam e ficaram parados em suas cadeiras de magistrado feitas de marfim. Quando Décimo Sátrio Lucrécio Valente deu um passo à frente, sentiu de repente o olhar penetrante dos que o fitavam — não o olhar dos atores, mas dos homens cuja linhagem ele se comprometera a continuar. Somente depois que as máscaras estivessem novamente guardadas nos armários, a família fosse purgada com fogo e água e a casa finalmente purificada com sal e trigo torrados, ele ficaria livre do julgamento daqueles olhos. Após respirar fundo, começou a discursar.

— I —

Nos quatrocentos anos entre o início do século II a.C e o final do século II d.C., o comércio marítimo no Mediterrâneo alcançou um nível de atividade que não seria visto novamente por mais de um milênio. E os anos exuberantes do início do Império Romano colocaram os habitantes da Campânia no centro de um dos mais espetaculares crescimentos econômicos que o mundo jamais conheceu. A pirataria que atrapalhou os negócios no século anterior foi eliminada e as vias marítimas ficaram abertas. Todos os desejos, por mais exóticos que fossem, podiam ser satisfeitos. Como escreveu o estudioso da época Plínio o Velho, "todos sabem que, com o mundo unificado sob a majestade do poder romano, a vida melhorou graças ao comércio e à bênção da paz". Juvenal, por sua vez, afirmou que, durante a sua existência, parecia haver mais homens vivendo a bordo de navios do que em terra firme. Para os que colhiam os frutos do império, a observação satírica de Juvenal não parecia absolutamente exagerada.

Quando Augusto morreu em 14 d.C., a maior recompensa do leste helênico estava firmemente em poder de Roma havia quarenta anos. A conquista do Egito, com suas grandes extensões de cultivo de cereais e de riquezas naturais, foi o auge da ambição que vinha fortalecendo Roma desde que emergira como potência do Mediterrâneo trezentos anos antes. Nos séculos de intervenção, Roma atacou impiedosamente os inimigos, um após o outro, derrotando-os no campo de batalha, roubando seus satélites comerciais e aliados mais fracos e assimilando as culturas locais. A vitória mais importante dos primeiros anos de expansão de Roma — a que fez as outras potências mediterrâneas sentirem-se ameaçadas —

foi na batalha contra Cartago: terra de Aníbal e potência marítima preeminente no Mediterrâneo ocidental.

Derrotada várias vezes em uma série de disputas de vida ou morte com uma Roma extremamente resistente nos seis anos seguintes, Cartago foi derrotada em 146 a.C., e a cidade da Rainha Dido foi devastada, para ser reconstruída por seus conquistadores um século mais tarde como parceiro comercial — quando Roma reconheceu com clareza onde estava seu verdadeiro interesse. Na época de Nero, a extinta força militar de Cartago era simbolizada pelos elefantes — a arma de terror de Aníbal —, que agora eram usados para fins meramente cerimoniais pelos imperadores de Roma.

Sem parar para respirar, Roma em seguida partiu para ocupar a Macedônia, contra a qual vinha travando guerras intermitentes nas décadas anteriores. A Macedônia já não era a potência que fora sob Alexandre e os territórios que ele conquistara já tinham se desmembrado e passado para as mãos dos herdeiros dos generais e seus sucessores. Mesmo assim, a pilhagem generalizada das riquezas do país pelos romanos permitiu que Roma suspendesse a cobrança de impostos de seus cidadãos. Este privilégio seria mantido por séculos, preservado muito zelosamente por seus beneficiados, enquanto o afã conquistador do império seguia com força total. No século II a.C., novos êxitos de Roma no sul dos Bálcãs, seguidos da derrota de Corinto, fizeram da magnífica civilização grega espólio de guerra do vencedor. Naquele momento, não havia dúvida de que Roma era tanto insaciável quanto irresistível.

Se no início a ousadia militar teve um papel fundamental na expansão territorial de Roma, no século I d.C., foi o empreendimento mercantil e tecnológico que melhor caracterizou o império. Algumas conquistas ocasionais continuariam a proporcionar a chegada de espólios e escravos a Roma, mas foi ficando cada vez mais claro que o império só conseguiria manter sua supremacia e satisfazer as expectativas de seus afortunados cidadãos se exercesse um firme controle administrativo do comércio.

Para custear os gastos de Roma, a população do Egito passou a pagar impostos sobre tudo — de casas de banho a diques, do sal e do óleo à venda de animais. Impostos sobre terras e impostos diretos proporcionavam milhões de sestércios todos os anos aos cofres do tesouro romano, embora a maior parte das taxas fosse paga em mercadoria, na forma de carregamentos de trigo dos campos férteis da região do Nilo. Foi esta bonança que sustentou a promessa de que não haveria mais escassez em Roma nem as freqüentes revoltas populares, sempre na crença de que os desafios logísticos do transporte do trigo seriam facilmente superados. Naquela época, os romanos referiam-se ao Mediterrâneo de forma possessiva como *mare nostrum* — "nosso mar".

Foram construídas enormes fragatas, chamadas de "pinheiros" ou "abetos" por causa das grandes árvores derrubadas para a construção das embarcações. Os cascos eram cobertos com uma substância encáustica para não deixar a água entrar e também para ajudar o navio a deslizar no mar.[1] Mesmo assim, a viagem, que levava de cinqüenta a setenta dias de Alexandria a Putéolos, com ventos fortíssimos, era uma dura travessia para a esquadra de transporte de cereais, enquanto os navios menores que se aproveitavam da segurança oferecida pelas grandes fragatas esforçavam-se para acompanhar o comboio. Na viagem de volta, entretanto, com o vento a favor, os barcos pequenos iam rápido "como cavalos de corrida". Quando prevalecia o espírito competitivo, mil milhas náuticas podiam ser percorridas em nove dias, com velocidade média de mais de quatro nós e meio. A vida era dura para os que manejavam os cordames do navio.[2]

Os riscos também eram enormes. O mar era considerado intransitável de 11 de novembro a 10 de março e perigoso nos dois meses que precediam e nos dois que se seguiam a este período. Pessoas prudentes aconselharam que não fossem feitos grandes investimentos no comércio. Mas para muitos era impossível resistir aos lucros que poderiam ser obtidos. O apetite por riqueza que levou homens a arriscar suas vidas e investimentos em mares incertos tornou a Campânia, particularmente o importante porto de Puteoli — alguns quilômetros ao norte de Pompéia na baía de Nápoles —, um motor da economia romana.

Do século II a.C. em diante, as técnicas de construção romanas foram revolucionadas pela descoberta das propriedades especiais da cinza vulcânica conhecida como *pozolana*, ou "areia de Putéolos". Desviando rapidamente sua atenção da arquitetura das cidades e do desenho dos prédios para a construção prática, Vitrúvio entusiasmou-se: "Existe um pó de origem natural que produz resultados notáveis. Ele é encontrado... nos territórios dos municípios que rodeiam o Monte Vesúvio. Quando misturado com limo e cascalho, produz um material de construção resistente, especialmente útil para píeres construídos sobre o mar, pois a mistura permanece dura mesmo debaixo d'água."

O efeito obtido com o cimento mágico pode ser visto nos primorosos frascos esféricos de vidro feitos em Putéolos para serem vendidos como suvenir para viajantes. Gravados com desenhos panorâmicos do porto, os frascos exibem molhes imensos que formavam o quebra-mar pelos quais os navios passavam para a ancoragem segura.[3] Embora encontrado somente no centro da Itália, a *pozolana* era facilmente transportada como lastro em navios para ser usado em todo o Mediterrâneo. Em todos os lugares onde o pó era utilizado, a atividade dos mercadores se tornava mais fácil e eficiente, e o risco aos navios era reduzido.

Os enormes sacos de cereais que os estivadores retiravam dos porões da esquadra de Alexandria e levavam para os depósitos da Campânia reforçavam a credibilidade de Augusto, que avançava na implantação de seu programa. A chegada dos carregamentos também serviu para evitar que seus sucessores fossem perturbados por agitações sociais que tanto afetaram a república antes daquela época. No período de Nero, as legiões e os comerciantes romanos estavam firmemente instalados por todo o Mediterrâneo. Os territórios conquistados eram administrados, em sua maioria, como províncias sob a autoridade de um governador designado pelo Senado de Roma ou pelo Imperador.

Sob muitos aspectos, no entanto, o poder real ficava nas mãos das comunidades que geriam cotidianamente as atividades de comércio e embarque de mercadorias. O comércio era a força que unia o Império, mas eram as pequenas cidades — as da Líbia, da Espanha ou do interior da Itália, mas especialmente as cidades costeiras — que forneciam os tijolos que construíam a estrutura imperial. Em cada uma das cidades, o conselho municipal impunha a lei e mantinha a ordem dentro de suas comunidades. No entanto, embora a autoridade fosse romana, a língua, a cultura e a religião muito provavelmente eram gregas.

Das ilhas e do continente gregos propriamente ditos, da Ásia Menor ao Egito, da Sicília ao Sul da Itália, os vestígios da antiga civilização grega ainda permeavam a vida cotidiana. Mas não eram apenas vestígios silenciosos de uma cultura antiga que um dia floresceu na costa da península italiana e deixou povoados como Paestrum na região ao sul de Pompéia conhecida como Magna Grécia. A cultura grega continuava tendo uma influência viva. Esculturas e pinturas saqueadas dos palácios da Grécia forneciam modelos para infindáveis reproduções e estabeleceram a agenda da arte romana por muito tempo, enquanto seus deuses passaram a ser os deuses dos romanos com outros nomes.

Chegando à costa da Campânia, o comandante de navio de uma região distante podia navegar com base em informações de lugares cujos nomes continham referências ao folclore marítimo do antigo Mediterrâneo helênico: a ilha de Capri, onde as sereias cantavam suas canções fatais; Baias, cujo nome foi dado em homenagem a um membro da tripulação de Ulisses. Ainda assim, para os romanos do século I d.C., eram fundamentalmente as imagens do épico *Eneida*, de Virgílio, que agora predominavam; a onipresença das cenas desta peça de propaganda augustana pintadas nos muros de Pompéia mostra o quanto a imagem do imperador estava inculcada na psique romana. Agora, ao conduzir seu navio ao ancoradouro, o marinheiro poderia procurar o importante porto naval de Miseno, na ponta norte da baía de Nápoles, onde o trombeteiro de Enéias teria sido enterrado.

A determinação de Augusto de fundir a revolução social por ele forjada com a idéia de império em um sentido de identidade levou Públio Virgílio Marão a reescrever as origens de Roma na forma de um mito de base épica. Seu longo poema *Eneida* reuniu as fibras discrepantes da mitologia romana pela primeira vez, para demonstrar como, na pessoa de Augusto, uma era de ouro do império estava predestinada desde o momento em que Enéias fugiu do saque a Tróia, levando seu pai, Anchises, nos ombros. A mensagem de *Eneida* era inequívoca. Todos os momentos de prova da história de Roma haviam sido meros preparativos para o momento em que Augusto, que teria uma descendência direta de Enéias e de sua mãe divina Vênus, ascendesse ao trono de Roma. A narrativa improvável de Virgílio foi apropriada com entusiasmo pelos que desejavam acreditar que, finalmente, os tempos estavam mudando para melhor.

CAPÍTULO 2

A sete semanas do Egito

Março de 56 d.C.

Os marinheiros do Europa gritaram de felicidade quando circundaram o cabo da península Sorrentina. Depois de muito tempo, a grande montanha do Vesúvio surgiu na paisagem e a longa viagem estava chegando ao fim. Durante a primeira quinzena de travessia, as estrelas os haviam guiado na cansativa viagem pelo Mediterrâneo desde o Egito; no restante do caminho, eles conseguiam ver o continente, navegando próximos à costa por segurança. Muitos achavam que seu superior — Trifão — era louco por tentar a travessia durante o inverno, arriscando a vida de todos para levar aos moradores da cidade saqueada os artigos de luxo que eles desejavam. Mas desta vez, tiveram sorte.

Quando Trifão tomou o caminho pelo estreito, entre a ilha de Capri e o continente, a magnífica e resplandecente baía de Nápoles surgiu diante deles, repleta de embarcações de todos os tipos. Seguindo em direção ao mar aberto, os trezentos homens que tripulavam a quadrirreme testavam a velocidade da embarcação. Ao longe, ouvia-se o barulho dos remos. Seria a primeira vez naquele ano que o navio deixaria os diques secos de Miseno, onde os navios da marinha eram recolhidos durante o inverno. Mais perto, barcos de pesca flutuavam ao sol de primavera, prontos para correr em direção à casa ao primeiro sinal da chegada de uma tempestade. E, até onde a vista alcançava, casas pontilhavam a costa, com seus elegantes píeres avançando sobre a água.

Aproximando-se da terra, a tripulação fixou os olhos em um monte de barquinhos e chatas que saíam da desembocadura do Sarno. Por trás deles, a linha da costa se erguia e as construções se uniam em uma massa compacta: a cidade de Pompéia. A mais proeminente delas era o Templo de Vênus, luminoso à luz do sol.

"Vênus Salvadora", declarava uma inscrição grega em um muro de Pompéia, acima da pintura da deusa guiando um barco, movendo-se a todo pano.[1] A estátua de Vênus no templo de Pompéia à deusa devia ter a mesma pose. Segurando um grande leme de bronze, ela olhava para o mar de seu magnífico templo construído nos primeiros anos da colônia, em um terreno de onde as casas foram removidas para este propósito.[2] Este foi um gesto de uma cidade orgulhosa do status que lhe foi conferido por Sulla depois que reivindicou Pompéia para Roma e rebatizou a cidade de "Colônia de Vênus" pela estima que o ditador sentia que a Vênus tinha por ele. Mas quando Augusto chegou ao poder, os pompeianos tinham mais forte razão para adorar sua protetora. Ela agora era aclamada como mãe do fundador de Roma, Enéias, e origem da linhagem juliana.

A filha mítica de Júpiter, Vênus teve sua primeira encarnação na Itália como deusa da fertilidade; apenas no século III a.C. ela passou a ser identificada com a deusa grega da fertilidade, Afrodite. O território de Pompéia já se banhava nesta tradição antiga de devoção muito antes de Sulla dar à colônia o nome de sua protetora. Uma inscrição em idioma osco no que teria sido a casa da sacerdotisa de Vênus, Mamia, faz referência às festividades de Mefitis, o nome original pelo qual a deusa teria sido conhecida localmente. Freqüentemente, nas imagens que a representam e que proliferavam pela cidade, Vênus era apresentada de forma íntima: como um nu sexy em um pequeno biquíni de filigrana de ouro de uma estátua; ou como a ninfa convencional de cabelos louros saindo da concha, que Décimo Sátrio Lucrécio Valente escolheu para decorar sua casa (Figura 16). Mas ela é também apresentada com uma coroa em um vestido longo celestial coberto de símbolos astrológicos, resplandecente em uma carruagem puxada por quatro elefantes — uma deusa com o sabor de um oriente místico.

Para uma tripulação corajosa o suficiente para tentar atravessar o Mediterrâneo em fevereiro, Vênus tinha um importante papel como protetora dos marinheiros e forjadora de destinos. "Vênus é quem tece a teia", alguém apaixonado escreveu em um muro. "Quando investe sobre meu bem-amado, ela coloca tentações em seu caminho. Ele deve esperar ter uma viagem, o que é também o desejo de seu Ario."[3] Os marinheiros que partiam em viagem deviam implorar por sua misericórdia no pátio do templo e dar presentes a Vênus quando seu navio retornava para casa em segurança e carregado de mercadorias: pinturas representando as tempestades que seus navios enfrentaram, por exemplo. O fato de o templo de Vênus ficar posicionado de frente para o mar — mesmo com o ônus de ter causado a demolição de casas particulares originalmente construídas no local — é uma afirmação de que Pompéia estava sempre olhando para o exterior em busca de prosperidade.

Pompéia era um importante ponto de parada de mercadorias transportadas pelo rio Sarno. Quando o geógrafo Estrabão mencionou o porto de Pompéia no fim do primeiro século a.C., descreveu os serviços que ele prestava a Nola, Nucéria e Acerra, três cidades relativamente grandes que estavam à mesma distância de Putéolos e de Pompéia, mas preferiam esta última.[4] Destas cidades, produtos de lã, vinho e azeite chegavam em barcaças que navegavam em águas rasas e eram transferidos para navios maiores juntamente com produtos da própria Pompéia e transportados por mar para quase todos os pontos do Império. Contêineres de vinho produzido pelas famílias Lassio e Eumaquio foram encontrados na Gália, atualmente sul da França; e nas profundezas do Egito, nas minas de Mons Claudianus próximo ao Mar Vermelho, a descoberta dos registros de um intendente militar revelou o quão distante os defensores do Império chegavam para assegurar o abastecimento de artigos de luxo. Vinhos, azeite de oliva e condimentos para peixe eram todos importados, mas a maioria dos que lá estiveram só podiam comprá-los para pagar no futuro; mas estavam sempre dispostos a tomar empréstimos atrás de empréstimos para consumir o que os fizesse lembrar que eram romanos.[5]

No ápice da estação de navegação, o porto de Pompéia decerto fervilhava com a azáfama dos mercadores que, ao embarcar a produção local, acotovelavam-se com os marujos recém-chegados das mesmas rotas que seus colegas em breve tomariam. Um navio de porte médio — como aquele que em 60 d.C. naufragaria nas imediações da ilha de Elba — era capaz de transportar cerca de cinco mil ânforas de molho de peixe. Acomodar uma carga semelhante entre os gravetos e ramos utilizados como proteção certamente consumia tempo. Mas é bastante provável que depois de uma longa e sofrida temporada em alto-mar, a marujada, já ansiosa pelos prazeres oferecidos em terra firme, não tivesse muita paciência com aqueles que se interpunham em seu caminho.[6] Ainda que perecíveis não fossem importados, a não ser pelas frutas exóticas, é possível que os mestres de bordo se afligissem para desembarcar as cargas animais o mais rápido possível. Criaturas ferozes e estranhas podiam ser vistas subindo enjauladas a escarpa que levava à cidade, talvez leões e tigres a caminho do anfiteatro, ou até mesmo girafas e hipopótamos, curiosidades ainda sem nome na sociedade romana.[7] Somava-se a isso o espetáculo dos humanos igualmente acorrentados, homens e mulheres que em grande parte já haviam passado pelo importante mercado escravo de Éfeso e que logo seriam colocados à venda novamente.[8]

A fetidez dos homens suarentos, desde muito em alto-mar, contrastava com o aroma exuberante de outras cargas vindas de distâncias ainda maiores. As sedas da China, bem como as arcas de ouro e pedras preciosas, passavam despercebidas, mas não as perfumadas especiarias que chegavam da costa leste da África, depois de terem atravessado o mar Eritreu, em que se juntavam as águas do Índico e do golfo Árabe, para serem descarregadas nos portos de Barbarikon ou Barijgaza, na foz do Indo. Ali elas teriam se juntado aos carregamentos de mirra, vindos do interior do subcontinente, e de raiz de costo, do Himalaia, para depois seguirem por terra rumo ao norte, passando pelo grande oásis de Palmira ou pelo porto de Muza no Mar Vermelho, onde milhares de embarcações menores coletavam sua carga e seguiam em frente. Depois, no Egito, uma vez paga a famigerada tarifa de 25% imposta pelas autoridades romanas, as partidas de cássia, canela, cardamomo, cravo, gengibre e sândalo teriam sido marcadas como "Especiarias de César" e recebido permissão para prosseguir. Por fim, já em terras campanienses, seriam cuidadosamente distribuídas em pequenos bocados e acondicionadas nos belos frascos que em seguida recheariam as prateleiras dos comerciantes de perfume.

As rotas orientais — com origem em Elana, Leukos Limen e Berenice — incluíam diversas escalas, e é bastante provável que os comerciantes de

Pompéia se irritassem com os eventuais atrasos resultantes do descarregamento e recarregamento das mercadorias. Uma carta, escrita em papiro por um marujo envolvido no transporte de grãos no século II, revela que era preciso uma quinzena para descarregar um navio e conferir toda a carga, e que, às vezes, outra quinzena era consumida até que as autoridades liberassem os navios para zarpar.[9]

A localização exata do porto de Pompéia é um problema de difícil solução; sabemos, contudo, que o Templo de Vênus ficava fora dos muros da cidade e próximo ao porto, o que nos dá uma pista. Hoje, as ruínas de Pompéia ficam a quase dois quilômetros do mar e aproximadamente um quilômetro a norte do Sarno. Embora as áreas da cidade intramuros que davam vista para o mar e para o rio tenham sido escavadas, a exploração das partes mais baixas, fora dos muros e na base da falésia, é tão insuficiente que muitas perguntas basilares acerca da identidade de Pompéia como cidade portuária permanecem sem resposta. Alguns trabalhos foram realizados no século XIX, mas pesquisas adicionais tornaram-se impraticáveis com a urbanização recente de muitos trechos.

Uma região como a Campânia — tão modelada pela atividade sísmica e vulcânica — seguramente está sujeita a um dramático fenômeno geológico conhecido como bradissismo, mediante o qual os níveis de altitude podem subir ou descer em muitos metros no período de apenas alguns anos, ou mesmo meses, em razão de deslocamentos ocorridos a centenas de quilômetros da crosta. Em Puzzuolo (antiga Putéolos), conchas de moluscos centenários ainda podem ser encontradas nas colunas de mármore do mercado romano — freqüentemente confundido com o Templo de Serápis —, a uma altura superior a três metros, vestígios de uma época em que elas se encontravam submersas. No século XVI, o solo sob essa edificação subiu em seis metros para depois descer em quatro, e na década de 1980 subiu novamente em dois metros, coincidindo com um grande terremoto. De modo geral, essas descobertas parecem corroborar as evidências, colhidas nas imediações de Torre del Greco, de que o nível do mar na Era Romana ficava pelo menos quatro metros *abaixo* do atual. No entanto, visto que o bradissismo pode ocorrer de maneira bastante inconsistente, mesmo numa área relativamente pequena, é preciso prudência na formulação de teorias geológicas. As dobras de aspecto ondular acrescentadas à paisagem pela atividade sísmica na região podem muito bem ter provocado a elevação até mesmo das instalações do porto de Pompéia, ao sopé da falésia.

Entre os que se dirigiam ao porto para esperar o *Europa* talvez se encontrasse um comerciante chamado Célio Africano, cujo nome denuncia não só suas origens exóticas como também sua participação no mercado internacional. Sabemos da existência de Africano em razão de uma propriedade doméstica convertida em sede comercial na parte sudeste de Pompéia, não muito longe da porta de Nucéria, onde pilhas de ânforas importadas foram encontradas, sugerindo que ali funcionava um negócio atacadista com interesses na África e no Oriente. A propriedade foi nomeada a Casa da Nau Europa, em razão de um grafito em que vemos uma embarcação ricamente aparelhada seguindo na esteira de um escaler, um desenho de tal modo detalhado que só pode ter sido realizado por um marujo ou por alguém que conhecesse de perto o navio (Figura 3). A proximidade dessa casa com o trecho sul dos muros da cidade sugere que o porto não ficava muito longe dali. A facilidade de acesso às instalações portuárias, através do que hoje conhecemos como as portas do Mar, de Estábias e de Nucéria, teria sido uma consideração importante para Africano no momento de escolher a localização de seu negócio.

Em vista de evidências como essa — bem como da utilização da palavra *adluo* por Plínio, sugerindo que o Arno passava rente à cidade —, é plausível que os buracos cavados em cada um dos 17 blocos de calcário enfileirados nas imediações da Porta do Mar, ainda que dez metros acima do atual nível do mar, tivessem servido como suporte de amarração para os navios atracados em Pompéia.[10] Sem dúvida, eles lembram instalações encontradas em outros portos romanos, e até pouco tempo atrás muitos acreditavam que tal fosse o seu propósito. Todavia, nenhum vestígio de vida marinha foi encontrado durante escavações realizadas recentemente naquele trecho, e a questão mais uma vez se abriu para debate.[11] Seria mesmo possível que o porto de Pompéia se localizasse numa baía na foz do rio Sarno, ainda que o mar atualmente fique a certa distância?

Sabemos desde muito que os rios constantemente mudam de curso ao longo do tempo. Hoje, o Sarno é um mero fio d'água se comparado ao rio de águas caudalosas que ele fora no passado.[12] Além disso, é bastante provável que seguisse um curso bem diverso. A cinco quilômetros de Pompéia, em terras secas, foram encontrados fragmentos de 38 ciprestes, geralmente plantados à beira-rio na Antiguidade, além de um rústico santuário erguido por um dos membros de uma importante família de vinicultores. Uma vez que permitia o escoamento da produção até o porto, o rio era de fundamental importância para os vinicultores da Campânia, que teriam bons motivos para agradecer pelo fluxo perene daquelas águas. Rio acima, as ruínas de diversas vilas traçam uma linha paralela ao Sarno atual, porém a cerca de 1,5 quilômetro para o norte, e parece-nos razoável supor que o curso do rio fosse mais próximo de Pompéia do que é hoje. Além disso, análises geológicas revelam que o Sarno se esparramava num delta em sua foz.

Assim sendo, uma boa hipótese para a paisagem da época é a de que o Sarno corresse a cerca de 800 metros ao sul da cidade até desembocar num delta, colocando o canal norte a apenas algumas centenas de metros da Porta do Mar. Nesse caso, como teria sido o porto propriamente dito? Os barcos simplesmente ancoravam próximo à praia para o desembarque de mercadorias, como podiam fazer as embarcações de até 100 toneladas num Mediterrâneo desprovido de correntes? Ou os mercadores de Pompéia teriam contado com instalações portuárias mais ambiciosas?

As paisagens pintadas nas paredes de Pompéia e dos vilarejos em torno do Vesúvio muitas vezes representam de forma pouco confiável a topografia e a arquitetura locais: as vilas estratificadas que figuram nas pinturas pastorais, lembrando cambaleantes bolos de casamento, seguramente apresentam um alto grau de licença artística (Figura 2). Em muitos casos, contudo, evidências arqueológicas parecem corroborar a imaginação aparentemente fantasiosa desses artistas. Portanto, também é possível que o pequeno porto retratado num mural de Estábias — situada a apenas alguns quilômetros ao sul de Pompéia — seja mais que um mero arremedo da realidade. O cais dá vista para uma pequena ilha em que pescadores atracam seus barcos e jogam suas linhas, e a proteção natural que ela oferece é suplementada por dois pequenos quebra-mares artificiais. Trata-se de uma representação perfeitamente plausível de Pompéia nos primeiros anos do reinado de Nero, talvez realizada por um pompeiano que tenha viajado até Estábias especificamente para esse fim. Além desse mural, outros motivos nos levam a crer que a zona portuária de Pompéia fosse altamente desenvolvida.

Vinte anos de pesquisas arqueológicas realizadas na segunda metade do século XIX trouxeram à luz um aglomerado de construções fora dos muros de Pompéia, próximo à costa e ao rio, evidenciando a existência de uma ampla periferia urbana.[13] Uma colunata de lojas foi escavada na região hoje conhecida como Bottaro, e os artefatos encontrados — âncoras, pesos para redes de pescar, frascos medicinais — claramente sugerem que ali funcionavam empórios e farmácias freqüentados sobretudo por marinheiros e proprietários navais. Na vizinhança, duas vilas foram encontradas — uma delas pertencendo a Célio Africano —, além de uma quadra de casas e outros estabelecimentos independentes, alguns dos quais dão a impressão de terem sido armazéns.

A teoria de que havia um extenso subúrbio fora dos muros de Pompéia recebeu novo alento com a descoberta dos túmulos de autoridades locais no *pagus Augustus Felix suburbanus*. *Pagus* era o termo administrativo utilizado pelos romanos para definir um povoamento fora da cidade, com suas próprias festividades e seus próprios governantes, os quais, à diferença dos magistrados da cidade, podiam ser libertos. Os restos mortais das autoridades do *pagus* pompeiano foram encontrados na necrópole do outro lado da Porta de Nucéria, na parte sul da cidade. E túmulos portando o nome de outros tantos foram encontrados nas imediações da Porta de Herculano, que dava acesso ao norte. Isso sugere a existência de uma comunidade suburbana que margeava os muros de Pompéia, nos trechos em que eles defrontavam o mar, e se estendia tanto pelas margens do Sarno quanto pela costa norte da baía.

A abundância de referências às autoridades do *pagus Augustus Felix suburbanus* e a seus assistentes (*magistri* e *ministri*) — especialmente em comparação com os dignitários de outras partes da cidade e do território vizinho — sugere que o *pagus* era um importante centro de geração de riqueza durante os primeiros anos do período imperial. Essas pessoas eram suficientemente abastadas para patrocinar as artes, financiar a construção de um grande bloco de arquibancadas no anfiteatro e erguer uma estátua em homenagem a um ator altamente popular da virada do século, Norbano Sórice, na Basílica de Eumáquia no fórum.[14] Ora, quem tinha meios para financiar tais extravagâncias decerto também estava preparado para investir na melhoria da infra-estrutura portuária da qual dependia o sucesso comercial de seus empreendimentos. Assim sendo, e levando-se em conta a disponibilidade do material de construção necessário — a extraordinária pozolana, o cimento hidráulico que havia remodelado Putéolos —, é razoável supormos que o porto de Pompéia fosse relativamente sofisticado.

Os rebocadores que haviam conduzido o Europa *até os postes de amarração que marcavam as águas mais rasas já desatavam as cordas para partir, e os batelões de fundo plano abordavam o navio para dar início ao descarregamento. Da varanda de sua casa, Umbrício Escauro observava satisfeito os barqueiros levantarem suas varas para depois fincá-las na água em busca de tração nos bancos de areia. Ainda faltavam três meses para que os graneleiros procedentes de Alexandria chegassem a Putéolos. Pompéia havia se adiantado, e Escauro conseguiria um bom lucro com sua parcela na carga do* Europa.

No entanto, sua satisfação deu lugar à perplexidade quando ele avistou o emaranhado de embarcações na embocadura do Sarno. Ali se dera um congestionamento das balsas que traziam a produção agrícola das fazendas rio acima, as proas ainda arrastando tufos das junças que abundavam nas margens. Escauro antevia o desastre, mas sabia que, àquela distância, um grito de advertência dificilmente seria ouvido.

Um batelão que já havia colhido sua carga no Europa *preparava-se para acostar entre dois navios bulbiformes, ancorados próximo à costa. Foi então que uma inesperada lufada fez com que esses dois navios guinassem violentamente um contra o outro. Apesar da distância, Escauro sobressaltou-se com o estrépito do choque. O batelão, espremido entre os dois gigantes, fez água e foi a pique. Os estivadores que transportavam mercadorias junto à praia imediatamente lançaram-se ao mar na tentativa de resgatar o que fosse possível. Mas estava claro que não tinham muito o que fazer. Do alto de sua varanda, Escauro deu meia-volta e entrou em casa, já atormentado com o cômputo dos prejuízos.*

Muitos dos homens abastados de Pompéia residiam em mansões que davam vista para o mar e para o rio, construídas numa escala extravagante e guarnecidas com janelas panorâmicas que perfuravam os velhos muros defensivos da cidade. Um exemplar especialmente belo é a residência de Umbrício Escauro.[15] A casa já havia pertencido a Maras Espúrnio, o malsucedido comandante dos defensores de Pompéia durante o cerco de Sulla, mas sob a governança da família Umbrício foi amplamente reformada, ganhando espaço e luxo. Construída em níveis diferentes e localizada na borda da escarpa de calcário, contava com três átrios, um grandioso peristilo ao nível da rua e salas de banho privativas em todos os cômodos dos pavimentos inferiores.

Não muito longe dali, na borda oriental da escarpa, ficava a elegante residência de Fábio Rufo, em que, buscando ampliar o máximo possível a vista para o mar, uma impressionante seqüência de salas de jantar praticamente não dispunha de uma quarta parede. Entre as salas, passagens estreitas facilitavam o trânsito discreto dos escravos, que aparentemente surgiam do nada quando vinham servir refrescos aos que apreciavam a vista. O cenário evoca dias passados em total indolência; quase podemos imaginar um visitante sendo homenageado com um espetáculo semelhante ao que fora oferecido a certo siciliano que, maravilhado com a idílica paisagem de pescadores lançando suas redes ao mar, acabaria comprando a casa de seu anfitrião, somente para descobrir depois que os pescadores haviam sido colocados ali para entretê-lo.[16] Uma citação do poeta Lucrécio, inscrita numa das paredes da casa de Fábio Rufo, um local rico em grafitos, ilustra o cinismo subjacente à geração de riqueza necessária à manutenção de um estilo de vida semelhante. Limitando-se às palavras "Deleitável é do alto o vasto oceano", a mensagem é discretamente cifrada. A citação verdadeira à qual ela se refere diz: "Deleitável é, quando sobre o vasto oceano os ventos encapelam as águas, observar de costa a costa a adversidade alheia: o deleite não está em perceber as tribulações de quem quer que seja, mas tão-somente em perceber-nos livres delas."[17]

Apesar de todo o egocentrismo, essa espécie de *Schadenfreude* era compreensível. Na qualidade de homens com interesses mercantis, Fábio Rufo e seus vizinhos teriam observado de suas janelas panorâmicas a flutuação de suas próprias fortunas, bem como a de seus associados. Nos registros de natureza comercial que sobreviveram ao tempo, os nomes dos libertos de Rufo — Fábio Secundo, Fábio Agatino e outros — aparecem com certa freqüência, e o sucesso ou insucesso deles teria tido um impacto direto sobre o próprio Rufo. Muitos na elite preferiam conduzir suas atividades empresariais a certa distância, estabelecendo a maior parte de seus libertos em negócios dos quais eles participavam como sócios capitalistas e aos quais ofereciam a proteção inerente à sua condição de patronos, limitando-se a colher os lucros no momento certo. Tal arranjo pode ser explicado por uma conjunção de fatores, mas sobretudo pelo desdém aristocrático pelo comércio, a que Cícero tão eloqüentemente aludira no século anterior.[18] A elite não gostava de sujar as próprias mãos na realidade quotidiana dos negócios. E que motivo teria para fazê-lo quando dispunha de tantos intermediários ávidos por ajudar?

Todavia, até mesmo Cícero fazia concessões. "O comércio de pequena escala", ele escreveu, "deve ser considerado vil. Mas o de grande escala, aquele que importa grandes quantidades, de diversas fontes, e as distribui com largueza e honestidade, não merece igual censura. Com efeito, se tais comerciantes encontram saciedade, ou melhor dizendo, satisfação, com o lucro auferido, se por fim voltam à terra de origem depois de inúmeras escalas nos portos de além-mar, então merecem todo o nosso respeito". A hipocrisia subjacente ao comentário de Cícero é gritante. Um mosaico na casa de Védio Sírico, que mais tarde se tornaria uma das mais importantes figuras públicas de Pompéia, resumia a verdadeira história: "Lucro é Felicidade!"

Um dos libertos comerciantes que percorreram com sucesso a trilha da respeitabilidade foi Cneu Aleu Nigídio Maio.[19] Tal como Décimo Sátrio Lucrécio Valente, Maio havia sido adotado já adulto, mas seus pais adotivos, ao contrário dos de Valente, não eram de linhagem aristocrata. Seja como for, ambos conseguiram prosperar, e as cinzas da mãe adotiva de Maio, Pompônia Deacarce, foram colocadas no túmulo de Eumáquia, célebre sacerdotisa e dignitária de um período anterior.[20] A mesma honra havia sido concedida a membros de uma importante família associada à exportação de vinho, os Lássio, e disso podemos inferir que Pompônia havia, de algum modo, conquistado para si a patronagem da poderosa Eumáquia. Essa grande matriarca havia financiado a construção de uma basílica no fórum nos primórdios do século I d.C., e seguramente exercia grande influência na cidade. A dedicatória na basílica diz: "À harmonia e ao respeito augustanos." No entanto, esse monumento ao conceito de *pietas* também teria servido para glorificar o nome da própria Eumáquia, bem como o de seu filho, Marco Numístrio Frontão.

Uma estátua de mármore da grande dama, custeada pelos pisoeiros da cidade, fora colocada num dos cantos mais recônditos da basílica, mas tamanha discrição não teria enganado ninguém. Em todos os aspectos — desde a postura, os cabelos, até a túnica jogada sobre a cabeça num gesto de pudor matronal —, essa representação de Eumáquia lembrava expressamente a virtuosa esposa de Augusto, Lívia, que havia contribuído do próprio bolso para a reconstrução do fórum de Roma. Não é de se espantar que Eumáquia quisesse vincular sua imagem à de uma figura tão modelar: quando a basílica ficou pronta, o filho de Lívia, Tibério, havia acabado de suceder Augusto como imperador, e por certo Eumáquia almejava semelhante sucesso para o filho no cenário local.

Não há nenhuma evidência de que Numístrio Frontão tenha chegado ao topo da magistratura, o duunvirato qüinqüenal, ou mesmo de que ele tenha concorrido a qualquer posto público; é possível que a informação tenha se perdido nos anais da história ou que Frontão tenha morrido prematuramente. Maio, por sua vez, percorreria todo o caminho uma década mais tarde. Talvez valendo-se da sanção que a finada Eumáquia dera à adoção, ele alcançaria os píncaros da vida pública ainda relativamente jovem.[21]

Não sabemos ao certo como os membros da elite eram iniciados na política local, mas é provável que, para manter o quorum necessário no conselho, os jovens mais promissores freqüentassem as sessões como observadores antes de serem oficialmente admitidos. Torneios de retórica dariam azo a que eles se distinguissem aos olhos dos veteranos presentes, alguns dos quais talvez estivessem à procura de um filho adotivo que levasse adiante o nome de suas respectivas famílias. Lá pelos seus vinte e poucos anos, esses jovens estariam aptos a concorrer aos dois postos de magistrado júnior, ou edil. Da mesma eleição participariam os candidatos a uma das duas vagas para magistrado sênior, ou duúnviro, os quais já teriam exercido a edilidade em algum momento de suas vidas.

As eleições davam-se todo mês de março, e os mandatos eram anuais, mas a cada cinco anos, como aconteceria em 56 d.C., o posto mais alto tornava-se o de duúnviro qüinqüenal, o magistrado responsável, entre outras coisas, pelo recenseamento da população. Os duúnviros tinham nas mãos um enorme poder e contribuíam para a continuidade da sociedade mediante o estabelecimento das metas de longo prazo para o governo da cidade; além disso, tinham o direito e o dever de bisbilhotar, nos mínimos detalhes, a vida de seus concidadãos. O estado civil e os planos de procriação de cada um, a composição de seus núcleos familiares, a natureza de seus negócios, tudo isso era objeto de escrutínio, e a posse privilegiada dessas informações muitas vezes dava azo a abusos por parte dos magistrados. Contudo, acusação semelhante não poderia ter sido feita a Aleu Nigídio Maio, que, ao que tudo indica, fora um modelo de probidade e conscienciosamente zelara pelo bem-estar da comunidade por muitos anos depois do término de seu mandato.

Mesmo que não tivesse familiaridade com os produtores e comerciantes de Pompéia antes de tomar posse, Maio seguramente já teria ouvido falar de Umbrício Escauro, e ficaria ainda mais perplexo ao tomar conhecimento da extensão do império dele.

Tal como Maio, Umbrício Escauro era um "novato" — isto é, provinha de uma família sem nenhuma passagem pela vida pública —, mas isso não o impediria de paulatinamente conquistar o respeito do conselho municipal e, a certa altura, tornar-se proprietário de um verdadeiro palácio. Arguto nos negócios, Escauro era o principal exportador de derivados de peixe, especialmente de um molho salgado e fermentado conhecido como *garum* — parente próximo do *nuoc mam* vietnamita — que fizera a fama de Pompéia no último meio século. Presença constante na culinária romana e artigo de luxo conforme o grau de sofisticação, o *garum* era usado para realçar o sabor de quase tudo — suflês de pêra e mel, vitela cozida, mexilhões ao vapor —, e os resíduos da produção eram vendidos aos pobres na forma de uma saborosa pasta conhecida como *allec*. Também chamado de *liquamen*, o *garum* figura na maioria das receitas incluídas no famoso livro de culinária de Apício e, junto com o mel e o vinho, constituía um dos elementos responsáveis pelas combinações agridoces tão características da cozinha romana.

Plínio chegara a comentar que nenhum outro líquido, à exceção dos ungüentos, era tão valorizado quanto o *garum*, e a propaganda do produto valia-se dos seguintes qualificativos: depois de "excelente", "primeira categoria" e "o melhor de", vinham "a flor de" e "a flor da flor de". O termo "pompeiano" era acrescentado somente nos produtos destinados à exportação e excepcionalmente naqueles vendidos na cidade como suvenir, a preços inflacionados, aos turistas mais ingênuos que vinham assistir aos jogos, enquanto "o mais bem-filtrado *liquamen*" ficava escondido sob os balcões, reservado aos verdadeiros *connaisseurs*. Sêneca, que desqualificava o produto como "uma cara e terrível maçaroca de peixe que consome o estômago com sua podridão salgada", não figurava entre eles.[22] Mas os que ambicionavam abocanhar uma fatia desse mercado — e podiam suportar o fedor das tripas de peixe secas ao sol — certamente tinham um futuro próspero pela frente.

Escauro não tinha o menor pejo em divulgar a origem de sua fortuna: a principal decoração do átrio central de sua casa era um mosaico em que se viam quatro cântaros, três deles portando o selo de sua empresa. Esse selo decerto podia ser reconhecido por todos em Pompéia, uma vez que era gravado em relevo em mais de 25 por cento dos cântaros que chegavam às cozinhas e tabernas da cidade. Na verdade, exemplares de cântaros semelhantes foram encontrados em localidades tão distantes quanto Fos-sur-Mer, na antiga Gália.

Em vista do tamanho e do poder de influência do negócio de Umbrício Escauro, é curioso que nenhum dos tanques e tonéis necessários ao fabrico do *garum* tenha sido encontrado na Pompéia intramuros (ainda que algumas explicações improváveis tenham sido propostas). Igualmente curiosa é a escassez de referências aos *salsamentari* — os trabalhadores que produziam o molho para Escauro e seus muitos concorrentes — nos grafitos e anúncios que cobriam as paredes da cidade. É possível que, assim como a desaparecida zona portuária, as fábricas de *garum* ficassem fora dos muros, numa região encampada pela urbanização moderna.

Embora o antigo porto de Cosa, mais ao norte na costa, se encontrasse em franco declínio no século I d.C. — devido à ausência de uma comunidade urbana viável que fizesse contrapeso às grandes fazendas auto-suficientes do interior —, podemos encontrar nele algumas evidências que dão suporte a essa idéia. Por duzentos anos Cosa havia sido um importante entreposto, célebre, como Pompéia, pelas exportações de vinho e derivados de peixe. Escavações na região revelaram que as fábricas de *garum*, bem como as usinas de prensagem de vinho e as olarias para a manufatura de ânforas, situavam-se nas imediações do porto. No ápice do sucesso comercial de Cosa, essa zona artesanal teria sido uma verdadeira colméia; até mesmo a laguna atrás do porto havia sido transformada num pesqueiro comercial.

Pompéia não contava com um recurso natural semelhante, e as oficinas situadas no *pagus* talvez nunca vejam a luz do dia novamente. No entanto, sabemos de outro recurso extramuros que teria chamado a atenção de todos aqueles interessados em fazer fortuna no mercado de *garum*: as salinas.

Na era pré-romana, o porto do Sarno fora conhecido como o *veru Sarinu*, ou "Porto do Sal", devido à sua associação com os pântanos vizinhos, em que a água era represada para extração do sal. Uma "estrada do sal" que conduzia à cidade também é mencionada nas inscrições de Osca.[23] Poderíamos até imaginar Umbrício Escauro deixando a cidade pela "Porta do Sal", atualmente conhecida como Porta de Herculano, para examinar os trabalhos nas salinas do norte, talvez planejando arrematar um contrato de cinco anos no leilão em que as terras da cidade seriam oferecidas para arrendamento e que, no ano do recenseamento, seria organizado por Nigídio Maio. Certamente não se trata de uma coincidência o fato de que o conselho da cidade tenha reservado um lote nas imediações dessa porta para instalar o mausoléu da família Umbrício, a uma curta distância da residência intramuros de Escauro. Especula-se, inclusive, que na área aberta entre uma coisa e outra, apenas no lado interno dos muros, funcionava um mercado em que os torrões de sal eram vendidos no atacado. A localização desse mercado teria sido bastante conveniente para que Escauro comprasse ou vendesse sal, especialmente na hipótese de que sua fábrica se situasse naquelas mesmas imediações, do lado de fora dos muros.

Quanto à comercialização varejista do produto beneficiado, Escauro administrava uma loja pessoalmente e franqueava outras duas, que também usufruíam do conhecido selo da família. Essas franquias eram geridas pelos libertos Umbrício Abascanto e Umbrício Agatopo, num conveniente arranjo comercial: a autoridade permanecia, em última análise, nas mãos do patrono, e aos franqueados cabia a honra de serem conhecidos como "amigos" do grande homem, segundo o protocolo casual e eufemístico da época.[24] Assim eram recompensados os libertos por sua participação nos riscos do negócio. Desde que não surgissem atritos entre os envolvidos, e que os bons ventos continuassem a soprar, o sucesso da empresa podia ser dado como certo. Umbrício Amprioco, tão "amigo" quanto os demais, também participava do comércio internacional, mas ao passo que ele apenas exportava para a Espanha, outro agente de Escauro, Marco Valério Eufemo, trazia o *garum* espanhol para a Itália ao mesmo tempo em que o exportava para outros lugares. Talvez o astuto Escauro reconhecesse que a oferta de alternativas de consumo resultava em lucros maiores.[25]

A despeito da enorme complexidade das relações comerciais no mundo romano — povoado de *publicani*, *mancipes* e *mercatores*, com suas obscuras funções —, não há dúvida quanto ao papel central desempenhado pelos *negotiatores*. Estes eram os financistas encarregados de obter os empréstimos destinados ao custeio da parte física dos diversos negócios: o arrendamento ou compra de barcos, a aquisição de estoques, a dispendiosa armazenagem das mercadorias. Duas grandes coleções de códices de cera foram descobertas em Pompéia, e uma delas registra as transações de um grupo desses financistas, conhecidos coletivamente como os Sulpício. A cera, naturalmente, derreteu-se com as altas temperaturas da erupção, mas a madeira carbonizada sobreviveu, em muitos casos com as marcas deixadas pelos ponteiros que os escritores usavam para lavrar a cera. Depois de um árduo trabalho, os arqueólogos conseguiram compilar um extraordinário retrato da vida financeira e mercantil na Campânia.

O negócio pilotado por esses instigantes personagens especializava-se no financiamento das diversas etapas do comércio com a Alexandria com base em Putéolos. Aparentemente constituía-se de uma dinastia de libertos, talvez oriundos da antiga família dos Sulpício Galba, que muito antes havia sido proprietária de armazéns no cais do Tibre, em Roma. Tratava-se de um grupo bem relacionado, contando com eminentes senadores e homens da corte imperial entre seus investidores. Algumas das quantias envolvidas alcançavam patamares surpreendentes: num caso particular, tudo indica que eles tenham conseguido levantar, somente com recursos próprios, 130 mil sestércios, valor equivalente ao soldo anual de 150 legionários. Na hipótese de que essa soma pertencesse a um único membro, não impedido por sua condição de liberto, o afortunado teria tido plenas condições de ocupar um assento no conselho municipal de Pompéia.

Não sabemos ao certo por que os arquivos dos Sulpício foram encontrados em Pompéia, e não em Putéolos. Todavia, evidências sugerem a presença dessa associação de financistas na cidade: o nome Sulpício aparece nos grafitos da basílica do fórum, onde negócios eram fechados, bem como numa taberna à beira-de-estrada; além disso, certo Gaio Sulpício Fósforo é listado entre as testemunhas de uma venda realizada pelo leiloeiro Cecílio Jucundo, cujos arquivos constituem o segundo acervo importante de códices encontrados em Pompéia. Um terceiro indício pode ser encontrado nas três menções a Eufemo — o comerciante com negócios na Espanha, ocasionalmente usado como intermediário por Umbrício Escauro — em negociações agenciadas pelos Sulpício. Infelizmente não há indícios de que qualquer um dos cabeças da associação residisse em Pompéia, ou de que tenha se mudado para lá depois de aposentado, preferindo afastar-se da agitação de Putéolos. Tal fora o caso, no século anterior, de um homem chamado Marco Mário, cuja inaptidão para a vida pública é registrada nas cartas escritas por seu amigo Cícero.[26]

A edificação em que os arquivos foram descobertos é hoje conhecida, indevidamente, como Hotel Murecine, em razão da área em que foi encontrada na Pompéia moderna. Na verdade, evidências sugerem que, em vez de um hotel, o lugar abrigasse uma espécie de clube freqüentado pelas autoridades e outros expoentes do *pagus Augustus Felix suburbanus*.

Entre os objetos escavados ali figuram uma estatueta de terracota pintada — retratando uma figura pançuda que, a julgar pela toga pretexta, tratava-se de uma dessas autoridades — e um mural em que vemos um cortejo sacrifical de pessoas igualmente trajadas, porém de porte mais atlético e postura mais elegante (Figura 10). Comprovando os vínculos desses homens com a região, o deus Sarno também é retratado numa das paredes, a cabeleira em desalinho como a de alguém recém-emergido dos pântanos. Trata-se nesse caso de um merecido tributo ao rio, elemento indispensável ao florescimento do comércio local.

Provido de cinco salas de jantar, cada uma delas equipada com sofás de alvenaria, o Murecine teria sido o lugar ideal para a realização de banquetes festivos, e desempenharia um importante papel no bizarro drama neroniano. Mas na época da erupção do Vesúvio, em 79 d.C., o prédio havia, por algum motivo, se transformado num reles depósito de quinquilharias diversas. Seria possível que os documentos tivessem sido escondidos ali em razão de sua importância, ou simplesmente abandonados porque já não tinham importância nenhuma? O lugar fora escolhido porque era inconspícuo, evitado por aqueles que ainda se lembravam de suas antigas associações, ou, ao contrário, porque essas mesmas associações faziam dele o esconderijo mais adequado? Também é possível, numa hipótese mais trivial, que eles tenham sido largados ali simplesmente em decorrência da fuga apressada de seu proprietário durante a explosão do Vesúvio.

A vida perdulária dos libertos comerciantes, dos financistas ambiciosos e de seus associados arrivistas em torno dos portos da baía de Nápoles é reproduzida com brilhantismo no *Satiricon*, supostamente o primeiro "romance" escrito. Atribuído a Petrônio — certamente o mesmo que servira a Nero na qualidade de conselheiro cultural e empresário para os divertimentos particulares do imperador —, o livro relata as escabrosas desventuras de uma dupla de imprestáveis num mundo que havia perdido suas amarras morais e singrava à deriva pelas águas da crueldade, do excesso e da ostentação. Nos fragmentos que sobreviveram ao tempo, boa parte dos trechos mais interessantes desenrola-se numa cidade portuária que os estudiosos identificam como Putéolos, ainda que certos detalhes — como os mosaicos de "Cuidado com o cão" na entrada das casas — também se apliquem a Pompéia. Pessoas como os Sulpício, que aparentemente se espalhavam pelas sociedades dos portos maiores e menores, dificilmente teriam deixado de reconhecer algo de si mesmas, e de seus clientes, nos personagens do *Satiricon*.

Determinada passagem gira em torno de um jantar oferecido pela monstruosa figura de Trimalquião, um liberto que fizera fortuna especulando com ousadia no comércio ultramarino: mantendo o sangue-frio depois de perder três navios, ele arrisca de novo e vence. Já em condições de investir o próprio dinheiro na empreitada alheia, ele se compraz em intimidar e humilhar quem quer que não tivesse obtido o mesmo sucesso. Expurgado das passagens mais exageradas, o *Satiricon* lança um olhar ímpar sobre aquela fascinante porém inefável parcela da sociedade romana nos meados do século: sobre as pressões que essas pessoas criavam na ordem vigente e a maneira com a qual a sociedade se ajustava a essas mesmas pressões.

No entanto, é bem possível que os libertos que serviram de modelo à sátira de Petrônio, em vez de se incomodarem com a leitura, tenham se deleitado com aquela pseudo-homenagem literária, visto que a discrição e a sensibilidade raramente figuram entre as qualidades dos empreendedores de sucesso. Os libertos das famílias Umbrício e Fábio, de Pompéia, e os credores da família Sulpício, da vizinha Puteólos, seguramente teriam grande orgulho da ousadia e da sagacidade com que tinham construído suas respectivas fortunas, sobretudo levando-se em conta que uma vida modelada pelos caprichos do mar e das intempéries decerto envolvia atribulações suficientes para pôr à prova até mesmo o mais fleumático mercador. E tendo corrido todos os riscos, eles por certo se sentiam merecedores de todas as recompensas. Além disso, para qualquer um desses intrépidos empresários, a exclusão inexorável dos postos mais altos da vida pública por conta de um passado maculado pela escravidão devia ser especialmente exasperante.

Os romanos sofriam de uma obsessiva filotimia — um apreço desmedido pelo prestígio social, prestígio conferido não só pela riqueza, mas sobretudo pelos cargos eletivos aos quais apenas alguns libertos podiam concorrer. Um ex-escravo precisava esperar que seus filhos atingissem a idade adulta e obtivessem plenos direitos à cidadania antes de vê-los aptos a competir por um assento no cobiçado conselho municipal.[27] A oportunidade de eleger-se a um posto público em certas áreas limitadas, como o *pagus*, era vista como privilégio por alguns, mas desprezada por outros. No entanto, os libertos para os quais a sorte havia verdadeiramente sorrido, e que haviam permanecido nas boas graças de seus respectivos patronos, dispunham de um meio para comprar seu ingresso no tão sonhado mundo dos prestigiados. Carinhosamente apelidada de "segundo conselho" — muito embora tivesse funções meramente cerimoniais —, a sociedade dos Augustais gozava de privilégios quase idênticos aos dos decuriões, os membros do conselho principal, incluindo prioridade nas cerimônias religiosas, apresentações teatrais e demais eventos públicos.

Essa sociedade, nomeada em tributo a Augusto e constituída durante o reinado dele, provavelmente foi criada na Campânia mediante uma discreta sugestão do próprio imperador, que, com sua característica presciência, via nela um importante pilar para a manutenção da estabilidade social. Tamanha foi a popularidade que ela alcançou, e tamanho o seu prestígio, que em meados do século I d.C. já não havia qualquer estigma quanto à associação com ex-escravos, e até mesmo os cidadãos livres faziam fila para se alistar. A admissão nos Augustais dependia da aprovação dos decuriões, o que garantia a lealdade dos arrivistas, ansiosos por prestígio, à elite. Além disso, no ato da admissão uma polpuda quantia devia ser paga aos cofres públicos. Aleu Eros e Aleu Estéfano — associados a seu patrono e provável ex-senhor, Aleu Nigídio Maio, na qualidade de testemunhas numa transação registrada nos códices de Jucundo — são exemplos daqueles libertos leais que as famílias da elite cooptavam a fim de propagar seus próprios valores.

Infelizmente menos de uma dúzia de outros Augustais pompeianos foram identificados, geralmente com base em inscrições individuais, em contraste com os mais de cem em Herculano, onde uma lista completa de membros foi encontrada, bem como a impressionante edificação onde funcionava a loja local.[28] Todavia, não há motivo para supormos que a agremiação fosse menos popular em Pompéia. Os poucos Augustais pompeianos que conhecemos aparentemente desempenharam papel importante durante as últimas e trágicas décadas da cidade. É no próprio

Trimalquião que encontramos a única representação literária da agremiação, e é difícil não percebermos seu zelo obsessivo com a própria reputação após a morte reproduzido nas curiosas circunstâncias de certo Augustal de Pompéia, chamado Munácio Fausto.

Assim como Trimalquião, Munácio Fausto era um conhecido mercador, obcecado com o mausoléu absurdamente grandioso em que seus restos seriam depositados após a morte. Atendendo ao pleito dele, o conselho municipal havia reservado um lote de primeira categoria, fora dos muros da cidade, para o descanso final de Fausto, de sua mulher Nevólia Tiche e de outros membros da família. Mas a história não acaba aí. Após a morte do marido Fausto, e provavelmente depois de colocar as mãos na fortuna dele, a viúva providenciou a construção de um túmulo infinitamente mais grandioso do outro lado da cidade, nas imediações da Porta de Herculano. Com mais de quatro metros de altura, e um elegante entalhe em baixo-relevo retratando um navio em alto-mar — referência, de um lado, ao renome de Fausto como navegador, e de outro, à barca em que ele atravessaria o Rio da Morte —, o jazigo trazia uma inscrição em que era mencionado o assento duplamente espaçoso e ricamente acolchoado a que Fausto, na qualidade de Augustal, tinha direito no teatro. E sobrelevando a inscrição, olhando para ela, ficava o pequeno entalhe de uma mulher: a própria Nevólia Tiche.[29]

Não é de se espantar que, na morte, Nevólia tenha sobrepujado o finado marido, optando por ocupar esse novo mausoléu ao lado dos libertos que operavam os negócios da família, responsáveis pela continuidade de seu bem-estar financeiro. Destino melhor tiveram outros libertos, que, embora também aspirassem ao prestígio social, eram menos obcecados com a pompa. Um liberto da proeminente família de Cúspio Pansa, Cúspio Ciro, lograra eleger-se magistrado do *pagus Augustus Felix*, mas permanecera suficientemente benquisto para ser enterrado num simpático jazigo na companhia de seus familiares, amigos e demais libertos da família Cúspio.

Cúspio Ciro cercava-se de representantes dos proprietários da carga do Europa. *Discutiam acirradamente o que fazer com as mercadorias danificadas. O barqueiro do batelão naufragado insistia em dizer que o prejuízo maior era o seu, e que algum dinheiro deveria ser pago a título de compensação. Mas o assecla de Umbrício apontou na direção dos pacotes encharcados sobre o cais. Entre as sacas de grãos inutilizados encontravam-se pacotes menores de especiarias enlameadas, pequenos tesouros vindos de muito além do Egito e que agora jamais poderiam ser vendidos ao preço de mercado. Mais triste ainda, uma exótica mesa de marfim filigranado, antes sustentada por pernas talhadas como sinuosas dançarinas, reduzira-se a um amontoado de estilhaços.*

Trifão, o capitão alexandrino, ansiava por um desfecho rápido, temendo perder uma viagem inteira durante a estação de navegação caso a história se alongasse muito e atrasasse seu retorno. Mas todos os envolvidos estavam exaustos e desesperançados — nenhuma solução seria alcançada naquele mesmo dia. Era cinco de março, dia do festival de Ísis Navigidium, e ninguém queria perder o cortejo até o mar que se daria logo mais à noitinha. Então ficou acordado que o assunto seria levado aos patronos para que fosse, se possível, cordialmente resolvido entre eles. Caso contrário seria ajuizado nas cortes, o que não era do interesse de ninguém.

A música ressoava ao longe, no templo de Ísis, onde as festividades já haviam começado. Seduzido por ela, Ciro dirigiu-se ao recinto do santuário, abrindo caminho através da multidão de adoradores que ali se reunira — uns, movidos pela fé; outros, pela farta comilança prevista para o fim da noite. A atmosfera impregnava-se do Oriente, da fumaça dos incensos e de outras especiarias que se misturava às vozes dos corais masculino e feminino, perfilados nas bordas da escadaria do templo. Sacerdotes de cabeça raspada, trajando túnicas brancas que deixavam à mostra a metade superior do tronco, sopravam os sistros de maneira propositalmente sincopada.

Ciro não ficou surpreso ao reconhecer tantos rostos em meio à turba; tratava-se, afinal, de uma ocasião particularmente importante para aqueles que tiravam sua subsistência do mar. Ali estavam Popídio Natale*, igualmente protegido por Cúspio Pansa, e Popídio Ampliato, companheiro de* Natale *nos tempos de escravidão. E aquele ali — à direita dos tripulantes de rosto escuro do* Europa *— não seria um dos libertos da família Lucrécio?*

O que levara tanta gente diferente a se misturar ali? Ísis sempre atraíra a devoção de escravos e libertos em busca de algo que pudessem chamar de seu. Mulheres de todos os estratos também se identificavam com aquela deusa que havia sofrido perdas e humilhações, que prometia absolvição em vida e renascimento após a morte. Quanto aos figurões da cidade, não estariam ali a menos que tivessem descoberto algum lado mais vulnerável de suas existências. Talvez um ou outro toque de familiaridade tornasse o exótico mais palatável. Afinal, o leme que os sacerdotes portavam como símbolo de Ísis não era exatamente o mesmo de Vênus? Não eram ambas as deusas as protetoras dos navegadores?

Ciro sentiu a mulher tocar-lhe o braço; virando-se para cumprimentá-la, viu o barco emergir das profundezas do templo, carregado sobre os ombros dos adoradores. De bordos pintados, ele mais parecia uma enorme gamela transbordando de frutas e outras oferendas, dentro da qual as pessoas jogavam pedacinhos de papiro rabiscados com suas orações. Pensando no batelão naufragado, nos contratempos sofridos pelo Europa, *no seu filhinho que estava prestes a nascer, Ciro ressentiu-se de não ter trazido, ele também, uma oração. E aí compreendeu. O que Ísis tinha a oferecer era a esperança.*

O culto a Ísis tinha origem no Egito e quase sempre valia-se de imagens associadas ao Nilo; mas, como em tantos outros casos, chegou à Itália acrescido de fortes influências gregas (Figura 4). Em vista disso, seguramente foi recebido com facilidade numa região como a Campânia. Na antiga Nápoles havia mais sobrenomes gregos do que romanos, e pesquisas sugerem que Pompéia também contava com uma forte presença de imigrantes gregos, pelo menos nos estratos mais baixos da sociedade. A análise dos esqueletos encontrados em Herculano revelou uma diversidade genética que confirma de maneira cabal a reputação da Campânia como um caldeirão de etnias diferentes, e os registros dos marujos afiliados à frota imperial no Miseno sugerem que o contingente de italianos nativos igualava-se ao de mouros e era quarenta vezes menor que o total de tripulantes oriundos da Trácia, do Egito e da atual Turquia.

Um grande debate contrapõe, de um lado, aqueles para quem o culto a Ísis resume-se a mais um exemplo da capacidade dos romanos em absorver e remodelar influências externas, e, de outro, os que vêem nele um desafio substancialmente maior para os valores religiosos tradicionais. Em 19 d.C., o imperador Tibério reagira com desmesurado furor a um tropeço sexual por parte de um sacerdote de Ísis; como punição, mandara destruir um dos templos da deusa, dando a entender que a religião minava a autoridade do estado. Mas não há dúvida de que, em meados do século I d.C., o culto contasse com muitos adeptos na Itália. Ao enfatizar as responsabilidades individuais mediante o processo de iniciação, purgação e redenção, ele prenunciava outros cultos ocidentais que ganhariam adesão popular nos séculos seguintes, sobretudo o culto a Jesus, o autoproclamado Cristo dos judeus. Os hinos em homenagem a Ísis, datados do século II d.C., deixam mais que evidentes as ambições revolucionárias de seus seguidores: Ísis aglutinava todos os outros deuses e podia ser adorada no lugar deles, sugerindo uma igualdade entre os sexos que decerto era bem acolhida pelas mulheres.[30] Com efeito, as mulheres, inclusive algumas integrantes da aristocracia, foram as primeiras a aderir, mas o apelo do culto logo permearia aquela sociedade cada vez mais afeita às influências culturais de um Oriente outrora exótico e ameaçador.

Para alguns, contudo, a familiaridade com o Oriente, em vez de aplacar receios, estava na base de todos os problemas de Roma. As mercadorias exóticas que incessantemente chegavam ao porto de Putéolos e de lá seguiam para a capital — espalhando-se parcialmente por outras cidades ao longo do caminho — incitavam certo pendor pelo luxo e pela sensualidade que os moralistas do império tanto abnegavam. Plínio faria coro com aqueles que, cem anos antes, já alegavam que a evasão das riquezas romanas para o Oriente, subtraídas de uma significativa parcela que desaparecia nos bolsos dos intermediários, enfraquecia o império em benefício de seus inimigos. Em 22 a.C., a grita da oposição resultara na promulgação de leis visando limitar a quantidade de dinheiro que podia ser gasta em banquetes, festivais e outras extravagâncias, mas os resultados práticos haviam sido débeis. As senhoras romanas continuariam a consumir com avidez a moda e os perfumes orientais, desembolsando fortunas pelo privilégio. E os homens, igualmente afetados pelo consumo ostensivo, continuariam a pagar os preços extorsivos cobrados pelo pigmento púrpura extraído da concha dos múrices, com o qual tingiam o barrado de suas veneradas pretextas, marca registrada da elite. A lápide de um Augustal oriundo da baía de Nápoles aponta-o como mercador de *murex*; não é de se admirar que ele tivesse condições de se filiar ao clube, uma vez que dez mil conchas eram necessárias para tingir uma única toga.[31]

Moedas desse período, cunhadas com a efígie de Nero, foram encontradas em lugares tão distantes quanto o Sri Lanka. Segundo Plínio, fora naquela primeira metade de século que haviam surgido na Itália os primeiros exemplares, trazidos do Índico, de um molusco gigante — por vezes chegando a mais de um metro de comprimento —, chamado pelos espirituosos da época de *tridacna*, já que se faziam necessárias três mordidas para comê-lo.[32] Os despojos de dois espécimes foram encontrados em Pompéia, bem como os de seis ostras perlíferas de origem semelhante. Com a expansão do comércio ultramarino e o desenvolvimento de uma sólida infra-estrutura de suporte, não é surpresa que as imagens religiosas de terras distantes fizessem a travessia até os lares pompeianos. Em 40 d.C., mercadores do reino da Nabatéia, no Mar Vermelho, haviam estabelecido uma comunidade em Putéolos: eram parentes de intermediários na principal rota para o Extremo Oriente, que passava pela capital nábata, Petra. Mais ou menos na mesma época, uma das caravanas que perfazia essa rota havia transportado uma mesa de três pés, talhada em marfim, ao longo da primeira etapa da viagem: de Satavahana — no reino de Decão, na Índia setentrional — até Pompéia, onde ela chegaria destroçada. Tudo o que hoje resta dela é o fragmento de uma das pernas, encontrado na Casa dos Quatro Estilos: uma cariátide retratando a bela deusa Lakshimi, flanqueada por dois minúsculos acólitos e exibindo a mesma postura em que a deusa equivalente na mitologia romana, Vênus, é representada em diversas estatuetas.

Trifão ficara sozinho no cais. Podia ver, na extremidade do porto, a vanguarda do cortejo de Ísis alcançar a praia, o lume das lanternas refletindo nas marolas. Esperou até que o barco sagrado, sobrecarregado de fé e esperança, fosse deposto na água, e só então subiu a colina rumo à cidade. Estava exausto demais para lidar com tamanha alegria, que só faria aumentar as saudades que sentia de seus amigos em Alexandria.

Aquele deveria ser um dia de satisfação, uma oportunidade para agradecer a Ísis pela proteção oferecida ao Europa *durante sua arriscada aventura. E então o acidente ocorreu. Eles teriam de resolver aquilo entre si mesmos. De forma alguma ele arcaria com o prejuízo, mas ainda assim teria de enfrentar a inconveniência da situação. Não seria a primeira vez que ele se via forçado a permanecer ali mais do que pretendia; alguns anos antes, conseguira espremer uma segunda viagem no apertado calendário da estação, mas fora surpreendido pelo mau tempo e obrigado a passar o inverno na Campânia. Caso os mercadores e seus patronos demorassem muito para chegar a um acordo, pelo menos ele teria tempo suficiente para procurar alguns conhecidos.*

Embora estivesse imundo depois de tantas semanas a bordo, passou direto pelas termas próximas à Porta do Mar — já era tarde demais para aquilo —, e arquivou na mente a mensagem rabiscada ao lado de um banco nas imediações: "Quem se sentar aqui deve ler isto antes de qualquer outra coisa: se quiser uma trepada, pergunte por Ática. O preço é 16 asses." Trifão dispunha tanto do dinheiro quanto do desejo, mas não da energia. De qualquer modo, ainda estaria na cidade para as Liberais, o festival em homenagem a Baco, época de conversas de baixo calão, bolos empapados de mel e muita animação. Lá pelo dia 17, já teria voltado ao seu normal.

A cidade não parecia tão grande quando vista do mar, mas Trifão logo se perdeu no emaranhado de ruelas. Mal se lembrava do caminho até o albergue em que se hospedara da última vez que estivera ali. Por que ninguém havia pensado em numerar as casas como se fazia em Alexandria? E por que não havia luz nas ruas? Tropeçando no meio-fio, censurou-se por não ter trazido uma lanterna. De repente, em meio à escuridão, avistou uma placa conhecida, exibindo um elefante, e abaixo dela uma porta aberta, de onde escapava uma luz esfumaçada e convidativa. Do lado de dentro, a silhueta de uma mulher, a cabeça embrulhada num lenço grego, coleava ao som de castanholas.

"Por que ficares parado aí, cansado e todo coberto de poeira, quando podes entrar e descansar num colchão de capim?", ela disse, sedutora. "Aqui temos um jardim com pérgulas e canteiros de rosas, flautas e liras... também temos vinho fresco, um riacho de águas murmurantes para ajudar-te a esquecer os problemas. Queijos curados numa cesta de junco, ameixas clarinhas, maçãs doces e coradas..." Trifão havia muito já se deixara convencer.

— II —

Quando liderou o êxodo da aristocracia de Roma para os balneários da Campânia, na primavera de 58 d.C., Nero teria tido bons motivos para achar que suas férias eram bem merecidas. O período de lua-de-mel de seu reinado já havia chegado ao fim, mas o novo imperador, em vista do que realizara até então, já despontava como um líder de peso.

Um impressionante conjunto de medidas, tanto no âmbito interno quanto no externo, havia sido posto em marcha no decorrer dos três anos anteriores. Em Roma, a construção de um complexo de banhos públicos e um enorme anfiteatro de madeira no Campo de Marte havia garantido o apoio popular. Fora da capital, mediante uma habilidosa combinação de diplomacia e pressão militar, duas novas províncias haviam sido acrescentadas ao império: ao norte, a dos Alpes Cozianos, criada após a morte do rei Cozio, e no oriente, a do Ponto, cedida a Roma pelo rei Polémon. O comércio florescia, e uma série de grandiosos projetos de engenharia havia sido encomendada. Cinqüenta anos mais tarde, com o benefício do distanciamento histórico, até mesmo o imperador Trajano identificaria como exemplares os primeiros cinco anos do reinado de Nero.

Abril era o mês predileto do imperador na Campânia, tempo de sol quente e brisas frescas, em que a natureza voltava a vicejar depois dos meses de inverno. Por certo as visitas de Nero tornavam-se ainda mais aprazíveis em decorrência da bajulação dispensada pelos orgulhosos cidadãos das cidades e vilarejos locais — homens como o flâmine imperial Décimo Sátrio Lucrécio Valente ou os libertos do clã Hélvio e Salário Croco, ministros do Templo de Fortuna Augusta em Pompéia. Uma embaixada do conselho da cidade já teria se incumbido de informar o imperador sobre as homenagens realizadas em celebração de seu reinado.

No entanto, para a maioria dos romanos que empreendiam a viagem de dois ou três dias até a Campânia, talvez pernoitando nas vilas que haviam adquirido justamente para esse fim, a comoção dos nativos decerto não despertava o menor interesse. Na baía de Nápoles, os aristocratas da capital buscavam tão-somente o prazer, fosse nas célebres fontes de águas termais da região ou na vida dissoluta pela qual a cidade de Baias havia muito se notabilizara: as orgias, as festas à beira-mar, os banquetes extravagantes e os lânguidos passeios de barco que Cícero havia catalogado um século antes.

Mas acima de tudo era o helenismo vigente na cidade de Nápoles — Neapolis — que eles almejavam: uma oportunidade de deixar de lado a rígida formalidade de Roma, esquecer a imundície das ruas e do populacho, deleitar-se com uma cultura que valorizava o prazer e estimulava uma apreciação da arte pela arte. Acredita-se que mesmo o ditador Sulla tenha deixado os cabelos crescerem e aderido ao clâmide grego durante as estadas na cidade. Mas a vida na Campânia não se resumia às excentricidades: ali os visitantes podiam freqüentar o teatro, entreter-se com uma sofisticada conversa e momentaneamente esquecer a rígida moralidade sexual da corte. Ao que parece, os doces frutos da baía de Nápoles, uma vez provados, causavam dependência imediata na reprimida elite romana.

Nero afeiçoara-se a esses prazeres desde a infância e, em vez de abandonar sua paixão pela artes cênicas ao subir ao trono, deixou-se entusiasmar ainda mais. Mas não sem correr certos riscos: se por um lado de sua família ele tinha laços com Augusto, ainda que por adoção, por outro demonstrava que o sangue de Marco Antônio corria em suas veias. Aliciado de seus deveres pelas tentações do oriente helênico, Marco Antônio seria, quase um século depois de seu suicídio, apontado nos livros de história como epítome dos maus costumes, e seu aniversário seria marcado nos calendários como inadequado à realização de festivais. Que as inclinações de Nero pendessem mais para o lado de Marco Antônio que de Augusto talvez colocasse em risco o futuro de seu reinado. Todavia, nem mesmo a ferrenha oposição de sua mãe, Agripina, havia conseguido demovê-lo da idéia de contratar um *citharoedus* que lhe ensinasse as artes da cítara, instrumento que julgava ser seu destino tocar; quatro anos mais tarde, Nero alcançaria um nível de proficiência que o deixaria seguro o bastante para se apresentar em público.

Nesse período não teriam faltado vilas na Campânia, incluindo aquelas de propriedade do Estado, em que Nero pudesse praticar. Calpúrnio Pisão, contemporâneo do imperador e produto de uma linhagem digna da realeza, oferecia não só sua hospitalidade como também a oportuna companhia do pai homônimo, sabidamente um "cantor de partes dramáticas". Com o passar dos anos, no entanto, sua anfitriã mais contumaz teria sido Domícia Lepídia — tia por parte de pai e guardiã durante os anos de formação —, o que teria configurado uma ousada declaração de aliança. Ao longo de toda a vida, Nero seria o foco de acirradas disputas de poder por parte de diferentes facções da corte. Na primavera de 58 d.C., por exemplo, uma dessas contendas havia recentemente chegado ao fim, mas a atmosfera de tensão ainda não havia desaparecido por completo.

Os sucessos iniciais do reinado de Nero em grande parte podem ser creditados aos conselheiros imperiais, Sêneca e Burro, apesar dos atritos com a invejosa Agripina, que relutava em abrir mão da influência que exercia sobre o filho. Em 55 d.C., ela chegara a cogitar tirá-los de circulação, mas no ano seguinte Domícia partira na defesa deles. Visando o ponto fraco de Nero, ela convencera o popular ator Páris, um dos prediletos do imperador e amigo íntimo dele, a levantar suspeitas de conspiração contra Agripina, numa tentativa de afastá-la do cenário político. A idéia não fora de todo má, porém resultara, não no afastamento de Agripina, mas num decreto, promulgado no ano seguinte, banindo todos os atores de pantomima do território italiano, o que só poderia ter sido fruto das maquinações da mãe do imperador. E à medida que avançava o fogo cruzado de acusações e contra-acusações, os riscos ficavam ainda maiores.

Em vista de sua natureza voluptuosa e da falta que sentia de sua diversão predileta, Nero não tardaria a revogar o tal decreto e a chamar de volta os atores banidos. Habituado aos costumes da corte, Páris seria esperto o bastante para, ao retornar do exílio, evitar os palcos metropolitanos e apresentar-se somente nas províncias até constatar que a tempestade realmente havia passado. Mas não iria tão longe que não pudesse atender a um chamado intempestivo do imperador. Tudo indica que ele tenha se apresentado em Pompéia em 58 d.C., hospedando-se com um parente de Aleu Nigídio Maio e deixando inscrições elogiosas às autoridades locais nas paredes da Casa dos Dioscuros.[1] Seria interessante saber qual fora sua reação ao encontrar a sacerdotisa pessoal de Agripina em Pompéia, uma senhora da elite chamada Víbia Sabina.

Em meio a tantas pressões, não é de se espantar que a vila de Domícia, com seus elegantes viveiros de peixes, fosse tão atraente para Nero. Confinado naquele mundo de luxo, o imperador certamente mal reparava nas agruras do campo ao seu redor — na pobreza em que os agricultores mais pobres viviam, a despeito da abundância das plantações e dos pomares; na desumana miséria dos escravos agrilhoados que trabalhavam nas propriedades rurais, os corpos castigados pela artrite ou alquebrados pela faina.

Todavia, qualquer um dos assessores mais próximos de Nero que porventura tenha se dado ao trabalho de indagar sobre a vida em torno das opulentas vilas na baía por certo terá se perguntado quem eram os verdadeiros desafortunados. Pois embora a vida fosse curta e difícil para os que trabalhavam na terra e subsistiam com uma frugal dieta de trigo e vagens, o destino podia ser, em última análise, igualmente cruel para os que se fartavam de peixes e ostras. Com efeito, toda aquela constelação de assessores políticos que gravitava em torno de Nero em 58 d.C. apagar-se-ia de modo trágico no prazo de alguns anos.

CAPÍTULO 3

Os escravos e o território

Abril de 58 d.C.

Ainda estava escuro quando Símulo despertou, espreguiçou o corpo e defendeu-se do frio na choupana com uma capa de couro de cabra jogada sobre os ombros. O fogo da véspera já morria na lareira, e a primeira tarefa do dia — deste e de todos os demais — seria reavivar as chamas. Depois do que parecera uma eternidade, a lenha começou a arder novamente. Ele teria de buscar novos feixes nos bosques próximos a Herculano.

Por um instante, deixou os músculos se aquecerem. Na casinha ao lado, sua escrava remexia-se sobre o estrado bambo e rangente. Quando ouvisse os ruídos da mó, levantaria para peneirar a farinha e preparar o pão que os sustentaria ao longo do dia. Os ratos e os besouros estavam tão famintos quanto eles, e não fazia sentido moer o trigo antes da hora para depois vê-lo devorado pelas criaturinhas pestilentas. De qualquer modo, as pedras locais ofereciam uma ótima superfície para a moagem dos grãos, e as cascas, somadas ao pó mais fino, logo se acumulariam em montículos sobre o chão.

Quando Símulo deixou a choupana e saiu na madrugada fria, o sol da manhã nascia sobre as montanhas além do Vesúvio. Na direção sul, os muros de Pompéia misturavam-se à bruma rasteira, através da qual irrompiam os sobranceiros pináculos dos templos do fórum; a paisagem intermediária pontilhava-se de fazendas, casas e plantações de todos os tamanhos. Na horta vizinha à choupana, Símulo colheu ramos de salsa, arruda e coentro e levou-os para Sífale macerar num pilão — com alho, queijo, azeite e vinagre — e preparar a deliciosa pasta que acrescentaria sabor ao modesto pão.

A fome era uma ameaça constante. Mas outras pessoas viviam com muito menos do que ele, como os escravos que trabalhavam na propriedade imperial vizinha, ou do outro lado da divisa de pedra que marcava o fim de seu próprio terreno. As terras adjacentes, muito bem-cuidadas e produtivas, pertenciam ao abastado Fânio Sinistor. Mas Símulo jamais trocaria de lugar com Recepto, um escravo alto e pálido, oriundo do norte, que fora nomeado feitor por Sinistor e agora era obrigado a lidar diariamente com o ódio da escravaria sob sua supervisão.

Apesar de pobre, Símulo era um homem livre, dono de sua própria terra: uma pequena gleba de 15 jeiras que estava nas mãos de sua família por mais de cinco gerações. Já não havia muitos como ele, minifundiários descendentes dos veteranos de Sula, nem mesmo na comunidade de lavradores nativos. Muitos haviam partido depois de vender suas terras para os grandes proprietários. Os que haviam ficado — ilhotas naquele oceano de casarões — ajudavam-se mutuamente. Nenhum deles tinha meios para comprar uma prensa de vinho ou uma única cabeça de gado, mas cooperando uns com os outros, quase tudo era possível. Por vezes, Símulo até comia carne: um pouquinho de cozido de carneiro, quando uma ovelha era abatida para venda, ou uma ave aquática capturada nos pântanos do Sarno.

Mas a maior bênção de todas era o solo propriamente dito: fértil e tenro, fácil de arar, generoso na produção. Caso contrário, Símulo não teria como fazer face às suas despesas. Mas freqüentemente lembrava-se das palavras de Horácio que, ainda criança, ele costumava ouvir de seu pai: "Feliz é aquele que, à maneira de nossos impolutos ancestrais, permanece distante do mundo do comércio e cultiva as terras da família." Vivendo ao sopé do Vesúvio, os agricultores tinham muito que agradecer a Ceres, e Símulo havia prometido comparecer regularmente ao festival que todos os anos se realizava em homenagem à deusa no quinto dia de cada mês. Dessa vez, quem sabe, ele até permaneceria na cidade para assistir à cerimônia no anfiteatro. Mas teria de adiantar o trabalho para que pudesse se dar ao luxo de passar um dia inteiro longe da fazenda.

Os autores clássicos são unânimes ao decantar as vantagens naturais da Campânia, especialmente das encostas do Vesúvio, cobertas de lindas vilas e fazendas, quase até a encarquilhada superfície do topo (Figura 15). "Em nenhum lugar o clima é mais ameno (...); em nenhum lugar o solo é mais rico (...). Líbero e Ceres suplantam-se mutuamente", assevera Floro em sua *Breve história*, invocando os deuses do vinho e do trigo. Estrabão admira-se: "no decorrer de um ano, certas planícies são semeadas duas vezes com espelta, uma terceira vez com painço, e, em alguns casos, uma quarta vez com hortaliças!". Plínio também observa que as árvores geram frutos três vezes ao ano e, deixando-se levar pelo antropocentrismo, surpreende-se com a maneira pela qual a Natureza se excede na ânsia de aplacar o apetite do homem pelo prazer gastronômico. É mais específico que os demais na descrição das causas de tamanha abundância, aludindo à mecânica dos solos para explicar a facilidade com que a água era drenada das encostas e empoçada nas altitudes menores. Análises do solo realizadas na modernidade revelam ainda que a presença de um alto nível de fósforo e nitrogênio, aliada a um pH ligeiramente ácido de 5,6 (resultante do enxofre que ainda hoje escapa do subsolo vulcânico), redunda em condições altamente propícias ao cultivo. A fertilidade dessas terras pode ser comprovada pelos cerca de setecentos vagões que atualmente deixam a região carregados de frutas e hortaliças com destino à Europa setentrional. Na Antiguidade, contudo, a maior parte dessa abundante produção era consumida localmente, em vista dos custos proibitivos do transporte, fosse para grandes ou pequenas distâncias.[1]

Embora Pompéia fosse confinada por muros, a jurisdição da cidade incidia sobre uma área muito mais vasta, pelo menos duas vezes maior que os 260 quilômetros quadrados oficiais. Todo esse território ficava numa área fertilizada pelas cinzas espalhadas pelas antigas e já olvidadas erupções do Vesúvio. Além disso, abrigava um sem-número de luxuosas mansões à beira-mar em que os patrícios veraneavam. A predileção por essas propriedades havia começado pelo menos um século e meio antes — quando a pirataria já não representava uma ameaça à população costeira — e desde então não havia dado nenhum sinal de arrefecimento. Pompeu Magno fora um dos proprietários desses palácios, e as ruínas da grandiosa vila de Pólio, conhecida como "Pausilypon", ainda podem ser vistas num promontório perto de Nápoles. Em conseqüência das rotineiras retaliações imperiais, ela passaria às mãos de Augusto, justamente o imperador que, num célebre episódio, havia punido o ex-proprietário pela excessiva crueldade demonstrada ao jogar um escravo num lago de lampreias por conta de uma ofensa venial.

Infelizmente a dispersão das construções no território pompeiano, bem como a expansão dos subúrbios nos tempos modernos, torna a escavação dessas vilas campestres bastante infreqüente. Até os dias de hoje, cerca de quatrocentas ou quinhentas das casas maiores da Pompéia intramuros já foram escavadas, número que cresceria em quase um terço caso houvesse acesso às áreas ainda soterradas. A riqueza de informações arquitetônicas e sociais que elas fornecem torna mais que evidente, por comparação, a insignificância do que sabemos a respeito do território extramuros. A exploração das vilas e fazendas nessa área deu-se sobretudo no século XIX, quando vigoravam padrões arqueológicos menos rigorosos. Em muitos casos, as construções foram novamente soterradas. Recentemente, contudo, trabalhos científicos pioneiros, como a análise da fauna e da flora locais, contribuíram sobremaneira para nossa compreensão da vida nos arrabaldes de Pompéia.

Algumas das informações mais relevantes acerca das fazendas no território pompeiano provêm de um vilarejo situado nos contrafortes do Vesúvio, parcialmente escavado e atualmente conhecido como Boscoreale, alusão aos bosques em que caçadas reais costumavam se realizar até o século XVI. Os agrupamentos de vilas e construções rurais já investigados sugerem uma área de muita opulência que, na opinião de muitos, poderia roubar da região portuária a antiga classificação de *pagus Augustus Felix suburbanus*.

Grafitos, placas e sobretudo mensagens de natureza eleitoral oferecem pistas quanto à identidade dos proprietários das residências confinadas pelos muros de Pompéia, mas, no caso das vilas campestres, essas pistas geralmente se resumem a anéis de sinete abandonados por libertos que decerto exerciam a função de almoxarifes. Ao que tudo indica, duas vilas nessa região pertenciam ao próprio imperador.

Na menor delas, escavações resultaram na descoberta de uma extraordinária baixela de taças finamente gravadas, bem como de mil moedas de ouro, num valor de mais de cem mil sestércios, vinte vezes superior ao da segunda maior descoberta monetária realizada em Pompéia. Para que tenhamos uma idéia melhor do que isso significa, esse montante bastaria para sustentar uma família de seis pessoas por mais de mil anos — ainda que os especuladores dos anos subseqüentes aumentassem o preço do trigo até seu limite máximo — ou então comprar cinqüenta homens e mulheres altamente qualificados ou exoticamente apessoados no mercado escravo. As circunstâncias que levaram essa fortuna a ser guardada ali não são conhecidas e talvez reflitam o caos que se instalara nas vésperas da catástrofe de 79 d.C.

A segunda vila imperial, situada na vizinha Boscotrecase, fora construída oitenta anos antes da erupção, provavelmente por Marco Vipsânio Agripa, o assecla mais fiel de Augusto desde os tempos de escola em que ambos haviam se conhecido. Militar de méritos comprovados, Agripa liderara a transformação de Roma numa capital de mármores luminosos e tornara-se um dos esteios da nova administração. Fiel à etiqueta do novo regime, apontaria Augusto como único beneficiário de sua herança, apenas para que o imperador pudesse dar provas de sua magnanimidade e declinar o legado. Mas a alegria de Póstumo, filho de Agripa, teria curta duração: depois de um mau passo ele seria sumariamente exilado e teria todo o seu patrimônio confiscado pelo império. Nas décadas seguintes, a vila assombraria as lembranças de pelo menos mais um imperador: tudo indica que Druso, filho de Cláudio, tenha morrido ali, bizarramente asfixiado por uma pêra que se alojara em seu esôfago depois de ser lançada para o alto e abocanhada no ar.[2]

Em vista de um histórico tão trágico, é bastante provável que durante o reinado de Nero a vila de Boscotrecase tenha sido pouco freqüentada pela família imperial, mas que fosse explorada comercialmente em benefício do imperador, à maneira de tantas outras. À época da erupção do Vesúvio, vinte anos mais tarde, ela seria administrada por um liberto imperial, cujo nome aparece em dois sinetes encontrados nos escombros de um armário. A severidade de sua administração pode ser comprovada pelos troncos destinados à punição dos escravos e pelas dezoito celas minúsculas em que provavelmente eles se amontoavam para dormir.

Embora essas duas vilas pertencessem à família imperial, não há motivos para supor que nelas os escravos fossem mais bem tratados do que em qualquer outra propriedade rural. Acredita-se que a população dos arrabaldes de Pompéia superasse em duas vezes a da cidade propriamente dita, e uma grande parcela desse contingente era de escravos. Para operar adequadamente, as centenas de fazendas espalhadas pela região teriam precisado de pelo menos uma dúzia de cabeças por jeira (cerca de sessenta acres) e, idealmente, duas vezes mais que isso; no entanto, em vista dos batalhões de escravos que desembarcavam regularmente nos portos da Campânia, a demanda por trabalhadores teria sido amplamente atendida.

Com a florescente população de escravos — provavelmente representando um terço da população recenseada em toda a Itália, e um quinto da de todo o império —, o abismo entre pobres e ricos no mundo romano era gritante. Os equivalentes mais próximos no mundo moderno talvez sejam as sociedades escravocratas do Brasil e dos Estados Unidos no início do século XIX, muito embora ambas tenham tido curta duração. Tanto nelas quanto no império romano, o bem-estar da maioria dos escravos, especialmente daqueles comprados em massa para abastecer o setor agrícola, não figurava entre os interesses ou preocupações da elite. Por conseguinte, os vestígios de sua existência são quase nulos, tanto na literatura quanto nos despojos físicos do mundo romano; na história, registra-se apenas a referência dos aristocratas a seus "utensílios ambulantes". A primeira impressão que os membros da elite tinham daqueles que em alguns casos viveriam ao seu lado por muitos anos, tornando-se tão íntimos quanto seus familiares diretos, geralmente era obtida durante a avaliação no mercado. Impossível imaginar o turbilhão de emoções — o medo, a humilhação, a fúria — que os cativos teriam sentido enquanto eram apalpados, espetados e ridicularizados no fórum pelos possíveis compradores, cuja língua poucos teriam sido capazes de entender.

Cada cidade possuía um local específico para o comércio escravista, e em Pompéia as plataformas suspensas diante da fachada do Edifício de Eumáquia e do *macellum* têm sido apontadas como possíveis logradouros para a realização de leilões.[3] Ali, os tristes grupelhos de humanos eram expostos para avaliação; alguns exibiam os pés branquejados com giz, sinal de que haviam sido importados recentemente, e todos portavam placas em torno do pescoço informando suas virtudes menos conspícuas ou suas imperfeições: fosse porque demoravam no cumprimento das tarefas, porque eram doentes ou inférteis, porque já haviam cometido algum crime, ou porque já haviam tentado fugir ou se suicidar.[4] Em meio aos mais velhos e calejados, muitos dos presentes decerto se encontravam em estado de choque, depois de terem sido brutalmente desterrados e precariamente transportados pelo mar, caso não tivessem sido forçados a atravessar meio continente a pé.

Quando famílias inteiras eram capturadas de uma só vez, freqüentemente eram vendidas juntas, muito embora não pudessem contar com isso: aos pais que fossem mais fortes ou mais úteis que seus filhos só restava implorar com os olhos para que não fossem separados uns dos outros. Alguns eram colocados à venda depois de terem sido raptados por mercadores ou simplesmente colhidos dos postos de exposição extramuros, onde as crianças rejeitadas eram abandonadas.[5] E também havia aqueles que eram vendidos pelos próprios senhores quando já não tinham nenhuma serventia, alguns dos quais talvez tivessem nascido e crescido no seio da família senhorial. Escravos de origem doméstica eram tão valiosos que períodos de descanso eram oferecidos como recompensa àqueles que gerassem três filhos; os que gerassem quatro — a grande meta de produtividade — podiam até mesmo sonhar com a liberdade.[6] Tão logo deixavam os mercados, os escravos desapareciam nas fazendas ou nos corredores escuros das casas da elite, quase sempre para serem ignorados pelos senhores ou, quando fosse o caso, admirados e seduzidos em razão de sua beleza ou apreciados pelos talentos práticos que tinham a oferecer.

Indícios da brutalidade infligida aos escravos podem ser encontrados nos horripilantes despojos daqueles que morreram na erupção de 79 d.C. Nas cercanias de Pompéia, por exemplo, os esqueletos de uma leva de escravos foram escavados ainda agrilhoados entre si, tal como o grupo se encontrava quando fugia da tempestade de fogo e enxofre. Segundo Columela, dez era número ideal para cada leva de cativos agrilhoados, pois "esse sistema induz os integrantes a competir entre si e permite a identificação dos preguiçosos". Outra escavação traria à luz o corpo de um escravo manietado, provavelmente doméstico, que tentava escapar da erupção na companhia de seu proprietário. Mas os senhores de escravos decerto não sentiam nenhuma espécie de remorso: afinal, Catão aconselhava os fazendeiros a descartar os trabalhadores mais velhos e cansados no mesmo fôlego em que os recomendava a descartar implementos agrícolas imprestáveis.[7] E era exatamente assim, imprestáveis, que muitos escravos, especialmente os que trabalhavam no campo, ficavam depois de alguns anos no regime cruel a que eram submetidos. Análises científicas revelam que uma parcela dos corpos encontrados em Herculano e Pompéia, mais ou menos equivalente à população de escravos, encontrava-se consumida pela artrite ou deformada pelo excesso de trabalho.

Dois esqueletos encontrados juntos — ambos de homens com aproximadamente quarenta e seis anos de idade — demonstram claramente os efeitos que diferentes histórias de vida podem impingir sobre o físico. Um deles é o de um espécime robusto, bem nutrido, de ossos fortes e musculatura de um atleta amador, sua única peculiaridade sendo um defeito congênito que deixava um dos braços desproporcionalmente grande. O outro é o de um sujeito esquálido, dez centímetros mais baixo que seu superior social, os músculos definhados em razão da labuta e de uma dieta insuficiente, as vértebras lombares fundidas em decorrência da Doença de Forestier. A dentição do primeiro encontra-se em ótimo estado, e a do segundo resume-se a uma repugnante coleção de abscessos, um deles tão grande que chega a vazar pelos seios da face. As distinções são de tal modo claras que, infelizmente, não chegamos a nos surpreender quando lemos que a elite olhava para os escravos como se eles pertencessem a outra espécie, naturalmente inferior.

O que de fato nos surpreende é que as escravas, igualmente debilitadas, muitas vezes passavam como objetos sexuais aos olhos de seus senhores, que se serviam delas pessoalmente ou as ofereciam, por um preço, a outros escravos de sua casa. Relações mais permanentes entre os escravos constituíam uma das recompensas possíveis para a lealdade e a competência, ou então faziam parte de um arranjo reprodutivo. A despeito das circunstâncias que levaram à concepção, uma menina de 16 anos morreria grávida na catástrofe de 79 d.C., e seu corpo revelaria as diversas conseqüências dos abusos por ela sofridos: a subnutrição; a baixa estatura; os ossos subdesenvolvidos, especialmente os da pelve; as quatro vértebras fundidas em razão dos pesos que ela teria sido obrigada a carregar ainda na fase de crescimento. Tudo isso nos leva a crer que, ao morrer precocemente, ela teria sido poupada de um parto agonizante e fadado ao desastre. Quanto ao bebê, talvez seja uma bênção que ele não tivesse chegado a ver a luz do dia. Esperava-se que as crianças criadas nas fazendas cobrissem o custo de sua manutenção, e uma das maneiras para torná-las financeiramente viáveis consistia em confinar partes de seus corpos a fim de produzir deformidades. Os microcéfalos e os anões, "bizarrices" que divertiam os aristocratas, obtinham ótimos lances nos leilões.

No entanto, é possível que entre os escravos o papel mais ingrato coubesse ao *villicus*, ou feitor, apesar dos pequenos privilégios a que tinha direito. Cativo como os demais, o *villicus* substituía o senhor ausente na administração rotineira das propriedades rurais e da escravaria, inclusive na organização dos grupos de acorrentados. Embora inexistam provas materiais que joguem luz sobre a vida desses homens, eles figuram na literatura da época, invariavelmente elitista e mais preocupada com as supostas deficiências dos *villici* do que com as dificuldades inerentes à sua função. Os feitores eram obrigados a lidar não só com o constrangimento de comandar seus semelhantes mas também com a desconfiança quase obsessiva dos proprietários rurais e com as leis desumanamente opressoras que governavam suas vidas. Mesmo os mais privilegiados eram impedidos de comer na companhia de outros escravos ou ter amigos próximos. E por certo ficavam ainda mais frustrados quando iam à cidade a trabalho. Corriam o risco de ser severamente punidos se ali procurassem qualquer espécie de lazer, por mais banal que fosse, e sequer podiam comparecer aos festivais, como o de Ceres, sem permissão específica. Além disso é bastante provável que, passando pelos campos de flores ao longo do caminho, eles olhassem com inveja para os libertos que cultivavam a terra cedida pelos patronos.

As normas de conduta impostas aos feitores tinham como objetivo afastar a possibilidade de transações escusas, mas em termos práticos resultavam num isolamento que os impedia de cultivar qualquer espécie de relacionamento recíproco que lhes viabilizasse um possível futuro como libertos. Ao contrário dos escravos que trabalhavam nas residências urbanas e tinham a oportunidade de desenvolver uma relação mais próxima com seus senhores, os *villici* eram objeto de uma desconfiança de tal modo ferrenha que para quase todos a manumissão não passava de um sonho distante. O tratamento dispensado aos escravos rurais era subumano, e as fazendas eram o destino dos escravos urbanos quando eram exilados e caíam em desgraça.

Somente dois anos antes, quando fora promovido a feitor na fazenda de Fânio Sinistor, foi que Recepto se deu conta dos tormentos que a chegada de seu senhor podia provocar. Pois durante 11 meses do ano, a palavra dele, Recepto, era lei na fazenda, o que lhe rendia o ódio de todos os escravos e diaristas que trabalhavam sob seu comando. Era ele quem economizava dinheiro diminuindo a ração dos doentes; ele quem despachava os diaristas tão logo eles se aproximavam da mesa para comer; ele quem mandava os escravos cavarem poços para o estrume dos rebanhos e limparem toda a propriedade sob tempestades de pedra; ele quem ordenava o espancamento dos que faziam corpo mole na execução de suas tarefas.

Tendo sido um deles no passado, Recepto sabia muito bem que, numa mixórdia de línguas diferentes, os escravos o amaldiçoavam quando se viam sozinhos à noite, cochichando com ânimo mas perfeitamente imóveis, cientes de que qualquer movimento retesaria os grilhões e esfolaria os tornozelos e pulsos de todos os demais. "Ele não é escravo como nós? Não trabalhava conosco antes?" Mas ninguém desejava estar no lugar de Recepto quando, no 12º mês, o senhor chegava de Roma para sua visita anual de inspeção.

O inferno começou tão logo Fânio Sinistor pôs os pés em sua fazenda na última semana de março. Reverenciando os deuses-lares com um reles meneio da cabeça, ele partiu para os campos, regurgitando o pouco que havia aprendido com uma leitura superficial de Catão e Varrão. A cada passo vinha uma nova crítica. Por que as sarças não haviam sido podadas? Por que as túnicas dos escravos estavam tão amarfanhadas? Onde estava a gadanha que ele havia emprestado ao vizinho? Por que as dívidas não haviam sido cobradas? E que sandice era aquela, permitir um segundo descanso na jornada de dezesseis horas dos escravos? Qualquer explicação oferecida pelo feitor era friamente rejeitada. Depois de delegar a Recepto a autoridade sobre suas terras, Sinistor parecia incapaz de acreditar que ele não as explorasse em benefício próprio.

E agora, na madrugada do quarto dia de visita de seu senhor, Recepto encontrava-se diante da Porta do Vesúvio em Pompéia, despachado para contratar diaristas no local onde eles costumavam se reunir, ao lado da estalagem dos muleteiros, logo do outro lado dos muros — buscava especialistas para enxertar as videiras, muito embora soubesse que os caules ainda não estavam prontos para a operação, e tampouco estariam antes de pelo menos uma semana.

Máximo procurava por trabalho desesperadamente, mas Recepto o ignorou — os grafitos ao longo da rua explicavam o porquê: "Venéria chupou a vara de Máximo por todo o vinhedo, permanecendo com ambos os buracos vazios, e só a boca cheia."

Ciente de que nem mesmo o melhor dos homens seria aprovado por Sinistor, Recepto fez sua escolha com critério, mas sem muita demora: melhor não dar a seu senhor tempo suficiente para inspecionar os escravos sozinho, sem que ele estivesse lá para açulá-los ou para refrear a ansiedade da jovem escrava Cloé, que semanas antes havia sido informada de que pela primeira vez seria levada à presença de seu senhor. Sinistor ainda não havia revelado que pretendia levá-la para Roma e entregá-la como presente a um amigo.

Uma das descobertas mais interessantes em Boscoreale foi a da espetacular fazenda de Fânio Sinistor — personagem ignorado pela história e cujo nome claramente não-romano sugere que seus ascendentes tenham sentido na própria pele as agruras da escravidão. É pouco provável que a fazenda constituísse sua principal fonte de renda — os cômodos amplos da casa, bem como os belíssimos murais, levam a crer que ele não passasse de um diletante na agricultura, mas suficientemente abastado para comprar as melhores terras e acessórios para seu passatempo. Essa impressão é fortalecida pelos métodos de vinicultura romanticamente rudimentares adotados por Sinistor em detrimento de técnicas mais lucrativas: para que não fossem desnecessariamente machucadas, as uvas eram pisoteadas em dornas em vez de serem maceradas nas prensas habituais.

Columela, um estudioso da agricultura, descreve três modalidades básicas de propriedades rurais: a *villa urbana*, a *villa rustica* e a *villa fructuaria*. A primeira consistia num refúgio campestre para os habitantes de uma cidade ou vilarejo próximo, sem qualquer função agrícola relevante; a segunda, numa fazenda produtiva com safras destinadas ao comércio; e a terceira, numa entidade auto-sustentável que, além de produzir o bastante para a alimentação da família senhorial e da escravaria, fazia as vezes de casa de campo, com todas as amenidades necessárias ao lazer. Ao que parece, a vila de Fânio Sinistor pertencia a essa última categoria, um lugar destinado à recreação pastoril mais do que à subsistência. Columela arrola também uma quarta modalidade, a *pastio villatica*, destinada à criação de animais exóticos, como pavões, grous e animais de caça. A descoberta de vasos de cerâmica especialmente formatados com dutos internos para o confinamento de arganazes demonstra que a criação dessas iguarias não era exatamente um produto da imaginação satírica. Em muitos casos, contudo, a função dos animais era meramente decorativa. É pouco provável que as propriedades dedicadas a esse tipo de atividade, embora valessem fortunas no mercado imobiliário, tivessem algum tipo de rentabilidade: a maior parte delas decerto representava uma interminável fonte de despesas para os donos.[8]

Nesse aspecto assemelhavam-se às luxuosas vilas espalhadas ao longo da costa, fruto da rivalidade entre seus proprietários aristocratas. Ao criticar a desmedida ambição arquitetônica de seus coetâneos, Varrão — o prolífico intelectual da virada do século anterior, talvez mais conhecido por seus tratados de horticultura — decerto teria pensado naqueles desatinos à beira-mar. Em alguns casos, as propriedades geravam lucros com a piscicultura, visto que a engenharia antiga permitia a construção de grandes tanques em que a água circulava continuamente com níveis fixos de salinidade e oxigenação. A produção anual dessas fazendas podia chegar a cento e cinqüenta toneladas de peixes, e segundo Plínio, a de um certo Lúculo valia quatro milhões de sestércios.[9] Mas na maioria dos casos tais extravagâncias só podiam levar à ruína, a não ser que os proprietários tivessem a sagacidade necessária para financiar seus excessos com outros investimentos mais sólidos.[10]

É possível que Domícia Lepídia, sobrinha de Nero, cultivasse espécies raras de peixes nos numerosos viveiros de sua vila em Baias, mas ao que parece ela tinha consciência de que seu conjunto de *piscinae* constituía um charmoso artifício muito mais que um negócio confiável. Pelo menos não dependia dele para seu sustento. Evidências de que ela fosse a proprietária de armazéns e outros imóveis comerciais em Putéolos sugerem que de alguma forma Domícia estava envolvida no comércio e, caso as atividades abrutalhadas de uma cidade portuária fossem consideradas inadequadas como fonte de renda para uma sobrinha do imperador, é bastante provável que ela também participasse do mundo mais elitizado da agricultura local.

Cícero já havia observado um século antes que os hedonistas e decadentes aristocratas da capital vinham investindo em lucrativas fazendas na planície campaniense de modo que pudessem custear seus caprichos na costa. O mesmo princípio ainda vigorava na década de 50 d.C. Com terras ideais para o plantio, uma boa infra-estrutura de transporte marítimo e terrestre e uma ampla oferta de mão-de-obra escrava, o território pompeiano parecia perfeito para quem estivesse em busca de um bom retorno para seus investimentos. Os proprietários que tivessem participação na marinha mercante talvez pudessem importar seus próprios escravos, evitando assim os custos de intermediação. No entanto, uma vez que o comércio de escravos era visto como uma atividade de mau-gosto, não seria um despropósito supor que eles mantivessem tais economias na surdina.

As fazendas de Boscoreale constituem ótimos exemplos do que Columela classificara como *villa rustica*. Ali, um único complexo retangular fornecia acomodações singelas para os proprietários e espaço suficiente para as diversas etapas da produção agrícola: cômodos com prensas para maceração das uvas e olivas, um amplo pátio a céu aberto com dúzias de *dolia* soterradas para a fermentação do vinho, um celeiro com chão de terra batida para a debulha do milho — tudo de acordo com os preceitos estabelecidos pelos especialistas da época. E ao longo do corredor que dava acesso à área de fermentação alinhavam-se pequenas celas para o alojamento dos escravos, afastadas de tudo que pudesse distraí-los do trabalho.

Nesta vila, quase nada aponta para um possível interesse dos proprietários pela recreação. A cozinha, a sala de jantar e alguns dos cômodos menores que decerto serviam de quarto de dormir situavam-se em torno de um pátio onde ficavam os fornos de pão e o estábulo. E embora houvesse também um balneário, qualquer comparação com as amenidades comuns em outras partes seria descabida. É sabido que bois eram mantidos até mesmo nas casas mais luxuosas de Pompéia — dois esqueletos foram encontrados na Casa do Fauno —, mas não em lugares em que eles interferissem nas atividades diárias dos ocupantes; na vila de Boscoreale, as mulas teriam de passar pela cozinha para chegar à área externa da propriedade. Tudo ali contrasta fortemente com aqueles refúgios campestres cujos projetos haviam sido concebidos de modo que os proprietários pudessem fazer suas refeições diante da vista mais esplendorosa possível. Outras fazendas da mesma região, incluindo a de nome Villa Regina, faziam mais concessões à elegância na forma de pátios acolunados ou esporádicos murais, mas a preocupação maior era igualmente com a produção: não só de uvas e trigo, mas também de castanhas, cerejas e damascos. Além disso, até mesmo na mais modesta fazenda de Boscoreale eram cultivados os figos que faziam a fama de Pompéia, pequenos tesouros destinados às melhores mesas da cidade.

Conforme a lógica de todas as sociedades agrárias, um enorme poder concentrava-se nas mãos dos grandes e bem-sucedidos proprietários de terra. A renda das fazendas podia ser usada, entre tantas outras coisas, para a obtenção de apoio popular, sobretudo nas épocas de escassez de alimentos. A partir de meados do século I a.C., os habitantes de Roma passaram a receber uma quota de grãos do imperador, equivalente a dois quintos das necessidades alimentares de uma família. O custo para o Estado consumia um sexto de sua renda total, mas as plebes não aceitavam nada menos do que isso. Em Pompéia, contudo, o ônus dessas medidas sociais recaía sobre os proprietários de terra, que ajudavam seus clientes mais necessitados mediante as antiqüíssimas convenções do patronato, ou distribuíam alimentos à população durante seus mandatos como magistrados ou ao longo da corrida eleitoral.[11]

Entre os prováveis latifundiários do território de Pompéia havia também os forasteiros que, comprando terras na região, abriam caminho rumo à proeminência política. Um desses migrantes era Lúcio Albúcio Celso, que vinte anos antes chegara com posses suficientes para adquirir a segunda maior casa de Pompéia — conhecida hoje como a Casa das Bodas de Prata —, e em seguida fazer uma rápida carreira política ao lado de Décimo Lucrécio Valente. Seu filho, Lúcio Albúcio Justo, provavelmente era um dos magistrados seniores eleitos em março de 58 d.C., junto com Verânio Hipseu.[12]

Outro migrante recente, que desempenharia um papel bem menos benigno nas crises que assolariam Pompéia no futuro, pertencia à família

Grosfo, originária da Sicília. Situada no calcanhar da Itália, a ilha havia sido a primeira província de Roma e desde então permanecera um grande centro de produção de trigo, perdendo em importância apenas para o Egito; no entanto, era notória pela corrupção política.[13] Depois de se filiar à família Gávio alguns anos antes a fim de assegurar sua presença no conselho de Pompéia, Gneu Pompeu Grosfo direcionaria seus talentos tanto para o lucrativo setor agrícola quanto para os negócios escusos. Faria dupla com Livineu Régulo, extraditado de Roma por determinação de Cláudio cerca de uma década antes. Era uma espécie de gracejo recorrente na capital o fato de que o exílio para além do centésimo marco miliário desde Roma, em princípio uma severa punição, colocasse os malfeitores diretamente nas ensolaradas praias da baía.[14] Mas também os colocava próximos a alguns dos mais bem-sucedidos e ambiciosos libertos, que à época prosperavam largamente na baía de Nápoles.

É bastante provável que esses libertos tenham procurado transformar suas fortunas em fazendas e com isso juntar-se aos aristocratas rurais, para quem a posse da terra garantia um lugar de destaque permanente na hierarquia social. Certamente era essa a ambição de um arremedo ficcional dos libertos, o grotesco Trimalquião do *Satiricon*. Os nomes de libertos têm sido associados a diversas propriedades na região de Pompéia mediante a descoberta de anéis de sinete, muito embora não seja possível precisar a natureza desses vínculos.[15] Mas naquele período os mais proeminentes em Pompéia, como de resto em toda parte, eram os filhos dos manumissos da casa imperial júlio-claudiana, que portavam essa marca de distinção em seu *nomen*, o segundo dos três nomes que passavam de pai para filho. Desses, a família da qual temos o maior número de informações é a de Gaio Júlio Filipo e Júlio Políbio, cujas casas foram escavadas recentemente.

Levando-se em conta suas origens, bem como a teia de relações sociais que ele soubera urdir em Pompéia, podemos inferir que Júlio Políbio fosse excepcionalmente rico e carismático. Mesmo seu terceiro nome, de origem grega e escolhido pelos pais, sugere certa soberba paterna, uma vez que, segundo as análises estatísticas, ainda que ambos os genitores portassem nomes gregos, cerca de cinqüenta por cento escolhiam escamotear a etnia de seus descendentes mediante um nome claramente romano. Júlio Políbio compartilha este componente mais pessoal de seu nome com um dos mais célebres libertos imperiais da geração de seu pai, certo Políbio que servira como *ab studiis*, ou conselheiro literário, ao imperador Cláudio e fora carinhosamente homenageado numa inscrição por uma mulher livre, Perélia Gemela, a apenas alguns quilômetros a norte de Pompéia, na costa campaniense. Talvez seja imprudente inferir qualquer parentesco entre os dois homônimos; no entanto, mesmo que tivesse sido escolhido simplesmente como tributo ao excelso conselheiro, o nome do jovem Políbio ainda deixava às claras as origens helênicas que uma família mais modesta talvez tivesse sido obrigada a esconder.

Os Júlio tinham bons motivos para tamanha auto-estima. Júlio Políbio e Júlio Filipo — pai do primeiro ou possivelmente seu irmão mais velho — encontravam-se no epicentro do que estava fadado a se tornar talvez a mais poderosa rede de agentes políticos ao longo das décadas de 60 e 70 d.C. Nos 25 anos anteriores, Pompéia havia se tornado o destino predileto de outros libertos com ascendência semelhante que ali procuravam fundar suas próprias famílias. Homens de linhagem imperial, como Tibério Cláudio Claudiano e Cláudio Vero, além de outros migrantes recentes, como Rústio Vero e Liceneu Romano, tinham objetivos comuns e ajudavam-se mutuamente na escorregadia escalada rumo ao poder local; além disso, contavam com o apoio dos libertos de importantes famílias pompeianas, como os Popídio, que de bom grado se associavam a eles. A presença de ramos dessas famílias em Roma, Putéolos e Delos sugere que suas atividades comerciais talvez tivessem longos tentáculos.

Que o respeito devotado a Júlio Políbio tivesse origem no cabedal de que ele dispunha pode ser comprovado pelas quatro enormes caixas-fortes situadas na área social de sua casa. Embora seus pares fossem mais liberais na exibição de suas posses — aderindo às luxuosas amenidades que caracterizavam as residências da época, como os balneários privativos e ninfeus semelhantes aos da casa de Rústio Vero —, Políbio contentava-se em passar uma imagem mais sóbria e afinada com o espírito da cidade, deixando claro que ele e seus descendentes abraçavam as tradições mais contidas da sociedade que os havia recebido. Situada na rua principal, não muito distante do Arco de Holcônio, sua casa contava com o único vestíbulo monumental de toda Pompéia: uma entrada dotada de galerias que, por ter sido preservada sem alterações desde o início do século anterior, denotava um benfazejo conservadorismo por parte dos novos proprietários, respeitosos da grandiosa arquitetura do passado.

É provável que Júlio Políbio fosse um dos dois jovens que, em abril de 58 d.C., chegavam ao fim de seu mandato como magistrados juniores, ou edis.[16] Morando na rua principal — através da qual o cortejo fúnebre de Décimo Lucrécio Valente havia passado quatro anos antes —, Políbio acabaria se revelando uma figura influente na cidade, e tudo indica que seu sucesso em grande parte tivesse raízes no solo do território. Quando mais tarde ele concorresse ao posto de magistrado sênior, inscrições propagandistas fariam menção a seu "bom pão" — mas não era às suas qualidades como panificador que os cabos eleitorais de Políbio se referiam, e sim às quotas de pão que ele generosamente distribuía ao populacho, um excelente instrumento de cooptação política.[17] Caso, como tantos outros membros da elite política de Pompéia, ele fosse proprietário de um granel ou operasse uma panificadora por meio de escravos, libertos ou clientes, seu objetivo teria sido tão-somente controlar todo o ciclo da produção de alimentos. Afinal, por que deixar um intermediário receber crédito simplesmente por beneficiar os frutos da terra? Um dos murais da cidade retrata uma ilustre figura vestida de toga, distribuindo bisnagas de pão às massas suplicantes. Um político moderno jamais deixaria ocasião semelhante passar sem uma fotografia.

O pão, confeccionado somente com trigo ou misturado à espelta colhida no outono, constituía o item principal da dieta romana e decerto era consumido pelos pobres em grandes quantidades. Para atender à demanda — mesmo levando-se em conta o suplemento oferecido pelo excelente grão egípcio conhecido como *annona* —, teria sido necessário que cerca de três quartos de todo o território cultivável da Itália fossem plantados com cereais. Análises dos despojos da casa de Júlio Políbio na cidade sugerem que o consumo calórico diário para cada morador equivalesse a 9,4 quilos de trigo, ou dez bisnagas de pão. Naturalmente, em vista dos paladares mais sofisticados da elite endinheirada, as fibras teriam sido substituídas por iguarias mais refinadas e nutritivas. Carne, vinho, queijo, frutas, hortaliças, azeite de oliva — tudo isso fazia parte da dieta pompeiana. O azeite de oliva custava três vezes mais que o trigo e continha o mesmo número de calorias, e Catão limitava o consumo de seus escravos a meio litro por mês. Mas na residência de Júlio Políbio economias semelhantes não eram necessárias, pelo menos por ora.

A maioria dos membros da elite pompeiana abastecia suas mesas mediante o cultivo de terras aráveis próximas à cidade, e em alguns casos comprando suplementos nas hortas comerciais, às vezes situadas até mesmo no interior dos muros. Para eles, era importante demonstrar que eram capazes de atender às necessidades básicas de seus dependentes mediante o cultivo das próprias terras, e por esse motivo adquiriam propriedades razoavelmente conspícuas na vizinhança. Aqueles que pretendiam se manter elegíveis ao conselho da cidade e precisavam conter despesas para fazer face aos polpudos desembolsos necessários para tanto decerto eram forçados a optar por uma de duas alternativas: sustentar uma residência principal na cidade e manter terras puramente funcionais na vizinhança, ou morar numa bela propriedade produtiva no campo e manter apenas uma casa modesta na cidade.

Na ausência das tábulas legislativas de Pompéia, feitas de bronze — sabidamente refundidas na década de 60 d.C., mas jamais encontradas pelos arqueólogos —, a fonte de referência mais confiável para os assuntos administrativos de Pompéia é a carta colonial de Urso, encontrada no fim do século XIX nas cercanias da atual Osuna, na Espanha.[18] Gravados em quatro tábulas em algum momento da década de 40 a.C., os textos contêm 134 pontos de referência, além de uma mixórdia de emendas feitas durante o processo de rascunho, e não há motivo para supor que as provisões para a Itália, cem anos depois, fossem significativamente diferentes. A carta de Tarento, mais antiga, estabelece que todos os candidatos a cargos públicos devem possuir uma casa coberta com um telhado de pelo menos mil e quinhentas telhas, situada a pelo menos 1,5 quilômetro das divisas da cidade; talvez não seja coincidência o fato de que, tomando por base as descobertas realizadas até o presente, o número provável de vilas no mesmo perímetro chegue a aproximadamente cem, o mesmo número de assentos no conselho de decuriões.

Foi a partir de um conjunto de códices de cera, descoberto sob os escombros do pavimento superior de uma residência pompeiana, que os historiadores conseguiram compilar o maior número de informações a respeito das transações comerciais e da hierarquia social da cidade. Cecílio Jucundo acumulava as funções de leiloeiro e banqueiro, operando como *argentarius* para os homens de negócio de Pompéia. Fosse negociando a permuta de mercadorias e franquias comerciais ou oferecendo empréstimos de curto prazo e instrumentos de depósito, ele e seus colegas eram fundamentais para o sucesso da maioria das transações.

Nascido durante o período final do reinado de Augusto, em 27 d.C. Jucundo talvez tenha se juntado a seu pai liberto, Félice, na profissão que o deixaria famoso dois mil anos depois. Em 58 d.C. ele estaria na casa dos cinqüenta anos, solidamente estabelecido e respeitado pelos homens mais importantes de Pompéia, que lhe confiavam seus negócios e voluntariamente serviam de testemunhas quando ele supervisionava as transações de outrem. O busto de bronze de Félice, encontrado na casa do filho, sugere um homem de comportamento sóbrio e mente sagaz, talvez um tanto incomodado que seus clientes se perguntassem se ele de fato precisava do percentual cobrado sobre as vendas, mas franco em suas transações e discreto. Jucundo tinha concorrentes em Pompéia, mas é tentador imaginar que na década de 50 d.C. ele constituísse o *argentarius* exemplar, a quem os demais procuravam emular. Seus filhos concorreriam a cargos públicos, vendo-se finalmente livres da mácula representada pelas origens servis de seu avô Félice.

O negócio era relativamente pequeno, e os sócios de Jucundo, confiáveis. As transações provavelmente eram realizadas em algum lugar do grande mercado de alimentos do fórum, o *macellum*, ou então na parte dianteira da casa do próprio Jucundo, não muito distante. Os nomes mencionados nos 153 documentos encontrados pelos pesquisadores evocam um mundo frenético de funcionários atarefados, sócios preocupados com o andamento de uma transação difícil, e decuriões de nariz empinado que precisavam ser recebidos com deferência até que se dignassem a revelar o propósito de sua visita. Certas tarefas eram delegadas aos libertos — Febo, Comuno e Criseros —, enquanto os escravos de Jucundo — Filadelfo, Menipo e Dioniso — faziam pagamentos em nome dele, tal como está registrado nos códices. Além disso, uma meia dúzia de prováveis parceiros — incluindo um liberto dos Hélvio, chamado Apolinário — aparece com freqüência na lista de aproximadamente sete pessoas que assinavam como testemunhas nas permutas e, ao que parece, estavam sempre à mão quando preciso.

Jucundo também estava em condições de cobrar favores dos membros da elite. O venerável ex-magistrado Quinto Apulio Severo, que encabeça a lista em dez das tábulas sobreviventes e aparece outras cinco vezes em segundo lugar, aparentemente estava nas mãos do leiloeiro; mas também é possível que algum tipo de mimo fosse oferecido em troca de sua atenção e do prestígio associado a seu nome. Mas Severo não era o único que se prestava a isso: os nomes de diversos dignitários pompeianos, tanto do passado quanto do futuro, também figuram nos documentos: além de Júlio Políbio, são mencionados Cláudio Vero, Marco Obélio Firmo e outros, sendo que a importância relativa de cada um pode ser inferida a partir da ordem em que os nomes aparecem nas listas de testemunhas.

Uma das peculiaridades da sociedade romana era sua obsessão pelo status social; a preocupação era tanta que dois pompeianos podiam se deparar no fórum e quase instantaneamente estabelecer de quem era a preferência, como se um complexo aferímetro de prestígio estivesse constantemente em funcionamento em todas as situações sociais. Onde a ordem das testemunhas nas tábulas de Jucundo parece contraditória, certamente não há engano, mas uma genuína mudança no status dos arrolados. Além disso, a posição social não era motivo de preocupação apenas para os membros da elite, que afinal tinham a seu favor os cargos que ocupavam ou o *pedigree* de suas respectivas famílias. Num caso específico podemos constatar a mesquinha disputa entre Públio Minício Ático e Aulo Veio Ninfa, ambos absolutamente inconspícuos aos olhos da posteridade, para ver quem figurava nas sétima e oitava posições numa lista de testemunhas, a ponto de obrigar o escriba a apagar e reescrever seus nomes na ordem finalmente acordada.[19]

Como todos os demais, Jucundo certamente tinha consciência do lugar que ocupava na sociedade: alguém que freqüentava a mesa de seus clientes enquanto tivesse alguma utilidade para eles, mas nada além de um banqueiro miúdo em comparação aos Sulpício de Putéolos, os quais ele decerto conhecia por renome, senão pessoalmente. As transações que intermediava eram suficientemente altas para Pompéia, mas decididamente modestas para os padrões do comércio internacional: uma venda ocasional ultrapassando os trinta mil sestércios, um punhado de outras tantas num valor inferior a mil sestércios, e a maior parte girando em torno dos quatro ou cinco mil, valor suficiente para arrematar em leilão o trigo necessário ao abastecimento de uma panificadora de porte médio por boa parte de um ano. A comissão de Jucundo não passava de um ou dois por cento do valor total,[20] e a natureza das transações era diversa: ora ele intermediava a prestação de serviços num grande contrato de obras públicas, ora envolvia-se em transações mais mundanas, como a venda de mobílias para facilitar a divisão do espólio entre os beneficiários de um testamento. Para atender às necessidades de seus clientes mais ilustres, Jucundo dispunha-se inclusive a negociar fora da cidade, como evidencia uma transação realizada na vizinha Nucéria a pedido do abastado Públio Alfeno Varo, que desejava revender alguns escravos arrematados em leilão.[21]

Em 58 d.C., na qualidade de centurião sênior da guarda pretoriana, Públio Alfeno Varo gozava de considerável prestígio em Nucéria. No ano anterior, Nero dera início à sua política de enviar para lá um grande contingente de veteranos do exército com o objetivo de estimular a população local, que decerto reverenciava a patente do pretoriano. Não há dúvidas de que o pai de Varo, decurião no conselho de Nucéria, também se orgulhasse das realizações do filho, e ambos firmariam o contrato de venda de escravos intermediado por Jucundo.

Mas é possível que Jucundo não tenha exatamente se comprazido na consecução de seu papel. Para chegar a Nucéria, ele teria precisado atravessar a ponte do Sarno e seguir pelo território pompeiano até que o conhecido sistema nucerino de alinhamento dos campos numa grade no sentido nordeste-sudeste denunciasse os confins da cidade. Mas a sensação de estar chegando em terras estrangeiras talvez tenha sido mais profunda do que isso: além de estar indiretamente envolvido com o comércio escravista, o que lhe causava certo desconforto, Jucundo era pompeiano, e Nucéria nem sempre recebia de braços abertos seus vizinhos campanienses. Entre as duas cidades vigorava uma ferrenha rivalidade, que em breve resvalaria na violência.

As festividades da primavera já haviam começado no santuário consagrado aos deuses da fertilidade, do outro lado do cemitério de Nucéria, onde o Sarno se espraiava no mar. Multidões oriundas da cidade e do campo vinham oferecer sacrifícios a Ceres, mãe da terra, responsável pelo renascimento da natureza após o inverno. Fânio Sinistor e um punhado de outros latifundiários que visitavam a região apenas ocasionalmente misturavam-se à elite local, mas os pequenos arrendatários também estavam presentes, bem como um sem-número de camponeses trajando pouco mais que farrapos de pele animal. Todos rogavam à deusa pela generosidade das colheitas, e a sacerdotisa Aléa, filha do estimado decurião Aleu Nigídio Maio, agia como intermediária deles.

Sinistor observava o final da primeira etapa da cerimônia, a imagem da deusa sendo erguida para ser levada em procissão até o teatro da cidade, onde continuariam os ritos. A carne sacrifical fora abandonada crepitando sobre o fogo, atiçando o apetite daqueles que mais tarde voltariam para jantar.

Quando Sinistor e seus companheiros chegaram ao corredor que dava acesso à parte inferior do teatro, muitos dos prestigiados libertos da agremiação dos Augustais já estavam lá. Juntos, esperariam até que pudessem entrar e tomar seus respectivos assentos nas fileiras da frente. Do lado de dentro e do alto, o alvoroço dos espectadores mais humildes ecoava contra as paredes estreitas enquanto mulheres, libertos e escravos inconspícuos contornavam apressadamente o perímetro do teatro, subiam até o topo do auditório semicircular e desciam pelas arquibancadas até chegar aos setores reservados a cada um. A expectativa era grande.

Sinistor já ouvira falar das apresentações de Páris em Roma, mas a presença do ator ali constituía uma novidade. Alguém ao seu lado informara que por muitas semanas não se falara de outra coisa nas tabernas e nos jantares da cidade. E mesmo a poucos minutos do início, os cambistas pediam preços astronômicos pelas peças de cerâmica em forma de anel ou galinha que faziam as vezes de ingresso. Com Páris no palco, e Popéia, a amante de Nero, na platéia, tinha-se a impressão de que Pompéia havia se tornado o centro do mundo, ainda que pelo breve período de um dia.

— III —

O poder relativo das facções adversárias na corte, cujas intrigas haviam atormentado Nero desde muito antes de sua ascensão ao trono, ainda se encontrava bastante equilibrado nos últimos meses de 58 d.C. De um lado, os conselheiros Sêneca e Burro esforçavam-se para que o imperador se mantivesse fiel ao programa político estabelecido no início de seu reinado; de outro, Agripina continuava a tramar no sentido de influenciar o filho contra eles e tomar para si o papel de eminência parda do império. Diante das moedas cunhadas logo nos primeiros anos, com os perfis do imperador e da mãe sobrepostos, ninguém poderia duvidar do poder que ela havia conquistado (Figura 5c).

Até pouco tempo antes, a crescente animosidade entre Agripina e os homens que ela mesma havia escolhido como seus títeres na corte vinha sendo colocada em prática mediante uma série de intermediários. Ao longo do processo, a maioria deles fora casualmente eliminada, mas enquanto os dois protagonistas permanecessem de pé não haveria espaço para resoluções duradouras. O jogo havia se tornado ainda mais arriscado. Diante das investidas cada vez mais virulentas de Agripina, os conselheiros do imperador viram-se obrigados a agir com firmeza para salvaguardar não só as diretrizes que defendiam como também a própria pele. Depois de falharem no episódio com o ator Páris, escolheram como instrumento de sua campanha uma dileta filha de Pompéia, uma jovem que conquistara um espaço suficientemente grande no coração de Nero para colocar em risco a supremacia da própria Agripina.

A ambição corria no sangue de Popéia Sabina tanto quanto no da mãe do imperador. Até mesmo o nome que ela portava — o de um avô paterno que havia prestado relevantes serviços como cônsul e general — havia sido adotado por uma questão de conveniência, isto é, para escamotear a identidade de seu avilanado pai. Ainda jovem, Tito Ólio havia cometido a falta grave de aceitar a amizade de Sejano, o prefeito pretoriano que horrorizara a aristocracia romana com seus modos despóticos durante o prolongado afastamento do imperador Tibério; quando Sejano foi pilhado tramando usurpar o trono, e posteriormente executado, Ólio viu-se em desgraça e saiu em busca do prestígio perdido. Mas sua filha claramente preferia não ser prejudicada por tabela.

No entanto, ainda que a insensível Popéia tivesse herdado do pai o gosto pelo poder, foi da mãe, considerada uma das mulheres mais belas de seu tempo, que ela havia geneticamente recebido os atributos para conquistá-lo. Encantadora e espirituosa, Popéia sabia muito bem como explorar suas qualidades pessoais na Roma de Nero, um mundo de representações ilusórias e jogos de sedução. Tendo casado duas vezes — a segunda com Oto, um amigo de infância de Nero —, ela espertamente optava por manter uma postura mais recatada em público. Todavia, observadores mais acerbos alegavam que sua máscara seduzia na mesma medida em que ocultava. Dizia-se à boca pequena que, entre quatro paredes, ela podia ser perfeitamente fescenina na relação com seus diversos amantes.

Pouco se sabe a respeito da vida de Popéia antes de sua fulgurante entrada, aos vinte anos de idade, nas altas rodas da corte. Mas tudo leva a crer que ela tenha passado pelo menos parte da infância, senão em Pompéia, nas imediações da cidade, onde foram encontrados indícios da presença tanto do lado paterno de sua família quanto do materno. Nesse caso, o mais provável é que sua residência tenha sido o que hoje conhecemos como a Casa de Menandro. Analogamente a tantos outros casos em Pompéia, a identificação do proprietário dessa construção é incerta, mas um anel com o nome de Quinto Popeu Eros foi encontrado nos despojos de um homem na casa anexa, onde residia o almoxarife. Na casa principal também foi encontrado, escondido no balneário, um grande acervo de jóias e pratarias.

Riqueza não é sinônimo de prestígio social, mas os enormes anéis de ouro masculinos que integravam esse acervo sugerem claramente que ali residia uma família aristocrata de grande riqueza. No decorrer dos cem anos anteriores a propriedade encampara algumas das construções vizinhas, passando a oferecer um impressionante conjunto de cinco salas de recepção, adequado às mais suntuosas ocasiões. E aproximadamente dois mil anos depois seria escolhida pelo ditador italiano Mussolini para a realização de um extravagante almoço em homenagem a dignitários visitantes, o que é prova da opulência do lugar.

Em Pompéia seriam encontrados outros indícios da família daquela garota de destino glorioso. Um segundo ramo da família de Popéia aparentemente viveu na Casa dos Cupidos Dourados. Tal como a Casa de Menandro, tratava-se de uma casa excepcionalmente grande — mesmo para os parâmetros de uma cidade farta em residências opulentas —, de cômodos finamente decorados e um belo jardim no peristilo. Na década de 50 d.C., já se encontrava cercada de lojas e outros estabelecimentos, inseridos na malha arquitetônica da quadra e provavelmente geridos por dependentes dos proprietários aristocratas. Em algum momento Popéia teria sido proprietária de uma olaria nos subúrbios da cidade: uma tábula de cera descoberta em Herculano registra a venda de uma jovem escrava e encarrega a nova senhora de buscá-la na oficina.[1]

No alvorecer de 59 d.C., uma tórrida nuvem de tensões sexuais sobrecarregava a já tempestuosa atmosfera em torno do imperador, e no centro dessa nuvem encontrava-se Popéia. Não sabemos exatamente como e em que ponto Nero e Popéia começaram seu relacionamento. Os relatos são contraditórios, sugerindo ora que o casamento com Oto não passava de uma farsa — concebida para esconder de Otávia e Agripina as peripécias do marido de uma e filho da outra —, ora que o adultério havia sido involuntariamente propiciado pelo próprio Oto, que não se cansava de decantar a beleza de sua mulher na presença do imperador. Seja como for, é impossível deixarmos de suspeitar que Popéia não estivesse ativamente envolvida em toda a história desde o início. Também é bastante provável que ela contasse com a conivência de Sêneca e Burro; os conselheiros não teriam deixado de se aproveitar da paixão do casal para cavar um fosso entre Nero e Agripina, que tinha uma poderosa aliada na figura de Otávia, filha de Cláudio e fiadora da legitimidade de Nero como imperador.

Agripina, outrora tão eficaz na arte de seduzir em benefício próprio, logo se daria conta de que havia perdido sua aptidão justo no momento em que mais precisava dela. Imediatamente enfeitiçado por Popéia, Nero decidiu que a presença de Oto em Roma era intolerável, por maior que tivesse sido a colaboração do velho amigo. No entanto, influenciado por Sêneca, desistiu de executá-lo e em vez disso nomeou-o governador da Lusitânia, na distante costa atlântica, cargo para o qual Oto não demonstrava a menor vocação. A essa altura, Agripina percebeu que o jogo estava perdido. Numa cartada final, tentou sem sucesso seduzir o próprio filho — que sequer lhe concedeu uma audiência — e por fim exilou-se voluntariamente em suas propriedades campestres.

Vendo-se livre das garras da mãe, Nero passaria a persegui-la com inusitado furor. Ao menor pretexto, Agripina seria chamada às cortes para se defender, e somente escaparia da morte por envenenamento em razão da imunidade adquirida depois de passar uma vida inteira ingerindo poderosos antídotos. Um plano para fazer o teto de seu quarto desabar à noite teria sido levado a cabo não fosse pelo vazamento de informações por parte de aliados na corte. No entanto, uma vez inclinado ao matricídio, Nero não se deixaria demover facilmente. Para agravar ainda mais as coisas, Popéia açulava-o mediante ameaças de voltar para o marido caso ele se recusasse a oficializar a ligação entre os dois e fazer dela uma mulher decente. Para Nero, a possibilidade de perdê-la era intolerável.

Hospedado na vila de Calpúrnio Pisão durante o recesso senatorial de março de 59 d.C., Nero voltaria a tramar com renovada engenhosidade. A apenas alguns quilômetros de distância, Popéia ocupava-se com os preparativos para as eleições anuais previstas para o fim do mês, bem como para o Festival de Minerva, com cinco dias de duração, durante os quais os artesãos da cidade tinham permissão para deixar de lado as ferramentas e celebrar. Mas é quase certo que a política local e o divertimento das plebes não figurassem entre as preocupações do imperador enquanto ele andava de um lado a outro nas dependências da vila palaciana. À beira da enorme piscina, cercado de belas estátuas, talvez ele tenha encontrado ânimo para seu hediondo crime num extraordinário bronze que ali se encontrava, uma das obras mais impressionantes a ter sobrevivido à erupção. Retratados de maneira explícita e transgressora, uma cabra extasiada deixa-se possuir pelo lascivo deus Pã.

Mas talvez tenha sido na ampla varanda da vila, de onde ele podia avistar as águas da baía, que Nero encontrou inspiração para o plano que colocaria em prática logo a seguir. Enviando uma carta à mãe, convidou-a para celebrar o Festival de Minerva com um jantar nas proximidades de Baias. Chegando à praia e constatando a desmedida gentileza do filho, que viera pessoalmente recebê-la para depois acompanhá-la até a vila, Agripina, já legitimamente desconfiada com o convite, acautelou-se ainda mais e insistiu que fosse transportada numa liteira pessoal. Mas uma vez terminado o jantar, voltando à praia e recebendo nos seios os beijos de despedida de Nero, ela tolamente baixou a guarda.

Já longe da costa, o luxuoso navio que a levaria de volta revelou-se a armadilha que de fato era. Enquanto Agripina ponderava sobre a surpreendente mudança no comportamento do filho, o dossel acima dela sucumbiu ao peso do chumbo previamente colocado ali e despencou, deparando-se a meio-caminho com as laterais elevadas do divã onde ela se encontrava. Constatando que a vítima havia sobrevivido, os marujos rapidamente soçobraram a embarcação, e Agripina somente conseguiu nadar até uma barca próxima graças à devoção de sua camareira, Acerrônia Polia, que distraiu os marujos dizendo-se a verdadeira mãe do imperador. Acreditando na história, os marujos espancaram-na até a morte com um remo.

Na costa, Nero e seus comparsas reuniram-se mais uma vez, determinados a encontrar um meio de incriminar Agripina e tirá-la definitivamente de circulação. A oportunidade apareceria com a chegada de um mensageiro enviado por ela. Falsamente acusado por tentativa de assassinato — por conta de uma espada premeditadamente jogada a seus pés —, o tal mensageiro por fim daria ao imperador o pretexto de que ele precisava para ordenar a execução sumária da própria mãe. Os ajudantes de Nero agiram sem hesitar. Em virtude do voto de proteção incondicional à família dos césares, a guarda pretoriana não podia ser intimada a desferir o golpe de misericórdia, mas a marinha estava livre de qualquer impedimento. Anicteto, o almirante liberto responsável pelo artifício do dossel, cercou a vila de Agripina com um cordão de marujos, de modo que não houvesse testemunhas, e invadiu o lugar na companhia de outros tantos, perseguindo sua presa até o quarto dela.

Anos antes, ao ser informada por um astrólogo de que seu filho subiria ao trono mas também a mataria, Agripina supostamente respondera: "Pois que mate, desde que suba ao trono." Agora, já exausta, ferida e aterrorizada, ofereceria o próprio ventre às espadas assassinas, transformando em realidade a macabra profecia.

CAPÍTULO 4

Um homem digno, vote nele

Março de 59 d.C.

Décimo Sátrio Lucrécio Valente gozava um breve instante de repouso sob o sol do entardecer quando a paz reinante em seu jardim foi interrompida por um insistente martelar. Após um dia de cansativas obrigações oficiais e intermináveis negociações em prol de seus clientes, ficou agastado. Mas voltou à calma tão logo se deu conta da origem daquela barulheira: os ramos de louro que estavam sendo pregados à sua porta em honra de sua posição como sacerdote de Nero. Mesmo sabendo que se tratava apenas de um gesto tradicionalmente realizado pelo conselho no primeiro dia de março para marcar o início do Festival de Marte, sentiu-se mais animado.

Lembranças das cerimônias matinais pesavam em sua mente. Depois de examinar a revoada de pássaros no céu, o magistrado sênior Albúcio Justo pressagiara um ano tranqüilo e uniforme, mas, em vez de menear a cabeça em sinal de aprovação como sempre fazia, o áugure de túnica púrpura ao seu lado cochichara-lhe algo no ouvido. Justo olhou novamente para o céu. O vôo frenético dos estorninhos era sinal de que meses difíceis estavam por vir, ele alertou em seguida. E o áugure concordou.

Valente sabia muito bem como tudo isso funcionava. Por mais capacitados que fossem na interpretação da vontade dos deuses, os áugures não estavam imunes ao clima de apreensão gerado pelas notícias que chegavam de Roma. Na capital, fatos bizarros — a mulher que dera à luz uma monstruosa serpente; a tempestade de raios que assolara a cidade, inclusive matando um casal que se abraçava em público; o sol que se apagara por alguns instantes — davam credibilidade aos rumores de discórdia na famí-

lia imperial. Se o céu estivesse mesmo carregado de nuvens pretas, os áugures de Pompéia não arriscariam sua reputação simplesmente para agradar um magistrado local que desejava ver seu mandato terminar num clima de otimismo. Desde que se tornara flâmine de Nero, Valente vicejava à sombra da glória do jovem e dinâmico imperador. Não havia dúvidas quanto à popularidade de um governante que deixava atrás de si uma esteira de prosperidade. As histórias de suas escapadas noturnas pelas ruas mais ermas de Roma haviam sido descartadas como brincadeiras tolas. Mas Valente sabia quão rapidamente mudaria a disposição das massas caso Nero fosse associado à má sorte. Já tinha ouvido dizer que em Roma alguns começavam a questionar os rumos que o império vinha tomando, e logo esses boatos de dissensão seriam ouvidos também em Pompéia.

O mês de março já havia chegado, e com ele o momento de definir os candidatos às magistraturas júnior e sênior. Era crucial que os homens certos fossem escolhidos. Valente apoiava o siciliano Pompeu Grosfo, relativamente desconhecido na cidade, porém aplicado. Além disso, tinha certa afinidade com o companheiro de chapa dele, Gaviano — ou Caio Públio Gávio, como era conhecido antes de Grosfo nomeá-lo herdeiro de seus bens. A intenção de ambos era colher os benefícios de uma candidatura familiar que lhes permitisse somar recursos de campanha. Valente admirava a audácia deles. Mas o que pensariam os outros membros do conselho?

Quando convidado a participar da campanha política em Roma do enteado de um amigo, Cícero observou com ironia: "Em Roma basta querer para ter; em Pompéia é mais difícil."[1] Em vista dos mais de três mil grafitos de propaganda política encontrados em Pompéia, seria razoável pensar na cidade como uma florescente democracia provinciana, com pouco espaço para o nepotismo. As evidências sugerem eleições acirradas, com intenso engajamento popular e disputa entre os candidatos até o último voto. Todavia, a realidade da representação política era bem outra, cada vez mais manipulada pelas poderosas famílias da cidade.

As cúrias, ou tribos, constituíam unidades eleitorais de fundamental importância no sistema político pompeiano; em cada uma delas eram realizadas eleições primárias para a escolha de um candidato. Tal como acontecia em Roma, o nome desses agrupamentos geralmente era associado a diferentes distritos urbanos, como o fórum e as diversas portas da cidade, o que pode ser comprovado pela freqüente menção aos Forenses, Campanienses, Salienses e Urbulanenses nos registros históricos. Mas os nomes de importantes famílias locais também eram apropriados, como no caso dos Popeienses, alusão ao nome da família de Popéia e indício da considerável influência que as famílias poderosas exerciam sobre o voto de seus clientes e dependentes.[2]

À época de Nero, um pequeno número de famílias proeminentes por pouco não monopolizava os postos mais importantes na governança de Pompéia. Dos postos de mandato anual, somente os magistrados juniores, ou edis, eram eleitos por voto direto; os magistrados seniores, ou duúnviros, eram escolhidos por outros meios e depois meramente referendados pelo eleitorado. De acordo com a carta constitucional de Urso, cabia ao mais velho dos magistrados seniores supervisionar a eleição de seus sucessores.[3] É provável que o mesmo vigorasse em Pompéia.

O patronato permeava toda a sociedade romana. O imperador governava por intermédio de subalternos que compunham um corpo administrativo, mas não dispunha de um abrangente sistema burocrático. A preferência era por um governo "enxuto" e pela delegação, tanto quanto possível, do poder decisório. As cidades e províncias que compunham o império não tinham um representante direto no governo. À diferença da cidade de Como no norte da Itália, por exemplo, Pompéia não contava com nenhum assento no senado de Roma. Não obstante, o diálogo com a corte era mediado por certos indivíduos privilegiados, que, por conseguinte, figuravam no topo de suas pirâmides de poder locais; para quem quisesse se fazer ouvir em Roma, a patronagem dessas pessoas era essencial. A base de determinada pirâmide podia constituir o ápice de muitas outras, e o *paterfamilias* de uma importante família pompeiana podia intermediar os votos não só de seus familiares como também de todos aqueles sob sua égide. Visto que em Pompéia o número de adultos masculinos com direito a voto girava em torno dos quatro ou cinco mil, e que o conselho se compunha de aproximadamente cem decuriões, é perfeitamente possível que quase todos os votantes fossem clientes de um pequeno número de formadores de opinião, capazes, justamente por isso, de determinar os rumos de uma eleição.

O sucesso de um candidato a magistrado em Pompéia dependia essencialmente dos seguintes fatores: dos talentos pessoais e da formação educacional que o qualificassem como um administrador capaz; do número de clientes que dependessem dele como porta-voz nos assuntos de natureza administrativa ou jurídica; do volume de suas posses. Num mundo em que o ensino público ainda inexistia e que a renda da elite estava intimamente associada à amplitude dos interesses de seus clientes, os dois primeiros fatores eram, em grande medida, encampados pelo terceiro. Os custos inerentes ao serviço público eram bastante significativos. Os gastos de um magistrado sênior de outra localidade, durante um ano de mandato, foram registrados da seguinte forma: "6.000 sestércios de taxa fixa. Para o suprimento das legiões: 3.450 sestércios. Para a reconstrução do Templo de Diana: 6.200 sestércios. Para os jogos da vitória de Augusto César: 7.750 sestércios."[4]

Era esperado que um magistrado júnior prosseguisse na carreira até se tornar magistrado sênior e que em seguida aspirasse à honra máxima de se tornar um dos duúnviros qüinqüenais, responsáveis pelo recenseamento. Assim sendo, caso cumprisse apenas dois mandatos, consumiria quase a metade dos cem mil sestércios que originalmente o haviam qualificado como membro do conselho de decuriões. E as recompensas financeiras seriam mínimas: o séquito de secretários, músicos e porta-estandartes a que cada magistrado tinha direito seria em larga escala subsidiado por suas próprias contribuições aos cofres públicos no ato da posse. Fora de seu alcance estariam todas as benesses concedidas aos administradores das províncias, onde o lucro privado era considerado recompensa legítima para os anos de serviço passados longe da civilização. Em Pompéia, a vida pública não constituía uma opção para os meramente talentosos e preparados.

Uma considerável fonte de despesas para os magistrados era o financiamento das obras públicas. Augusto havia convocado os cidadãos proeminentes de toda parte a contribuir com seu quinhão no processo de mudanças, fosse pagando pela reforma de velhos prédios públicos ou custeando a construção de novos. Em Pompéia, a generosidade de seus benfeitores era alardeada com vistosas inscrições nos prédios públicos.

Nos dias de hoje, os visitantes precisam apertar os olhos na direção dos entablamentos para discernir os nomes talhados no mármore desbotado, mas àquela época o sulco das letras encontrava-se preenchido com chumbo ou bronze. As inscrições estavam por toda parte, tanto nas grandiosas construções do fórum, quanto na ampla pia de mármore, de bordas estreitas, que ainda se encontra sobre seu pedestal nas Termas do Fórum.[5] Caso o mármore que servia de base para tais registros não constituísse uma tentação tão grande para os saqueadores pós-erupção, é bastante provável que muitas outras inscrições tivessem visto a luz da modernidade. Fragmentos de uma inscrição de mármore aludindo a um magistrado júnior foram encontrados até mesmo numa vila em Oplonte, para onde, por algum motivo, ela havia sido removida antes da erupção.[6]

Em meados do século I, aparentemente deu-se um declínio no financiamento privado de obras públicas em toda a Campânia, muito embora diversos estabelecimentos de lazer ainda estivessem em construção. É possível que anos de benemerência tivessem limitado a capacidade da elite de promover melhorias adicionais na infra-estrutura física de Pompéia. Mas os aspirantes à vida pública contavam com outros meios para conquistar o voto do populacho. Um deles era a franquia das termas para aqueles que não tinham recursos para freqüentá-las; com efeito, provisões legais deixavam claro que estabelecimentos como as Termas Estabianas em Pompéia eram arrendadas anualmente aos edis para esse fim.[7] Além disso, o pão gratuito nunca era demais para os pobres. E se tudo mais falhasse, ainda restava uma cartada certeira para seduzir as massas: o anfiteatro de Pompéia vinha atraindo multidões por muito mais tempo do que qualquer outro, e a cidade não havia ficado imune ao crescente apetite por jogos gladiatórios que varria todo o império.

Augusto já havia estipulado que todas as iniciativas de patronagem cívica deviam observar certo comedimento, e os escritores moralistas do início da era cristã criticavam os gastos excessivos nas construções públicas, comparando-os a outras formas de *luxuria*. Trata-se de uma postura claramente articulada pelo historiador Dio Cássio, que escrevia no século terceiro e portanto contava com o benefício do distanciamento histórico. Ele atribui a Mecenas — um articulador político e patrono literário da era augustana — as seguintes palavras:

> As cidades não devem se exceder na construção de prédios públicos, nem em número nem em grandeza, e tampouco devem esbanjar recursos com a realização de jogos em demasia, evitando assim que se consumam em projetos fúteis e promovam rivalidades irracionais que as levem a guerrear entre si. Certamente devem continuar a realizar seus festivais e espetáculos (...), mas não a ponto de dilapidar o erário público e o patrimônio privado, nem de exigir que os forasteiros residentes contribuam com seu custeio (...).[8]

Os candidatos de 59 d.C. fariam bem em seguir esse último conselho, pois não era nada recomendável a um político colocar-se em dívida com um forasteiro como Grosfo, ou seu provável patrono, Livineu Régulo.

O risco de falência era bastante real para alguns magistrados. Por esse motivo, os candidatos em potencial eram obrigados a fazer um depósito em favor do tesouro para provar que tinham lastro para as despesas futuras. Todavia, é tentador imaginar que famílias pompeianas que exerceram a magistratura apenas uma vez — como os Rusicélio e os Terêncio — tenham desaparecido do mapa político justamente porque se viram financeiramente arruinadas em razão dos custos da vida pública. Poucos entre os membros da elite que conquistavam as cobiçadas magistraturas viam seus filhos seguirem pelo mesmo caminho, e um número ainda menor podia esperar que seus netos alcançassem semelhante glória. A renovação das famílias no senado de Roma era igualmente rápida: três quartos daquelas que tinham meios para fazer face às obrigações financeiras numa determinada geração afastavam-se da política na seguinte. Sem dúvida, foram as apreensões resultantes dessa conjuntura que, em 56 d.C., haviam levado à restrição do número de libertos e de seus filhos no cenário eleitoral. Não é de se admirar que ocasionalmente faltassem candidatos para os cargos cívicos. Por esse motivo, certas constituições chegavam ao ponto de incluir provisões para que os possíveis candidatos fossem publicamente listados na ordem do conselho municipal, e os motivos para sua relutância, expostos ao escrutínio público. A vida da elite desenrolava-se numa cultura balizada pela vergonha, e fugir ao dever cívico constituía falta grave.[9]

Ainda no alvorecer, o ar carregava o delicioso perfume dos pães assando nos fornos da cidade, bem como o bufar dos jumentos que andavam em círculo para manter a mó dos padeiros em movimento. As ruas de Pompéia já fervilhavam com a azáfama dos cidadãos a caminho do salutatio *diário a seus patronos. Diante das casas mais grandiosas, pequenas multidões esperavam até que o porteiro da noite — postado do outro lado das gelosias e iluminado por uma tremeluzente lamparina a óleo — lhes desse permissão para entrar. Mesmo nas ruas laterais, clientes congregavam-se diante de casas menos opulentas. Os visitantes mais afortunados encontravam lugar nos bancos de pedra ou madeira colocados nas calçadas para esse fim; os menos afortunados esfregavam os olhos sonolentos e resmungavam.*

O alvoroço nas ruas ecoava pelo átrio de Cneu Aleu Nigídio Maio. Ele havia instruído o senescal para retardar a entrada dos clientes de modo que a presença deles fosse devidamente notada; na iminência das eleições, não custava nada lembrar à cidade o prestígio que ele detinha. Maio sabia que o flâmine de Nero, Valente, apoiava a parelha Grosfo-Gaviano, mas não era o único a pensar que a dupla gozava de uma perigosa proximidade com Livineu Régulo. Malfadado durante o reinado de Cláudio, o senador havia passado os dez anos de seu exílio nas cercanias de Pompéia. Mas quem podia dizer quais eram os verdadeiros inimigos do divino Cláudio, agora que a mulher do finado imperador e seu filho adotivo andavam às turras? Para muitos, Régulo era sinônimo de problema.

Maio sorveu uma xícara de água a título de desjejum e saiu à colunata que abraçava o jardim. Deparou-se com os homens que, mais adiante no átrio, acotovelavam-se à espera de permissão para entrar no cômodo onde dali a pouco seriam recebidos. Acomodando-se ao lado de sua arca de dinheiro, esperou que o nomenclator *esquadrinhasse a horda de peticionários — que aos poucos se aquietava num silêncio respeitoso — e mentalmente estabelecesse a ordem de precedência. Alguns estavam ali para pedir seu apoio numa contenda comercial ou uma palavrinha nos ouvidos certos a respeito de um empréstimo, mas a maioria pretendia apenas coletar a espórtula que ele tão generosamente distribuía. Maio conhecia a todos muito bem. Sabia como manipular suas fraquezas e vaidades individuais, o momento certo de desmerecê-los com um comentário ferino ou deixá-los à vontade com palavras afáveis. Também sabia como fazê-los crer que as moedas discretamente repassadas durante as despedidas não passavam de um pequeno símbolo de sua estima.*

Hoje, contudo, o rosto que o confrontava à cabeça da fila não era o de um visitante comum. O jovem Licineu Romano, que muitas vezes já se fizera notar pelo espírito empreendedor, parecia pouco à vontade enquanto esperava. Maio ainda se lembrava de quando participara de uma eleição pela primeira vez, dos encontros que tivera com os poderosos da época em busca de apoio. Decidiu ali mesmo tomar Romano sob suas asas. Valente já havia selado a questão no âmbito do duunvirato, mas um pouco de concorrência nos cargos menores só podia ser benfazeja.

A qualidade teatral da *salutatio* diária aos patronos de Pompéia ficava evidente tão logo se abriam as pesadas portas de suas respectivas mansões.[10] Através de um corredor estreito chegava-se ao átrio, com todo seu esplendor arcaico, e avistava-se o implúvio, o tanque central destinado a receber as águas da chuva. Os biombos altos e largos, geralmente usados para bloquear o frio ou a vista de outros cômodos, encontravam-se deliberadamente recolhidos de modo que os visitantes pudessem se deleitar com o exuberante cenário de jardins, salas e quartos. Em primeiro lugar, o *tablinum*, o espaço de transição onde o patrono os recebia, sentado ao lado das caixas-fortes em que guardava não só os documentos comprovantes da glória de seus antepassados, como também sua fortuna, igualmente essencial à continuidade no mundo da elite.

Mais adiante os clientes podiam vislumbrar o peristilo — o pátio cercado de colunas regularmente espaçadas, decorado com estátuas, sebes e flores — e ter uma pequena idéia da prazerosa vida íntima dos moradores, da qual alguns deles poderiam até ser convidados a compartilhar. Murais retratando cenas mitológicas conduziam o olhar para além das colunas, criando uma sensação de opulência. E quando o pátio não era espaçoso o bastante para abrigar as fontes, estátuas e arbustos apinhados de pássaros que idealmente compunham os jardins urbanos, murais no estilo *trompe l'oeil* criavam a ilusão necessária (Figura 17). Tudo conspirava no sentido de criar o cenário perfeito para a demonstração de poder e magnificência que estava por vir: a distribuição das espórtulas.[11]

Mais adiante naquele mesmo século, ao comentar a relação entre patronos e clientes nas suas *Sátiras*, o sarcástico Juvenal faria menção a uma sociedade que havia perdido sua dignidade sem contudo abrir mão do assistencialismo do passado: "Antes, os clientes eram convidados a entrar, mas hoje os cidadãos romanos são obrigados a mendigar por uma pequena cesta de restos na soleira de seus patronos."[12] A espórtula fora, desde sempre, o mecanismo utilizado pela aristocracia para recompensar a fidelidade de seus clientes, dividindo com eles o excedente agrícola de suas terras. Num primeiro momento, os clientes eram convidados a cear com o patrono; mais tarde, a ceia daria lugar a uma cesta de alimentos que os clientes levavam para casa; e por fim, a espórtula tomaria a forma de uma doação em espécie. Tratava-se de um ritual que fazia valer os direitos naturais dos cidadãos de participar da bonança de suas respectivas comunidades ao mesmo tempo que permitia à elite perpetuar seu domínio sobre as massas.

Deixado na fachada de uma casa pompeiana, o grafito "Aqui reside um deus benevolente" talvez possa ser lido à luz desse tipo de relação. Mas diversos grafitos deixados na basílica e em outros lugares apontam para uma conjuntura mais próxima à decadência mencionada por Juvenal. "Prosperidade a quem me convidar para jantar!", diz um deles; outro crucifica certo Lúcio Istacídio pela infreqüência de seus convites. Qualquer displicência na relação patrono-cliente, tão central à ideologia romana, só podia ser indício de um incipiente desgaste naquele contrato tácito que regulamentava a troca de óbolos por apoio político.

Após a *salutatio*, os patronos convergiam para o fórum para tratar de seus próprios assuntos, acompanhados de um seleto grupo de ajudantes e abordados ao longo do caminho por aqueles que precisavam de algum favor. Uma das pinturas no átrio do *praedium* de Júlia Félice retrata um séquito semelhante a caminho do fórum. Outras da mesma série mostram as cenas que decerto eles encontrariam por lá: pedintes abordando os passantes enquanto senhoras da aristocracia estugavam o passo; potes e outros utensílios esparramados no chão para serem vendidos; todas as atividades triviais de uma cidade provinciana (Figura 13).

É possível que certo pai, passando pela escola que funcionava sob um dos pórticos, visse seu filho ser convocado à frente por mau comportamento e debruçar-se nas costas de um colega para receber uma sova. Os professores recorriam à punição física com total liberalidade, e muitos pompeianos teriam suas lembranças de infância maculadas pelas terríveis chicotadas que haviam recebido na escola.[13] É bem possível que elas tenham sido administradas no estabelecimento de certo Sema, que anos mais tarde levaria sua classe a apoiar um dos candidatos à magistratura da cidade.[14] Também é possível que nas aulas daquele mês de março, por mais que Sema tentasse chamar atenção para outros assuntos, os alunos demonstrassem real interesse pela corrida eleitoral que estava prestes a começar: muitos dos meninos mais velhos, na iminência de passar para o estágio educacional seguinte, talvez vissem a si mesmos como futuros candidatos.

Para as meninas e os meninos mais jovens, os estágios iniciais do currículo pedagógico desenrolavam-se em casa, onde, tão logo o chefe da casa saía para cuidar de seus afazeres, o átrio passava ao domínio das mães e de suas ajudantes. Embora a educação dos filhos fosse geralmente delegada às mulheres, certos pais assumiam esse papel com inusitado zelo: Catão, o Velho, punha de lado a maior parte de suas obrigações para ministrar ao filho um currículo que, além de literatura e direito, incluía lutas com armadura, pugilismo, equitação e técnicas para "suportar o calor e o frio, atravessar a nado os redemoinhos e as correntes dos rios".[15] Mas depois de se submeterem ao rito de passagem da *infantia* — aos sete anos, quando já deviam ter perdido a primeira dentição —, todos os garotos destinados à vida pública eram iniciados nas artimanhas da política, nas diversas habilidades necessárias ao sucesso naquele mundo.[16] Acompanhados de um escravo, saíam cedo de casa, cumprimentavam o professor com um beijo e preparavam as tábulas de cera para as lições e os ditados que viriam a seguir. A função do escravo — que esperava até o término da aula no fim da manhã — decerto era assegurar a diligência e o bom comportamento do pupilo sob sua tutela. Os escravos mais sagazes certamente acompanhavam as aulas com interesse, e alguns alcançavam níveis de instrução bem superiores aos de seus jovens patrões.

É provável que a educação à época, sobretudo na Campânia, tivesse um forte tempero grego. Segundo Estrabão, Nápoles havia sido, meio século antes, especialmente famosa por seus tutores, que apreciavam o estilo de vida grego oferecido pela cidade, bem como a quietude de que eles tanto precisavam para seus estudos. Em 59 d.C., um dos mais prestigiados professores da época, o pai do poeta Estácio, administrava uma escola ali. Recebia alunos de toda a Campânia, e até mesmo, vez ou outra, os filhos de importantes famílias de Roma. Entre os ex-alunos mais ilustres figuravam generais e governadores de província.[17] Alguns dos herdeiros das famílias mais abastadas de Pompéia talvez tenham freqüentado a escola de Estácio ou outro estabelecimento semelhante em Nápoles; alunos certamente vinham de Sorrento, duas vezes mais distante que Pompéia, e alojavam-se na cidade. Tanto lá quanto no fórum de Pompéia, as matérias ensinadas eram mais ou menos as mesmas: "leitura, redação e retórica", tal como informa um grafito pompeiano.[18]

O ensino pela repetição era prática comum nos estágios iniciais do sistema educacional. Textos literários eram declamados, sobretudo os de Virgílio. Citações equivocadas dos grafitos de Pompéia — "*Veni, vidi, futui*", ou "Vim, vi e fodi" — podem muito bem ser atribuídas aos testes aplicados nesses jovens estudantes.[19] Outros exercícios de repetição rendiam dividendos maiores: a declamação das tabuadas de multiplicação era um treino fundamental para o cálculo de juros, tal como havia observado Horácio, e um grau mínimo de alfabetização fazia-se necessário ao cumprimento de certos deveres cívicos.[20] Alguns, todavia, sobreviviam com relativo sucesso à falta de instrução. Com o desdém natural de um homem que se fez sozinho pelo ensino formal, Trimalquião, personagem do *Satiricon*, vangloria-se: "Não aprendi geometria, crítica literária, nem qualquer bobagem semelhante. Aprendi a decifrar as letras nas inscrições públicas, a dividir as coisas por cem e a calcular porcentagens; também sou versado nos pesos, medidas e moedas."[21]

Trimalquião claramente não fazia idéia do sofisticado conteúdo pedagógico do qual abrira mão. Os convidados aristocratas presentes em seu jantar ficcional, por mais bajuladores que fossem, teriam imediatamente percebido as limitações do anfitrião. Uma das lacunas em sua formação teriam sido os *colloquia*, exercícios lingüísticos baseados na vida cotidiana que constituíam parte importante do currículo destinado aos meninos mais velhos. Abordando temas como a maneira certa de exercer autoridade sobre escravos, dependentes e tantos outros cidadãos de classe inferior, os *colloquia* reforçavam critérios já observados na rotina das famílias da elite. A brutalidade e a injustiça no exercício do poder, qualidades tão características a Trimalquião, eram consideradas estigmas de uma formação inadequada. Mais grave ainda, nosso personagem seguramente não teria recebido o treinamento que preparava os filhos da elite para a vida pública. Não que o grotesco liberto tivesse alguma serventia para o domínio da gramática e da retórica que seus superiores sociais exibiam com tanta verve no decorrer das campanhas eleitorais.

O *professio* realizava-se todo mês de março, no *comitium* situado na ala sudeste do fórum de Pompéia, entre os prédios administrativos e a saída para a rua principal. Convocados pelos magistrados em exercício, os cidadãos se reuniam para assistir a uma declaração de intenções por parte dos candidatos envolvidos na iminente eleição: as mulheres também compareciam, e depois podiam emitir suas opiniões, muito embora não tivessem permissão para votar. Muitos na platéia decerto já tinham seus votos definidos, fosse em favor de um vizinho, de um parente de seus patronos ou de um candidato que pudesse obter apoio para algum clube ou grupo ao qual eles pertencessem. Outros ainda se encontravam indecisos, e para os candidatos a magistrado júnior tratava-se de uma ótima oportunidade para demonstrar sua desenvoltura como oradores e conquistar adeptos para suas respectivas causas. Mas por certo havia também aqueles que se perdiam nos meandros da oratória, e para eles teria sido útil o conselho de Catão: "Atém-te ao assunto, e as palavras sobrevirão."[22]

Tão logo oficializavam suas candidaturas, os concorrentes tinham seus nomes listados no estreito rolo de pergaminho que, segundo mais uma das pinturas da residência de Júlia Félice, era estirado por muitos metros no fórum, sobre o frontão das estátuas eqüestres ou entre uma estátua e outra. Mas para eles não bastava simplesmente informar o eleitorado ou divulgar suas plataformas, nem mesmo na ausência de uma disputa mais acirrada. A fim de aumentar seu prestígio na comunidade, os candidatos precisavam tornar visível o apoio de que desfrutavam. Quase todos os muros e paredes da cidade eram pintados com declarações de aliança política que ali permaneceriam até que fossem apagadas com cal ou dessem lugar a novas inscrições. Os primeiros escavadores de Pompéia encontraram registros semelhantes em toda a cidade, e, embora eles já tenham ruído, um catálogo razoavelmente detalhado encontra-se disponível (Figura 25). Os candidatos oriundos de famílias menos prestigiadas — que por conseguinte não podiam contar com a chancela de um sobrenome reverenciado nem com o apoio inarredável de uma clientela — aparentemente dependiam desses instrumentos visuais para divulgar sua popularidade. Decerto saíam às ruas solicitando votos entre as diversas associações comerciais, na esperança de obter o apoio oficial de cada *collegium* e, conseqüentemente, de seus respectivos afiliados.[23] Os muros e paredes de Pompéia testemunham o apoio dos mais diversos grupos: freqüentadores dos teatros, atletas, vendedores de aves, comerciantes de alho, agricultores arrendatários, trabalhadores rurais, pescadores, transportadores, pisoeiros. Ao que parece, todos queriam tornar públicas suas preferências individuais.[24]

A identidade de grafiteiros profissionais em Pompéia é conhecida em razão das assinaturas deixadas em diversos trabalhos. É compreensível que eles se sentissem suficientemente orgulhosos de sua caligrafia a ponto de divulgar o próprio nome: comparadas às garatujas dos amadores, as maiúsculas alongadas executadas em preto ou vermelho pelos *scriptores* eram a epítome da elegância. A concentração de assinaturas em torno de uma oficina localizada numa rua secundária a sul da Via dell'Abbondanza, a algumas quadras do Templo de Ísis, sugere que os grafiteiros Astilo e Papílio se baseavam naquelas imediações.[25] Ao que parece, não hesitavam em sobrepor seus textos a decorações previamente realizadas nos muros e fachadas que usavam como suporte. Mas como reagiam os moradores ao ver o acréscimo deixado em seus belos murais? Seria possível que dessem mais importância a uma declaração de apoio político? Em alguns casos, túmulos supostamente sacrossantos também eram grafitados. Seriam os familiares dos mortos suficientemente politizados a ponto de sancionar a profanação de um mausoléu, ou seriam eles simplesmente obrigados a conviver com a desfaçatez dos grafiteiros?

O trabalho dos *scriptores* prolongava-se até tarde da noite, quando as ruas ficavam mais tranqüilas, e os muros, mais acessíveis, e é possível que sob a égide da escuridão eles se sentissem mais ousados. Em certas mensagens a personalidade do escritor transparece, seja mediante uma nota de agradecimento a um taberneiro pelo empréstimo de uma cadeira, uma menção gentil ao assistente encarregado de segurar a tocha e firmar a escada, ou um comentário jocoso a respeito de outro concorrente. No mais das vezes, contudo, o texto era simples e direto: o nome do candidato, o posto a que ele concorria, a identidade do apoiador, além de um limitado repertório de encômios abreviados: VB, DRP, OVF.[26] Um homem bom. Digno da coisa pública. Rogo que o elejais. A manipulação das famílias dirigentes e de seus *amici* é evidenciada pela uniformidade com que as virtudes de determinados candidatos eram decantadas de um extremo a outro em Pompéia. Como Sêneca observara com ironia: "Todos os nossos candidatos são homens honrosos." Mas os tempos estavam mudando. Alguns anos mais tarde a propaganda eleitoral passaria a mencionar, em termos mais específicos, as contribuições que cada candidato tinha a oferecer à comunidade; é possível que a essa altura o valor de mercado da palavra "honra" já não fosse tão grande, e que os cidadãos de Pompéia estivessem em busca de motivos mais palpáveis para eleger quem quer que fosse.

Em meio à escuridão o menino não ouvia mais que o modorrento crepitar do fogo e, a certa distância, algo parecido com o retumbar de um trovão. Encolhido sobre o chão, ele sentia a pele arder e apertava as pálpebras num esgar de angústia. Gritou por ajuda e em vão tentou afastar o que quer que havia sido jogado sobre sua cabeça para imobilizá-lo. De repente, pouco antes de sufocar, viu-se banhado pela luz do sol e lá estava ele, de volta ao pátio da oficina, cercado dos pisoeiros que se dobravam de tanto rir.

O ar geralmente irrespirável, infectado pelo vapor de enxofre utilizado no branqueamento dos tecidos, agora parecia tão fresco quanto uma brisa oriunda do mar. Todos os outros trabalhadores haviam interrompido suas tarefas para rir dele, fazendo coro com as gargalhadas tonitruantes de Ululitrêmulo. Com sua mão de gigante, o senhor segurava no alto a cúpula de uma armação de secagem, coberta por uma toga alvíssima e ainda úmida. Fora isso que usara para prender o jovem escravo. Arfando, o menino achou melhor juntar-se à pândega, recebendo como recompensa um vigoroso tapa nas costas, desferido pela mão livre de seu senhor.

Fábio Ululitrêmulo sabia muito bem como fazer uma brincadeira, mas gostava de achar que também sabia ser alvo da brincadeira alheia. Afinal, não seria um mérito de sua parte permitir que qualquer joão-ninguém ca-

çoasse dele por conta de seu apelido, o "Coruja"? Mais que compreensível que ele se irritasse quando, carpindo feito corujas, as crianças o perseguiam pelas ruas da cidade. E quem poderia reprovar que ele tivesse esbofeteado aquele viajante que se recusara a ter seu manto lavado por uma "coruja" portadora de má sorte? Que outro tratamento ele poderia ter dispensado a alguém que aviltava o símbolo da protetora dos pisoeiros, a deusa Minerva, só porque o canto da ave lembrava a choradeira ululante dos enlutados?

Não, Ululitrêmulo era um patrão justo. Embora na manhã do primeiro dia do Festival de Minerva, que durava cinco dias, seus escravos e funcionários fossem obrigados a trabalhar — fosse pisoteando as roupas nas tinas ou colocando-as de molho nos tanques —, eles eram liberados para se divertir depois. Muito melhor deixar o último fardo de togas pronto para o dia das eleições do que voltar a trabalhar dali a cinco dias para terminar o serviço a tempo. Cuidar da aparência dos figurões não era uma tarefa a ser negligenciada. Afinal, os candidatos não eram assim chamados justamente em função de suas togas tão cândidas? Se para tanto fosse necessário trabalhar um pouquinho mais — esfregando as togas no chão da oficina, alvejando-as no vapor de enxofre, polindo a superfície do tecido —, paciência.

Conduzindo sua comitiva pelas ruas para se juntar ao cortejo, Ululitrêmulo tinha a impressão de que toda a cidade estava preparada. Na véspera, reunira-se com os pisoeiros para decidir em quem eles votariam para edil. Ficara satisfeito com a escolha. Agora, seguindo na direção do Templo de Minerva, situado no velho espaço cerimonial ao lado do teatro, ele podia avistar os preparativos finais para as eleições no fórum. Os esteios e as cordas do mercado de gado haviam sido dispostos a fim de organizar o trânsito dos eleitores, e urnas haviam sido colocadas para receber as lousas devidamente marcadas.

Ululitrêmulo ainda não sabia que, no futuro, ele se lembraria daquela breve caminhada como a calmaria que precede a tempestade. Quando se levantou na manhã seguinte, a cabeça latejando em razão do vinho consumido no banquete dos pisoeiros, as ruas fervilhavam com a notícia de que a mãe do imperador, Agripina, estava morta — fora assassinada, dizia-se, embora por quem, e por quê, fossem mistérios que ninguém ainda estava preparado para deslindar.

— IV —

As conseqüências do assassinato de Agripina foram administradas com muito mais eficácia do que sua desastrosa, ainda que obstinada, execução. Antes de deixar a Campânia, Nero deu uma impecável demonstração de amor filial, pranteando a morte da mãe durante algum tempo, mesmo enquanto seu séquito alardeava o episódio como um golpe perfeitamente justificável contra uma temerária conspiradora. As interpretações foram de tal modo confusas que não seria de todo fantasioso supor que, em Pompéia, a sacerdotisa Víbia Sabina tivesse oferecido sacrifícios em memória de Agripina, e o conselho da cidade, enviado suas condolências ao imperador. No entanto, à época do retorno de Nero a Roma, não muito tempo depois, o senado e os habitantes da capital já compartilhavam o mesmo êxtase pela sua sobrevivência ao suposto complô.

O triunfo de Nero foi comemorado com a realização de mais uma edição dos "Grandes Jogos", e as sucessivas manifestações de apoio popular foram aparentemente sinceras. Decerto, ao imperador parecera finalmente ter chegado a oportunidade de andar com as próprias pernas. Talvez para marcar a transição, ele providenciou uma segunda celebração, agora com exclusividade, de sua primeira barbeação, um ritual conhecido como *iuvenalia*, momento importantíssimo na vida de qualquer romano. Durante as festividades, cidadãos de todas as classes sociais participaram voluntariamente das apresentações teatrais; acredita-se até que uma senhora de oitenta anos tenha dançado uma pantomima (Figura 8). Ainda não se viam quaisquer indícios da coerção que caracterizaria os anos seguintes, embora o evento tivesse sido palco da primeira apresentação do clube juvenil — os *Iuvenes*, mais conhecidos como os Augustais

— que mais tarde se tornaria um dos pilares do regime neroniano. Diz-se que Burro chegou a chorar diante da vergonhosa encenação de seu imperador: talvez conhecesse Nero o suficiente para adivinhar o provável desfecho daquilo tudo.

Entre o grupo de belas estátuas no jardim da vila de Popéia Sabina em Oplonte, duas figuras que outrora ficavam lado a lado teriam chamado a atenção: uma, a de um jovem de ar principesco e aspecto júlio-claudiano; outra, a de uma mulher alguns anos mais velha, de lábio superior saliente e atrevido, em cujos cabelos ainda se podem ver restos de uma tinta avermelhada. A diferença de idade entre eles é aproximadamente a mesma entre a bela Popéia, de cabelos cor de âmbar, e Nero, seu amante casado; difícil não perceber ali uma representação do relacionamento entre os dois, no ano de 59 d.C., quando Otávia, a mulher do imperador, ainda constituía um entrave. Apesar de todos os avanços recentes em sua vida, Nero ainda tinha muitos problemas de caráter pessoal a resolver. Várias questões de ordem política também lhe seriam trazidas por seus conselheiros. Uma das principais era a crescente instabilidade na Campânia, em razão da ameaça de mudanças importantes nas rotas de importação e do impacto econômico que elas acarretariam. A situação demandava um planejamento e uma gestão bastante criteriosos, mas as políticas adotadas acabariam por exacerbar, em vez de mitigar, os efeitos que se queriam evitar.

Fora o imperador Cláudio quem havia encomendado os planos para a criação de um grande porto na foz do rio Tibre, mas as praias arenosas do local haviam se revelado um obstáculo insuperável até para os mais imaginativos engenheiros do imperador. Somente no final da década de 50 d.C eles conseguiram chegar a algum tipo de solução. A escolha pela utilização da pozolana fiava-se numa demonstração extrema dos potenciais do cimento miraculoso para transformar os contornos de uma costa. Um braço inteiro do vão necessário à construção do porto foi produzido a partir de um único molde, que em verdade não passava do casco do enorme cargueiro que transportara do Egito para Roma o obelisco que hoje se encontra no Vaticano.

Muitos anos ainda se passariam antes que Putéolos finalmente perdesse sua proeminência no comércio de cereais e transferisse ao jovem adversário o posto de principal instalação portuária na Itália. Em torno de 59 d.C., no entanto, o novo porto — conhecido tão-somente como *Portus* — já começava a ganhar terreno, e o descontentamento na velha casa de máquinas do comércio romano era cada vez maior. Um ano antes as ruas de Putéolos haviam tremido com cenas horríveis de tumulto popular, as quais só puderam ser aplacadas com o auxílio do exército. Nas semanas anteriores à ruína, o senado romano havia sido bombardeado com demandas rivais por parte da cidade portuária. De um lado, as pessoas comuns alegavam que os magistrados extorquiam impostos exorbitantes, e, de outro, o conselho de decuriões pedia ajuda a fim de evitar que os apedrejamentos e as ameaças de incêndio, cada vez mais freqüentes, resvalassem numa verdadeira insurreição. A resposta do senado foi módica, porém decisiva: um destacamento da Guarda Pretoriana foi despachado para Putéolos e, depois de eliminar alguns dos principais agitadores, valeu-se da intimidação para subjugar os demais. A ordem foi restabelecida, mas as causas basilares do conflito permaneceriam intactas.

Ao longo da década seguinte, Nero perseguiria três estratégias diferentes para resolver os problemas na Campânia. A mais grandiosa delas consistia na construção de um canal entre Putéolos e Roma com o intuito de mitigar, ou até mesmo reverter, as vantagens oferecidas por *Portus*. Em vez de correr o risco de acidentes nas cem milhas finas do litoral, ou nas águas portuárias do ainda incompleto *Portus* (onde centenas de navios ancorados iriam a pique durante uma tempestade no início da década de 60 d.C.), a frota graneleira poderia atracar em Putéolos e despachar sua carga, ou então seguir viagem nas águas calmas e protegidas do canal. Dados os recursos descomunais que a construção desse canal custaria ao império, de todas as três estratégias, essa era a que mais deixava entrever a assinatura pessoal de Nero.

A segunda — que na verdade foi empreendida ainda antes que o projeto do canal se concretizasse — consistia na revogação generalizada dos impostos sobre produtos importados. Todavia, mesmo com o auxílio da tábula recentemente encontrada em Éfeso, com informações sobre as mudanças tarifárias, o significado prático dessa medida permanece obscuro. Analistas futuros veriam a anulação dos impostos como um ato de irresponsabilidade fiscal e uma indicação precoce do incorrigível perdularismo de Nero, que agora permitia aos consumidores comprar a preços reduzidos os artigos de luxo que já compravam com tamanha volúpia, e aos importadores, aumentar suas margens de lucro. No entanto, tal medida também pode ser vista como uma política para estimular o comércio e aumentar os rendimentos individuais, que cedo ou tarde voltariam a circular na economia. Embora os coletores de impostos fossem menos venais do que haviam sido antes de Augusto pôr fim a determinados abusos de poder, a corrupção ainda não havia sido de todo erradicada. A popularidade da medida decerto não escapou a Nero. Mas foi sem dúvida a mente astuta de Sêneca que previu os benefícios de se aumentar o capital nas mãos dos dinâmicos mercadores do império e, por conseguinte, dar alento ainda maior ao espírito empreendedor desses mesmos mercadores. Uma vez que possuía investimentos altíssimos nas províncias romanas de além-mar, de retornos morosos, Sêneca muito possivelmente também tinha um interesse pessoal em fomentar um *boom* a curto prazo.

Foi a terceira estratégia, contudo, que produziu o maior impacto sobre os habitantes da Campânia: a fundação — ou, no caso de Pompéia, a designação — de uma série de colônias para o alojamento de veteranos do exército. Um fluxo contínuo de velhos soldados estava sempre à procura de moradias e de meios de subsistência para a aposentadoria; na segunda metade da década de 50 d.C., é bastante provável ter ocorrido um influxo especialmente grande de legionários dispensados.

A antiga e ardente rivalidade entre Roma e a Pérsia — região atualmente ocupada pelo Irã e pelo Iraque — acirrava-se mais uma vez, e Corbulo, o comandante romano no Oriente, estava determinado a retomar a Armênia. No entanto, a campanha que ele tinha em mente envolveria marchas e combates em grandes altitudes. As legiões de que ele dispunha na Capadócia e na Galácia, na atual Turquia, haviam perdido seu vigor durante o prolongado período de paz e compunham-se sobretudo de soldados que não só eram inadequados para a tarefa como também demandavam pagamento. Uma pequena lavoura em sua terra natal era o mínimo que poderiam receber em recompensa por terem arriscado a vida na luta contra os bárbaros, como invariavelmente alegavam todos os veteranos. Acima de tudo, a necessidade de cooptar os militares para a causa de Nero era claramente uma preocupação de seus conselheiros àquela altura. Portanto, foi em 59 d.C. que, pela segunda vez, o imperador autorizou pagamentos de modo a garantir o apoio da soldadesca; a primeira, à época de sua ascensão, havia custado um total de 45 milhões de denários. Doar a terra alheia, especialmente em regiões pouco populosas, mediante a instalação de uma colônia de veteranos, era uma solução mais econômica para o problema.

Nucéria foi a primeira a receber uma leva de soldados dispensados. A chegada de homens enérgicos, ansiosos por dar qualquer tipo de contribuição à sua nova comunidade, decerto foi bem recebida pelos residentes originais, ainda que os refugos de Corbulo não fossem exatamente os heróis esculpidos a cinzel com os quais as mulheres locais talvez tivessem sonhado. É possível imaginarmos o aspecto desses veteranos grisalhos a partir do esqueleto de um soldado morto à beira-mar em Herculano, com a erupção do Vesúvio. Embora não estivesse usando naquele momento o cinto de bronze dos legionários, ele não poderia ser outra coisa senão um militar: era alto e musculoso, e não havia chegado aos 37 anos com facilidade; horas a fio passadas sobre o lombo de uma montaria lhe haviam deformado as pernas, numa das quais também se via um profundo ferimento de espada, e os dentes perdidos numa batalha qualquer deixavam-no com um sorriso — ou dadas as circunstâncias, um esgar — assimétrico.

Desse momento em diante os moradores de Pompéia invariavelmente deixariam de incluir a vizinha Nucéria nas listas de "verdadeiras colônias neronianas", como aquela que se vê num dos grafitos da cidade. E esse desdém não seria de todo infundado. Quase imediatamente, uma medida que visava estabilizar as cidades da Campânia obteve exatamente o efeito contrário.

CAPÍTULO 5

Aqui não é lugar para preguiçosos

Julho de 59 d.C.

No amanhecer do primeiro dia de julho, em 59 d.C., Pompéia inteira estava em rebuliço. Terminava o ano-base de locação e começava o seguinte, e por toda a cidade, os que mudavam de casa ou se estabeleciam em novo endereço comercial pelejavam para terminar a parte mais árdua do trabalho antes que o calor escaldante do alto verão começasse a castigá-los. Mulas com pilhas de móveis amarradas ao lombo seguiam pelas ruelas de lajes de pedra. Os eixos das carroças estalavam sob o peso das alfaias; espremidos em meio à parafernália doméstica, preciosos objetos de arte e estátuas de tamanho natural transbordavam das bagagens e se espatifavam no chão.

Para Ferusa, recostada nas pernas da estátua de Nero no fórum, tentando equilibrar-se no pedestal estreito, qualquer coisa que afastasse a multidão de curiosos já era um alívio. Fazia três noites desde sua malfadada fuga da família para a qual ela havia sido vendida como escrava. Juntos, na calada da noite, ela e Policarpo haviam tomado a direção de uma das saídas da cidade, a mais próxima, e haviam se escondido sobre um telhado, à espera do momento em que as portas monumentais se abrissem e eles pudessem se misturar às hordas de trabalhadores que deixariam a cidade logo cedo pela manhã. Uma vez do outro lado dos muros, eles procurariam refúgio nos pântanos do Sarno até que as inevitáveis buscas arrefecessem e eles pudessem tomar um navio para qualquer destino bem longe dali, o primeiro que se apresentasse.

Pois nada disso chegara a bom termo. Ao pular do telhado, Ferusa torcera o tornozelo, amaldiçoando o seu senhor, que decerto havia remu-

nerado alguém para fazer alguma espécie de feitiço que impedisse seus escravos de cruzar os limites da cidade. Mas ela se recusara a deixar que seu companheiro sofresse o mesmo destino, e, depois de muita insistência, Policarpo concordara em deixá-la para trás. Ele havia recomendado que ela voltasse para casa antes que dessem pela falta dela, mas Ferusa, que já havia se antecipado a tudo isso, arrastara-se até a estátua do imperador mais próxima, com o objetivo de reivindicar santuário, direito garantido a todos os escravos.

Agora teria de esperar para saber ao certo o que lhe aconteceria. Na tarde do primeiro dia que ela passara ali, duas autoridades haviam chegado à cidade para uma cerimônia qualquer, acompanhados de uma comitiva de assistentes. No entanto, muito embora não compreendesse boa parte do que era dito, Ferusa percebia claramente que, para eles, seu infortúnio não passava de uma boa diversão. E então, naquela manhã, ela percebera algo. Num prédio diante do fórum, vira o mesmo grupo de sabujos na companhia de outras duas autoridades, visivelmente recém-empossadas. Talvez essa mudança nos quadros lhe proporcionasse melhores chances de um julgamento mais justo.

Não são exatamente claros os motivos para que se considerasse necessário estabelecer uma mesma data inicial para todos os contratos de locação em Pompéia, mas esse não é o único exemplo da importância que a sociedade pompeiana dava à designação de datas e locais mais adequados para a realização de atividades específicas. Diversos calendários foram encontrados em Pompéia, e em outros lugares também, que ilustram o compasso da vida comercial, religiosa e jurídica na cidade. Visto que quase um terço do ano era consagrado a cerimônias religiosas, e que restrições de um tipo ou de outro eram impostas na maior parte dos outros dias, era importante que todos se mantivessem devidamente informados. Outros registros, encontrados em diversas partes da Itália, fornecem informações adicionais sobre os festivais que teriam modelado o ano pompeiano: desde anotações sobre os templos envolvidos até especulações sobre as origens e o significado de rituais por parte de especialistas antigos.

Cerca de quarenta festivais aparecem quase regularmente em todos os documentos e podem ser considerados os mais importantes do ano.

Permeando esse emaranhado de eventos religiosos realizavam-se também julgamentos, conduzidos por magistrados escolhidos entre os vários membros do conselho da cidade. Dias específicos no calendário eram divididos em três categorias de acordo com a conveniência de cada um para a realização de julgamentos: nos *dies fasti*, as audiências podiam ser conduzidas a qualquer hora; nos dias marcados com as letras EM, a sessão podia durar apenas entre a realização do sacrifício e a oferenda das vísceras; e nos *dies nefasti*, nenhuma audiência era permitida. É bem possível que convenções dessa natureza muitas vezes frustrassem as esperanças de um julgamento diligente para pessoas como Ferusa.

As datas para a realização de feiras no fórum também eram meticulosamente definidas. Uma lista afixada na fachada de uma loja na rua principal aponta o sábado como o dia de feira em Pompéia, e o domingo, em Nucéria. Depois, os comerciantes seguiam para Atela, Nola, Cumas e Putéolos; na sexta-feira, estabeleciam-se ou em Roma ou no centro regional de Cápua.[1] Outros documentos — sobretudo os de Preneste, nas cercanias de Roma, e os de Nola — mostram as tabelas de conversão que permitiam aos magistrados alterar as datas para a realização de feiras em circunstâncias excepcionais, e esse era o caso em julho.

A primeira feira de julho em Pompéia era sempre um evento particularmente agitado. No dia 19, realizava-se em Roma a segunda Parada de Cavaleiros do ano, ocasião em que cinco mil dos homens mais ricos da Itália, paramentados como vitoriosos de guerra, atravessavam a capital em cavalos fornecidos pelo Estado para comemorar a ajuda dispensada aos romanos pelos deuses gêmeos Castor e Pólux numa antiga batalha. A festança culminava no Festival de Apolo, mas era precedida por cinco dias de feiras. Os mercadores pompeianos decerto se sentiam tentados a embolsar o equivalente a duas semanas de vendas na Campânia no começo do mês e em seguida despachar suas mercadorias para Roma na ocasião do festival. Os cavaleiros locais, como Décimo Sátrio Lucrécio Valente, o jovem flâmine de Nero, também deviam se sentir ansiosos por se juntar ao fluxo de visitantes na capital tão logo terminassem as festividades principais em Pompéia.

No entanto, o início de julho era também um período movimentado no calendário político. A posse dos magistrados de Pompéia no dia 1º de julho de cada ano provavelmente se dava de maneira semelhante ao que se encontra registrado para a cidade de Urso: os magistrados empossados faziam um juramento numa assembléia pública no dia de feira, comprometendo-se com a exatidão das contas, a preservação do dinheiro público e a execução diligente de outras funções. Em 59 d.C., os magistrados seniores, ou duúnviros, eram Grosfo e Gaviano, e Licineu Romano era decerto um dos edis mais jovens.

Grande parte da responsabilidade pelos assuntos de ordem financeira recaía sobre os duúnviros, que se valiam da experiência acumulada em pelo menos um mandato anterior na condição de edil ou, muito possivelmente, na mesma condição de duúnviro. Mas para os neófitos da política, como Romano, que não tinham mais que vinte e poucos anos e subiam ao posto de edil pela primeira vez, o escopo das novas responsabilidades era certamente assustador. Confrontados com problemas como o da escrava que demandava santuário aos pés da estátua de Nero ou dos protestos populares que se multiplicavam a partir de Putéolos, eles decerto tiveram muito a aprender durante as primeiras semanas do mês de julho de 59 d.C. Mas pelo menos contavam com o auxílio de um enorme séquito de escravos, os quais serviam de arautos, profetas, flautistas e mensageiros. Além desses, contavam ainda com quatro escravos permanentes que os auxiliavam nos sacrifícios em praça pública e aos quais eram delegadas as tarefas básicas de manutenção da ordem.[2]

Os magistrados cuidavam de seus afazeres nas três cúrias situadas no fórum. Entre as ruínas das cúrias central e ocidental, o visitante de hoje encontrará uma estreita passagem com direção ao sul; seguindo por essa passagem, atravessará uma pequena porta, chegará ao que parece ser uma casa particular e alcançará um terraço debruçado sobre a borda de uma escarpa, com uma bela vista para o rio e para o porto. Um edil recém-empossado, como Licineu Romano, poderia procurar ali um refúgio para as pressões naturais a seu posto, mas não obteria sucesso. A visão dos barcos atravessando passageiros num rio de águas preocupantemente baixas, o barulho do trânsito nas ruas e o fiapo de água a escorrer de uma fonte próxima o fariam lembrar que suas prioridades eram necessariamente mais mundanas. O regulamento do transporte fluvial era responsabilidade sua, bem como o abastecimento de água e a utilização das vias públicas. Além disso, os porões desconhecidos de sua cidade natal, com todos os seus vícios, ainda careciam de exame mais cuidadoso.

Uma descrição sucinta do posto de edil diria que as funções do recém-empossado se resumiam a garantir a saúde tanto física quanto moral da cidade, mas o que isso significava em termos práticos era de uma abrangência praticamente sem limites. Nos dias de hoje tais funções seriam dividas por um sem-número de autoridades, como os departamentos da polícia designados ao combate às drogas, os órgãos de inspeção de higiene pública, os departamentos de licenciamento, só para citar alguns. Os jovens de linhagem nobre, que antes haviam vestido suas togas alvíssimas para disputar um honroso posto de magistrado, passavam a maior parte de seu ano de serviço imersos num lado muito menos salubre da vida. Viam-se obrigados a lidar com toda espécie de sujeira: esgotos obstruídos e refeitórios infectos; as sórdidas questões legais envolvidas no comércio de escravos, na prostituição e na grotesca glutonaria; a organização de gladiaturas; a intermediação de disputas incrivelmente banais entre os feirantes.[3]

De modo geral, os dias de feira eram extenuantes para os jovens magistrados. Cabia a eles garantir a justiça e a ordem das transações, bem como a localização correta de cada feirante. Julho era um mês especialmente agitado: os códices de Cecílio Jucundo informam que, uma vez colhidos os grãos, as vendas agrícolas atingiam seu primeiro pico anual no fim do mês de junho. Todos os envolvidos, dos proprietários de terra aos diaristas, enchiam os bolsos. Os muleteiros deixavam suas bestas aos cuidados de um *stationarius* e partiam para o apinhado fórum, e os armazeneiros abriam seus porões para descarregar os produtos estocados para venda. As pinturas do fórum, localizadas no *praedia* de Júlia Félice, mostram toda sorte de comerciantes chinfrins apregoando as mercadorias expostas em bancas ou diretamente nas ruas, sobre panos coloridos que realçavam os potes, panelas e ferramentas postos a venda (Figura 13). A oeste do fórum, bem ao lado da entrada do templo de Apolo, os apelidos obscenos *Verecunnus* e *Pudens* haviam sido escritos na parede para anunciar jocosamente o que se vendia ali; ambos os nomes brincam com a palavra latina que designa a genitália feminina (o primeiro talvez seja uma corruptela de Vecílio Verecundo, proprietário de um prostíbulo em Pompéia e de uma tecelagem de feltro na rua principal).[4]

No entanto, a imagem de um bazar desregrado que essa descrição talvez possa evocar é apenas parcialmente correta, uma vez que Pompéia havia seguido o exemplo de Roma na limpeza e no ordenamento dos espaços públicos. Em seus primórdios, durante as feiras, o fórum de Roma tornava-se um lugar escorregadio em razão do que se derramava das bancas de carnes e peixes, mas durante o reinado de Augusto esse comércio haviam sido transferidos para outros lugares e substituídos por bancas de empréstimos e leilões. Em Pompéia, a construção de um amplo *macellum* (mercado) na boca do fórum, próximo ao Templo do Capitólio, permitiu a remoção das bancas que provocavam maior sujeira para uma localidade específica, uma construção decorada com murais de cores vivas, retratando os produtos em oferta e equipada com um tanque coberto para abrigar os peixes vivos em melhores condições. O *macellum* formava com os templos vizinhos uma espécie de barreira de prédios que isolava a zona industrial da cidade. De um só golpe, o fórum de mármores recém-trocados tornou-se um lugar de aspecto limpo e livre de qualquer mau cheiro, com suas reluzentes colunatas sobrelevando os aspectos menos salubres da vida pompeiana.

Anedotas da época revelam que a manutenção da ordem no recinto do mercado era por vezes truculenta. Fontes literárias dão conta de oficiais derrubando as bancas dos peixeiros que vendiam as espécies mais raras a preços exorbitantes, ou espatifando no chão os recipientes de óleo e vinho menores que o tamanho declarado.[5] Caso precisasse testar o verdadeiro volume de um recipiente durante suas manhãs de inspeção, Licineu Romano podia dirigir-se à velha mesa de pedra colocada junto à parede onde *Pudens* e *Verecunnus* haviam deixado sua marca. Cavados na superfície dessa mesa encontravam-se buracos com volumes equivalentes às medidas de quantidade mais comuns, recalibrados no século anterior, quando os padrões oscenses foram substituídos pelos romanos.

Avisos haviam sido distribuídos pela cidade, informando que Policarpo havia fugido, e os caçadores de escravos estavam no encalço dele. Ninguém tinha dúvidas quanto à punição reservada a quem ousasse alojar um fugitivo desses, e, no calor de julho, Policarpo não faria mais que chamar atenção para si caso tentasse esconder, do jeito que fosse, a marca de ferro em seu rosto. Ele não tinha como escapar, e sua captura daria aos duúnviros Grosfo e Gaviano algo do que se gabar por ocasião dos jogos a que logo presidiriam.

Mesmo assim, Licineu Romano mal conseguia conter seu furor; sentado nos degraus da cúria, paralisado, olhava fixamente para a criatura imunda e patética agarrada à estátua de Nero. Gemendo e queixando-se de dor, ela ainda se recusava a abandonar seu poleiro. Nem mesmo as promessas de segurança haviam bastado para convencê-la a sair dali. No que lhe dizia respeito, ela poderia continuar onde estava até se esborrachar no chão, já desprovida de forças. No entanto, aquele espetáculo era extremamente perturbador. Nos lares de Pompéia, as pessoas olhavam para seus escravos, tentando identificar quaisquer possibilidades de dissensão, ou até mesmo de perigo. Algo precisava ser feito.

Os proprietários da fujona alegavam que ela havia sido vendida de forma ilícita, sem qualquer informação sobre uma antiga tentativa de suicídio. Do outro lado da contenda encontrava-se Zabda, o mercador de escravos que antes havia trazido Ferusa para Pompéia e agora estava de volta à cidade. Antevendo o pagamento de algum tipo de multa, ele insistia que o decreto anual do edil havia sido cumprido à risca e que, se havia brechas no documento, o problema não era dele. Zabda chegara ao ponto de procurar a escrava ilhada junto à estátua para incitá-la a corroborar seus argumentos.

Aquela situação não podia continuar. Depois de instruir dois de seus assistentes para arrancá-la dali à força, Romano deixou o fórum e seguiu pela rua principal, rumo às Termas Estabianas. Pelo menos ali ele podia esperar por uma recepção mais calorosa. Com a ajuda de seu padrinho, Aleu Nigídio Maio, ele havia alugado o lugar por alguns dias e franqueado a entrada para o público — uma promessa eleitoral que certamente garantiria a continuada simpatia de seus partidários.

Parado em frente às termas, Romano agora observava os escravos carregarem os tocos de árvore que, segundo era costume, haviam sido desarraigados sob a luz da lua minguante de julho para abastecer a fornalha do prédio. Diante da entrada principal, aqueles que aguardavam o aqueci-

mento das águas estudavam os anúncios com a programação do iminente Festival de Apolo, que culminaria em jogos no dia 13 daquele mesmo mês. Para alívio geral, o imperador não havia estendido às cidades italianas a proibição de jogos que vigorava para os governadores de província. Os de julho seriam especialmente emocionantes, pois coincidiriam com a comemoração dos trezentos anos da fracassada invasão da Campânia por parte de Aníbal.

Mas enquanto seguia em frente, atravessando as termas em direção à porta que se abria nos fundos para uma parte muito diferente da cidade, Romano remoía mentalmente os possíveis motivos para a atitude do imperador.

A porta dos fundos das Termas Estabianas, em visível contraste com a fachada estabelecida no trecho reservado a pedestres do *decumanus major*, dava para a quina de uma rua que ainda hoje é uma das mais notórias da cidade. Seguindo por uns vinte metros naquele labirinto de ruelas — sombreadas pelas varandas dos sobrados, que deixavam entrever não mais que um fiapo de céu — Romano chegaria ao maior bordel de Pompéia. Mais alguns metros e ele alcançaria um pequeno triângulo de terra batida à margem de uma estrada, ao fundo do qual se via um muro onde os residentes daquela parte sombria da cidade haviam rabiscado ameaças virulentas contra amigos do passado, no que parecia ser uma enciumada vendeta. Em torno das esquinas encontrava-se toda espécie de estabelecimentos comerciais — bares, padarias, curtumes, oficinas de pisoagem —, entremeados pelos jardins murados dos mercados e pelos cubículos acortinados em que as prostitutas de rua ofereciam seus serviços. O burburinho de tamanha agitação misturava-se às canções prediletas de cada artesão — "Bebo vinho, velho ou novo, tanto faz / Velho ou novo, vinho cura o quanto há" —, aprendidas no teatro ou nas tabernas.[6]

Embora as residências particulares, mesmo as mais importantes, abrigassem lojas e estabelecimentos comerciais em suas estruturas, ainda havia uma acentuada preferência por manter os comércios menos sofisticados da cidade tão escondidos quanto possível, e os membros da elite exigiam da magistratura que escondidos eles permanecessem. Essa área, bem no centro de Pompéia, foi conscientemente modelada a fim de fornecer tal esconderijo. Com efeito, o templo e o *macellum* do fórum foram projetados justamente para escondê-la, bloqueando as ruas que antes vinham de lá e deixando no lugar delas nada mais que estreitas passagens de serviço. Na frente, via-se o rosto limpo e majestoso da civilidade; no verso, o território que, nas memoráveis palavras de um escritor moderno, "temia os edis".[7]

Nessa zona proto-industrial, majoritariamente plebéia — bem como em toda a área que cerca o fórum —, as ruas se distribuem de maneira um tanto aleatória, como se tivessem sido abertas ao sabor dos ventos. Uma organização bem diferente é o que se vê no resto de Pompéia, onde as ruas formam uma espécie de grade, ainda que um pouco torta e irregular, com duas ou três ruas principais atravessando a cidade em ambas as direções. Dois terços ou mais da cidade subdividem-se em quadras quase regulares, abrigando uma multiplicidade de unidades domésticas e comerciais; na região a sudoeste do fórum, contudo, a regularidade é inexistente.

Essa diferença de padrão induz os arqueólogos à teoria de uma *Altstadt*, ou "cidade velha", segundo a qual Pompéia teria originalmente ocupado uma área bem menor, espalhando-se a partir da Porta do Mar, tal como fez a cidade no primeiro século depois de Cristo, mas com limites bem mais próximos ao norte. De acordo com essa visão, o aglomerado de ruelas em torno do fórum explica-se pela necessidade dos planejadores de contornar construções mais antigas, as quais, não obstante, foram gradualmente desaparecendo do mapa; e a distribuição mais organizada das ruas nas demais partes da cidade explica-se por uma expansão subseqüente na direção das áreas baldias. No entanto, é difícil coadunar essa teoria com as evidências de ocupação prolongada de todo o espaço intramuros, resultantes de um exame arqueológico mais recente dos níveis inferiores da Pompéia pré-erupção.

De um modo ou de outro, tanto as ruelas em torno do fórum quanto as quadras quase regulares das outras partes devem ter sido fonte de muita confusão para os visitantes da época, uma vez que as ruas de Pompéia não tinham nomes, nem as casas eram numeradas. Os comerciantes que chegavam à cidade em dia de feira decerto se orientavam pelas placas de pedra com os símbolos de cada comércio afixadas no alto dos muros — um quadrante e um martelo para uma firma de construção, um bode de significado incerto, dois homens carregando ânforas ao lado de uma placa de propaganda eleitoral colocada pelos estivadores. Placas semelhantes, com padrões geométricos, podem ter tido algum significado simbólico, bem como as imagens de falos eretos que têm sido interpretadas como indicadoras das áreas de prostituição, embora provavelmente se destinassem a espantar os maus-olhados.

A única evidência de qualquer coisa semelhante a uma sinalização oficial remonta ao cerco de Lúcio Cornélio Sulla a Pompéia, no início do século I. Escritas na velha língua osca — e conhecidas como as inscrições *eituns*, em razão da recorrência da palavra — essas sinalizações ficavam próximas às esquinas e indicavam pontos de reunião para os defensores da cidade.[8] Há apenas um registro de inscrição com nome de rua, a qual homenageava a repavimentação generosamente providenciada por uma dupla de edis.[9]

O visitante que pedisse informações sobre como chegar a algum lugar recebia não um itinerário com nomes de rua, mas uma lista de pontos de referência — mercados, arcos, termas —, acrescida de uma descrição física das ruas — comprida, estreita, reta. Levando-se em conta que o número de propriedades individuais na cidade provavelmente chegava aos muitos milhares, as pessoas decerto precisavam de inúmeras consultas até chegarem a seu destino final. Até mesmo o Todo-Poderoso precisou se valer desse procedimento rudimentar, tal como nos informam os Atos dos Apóstolos; ali ficamos sabendo que a melhor informação para se chegar a um encontro de natureza divina na Damasco romana era: "Vai à rua de nome Direita e pergunta na moradia de Judas..."[10] Esse estilo aproximativo encontra eco no grafito de uma necrópole nas cercanias de Pompéia: "Em Nucéria, pergunte por Volvélia Primigênia no Vicus Venerius, próximo à Porta de Roma."[11] Nesse caso, tratava-se de um destino profano: Primigênia, segundo outros grafitos, era um prostituta particularmente desejável. Percebe-se que era bastante conhecida em sua região, o "distrito de Vênus", muito embora o nome do distrito sugira que ela não fosse a única representante de seu ofício por ali.[12]

O tráfego em Pompéia era, ao que parece, rigidamente controlado. Estudos recentes — que comparam a profundidade dos sulcos causados pela passagem de rodas nas ruas ao longo de várias décadas — sugerem a existência de um meticuloso sistema de circulação. Esse sistema aparentemente estipulava o sentido em que determinadas esquinas podiam ser dobradas e provavelmente limitava o acesso a certas ruas, talvez de acordo com a hora do dia. Como tantos outros, esse aspecto da vida pompeiana revela-se incrivelmente moderno e decerto aumentava em grande medida a complexidade dos trabalhos de fiscalização oficial. Além de controlar o tráfego urbano, os edis ainda tinham de garantir que as ruas — com suas valas profundas, calçadas altas e passarelas de pedra — não se inviabilizassem com a quantidade de excremento humano e animal que nelas se acumulava.

Para os jovens magistrados, um bom lembrete da impopularidade que lhes adviria caso cometessem um deslize qualquer nessa área seria a humilhação imposta por Calígula a certo magistrado relapso. Em 59 d.C., o jovem Vespasiano subia vertiginosamente na hierarquia do exército e tinha um futuro brilhante diante de si. Antes disso, no entanto, ainda no reinado de Calígula, ele servia como edil em Roma, e seu futuro parecia substancialmente mais incerto. Percebendo o mau estado das ruas, o imperador instruiu pessoalmente a Guarda Pretoriana para esticar as dobras da toga de Vespasiano e preenchê-las com a sujeira negligenciada.[13] Acontece que o olfato de Calígula era particularmente sensível ao mau cheiro, e é bem provável que Romano pudesse se safar com muito menos diligência de seu trabalho de fiscalização em Pompéia. Os níveis de tolerância ao fedor inerente a todas as áreas da vida urbana eram geralmente altos, e o nariz dos antigos pompeianos era em grande medida insensível ao tipo de choque olfativo que prostraria qualquer ocidental do nosso século.

Trata-se de um processo que sem dúvida começou com as deficiências em certas áreas da higiene pessoal, especialmente da dentária. Nas ossadas das vítimas da erupção do Vesúvio vêem-se placas espessas calcificadas nos dentes e, pior ainda, poucos resquícios de esmalte — resultado da mastigação de pães com grânulos de basalto, desprendidos das mós utilizadas na trituração da farinha. As cáries e a formação de abscessos fétidos — causados pelo consumo desregrado de doces — também constituíam um problema, como infelizmente se evidencia no esqueleto de uma menina. Todavia, embora se exasperassem com as constantes dores de dente, os antigos mal percebiam as nuvens de mau hálito que os cercavam. Talvez apenas os escravos mais novos, recém-extirpados de suas vidas rurais, ficassem de estômago embrulhado na iminência de servir seus superiores finamente vestidos, porém insuportavelmente malcheirosos. As pastilhas perfumadas que alguns chupavam decerto não contribuíam muito para resolver o problema. Cedo ou tarde as freqüentes viagens pelas ruas fétidas da cidade, no cumprimento desta ou daquela tarefa, acabariam por afetar a sensibilidade até mesmo das mais delicadas narinas.

Em certas partes da cidade, onde abundavam as lojas, o ar seria um curioso híbrido de maus e bons cheiros. A poucos metros de distância, molhos de peixe e as essências de rosas e violetas eram decantados em seus respectivos frascos, invariavelmente delicados e refinados. Um dos prédios da rua principal, próximo ao anfiteatro e ainda uma residência particular em 59 d.C., seria, alguns anos mais tarde, convertido num pequeno centro de distribuição de *garum*.[14] As pinturas coloridas de pavões e bosques que adornavam as paredes foram conservadas pelos novos proprietários, e os clientes decerto achavam que haviam entrado num lugar muito especial. Os quatro ou cinco funcionários, que residiam no local, também desfrutavam de um ambiente de trabalho extraordinariamente agradável. No pátio rodeado por colunas encontravam-se recursos suficientes apenas para a produção em baixa escala: seis barris de cerâmica, ou *dolia*, um dos quais era usado para a armazenagem de vinho. Os demais talvez fossem usados para armazenar as ervas colhidas nos arbustos plantados nas bordas do jardim central, e anchovas, cujos ossos foram encontrados por arqueólogos do século XX nos resíduos de *allec*, que ainda cheiravam a peixe. Nas tardes de pouco movimento, os trabalhadores podiam desfrutar a sombra da enorme figueira, cujas folhas, macias e grandes, chegavam a roçar o chão. Para quem precisasse usar a latrina ao lado, as folhas também poderiam servir de algo equivalente ao nosso moderno papel higiênico.

Pompéia dispunha de amplos recursos para os que precisavam encontrar urgentemente um lugar para urinar. No fórum, uma grande latrina com capacidade para vinte pessoas era aberta ao público. Em outros lugares da cidade, pisoadores inventivos, como Fábio Ululitrêmulo, penduravam urinóis nos muros ao longo das ruas, visto que a urina de uns era uma valiosa matéria-prima para outros: uma fonte de amônia para fins industriais, que, dali a cerca de uma década, começaria a ser taxada pelo imperador. Os malfeitores que negligenciavam tais recursos não tinham desculpa, estivessem eles ignorando as proibições escritas nos muros privados ou as advertências mais eufemísticas alertando-os de que ali não era "lugar para preguiçosos".[15]

A disputa pelo precioso líquido dourado era acirrada: curtidores, ourives, tintureiros, muita gente precisava dele como insumo em seus trabalhos. Os fruticultores chegavam a armazená-lo em grande quantidade até que apodrecesse e pudesse ser utilizado para fertilizar as árvores e adocicar os frutos. A demanda pela amônia com acidez correta — o consumo excessivo de álcool inutilizava a urina resultante para os pisoadores — era de tal modo grande que outras fontes também eram buscadas. Belos exemplares de pombos silvestres, ou de seus primos domésticos mais miúdos, encontram-se amplamente representados nas pinturas de parede da região; o guano do fórum e os excrementos dos pombais particulares certamente eram raspados para reciclagem.[16]

Não é de se espantar que as oficinas de pisoagem fossem consideradas lugares repugnantes, e os pisoadores, pessoas rudes e desonestas (Figura 6). Um dos paradoxos do mundo antigo é justamente o fato de que a aparência de limpeza era produzida pelo seu oposto. Embora as roupas fossem alvíssimas e pregueadas com as enormes prensas de madeira situadas na entrada das oficinas, o cheiro de enxofre e amônia decerto se prendia a elas, misturado em alguns casos com o cheiro de marisco da tintura púrpura extraída do múrice. Assim sendo, um membro da elite romana, com imaculado currículo de serviços prestados à comunidade, podia muito bem ser chamado de *lautus*, ou "bem-lavado", em tom de admiração; o fedor de urina e peixe podre grassava em Pompéia e dificilmente passava despercebido.

A chave pesada do prédio teve de ficar embaixo com o porteiro, mas isso não diminuiu em nada a emoção de Fileros ao entrar pela primeira vez em sua nova casa, com instalações comercias adjacentes. Tratava-se de uma construção modesta, com um átrio minúsculo, algumas lojas com balcões voltados para a rua e uma tinturaria logo ao lado. Mas nada disso teria sido possível sem a ajuda de sua velha amante Vesônia, que lhe havia emprestado metade do valor da fiança, e a contribuição de seu fiel sócio, Marco Orfélio Fausto.

Enquanto móveis e alfaias eram colocados no lugar, Fileros ouvia com deleite os passos e vozes que vinham do prédio vizinho: os equipamentos da tinturaria estavam sendo reorganizados segundo a orientação do contramestre que ele e o sócio haviam contratado. Ouvia até os trapos de gente que agora compunham seu quadro de funcionários, ofegando e chiando ao tentar sorver o pouco de ar que seus pulmões podiam acondicionar depois de anos respirando vapores de enxofre e amônia, a pele gretada e sarnenta, as mãos incapazes de resistir ao impulso de coçar por mais que alguns instantes. Mas apesar de tantos achaques, para Fileros eles significavam uma possibilidade de lucro à qual ele jamais poderia ter aspirado caso tivesse permanecido no ramo de frutas e hortaliças.

Quanto tempo demoraria para se integrar àquela comunidade era o que agora ele imaginava. Viera do outro lado da cidade e não conhecia ninguém no novo endereço. Havia firmado um acordo verbal com os proprietários das termas de modo que pudesse usar a fonte de água deles, um recurso vital naqueles tempos de leitos secos e racionamento de água; mas para que essas coisas funcionassem como deviam, seria preciso que a autoridade local fizesse uma boa recomendação a seu respeito com os magistrados. Naquela manhã, passando pelo santuário do cruzamento, ele havia visto o homem, que não parecia difícil de convencer: um liberto, como o próprio Fileros.

Dali a pouco, pensou, talvez ele fizesse um pequeno sacrifício em homenagem a Augusto e também aos lares *locais, juntando-se à fila atrás de uma recém-casada — que agora oferecia uma moeda ao deus do leito matrimonial — e dos diversos viajantes alojados naquela área. Seria uma boa oportunidade para conhecer os novos vizinhos e ter uma idéia melhor do local — e quem sabe descobrir se ali também havia a mesma inquietação que fermentava em sua ex-vizinhança. Pois recentemente ele tivera a nítida impressão de que pairava no ar algum tipo de conspiração.*

Embora a sociedade romana tivesse adquirido maior estabilidade desde os últimos anos da República, o medo de uma revolução popular, mesmo na segunda metade do primeiro século da era cristã, ainda era grande nas mentes da elite. Todos os anos, no dia 23 de julho, o Festival de Concórdia comemorava a reconciliação alcançada entre patrícios e plebeus quatrocentos anos antes, ao cabo de um período de intensos embates. Mais recentemente, contudo, percebia-se que a maior ameaça à ordem interna vinha dos escravos e de seus descendentes. Na virada do século I a.C., um perigoso levante de escravos havia eclodido em Cápua e Nucéria, mas a rebelião que permaneceria na memória popular em Pompéia foi aquela liderada em 73 a.C. pelo gladiador Espártaco, cujo nome aparece em diversos grafitos da região. Seu exército de escravos, um contingente de mil pessoas segundo alguns relatos, havia acampado na cratera do Vesúvio antes de derrotar as cinco legiões enviadas para contê-lo e de fazer sua malfadada marcha em direção a Roma.[17]

Quando subiu ao poder, Augusto decerto tinha como prioridade debelar qualquer foco de revolta e dar solução permanente ao problema dos escravos e libertos. Mas um desafio de tamanha complexidade demandava uma solução multifacetada. Nas camadas mais altas da escala social, a criação, ou fomento, da agremiação dos Augustais obteve sucesso no abrandamento das frustrações dos libertos enriquecidos que haviam alcançado o telhado de vidro da respeitabilidade social. Todavia, oportunidades como essa pareciam distantes demais para que pudessem configurar como objetivo realista para a vasta maioria; mais que isso, tendo menos a perder que seus colegas mais abastados, os membros das classes inferiores eram justamente os mais propensos a se rebelar contra o *status quo*. Cícero registra um caso de insurreição dessa natureza na seguinte passagem: "...um recrutamento de escravos realizou-se diante do Tribunal de Aurélio; com o pretexto de formar clubes, homens foram alistados *vicus* a *vicus*, organizados em esquadrões e incitados a atos de força e violência, assassinato e roubo...."[18] A reforma desses dois aspectos da vida social mencionados por Cícero — os clubes e os *vici*, ou bairros — constituía, portanto, o ponto principal da política de Augusto.

No ano 7 a.C., Augusto havia subdividido a cidade em 265 *vici*, substituindo qualquer organização distrital que porventura estivesse anteriormente em vigor. Além disso, redirecionara as atividades dos *vici* para os santuários de beira de rua — um aspecto antigo da paisagem urbana —, onde eram adorados os poderosos deuses-lares, ou espíritos guardiões, das encruzilhadas locais (*compitales*). Como sempre, tratava-se de uma medida cuidadosamente concebida para extrair o máximo de benefícios para o programa mais amplo de reformas sociais que, sempre que possível, era identificado com sua "augusta" pessoa. O culto nos cruzamentos era uma tradição arcaica e profundamente arraigada na psique romana; muito antes de se tornarem protetores das cidades, os *lares compitales* haviam sido deuses rurais, das fronteiras e da fertilidade, e podiam ser encontrados no limite entre duas propriedades agrícolas. No entanto, mesmo essas divindades mais antigas podiam ser cooptadas e chamadas a abraçar a causa do pai-fundador do império. O privilégio de cuidar dos santuários era dado à autoridade de cada distrito, que também exercia a função de sacerdote nas cerimônias dos *compitales*.[19]

Ao contrário dos membros do conselho da cidade, ou dos duúnviros e edis eleitos, esses "magistrados" podiam ser escolhidos entre os escravos libertos, e seus assistentes, ao contrário dos Augustais, podiam até mesmo ser escravos. Esse universo paralelo de inclusão social tinha como objetivo conferir prestígio aos cidadãos de segunda categoria que andassem na linha e respeitassem o modo de vida romano. Além da celebração de cerimônias religiosas, outras responsabilidades mais práticas recaíam sobre eles: o combate a incêndios, a realização de recenseamentos e a supervisão cotidiana da higiene pública. No caso de santuários próximos a fontes comunitárias, também cabia às autoridades distritais o combate à poluição das águas.[20] Em recompensa, eles recebiam a honra de usar a pretexta nas atividades cerimoniais, em que trajes formais eram de ordem. Antes disso, essa toga de barra púrpura havia sido privilégio dos magistrados eleitos e dos rapazes mais promissores da cidade (Figura 10).[21]

Em tese, qualquer um que se candidatasse ao posto de autoridade distrital tinha a mesma chance que os outros de se eleger, uma vez que a escolha era feita aleatoriamente. Na prática, contudo, a coisa podia ser bem outra: todos os libertos e escravos que figuram na única lista de autoridades distritais sobrevivente ao Vesúvio portam, invariavelmente, o nome de famílias importantes. Nesse caso, como em tantos outros, o apadrinhamento importava tanto quanto a própria sorte. Trata-se de mais um exemplo de como o controle das elites sobre a máquina social recompensava a obediência e o bom comportamento dos escravos com sua absorção gradual nas classes mais altas. Mesmo os "ministros" de nível hierárquico mais baixo, que serviam de assistentes às autoridades principais, podiam sonhar com um futuro melhor como resultado de sua boa conduta. Um desses pompeianos fundou uma família que, no espaço de algumas gerações, ascenderia socialmente até alcançar a classe dos decuriões.

A segunda estratégia de Augusto, no sentindo de desbaratar os focos de rebelião, consistia no policiamento dos *collegia*, ou clubes, aos quais os cidadãos romanos podiam pertencer. Os grafitos atestam que em Pompéia havia um grande número dessas agremiações, que de modo geral eram totalmente inócuas e se dedicavam sobretudo à confraternização, à troca de préstimos profissionais e à coleta de fundos para cobrir as despesas funerárias de seus respectivos membros. Entretanto, não eram isentas das leis municipais, como esta que rezava: "É proibido participar de assembléias ilegais na jurisdição da cidade; realizar encontros de *collegia* para tais fins; conspirar para que esses encontros sejam realizados; ou agir, seja de que modo for, para incitar atividades semelhantes." A lei romana era ainda mais rígida, chegando ao ponto de equiparar a criação de um *collegium* não-registrado à ocupação de um prédio público por homens armados e de estabelecer punições equivalentes; além disso, os clubes legítimos que permitissem a participação de um escravo sem dar ciência a seu dono faziam jus a uma multa de dez mil sestércios.[22] Numa analogia com a mula que persegue uma cenoura presa à ponta de uma vara, a oportunidade de se tornar uma autoridade distrital era, para libertos e escravos, a cenoura; e o policiamento dos *collegia* era, para o império, a vara. Vê-se aí uma boa indicação da experiência um tanto sofrida que era viver sob o regime imperial.

A implementação de preceitos tão restritivos, bem como a identificação precoce de insubordinação civil, dependia da vigilância de homens como as autoridades distritais, que podiam relatar quaisquer suspeitas que porventura recaíssem sobre os residentes de seus distritos. Mas também contava com a manutenção de registros policiais bastante abrangentes, que decerto eram guardados na cúria do fórum, onde trabalhavam os edis. A facilidade com que certos profissionais — professores, filósofos — e membros de determinadas etnias podiam ser expulsos da Itália —

muitas vezes em massa, fruto de um mero capricho do governo — é indício de que tais registros de fato existiam. Outro indício seria a existência de uma vasta subclasse, oficialmente designada como *infames*, que incluía atores, agentes funerários, falidos, gladiadores, desertores, prostitutas, prostitutos e proxenetas. Em certas circunstâncias, essas pessoas sequer faziam jus ao amparo da lei, direito garantido a qualquer cidadão pertencente à ampla maioria de respeitáveis.

Quando, em julho de 59 d.C., na qualidade de edil, Licineu Romano foi investigar os rumores de um possível levante na cidade, o mais provável é que tenha ido direto aos *collegia* ilegais, mais especificamente, àqueles que abrigavam a arraia-miúda da sociedade. Nesse caso, pode-se dizer que foi procurar no lugar errado. A agitação que fermentava à época era de natureza muito mais séria, e depois, quando as causas da catástrofe foram examinadas pelo Senado, descobriu-se que a participação dos *collegia* ilegais havia sido apenas ancilar.

O único registro documental sobrevivente oferece-nos apenas uma vaga idéia do que aconteceu naquele dia nefasto para Pompéia em 59 d.C., bem como o sumário das punições distribuídas em seguida.[23] Todavia, se juntarmos essas informações com aquelas contidas num dos murais que decoravam a casa do ator Áctio Aniceto, próxima ao anfiteatro, poderemos recriar a história com maior grau de acuidade.

Pompéia e a vizinha Nucéria haviam sido rivais de longa data, e podemos identificar certo tom de zombaria, razoavelmente bem-humorada, nos poucos exemplares de grafitos que tratam do relacionamento entre as duas cidades. Embora elas ficassem a meio dia de caminhada uma da outra, está claro que esse relacionamento ia além da utilidade portuária de Pompéia para o escoamento da produção agrícola de Nucéria. Talvez Nucéria tenha sido menos firme que Pompéia na guerra empreendida contra Roma no século anterior, mas, fora isso, ambas tinham histórias semelhantes: eram colônias antigas e possuíam exemplares primevos de anfiteatro. Os pompeianos decerto gostavam de pensar que o deles era superior: construído pelo proprietário de terras Caio Quíncio Valgo e pelo exportador de vinho Marco Pórcio — cujas fortunas tinham origem nos lucros astronômicos auferidos durante a colonização da cidade por

Sula —, o anfiteatro de Pompéia era, sem dúvida, respeitável. Precedia o primeiro anfiteatro de Roma em meio século e já vinha prestando bons serviços antes de Vitrúvio recomendar que as cidades construíssem seus fóruns de modo que pudessem ser adaptados para acomodar a realização de jogos. Todavia, é possível dizer que, na altura de 59 d.C., o anfiteatro de Pompéia tenha ficado um tanto antiquado, uma vez que possuía apenas duas entradas e não dispunha de nenhum espaço sob a arena para o alojamento de maquinário cênico.[24] Os nucerinos tinham o hábito de rabiscar anúncios de suas gladiaturas na necrópole, do outro lado da porta que indicava o caminho de volta para Nucéria, e talvez o fizessem tão-somente para provocar os pompeianos, lembrando-os de suas instalações mais modernas.

É possível que, observando as hordas de nucerinos que chegavam para assistir aos Jogos de Apolo naquele mês de julho, os pompeianos já não se sentissem mais tão seguros de sua superioridade em outros aspectos também. Afinal, fazia pouco que Nero havia concedido a Nucéria uma nova carta de privilégio que resultara no envio de veteranos do exército para a construção de novos prédios públicos e revitalização geral da cidade. Jamais saberemos se naquela ocasião os visitantes nucerinos já haviam chegado a Pompéia propensos à agressão ou se a violência foi fruto das provocações que ali eles encontraram. De um modo ou de outro, entre os que haviam feito a viagem de 25 quilômetros desde a margem oposta do Sarno encontrava-se um grande contingente de veteranos — homens na casa dos quarenta anos, com mais de duas décadas de serviço nas costas e um desejo premente de afirmar sua lealdade ao povo que os acolhera. É possível que os jovens aristocratas, ou *iuvenes*, de Pompéia tenham sentido a necessidade de provar algo em relação a esses legionários de meia-idade; afinal, antes de se barbear pela primeira vez e ingressar na vida adulta, o próprio imperador não via nada de mal em se juntar a gangues da elite juvenil para tumultuar as apresentações teatrais e até mesmo agredir pessoas durante a noite. E mesmo depois de crescido, ele cogitava transformar essas gangues na base de sua claque teatral.[25]

Atravessando a rua principal, repleta de tabernas e lojas, ou espalhando-se pelas ruas laterais em busca de um lugar mais calmo para beber, os veteranos nucerinos certamente intimidavam os nativos da cidade, e decerto eram praguejados pelos comerciantes locais em razão do distúrbio causado nas vendas. Por ocasião das gladiaturas, quando os moradores da vizinhança cruzavam as diversas portas de Pompéia em direção ao anfiteatro, os lojistas de toda a cidade procuravam se beneficiar do movimento extraordinário de passantes. Por muitas semanas antes do início dos jogos, os artesãos de Pompéia se assoberbavam na embalagem das mercadorias, de modo que pudessem vendê-las aos esporádicos visitantes. Alguns produtores — como os de *garum*, por exemplo — apregoavam alucinadamente suas iguarias nas esquinas, incitando os que se dirigiam aos jogos a fazer uma pequena parada em suas respectivas vendas. Uma infinidade de carroças — carregando peças inteiriças de couro bovino, costuradas e preenchidas com a nova safra de vinho — chacoalhava pelas ruas da cidade em direção às tabernas; quando preciso, o líquido espumante era despejado nos *dolia*, através de uma das pernas do animal morto. Mas os mais invejados de todos eram sem dúvida os vendedores de perfume — ou pelo menos aqueles que haviam tido a sorte de conquistar um contrato para o fornecimento de *sparsiones* na arena. Quando o calor de uma tarde de julho se tornava insuportável, o que poderia ser melhor que um jato de água perfumada, espargido sobre a multidão por um funcionário especial?

Com o patrocínio de alguém tão importante quanto Livineu Régulo, os magistrados seniores Grosfo e Gaviano por certo podiam divulgar nos cartazes espalhados pela cidade os diversos atrativos adicionais dos jogos que realizavam: perfumes refrescantes; maçãs para quem ficasse de boca seca depois de tanto torcer para os desesperados gladiadores; um toldo estendido sobre as arquibancadas com o auxílio de varas compridas, cordas e polias, manipulado por algum marujo aposentado da frota de Miseno.[26]

Na casa de Décimo Sátrio Lucrécio Valente, a apenas uma quadra de distância do anfiteatro, os gritos dos torcedores certamente podiam ser ouvidos em ambas as direções da rua principal; é bem possível que se ouvissem até mesmo os nomes dos lutadores de sua própria trupe. Os gladiadores da família decerto haviam sido usados nos jogos financiados por Valente alguns meses antes, e os longos muros externos da *palestra*, o campo esportivo da cidade, encontravam-se cobertos de pinturas de cenas gladiatórias com o patrocínio de Valente mencionado em letras grandes (Figura 9).

Acotovelando-se através das passagens estreitas que davam acesso à arena, pompeianos e nucerinos trocavam farpas e insultos; perdigotos voavam por toda parte, contribuindo ainda mais para a fúria de quem os recebia. Somente quando a música do órgão hidráulico começou a troar foi que os ânimos se acalmaram um pouco, e, por um tempo, tão logo os gladiadores começaram a lutar, as atenções se concentraram nos jogos.

Por duas vezes a areia havia se manchado de um vermelho escuro antes que os espectadores voltassem ao seu próprio esporte. De início o tumulto resumira-se à costumeira troca de insultos e a uma ocasional briga de almofadas. Mas, de um segundo a outro, o tom das ofensas mudou. Num primeiro momento, poucas pessoas notaram o sangue que jorrava de um nariz quebrado escondido por mãos trêmulas, ou o corpo desfalecido no centro da arena depois de uma pancada na cabeça. Somente quando uma pedra atingiu o funcionário — fantasiado de Caronte, o barqueiro do Estige — que se ocupava com a remoção do gladiador morto, foi que a multidão percebeu. Depois disso, as coisas desandaram rapidamente.

Os espectadores começaram a se jogar na areia, assumindo o lugar dos gladiadores que, aliviados, batiam em retirada. Aos berros, mulheres e crianças abraçavam-se nas arquibancadas, atropeladas pelos maridos e pais que se apressavam rumo à confusão. Aqueles que tentavam escapar da pancadaria e voltar aos assentos eram jogados de volta na arena. De repente ouviu-se o tilintar do aço, e os berros ficaram ainda mais tenebrosos: de algum lugar, e de algum modo, armas haviam sido produzidas. Não havia como parar e cogitar de onde haviam saído tantas espadas, se talvez a armaria tivesse sido arrombada. Mas que se tratava de uma emboscada premeditada, disso não havia dúvida. E o pânico se espalhou.

Os pompeianos contavam com duas vantagens por serem locais: conheciam melhor o lugar e eram mais numerosos. A borda do anfiteatro era cercada por um parapeito que protegia os espectadores de uma queda de dez metros para o outro lado. Muitos agora saltavam desse parapeito, desafiando a morte na tentativa de escapar, e tão logo se esborrachavam no chão, eram levados apressadamente pelos companheiros. Pressionados por ataques de toda parte, os nucerinos que ainda se encontravam na arena procuravam desesperadamente por uma saída, mas o velho anfiteatro não havia sido projetado com a facilidade de fuga em mente, e a reação deles já havia sido prevista: gangues estavam à espera dos poucos nucerinos que conseguiam vencer o funil que se formava nas passagens existentes.

Em pouco tempo as rotas que levavam às portas da cidade já estavam entulhadas com os corpos ensangüentados e mutilados que jaziam no chão; trilhas de sangue fresco formavam-se na esteira dos mais afortunados que haviam conseguido escapar. Tão logo baixaram os níveis de adrenalina, formou-se um estranho silêncio em meio à matança, interrompido apenas pelos gemidos dos moribundos. Naquele instante, ninguém duvidava de que haveria um preço alto a pagar.

De longe, a perda maior deu-se pelo lado dos nucerinos. Os embaixadores encarregados de levar a Roma as demandas de Nucéria provavelmente exageraram ao afirmar que não havia na cidade uma só família que não sofrera a perda de um pai ou filho. Todavia, foram acompanhados de um impressionante regimento de vítimas, com suas feridas purulentas, de modo a fundamentar suas queixas. Mas em Roma ninguém parecia inclinado a se responsabilizar pelo julgamento da situação: o "abacaxi" passou de Nero ao senado, do senado para o conselho, e do conselho de volta ao senado, que finalmente estabeleceu duras punições. Talvez houvesse a desconfiança de que os tais *collegia* ilegais gozassem de certa admiração por parte do imperador. Seria possível que os filhos da elite de Pompéia estivessem de alguma forma envolvidos?

Mas foi sobre os ombros dos organizadores que recaiu a maior parte da culpa. Livineu Régulo, já exilado uma vez, foi novamente condenado ao exílio. Grosfo, que tanto havia bajulado para forjar seu lugar na sociedade pompeiana, foi afastado da magistratura, assim como Gaviano, e é bem provável que ambos tenham sido exilados.[27] As agremiações que haviam se formado ilegalmente foram desbaratadas. Dois grafitos talvez joguem certa luz sobre quem eram exatamente os membros desses clubes. O primeiro faz menção à "juventude venusiana de Pompéia".[28] O outro, adjacente, fornece uma pista ainda mais esclarecedora: "Campanos, na vitória fostes extintos com os nucerinos."[29] Eram os residentes do território fora dos limites de Pompéia que se autodenominavam *campani*, ou campanos. No entanto, o mais intrigante de tudo é a localização em que esses grafitos foram encontrados: na casa dos Popídio, um dos quais se tornaria um proeminente Augustano, o clube de bajuladores recentemente formado por Nero. Impossível dizer o que podemos inferir disso tudo, mas o episódio talvez tenha sido apenas uma prévia do que ainda estava por vir, de maneira ainda mais insidiosa, na década seguinte.

A despeito de quem tenha provocado o tumulto e de quais tivessem sido suas motivações, foi a cidade de Pompéia que, no fim das contas, saiu perdendo. As gladiaturas foram proibidas por dez anos, e, durante esse período, a arena de que os pompeianos tanto se gabavam limitou-se a sediar eventos de menor brilho, envolvendo atletas e animais selvagens. Não sabemos se o edil Licineu Romano foi punido ou não, nem tampouco se ele sobreviveu; no entanto, ninguém mais que ele tinha motivos para estar ali, no meio da baderna, tentando pôr fim àquela situação que jamais deveria ter chegado ao ponto em que chegara.

— V —

Quando o festival de Jano deu boas-vindas ao ano de 61 d.C., o reinado de Nero aproximava-se rapidamente de seu meio. Sete anos haviam se passado e cerca de mais sete ainda se passariam até seu trágico final. Os augúrios foram realizados no fórum de Pompéia para determinar a direção que a cidade tomaria nos 12 meses seguintes; nesse caso, não havia como buscar uma segunda opinião. Segundo o folclore da época, apenas as mensagens contidas no vôo das primeiras aves avistadas no primeiro dia do ano tinham relevância. Naquele ano em particular, as mensagens decerto não foram boas. Mesmo assim, nos lares e templos onde a fumaça perfumada e reconfortante que vinha do açafrão espargido nos fogos de que até mesmo a Campânia precisava nos meses mais frios, os cidadãos de Pompéia juntavam-se em busca de um pouquinho de calor, esperando em vão pelo melhor.[1]

O festival de Jano era tradicionalmente um momento de balanço; assim como o deus de face dupla olhava tanto para frente quanto para trás, seus adoradores eram convidados a refletir sobre o que tinham feito antes, aprendendo as lições contidas no ano anterior, e fazer planos para o ano seguinte. O passado recente dos pompeianos maculava-se com o vergonhoso tumulto no anfiteatro e suas repercussões, mas, para a maioria da população, ainda vigorava a esperança que se instalara nos primeiros anos do reinado de Nero e de sua paixonite por Popéia. "Com alegria, aos julgamentos do Augusto, pai do nosso país, e a Popéia, a Augusta", proclama um grafito; outro, um tanto bajulador, diz: "A segurança de ambos é nossa eterna felicidade." Com o passar do tempo, no entanto, afirmações de lealdade como essas começariam a parecer vazias.[2]

Desde o assassinato de Agripina, Nero vinha dando vazão, com assiduidade cada vez maior, a seu gosto por atividades que ofendiam o senso de decoro vigente em Roma. O que havia começado como uma reação exuberantemente infantil ao desaparecimento de todas as proibições impostas por uma mãe severa — corridas de biga do início, a ligeira devassidão que se seguiu, até os espetáculos mais pesados dos últimos tempos — já dava sinais de degeneração rumo a algo muito mais sinistro e extremo. Seus súditos não estavam preparados para fazer vista grossa. Ainda faltava muito para a ruína do imperador, mas a aura de esperança que o cercava já não era mais a mesma. Além disso, a corrupção política e financeira de seus conselheiros tornava a situação ainda mais grave.

Apesar de toda a sensatez com que aparentemente guiara os primeiros anos do reinado de Nero, Sêneca era um hipócrita de primeira ordem. Num conselho escrito ao imperador, ele condenava a busca do prazer, alegando que isso "efeminava a alma". Todavia, era absurdamente rico e possuía um apurado gosto pelo luxo, além de uma notória fraqueza pelo sexo, à época transgressivo, com rapazes que já haviam deixado a adolescência. Seu maior vício, contudo, era a desfaçatez com que usava de sua posição privilegiada no governo para realizar o que poderia ser chamado, com muita boa-vontade, de negócios moralmente dúbios. Um desses era a prática perversa de se impingir empréstimos às províncias de Roma, com taxas de juros astronômicas, estipulando-se que os nativos usassem o dinheiro emprestado para reproduzir a civilização romana, comprando das mãos dos mercadores do império.

Suas últimas vítimas eram os recém-conquistados bretões, que vinham acumulando dívidas — para novas cidades, templos e togas — a taxas tão absurdas que o passivo inicial duplicava a cada dois anos. Percebendo que a amortização prevista não viria a curto prazo, Sêneca achou por bem executar a dívida. Mas não seria nada fácil recuperar os mais de quarenta milhões de sestércios devidos por um povo que mal estava acostumado a uma economia monetária plenamente desenvolvida. Em janeiro de 61 d.C., as portas do templo de Jano, abertas durante os cento e onze anos anteriores para significar que o império estava em guerra, agora teriam de se abrir mais um pouquinho para sinalizar que outra guerra estava por vir. Provocadas até o limite do humano, as tribos britânicas, lideradas pela rainha Boudicca, haviam finalmente levantado armas contra a voracidade das forças romanas, determinadas a recuperar o investimento de Sêneca.

Ao zombar das tropas efeminadas que se opunham a ela, em comparação à consumada masculinidade dos bretões sob seu comando, Boudicca inconscientemente pôs o dedo na maior ferida da psique romana. Desde sua fundação, Roma gabava-se de ser o modelo ideal de um estado guerreiro, baseando-se na premissa de que virtude e virilidade eram palavras quase sinônimas, uma vez que compartilhavam o mesmo radical latino (*vir*: homem). Durante todo o período da República, todos os homens adultos com menos de 46 anos — ou em alguns casos, sessenta — estavam sujeitos a servir por dezesseis anos na infantaria das legiões, ou dez na cavalaria. A maioria da população masculina teria sido recrutada por algum período da vida e, a qualquer dado momento, um em cada sete homens estaria fardado. Mesmo com as reformas implementadas à época de Augusto — que haviam transformado o exército numa corporação profissional, em vez de um ajuntamento de cidadãos —, quase um quinto de todos os homens jovens nas cidades como Pompéia tinham de ser recrutados, em mandatos de vinte anos, para manter os números necessários à guarnição do crescente império.

Uma acusação de efeminação não era algo que um verdadeiro romano — soldado ou civil — pudesse descartar apenas com uma risada. Até mesmo a reputação de Júlio César e Marco Antônio havia sido maculada por histórias de aventuras juvenis com homens mais velhos. Assim sendo, constituía falta grave para o orgulho nacional uma mulher de origem bárbara dar a entender que os mais dignos representantes da juventude romana fossem a parte passiva na relação sexual com outros homens. Tratava-se também de uma astuta observação.

O exemplo dado pelo imperador e seu séquito deve ter levado os cidadãos de lugares como Pompéia a suspeitar que uma revolução cultural de alcance mais amplo estava sendo engendrada, bem como a imaginar até onde suas vidas seriam afetadas por ela. Pois aquilo que as vozes poderosas do conservadorismo romano diziam ser uma crise de "efeminação" podia ser interpretado pelos outros como uma oportunidade para revisitar a moralidade sexual hipocritamente prescritiva da época, bem como outros tabus igualmente longevos, tais como o telhado de vidro que limitava a carreira de quem não tivesse nascido livre. Afinal, se o imperador podia se safar com o assassinato, por que um liberto rico não poderia almejar o relaxamento das restrições que pesavam sobre quem podia ocupar um posto público, ou até mesmo um breve romance com a mulher de um decurião? Não demoraria muito para que viessem abaixo as regras que durante séculos haviam modelado a sociedade romana.

CAPÍTULO 6

Vossa por duas moedas

Janeiro de 61 d.C.

Ao longo da última meia hora, Lólio Sínodo havia feito de tudo para tentar acalmar os nervos. Mas nada era capaz de desviar sua atenção dos gemidos ritmados que ecoavam das profundezas da casa. Andando de um lado a outro no átrio, ele tentava trazer à tona outros pensamentos. Contudo, vendo os escravos estocar achas para o fogo sagrado que se acenderia quando nascesse o bebê, nem mesmo ali ele conseguia escapar de sua tormenta. Pois sabia que a situação difícil em que se encontrava era de responsabilidade inteiramente sua. A criança que agora pelejava para vir ao mundo não era dele, mas de seu patrono Júlio Políbio. Fora ele quem havia tramado para juntar Políbio e Clódia, sua própria mulher, oferecendo-a em troca de um mísero empréstimo.

Lólio temia por Clódia: que a criaturinha dentro dela fosse grande demais e não conseguisse vir à luz, que o esforço do parto lhe sobrecarregasse o coração, ou que a infecção invadisse seu corpo e lhe comesse as entranhas. Ao abandoná-la à própria sorte — ofegante, agachada e com as costas apoiadas na cadeirinha de parto —, Lólio percebera no olhar da mulher que ela também tinha os mesmos medos. Um mal-estar invadiu-lhe o espírito. Sua própria mãe havia morrido ao dar à luz a irmãzinha dele, e vários de seus amigos haviam perdido parentes da mesma maneira.

Quando se casaram, ambos haviam jurado nunca ter filhos, indo de encontro a todas as expectativas. Como fora então que haviam chegado àquela situação, Clódia colocando a própria vida em risco com a ajuda de uma escrava parteira que mal falava sua língua e estava ali só porque não tinha nenhuma outra aptidão em particular? A mulher era tão estranha aos costumes de Pompéia que uma prima de Clódia precisou alertá-la para soltar os cabelos de sua ama de modo que o colo do útero pudesse relaxar. Que utilidade ela teria quando de fato chegasse a hora do parto?

A cada minuto que passava, Sínodo alternava entre o medo e o desejo de que alguém gritasse pelo cirurgião. O que significaria que a cabecinha do bebê estava presa e que Clódia corria perigo. Nesse caso, o bebê teria de ser sacrificado. Lólio viu-se repentinamente tomado de uma inspiração febril. Talvez devesse invadir o local do parto naquele mesmo instante e insistir que fizessem exatamente isso. Conhecia a rotina por ouvir dizer: os instrumentos enrolados em capas de couro, uma serra comprida e fina habilmente manipulada para abrir o crânio e depois cortá-lo em pedacinhos para facilitar a remoção. Bastaria apenas um segundo de coragem.

Mas então ele ouviu os primeiros berros da criaturinha recém-nascida. Sucumbindo aos instintos, viu-se repentinamente oferecendo um sacrifício a Vaticano pelo zelo demonstrado, sua única função. Os escravos felicitaram-no com um sorriso e acenderam o fogo simbólico que arderia ao longo de todo o período em que a vida do bebê ainda estivesse em risco. Tão logo Lólio viu a mulher viva e em boa saúde, apagaram-se todos os resquícios de ciúme e ressentimento; e quando a parteira teve permissão para colocar a criança aos pés dele, os instintos paternos vieram à tona.

Agora as invocatórias escapavam ligeiras de seus lábios: primeiro à deusa Ops, com o menininho ainda deitado de costas no chão, e em seguida a Levana, com o bebê levantado ao alto, formalmente admitido na família. Mel e trigo foram oferecidos a Cumina, pela proteção ao bercinho, e a Rumina, pela boa alimentação do bebê. Ao seu redor, Lólio percebia apenas uma grande mancha de pessoas em movimento. Mas já fazia planos para o futuro do menino. Não mais que quatro anos mamando na ama-de-leite, de modo que não ficasse prognata. Faixas apertadas, deixando apenas o braço direito livre, para garantir o futuro dele como orador. Mas Lólio passava o carro na frente dos bois. Por ora, sua incumbência era pendurar mais um boneco na porta da casa, anunciando o acréscimo à família.

O Ano-Novo em Pompéia começava com as compitais. As ruas explodiam em cores enquanto os santuários administrados pelas autoridades distritais eram preparados para a cerimônia. Nos altares, nichos alojavam a estatueta de Augusto, adornada com guirlandas de flores e flanqueada pelos *lares*, além de uma dezena de outras divindades. Bolos de mel, assados em todos os lares de cada distrito, eram trazidos em oferenda; do lado de fora das casas, bonecos e bolas eram pendurados para representar cada membro da família: bonecos para os cidadãos e bolas para os escravos. No ano de 61 d.C. haveria recenseamento, e os bonecos e bolas facilitariam sobremaneira o trabalho dos magistrados na contagem da população.

Mas o recenseamento de então ia muito além de uma simples contagem de cabeças. Os cidadãos eram avaliados em relação a tudo — a esposa, a intenção do casal de ter filhos, o quotidiano da vida familiar —, e as perguntas que eram obrigados a responder podiam incluir detalhes tão íntimos como a maneira que eles costumavam receber amigos ou até suas preferências sexuais. Quanto a isso, os bonecos e as bolas pendurados do lado de fora das casas não tinham nada a dizer.

Para avaliar o desempenho das esposas no cumprimento de seu papel dentro da família, os critérios eram simples. O próprio termo para o casamento — *matrimonium* — deixava bastante claro o que se esperava de uma noiva: que ela se tornasse *mater*, e sem delongas. Posto que a maioria dos noivos tinha o dobro da idade das meninas com quem se casavam, havia uma pressão para que herdeiros fossem produzidos rapidamente de modo que atingissem a maturidade enquanto o *paterfamilias* ainda estivesse vivo para fazer avançar suas carreiras. O Estado não deixava dúvidas quanto à sua impaciência para ver crianças nascendo: por ocasião do recenseamento, os maridos eram obrigados a jurar que a concepção estava entre suas prioridades. Fracassos repetidos na tentativa de conceber davam azo a processos de divórcio, e as esposas supostamente adúlteras — cujos filhos poderiam ter sua legitimidade questionada — recebiam duras penas.

Na véspera do casamento, quando doava seus brinquedos a Vênus e abandonava a veste que significava sua imaturidade, a jovem noiva certamente dava-se conta de que sua infância havia, da noite para o dia, chegado ao fim, bem como o sonho pueril de um futuro de liberdade que um dia ela pudesse ter acalentado. Mesmo antes, quando começavam os sangramentos mensais, sua vidinha tornava-se muito mais constrita: uma acompanhante era designada para proteger sua virgindade, e as visitas que eventualmente recebesse eram vigiadas de perto. Até mesmo sua dieta era alterada: as carnes eram eliminadas de modo a reduzir a ingestão de gordura animal — o equivocado regime recomendado pelos médicos como uma saudável preparação para a gravidez. Quanto aos pais, esperava-se que eles também obedecessem à recomendação médica de que não casassem suas filhas antes dos quinze anos.[1]

Do futuro marido ela provavelmente saberia muito pouco — menos, talvez, que as escravas que a serviam —, embora as mulheres mais velhas da família já tivessem sopesado os candidatos e escolhido o melhor para ela. Até esse ponto, os pretendentes já teriam se aventurado no primeiro estágio do cortejo, enviando cartas formais e talvez presentinhos também. Cartas e presentes eram entregues na casa da menina para serem joeirados pelas mães e pelas amigas: ou eram encaminhados para a destinatária original, ou eram devolvidos sem maiores explicações.[2] No entanto, mesmo que tivesse permissão para ler as cartas, a futura noiva não encontraria nelas mais que um amontoado de clichês. A não ser que tivesse prestado atenção nos grafitos da cidade enquanto era livre para flanar, ou ouvido a conversa dos mais velhos, uma menina sequer suspeitaria da verdadeira natureza do compromisso que em breve teria de assumir. Certo Zózimo deixa muito clara a barganha que tem a oferecer a certa Vitória: "Peço que sejas minha bengala na velhice. Se não acreditares que sou rico, não me ames." Noutro lugar, alusão é feita às instruções gananciosas de um covil de alcoviteiras: "O porteiro deverá permanecer acordado para os que trouxerem presentes; mas, para os que chegarem de mãos vazias, ele poderá se fazer de morto e dormir recostado na fechadura."

De modo geral o amor romântico não tinha lugar no jogo matrimonial e muitas vezes era considerado pernicioso à longevidade de uma relação. É bem possível que os pompeianos como o decurião Brúcio Balbo — que escrevera declarações de amor para sua mulher Fortunata nos muros de sua casa — fossem vistos por seus contemporâneos como tolos e excessivamente submissos. Por certo, a impressão transmitida pela elite de escritores masculinos cujas palavras sobreviveram ao tempo é muitas vezes de uma atitude excessivamente funcional em relação ao sexo no casamento: num passado nem tão remoto assim, mesmo os casados eram punidos por demonstrarem afeto em público na capital. Todavia, a julgar pelas numerosas súplicas e invocações a Vênus nos muros de Pompéia, o amor romântico ainda desempenhava um papel importante pelo menos na vida de alguns. Vinhetas de provocações enciumadas ou declarações sedutoras dão testemunho dos momentos de paixão que animavam a vida difícil de seus personagens, como no caso dos tecelões vizinhos, Sucesso e Severo, que trocavam farpas nos muros de um bar. "Sucesso, o tecelão, ama uma garçonete chamada Íris, que não gosta dele; e quanto mais ele implora, menos ela gosta", escreve um rival, apenas para ser rebatido no que logo se transformaria numa acirrada discussão. Inúmeros casais flertavam e trocavam farpas, e suas declarações emocionadas são a única marca que deixaram na história.[3]

Ao longo dos cem anos anteriores, a forma preferida de casamento dera lugar a um arranjo interessante para as mulheres que insistiam em manter certo grau de independência financeira em relação a seus maridos: agora elas tinham a opção de permanecer oficialmente vinculadas à família do pai ou de algum parente do sexo masculino. No entanto, essa nova modalidade também tinha suas desvantagens, uma vez que conferia à instituição do casamento um caráter menos estável e mais flexível. E visto que a lei invariavelmente pesava contra as mulheres, é difícil dizer o quanto elas de fato se beneficiavam com a novidade. Para a maioria das jovens recém-casadas, o melhor que podiam esperar era que, com o tempo, elas passassem a sentir algum afeto pelos "anciãos" com quem passariam o resto da vida, ou então que enviuvassem cedo o bastante para fazer jus a uma vantajosa proposta de recasamento (Figura 18).

Dada a natureza da sociedade à época, restam relativamente poucos registros documentais sobre a vida das mulheres em Pompéia. Muito do que sabemos sobre elas tem a ver com corpos e aparência física, porquanto era por esses atributos — e não por suas qualidades emocionais e intelectuais — que elas eram julgadas pela sociedade. Sejam cenas míticas de deusas ou representações banais de senhoras auxiliadas por serventes em sua toalete, os muros de Pompéia abundam com imagens idealizadas da feminilidade. Em quase todos os casos, esses tipos modelares têm um aspecto confiante, com olhos escuros que miram ora fixamente para o longe, ora diretamente nos olhos de quem os vê, a despeito de terem sido capturados pelo pintor num momento de paixão consentida ou de aproximação sexual negada. A julgar pelos esqueletos das mulheres mais abastadas de Herculano, as pompeianas das classes mais altas decerto tinham o mesmo corpo esbelto e as mesmas feições nobres de suas contrapartes imagéticas.

É provável que a compleição dessas mulheres fosse igualmente delicada e refinada. O contraste entre os tons de pele de homens e mulheres que se vê no mundo fantasioso das pinturas eróticas de Pompéia — os homens muito bronzeados, e as mulheres pálidas como o alabastro — é muito mais pronunciado do que ocorre naturalmente. As mulheres das classes mais altas, ou as cortesãs que as emulavam a fim de satisfazer seus clientes, talvez pudessem demonstrar que tinham acesso a uma vida de ócio cultivando uma palidez que só seria possível para quem não precisasse sair de casa durante as horas mais quentes do dia, ou que pudesse contar com escravos para produzir uma sombra nesses momentos. E quando nada disso era possível, ainda assim elas podiam se valer da cosmética. Pigmentos eram usados para realçar não só o vermelho dos lábios e das bochechas como também o azul das veias que corriam sob a pele translúcida.

Os pêlos do corpo também eram removidos para suavizar os contornos, e as sobrancelhas eram substituídas por arcos desenhados a lápis. Entre os diversos instrumentos de beleza encontrados em Pompéia encontram-se várias pinças pequenas demais para serem úteis a um cirurgião. A depilação, incluindo a dos pêlos púbicos, era hábito comum. No entanto, as mulheres que se submetiam a ela com o único intuito de agradar seus parceiros talvez achassem instrutivo ler o grafito de um autoproclamado especialista, que dizia: "É muito melhor foder uma boceta cabeluda do que uma lisa; os pêlos retêm o calor e estimulam o órgão."[4]

Quanto ao penteado dos cabelos, os estilos entravam e saíam de moda mais rapidamente que o trono imperial mudava de mãos. Em 61 d.C., poucas mulheres ainda usavam os cabelos partidos ao meio — o estilo predileto nos tempos de Cláudio —, e em vez disso favoreciam as franjas cacheadas e as tranças que caíam da nuca. Os apliques apareceriam na década seguinte, quando penteados altíssimos, precursores do estilo

Pompadour, entrariam na ordem do dia. Um cabeleireiro profissional com loja em Pompéia oferecia o tipo de penteado elaborado que as escravas domésticas decerto não eram capazes de fazer em casa.[5]

O setor da beleza era palco de grandes negócios em Pompéia. As mulheres ricas procuravam copiar a feminilidade idealizada dos afrescos em suas paredes, daquelas mulheres que se olhavam em espelhos de bronze ou prata com justificável orgulho mas em cujas cômodas não se via nenhum artifício de embelezamento. No entanto, a grande diversidade dos frascos engenhosamente trabalhados que foram encontrados é testemunho do que algumas mulheres do mundo real se dispunham a fazer para preservar ou melhorar a aparência. Para as que podiam pagar, os artesãos da cidade forneciam uma enorme variedade de colares, anéis, brincos e braçadeiras em qualquer metal e ornados com pérolas ou gemas de esmeralda, cornalina, ágata e jaspe. Mesmo as peças menos bonitas só podem ter sido fruto de uma sociedade de mão-de-obra barata: imagens minúsculas de animais encontram-se meticulosamente talhadas na superfície de gemas não muito maiores do que uma unha de criança; dúzias de bolinhas de metal individualmente encrespadas são atadas de modo a formar brincos parecidos com cachos de uva.

Apesar disso, menos de dez por cento das mulheres pompeianas cujos corpos foram encontrados usavam ou carregavam jóias, e dessas, apenas uma fração usava um conjunto completo. Numa cidade provinciana como Pompéia, adornar-se em ouro dos pés à cabeça era sinal do mais alto status, e a grande maioria das jóias encontradas decerto pertencia às mulheres dos membros do conselho da cidade. O fato de que a posse de jóias era algo relativamente restrito — mesmo numa época de consumo conspícuo de artigos de luxo — coloca em perspectiva o lugar de Pompéia no plano geral das coisas.

Aquelas que tanto se esmeravam para se tornar mais atraentes não poderiam ter deixado de perceber a contradição entre os ideais de feminilidade, tão conservadores, e a realidade cotidiana de suas vidas. A pressão era grande sobre as recém-casadas no sentido de que reproduzissem o exemplo de mulheres como o desta mãe romana, enaltecida pelo filho por sua "modéstia, probidade, castidade, obediência, habilidade com a lã, diligência e fertilidade". Por outro lado, não seria de todo surpreendente que as mulheres dos homens da elite — as quais passavam horas a fio sem nada para fazer senão medir ansiosamente seu ciclo reprodutivo — se sentissem tentadas à infidelidade. Embora as imagens eróticas que se viam em toda parte se dirigissem majoritariamente aos homens, a simples variedade dessas imagens teria permitido às mulheres encontrar nelas algo que falasse à sua própria sexualidade. Imagens explícitas de sexo em quase todas as posições e variedades imagináveis — cenas de orgias e bestialismo eram bastante comuns — abundavam nas paredes das salas, fossem elas privadas ou públicas. Pigmeus copulavam às dúzias; mulheres sorriam maliciosamente enquanto se abaixavam e se ofereciam ao amante, pedindo que ele "botasse devagar"; representações de sexo entre homens eram freqüentes; e em toda parte encontravam-se grafitos com descrições bastante detalhadas de elaboradíssimos encontros sexuais.

Os ocidentais contemporâneos — sobrecarregados, ou iluminados, por dois mil anos de doutrina judaico-cristã — que quiserem compreender a sexualidade romana e o conteúdo erótico dos muros de Pompéia talvez tenham de abandonar certas idéias preconcebidas (Figura 20). Muitos dos arqueólogos do passado interpretaram essa iconografia erótica como evidência de uma total liberdade sexual em Pompéia. Mas os costumes sexuais de uma sociedade muitas vezes se aninham em camadas muito mais profundas; além disso, é difícil detectarmos o grau de verdade contido nas histórias daqueles que tão afoitamente se oferecem para contar suas proezas sexuais. No caso de Pompéia, os testemunhos são dos homens, e ocasionalmente das mulheres, que se deram ao trabalho de gravar seus pensamentos no estuque das paredes. No entanto, um sem-fim de outras fontes literárias, artísticas e arqueológicas oferece-nos uma visão mais ampla do contexto cultural daquela época. Ora, se os limites do sexualmente aceitável eram de fato tão latos, quais foram os tabus quebrados de modo que o reinado de Nero fosse caracterizado pelos coetâneos como um período de excessos e libertinagem?

A resposta está na rígida demarcação dos papéis sexuais para diferentes grupos da sociedade e dos atos sexuais tidos como apropriados para cada um deles. E também está — sobretudo nessa cultura eminentemente falocêntrica — no direito inquestionável de se penetrar sexualmente outra pessoa, bem como na degradação psíquica e social associada à pessoa penetrada. Era o medo de se perder o controle nessa área, e não um reconhecimento generoso do desejo feminino, o que mais influenciava a representação da sexualidade feminina na arte e na literatura. As mulheres que não tinham vergonha de sua própria sexualidade eram consideradas suspeitas e candidatas à demonização. No *Satiricon*, por exemplo, Petrônio não se furta de contar a história de uma mulher da elite que, insaciável, usava sua criada como alcoviteira de parceiros. Da mesma forma, as cenas da vida de Pasífae que aparecem nas paredes da Casa dos Vétio, bem como em outros lugares, fazem alusão a uma mulher — ninguém menos que a rainha de Creta — cujas ações eram guiadas pela luxúria, com terríveis conseqüências. Segundo o mito, Dédalo jamais seria chamado a construir seu famoso labirinto se antes não tivesse inventado uma vaca de madeira em que Pasífae pudesse se esconder e receber os serviços bestiais de um touro (Figura 19). E referindo-se à assertividade das mulheres durante o reinado de Nero, Sêneca dá o seguinte testemunho: "Elas despertam os apetites sexuais mais extraordinários e, entre homens, fazem o papel dos homens."[6]

Não sabemos ao certo que crédito dar à afirmação de Sêneca, como também não podemos interpretar como uma avaliação justa de uma sociedade em que florescia o amor livre o seguinte conselho oferecido em um grafito aos viajantes a caminho de Pompéia: "Quem estiver à procura de doces carinhos nessa cidade, saiba que lá todas as mulheres são disponíveis." O mais provável é que se trate do comentário ressentido de uma pessoa para quem todas as mulheres estavam abandonando os atributos de fidelidade e devoção maternal que haviam justificado o status, fosse qual fosse, tradicionalmente vinculado a elas. Era muito mais fácil taxar as mulheres de lascivas do que lidar diretamente com suas aspirações legítimas, tanto dentro quanto fora do âmbito sexual.[7]

No entanto, outros grafitos de Pompéia dão testemunho de uma possibilidade muito surpreendente e tentadora para a satisfação das necessidades sexuais das mulheres. São grafitos que anunciam serviços de sexo oral, prática considerada aviltante para os homens da época. "Glicão lambe bocetas em troca de dois asses", diz um deles. Uma pechincha, se comparado ao de Marítimo, que cobrava quatro asses e ainda acrescentava: "Aceito virgens." Seriam indícios de prostituição masculina ou, quem sabe, meros insultos de natureza sexual? O detalhe de um comentário, que alude à preferência de uma mulher, aponta para a primeira hipótese. "Sátiro, não lamba boceta dentro da abertura, mas fora dela." Seria possível que, quando não houvesse risco de concepção, as esposas, talvez até mesmo as da elite, tivessem a chancela social para comprar seus prazeres orais?[8]

A resposta a essa pergunta não é fácil; provavelmente dependeria daquilo que de fato constituía um ato de infidelidade: o prazer ou a penetração. Num mundo em que o amor romântico desempenhava um papel tão secundário, o ponto mais relevante talvez fosse o de ordem prática. O sexo com penetração entre uma mulher e um homem que não fosse seu marido ameaçava não só a reputação desse marido como também a legitimidade de seus herdeiros; assim sendo, relações dessa natureza abalavam a santidade da linhagem familiar em que se baseava todo o sistema de crenças e toda a autoridade da elite masculina. Não é de se espantar, portanto, que em tempos de paz a sociedade romana impusesse penas legais e morais tão severas aos transgressores. Com efeito, o medo de que uma mulher pudesse manipular as emoções de um homem era de tal modo exacerbado que o uso da magia para fazer uma pessoa se apaixonar por outra fazia jus à pena de morte.

A raiva incontida que os homens sentiam ante a facilidade com que sua autoridade podia ser minada pela sexualidade feminina talvez encontrasse uma expressão inconsciente na arte: são muito freqüentes as cenas em que mulheres se sujeitam passivamente à humilhação e à violência sexual de agressores do sexo masculino. É particularmente exemplar a cena da Casa de Menandro, em que as senhoras da aristocracia de Tróia são estupradas e levadas pelos gregos enquanto os soldados derrotados observam tudo sem nenhum poder para intervir. Naquele mundo em que a virtude no sexo significava tão-somente satisfazer-se da forma mais truculenta possível, vigorava um perverso enaltecimento da violência sexual. Para um pompeiano adulto, negar o papel sexualmente dominante era o mesmo que se tornar efeminado e ridículo, e correr o risco de pertencer para sempre àquela classe de homens cujos corpos eram usados como se fossem o de uma mulher. Sobre isso repousavam todas as outras sutilezas de interpretação. O sexo do recipiente e o tipo de penetração não tinham a menor relevância: só o que importava era a truculência da conquista. O assunto era tão bem delineado que as modalidades de sexo vaginal, anal e oral eram respectivamente descritas por dois verbos diferentes, um fazendo referência à parte ativa, e outro, à passiva. O homem que fizesse um conjunto de coisas (*futuere*, *pedicare* e *irrumare*) tinha acesso à mais refinada sociedade; mas o que fizesse outro conjunto de coisas (*crisare*, *cevere* e *fellare*) corria o risco de se tornar um pária.

Ser alvo de uma agressão sexual era o castigo mais humilhante que um cidadão adulto do sexo masculino podia sofrer; quando uma ameaça dessa natureza era feita por um deus, o melhor que o ameaçado tinha a fazer era mesmo se emendar. Príapo talvez fosse a figura mais ostensiva do panteão romano; suas estátuas quase ubíquas jamais passavam despercebidas, ainda que semi-escondidas pelas ramagens vizinhas. Geralmente eram pintadas de um vermelho vivo que lhes conferia um aspecto tenebroso. Mas não era a cor das estátuas, e sim o tamanho descomunal do pênis, que deixava bem claro quais eram os propósitos do deus Príapo. Adaptado pelos romanos de um deus grego com atributos físicos semelhantes, Príapo era considerado por seus adoradores como fonte de boa sorte e de vigorosa proteção às plantações contra o roubo de safras. E o castigo prometido aos infratores não era outra coisa senão o estupro. "Toma este aviso, mulher: tu serás violentada; menino, tu serás sodomizado; e quanto ao homem barbado, este poderá me dar sua boca", assevera o deus em *Canções de Príapo*. Outro trecho é ainda mais visceral: "Esta vara entrará nas entranhas do ladrão até os pêlos dos meus colhões."[9]

Curiosamente, a sodomia forçada também era o castigo que um marido traído podia, por lei, impingir ao amante de sua mulher — muito embora, numa das passagens mais bizarras jamais produzidas por um escritor da época, Juvenal fale de um marido traído que escolhera castigar o rival usando um peixe caro em vez do próprio membro. Mesmo em se tratando de uma sátira grotesca, é difícil conceber que a lei se preocupasse com assuntos dessa natureza: ela não só chancelava todos os tipos de vingança que um marido traído pudesse exigir, como também insistia que a vingança fosse levada a cabo. Além disso, estabelecia penas compulsórias para as mulheres adúlteras — expulsão de casa e exclusão do jazigo da família — e enquadrava como proxenetas os maridos que não dessem queixa do crime. Quando o pai de uma mulher sofria a humilhação de ter sua filha pilhada com um amante, na casa dele ou do genro, ele tinha o direito de matar a ambos; o único imperativo era que ambos sofressem o mesmíssimo destino. O marido tinha direitos semelhantes, desde que o amante da mulher fosse um de seus próprios escravos ou libertos, ou um *infames*, como um gladiador ou ator. A alusão feita às esposas que tinham certa inclinação para "beijar as marcas do chicote" era algo que muitos maridos decerto não conseguiam tirar da cabeça.[10]

Naturalmente não era fácil fazer valer uma legislação assim, tão draconiana, e provavelmente prevalecia uma atitude mais humanitária, fazendo com que a maioria dos casos jamais chegasse aos tribunais. De fato, certas pinturas nas residências privadas de Pompéia dão a entender que atitudes resultantes da imprevisibilidade da paixão eram quase toleradas, ecoando a opinião liberal de Ovídio, para quem "Tosco é aquele que se deixa ofender em demasia pelos assuntos da esposa". Um exemplo encontrado na Casa dos Capitéis descreve um velhote barbado baixando-se para inspecionar a gaiola em que havia trancafiado um grupo de cupidos, apenas para descobrir que dois deles haviam fugido. Os espectadores da pintura imediatamente vêem o que ele não pode ver: que os cupidos fujões haviam ido direto ao encontro da jovem esposa dele, recostada numa parede próxima. Um dos cupidos esconde-se apressadamente nos panos da saia dela enquanto o outro oferece duas coroas, supostamente em sinal do reinado de amor que ela logo comandará com seu consorte clandestino. Impossível não ver nisso uma sátira do que para muitos à época de Nero era considerado uma repressão arcaica e tola dos impulsos naturais.[11]

Hoje é sabido que, àquela altura, as crianças bastardas muitas vezes eram mantidas nas famílias; nos testamentos, muitos pais da época explicitamente excluíam as crianças geradas por outros homens, alegando ilegitimidade e referindo-se a elas em termos como "aquele que não é meu filho", "o bandoleiro", "o gladiador", ou "aquele que nasceu de uma adúltera". As palavras são duras, mas vale lembrar que, embora excluídas do testamento, as crianças bastardas poderiam ter sido expostas ao nascimento, e suas mães denunciadas como adúlteras. Talvez os pompeianos concordassem apenas em certa medida com o emocionado conteúdo deste grafito na Casa de Cecílio Jucundo: “Que prosperem os que sabem amar; que pereçam os que não sabem; que pereçam em dupla medida os que proíbem o amor.”[12]

Talvez haja mais um motivo para o repúdio dos filhos ilegítimos por parte dos maridos traídos. À época, os partos implicavam enormes riscos para as mães, e era bem possível que muitas dessas crianças bastardas que sobreviviam para mais tarde serem repudiadas por seus pais nominais houvessem, no ato de seu nascimento, roubado a vida das mães. A disponibilidade de instrumentos obstétricos relativamente avançados — como o espéculo, que permaneceria o mesmo até fins do século XIX — pouco adiantava naquelas circunstâncias em que o risco de infecção era altíssimo.

Em vista dos riscos envolvidos no parto e das implicações financeiras associadas à partilha da herança, as famílias de boa cepa não se dispunham a arriscar a vida da *materfamilias* com uma gravidez desnecessária. A análise anatômica dos esqueletos femininos preservados próximo a Herculano sugere que o desejo de administrar a fertilidade das mulheres da elite talvez tenha sido um fator importante na modelagem da moralidade sexual da época.[13] O número médio de filhos nascidos dessas mulheres — mesmo daquelas que haviam morrido muito depois do fim de seu período reprodutivo — era menos de dois, um índice baixíssimo para a sustentação dos níveis populacionais. Descobertas científicas acabaram por corroborar as evidências apenas circunstanciais de que, naquele período, em Roma, as famílias pouco numerosas ou sem filhos eram cada vez mais comuns. Tratava-se de um claro sintoma de uma sociedade que aos poucos abandonava a preocupação cívica de prover braços para o exército e para o comércio em favor da realização dos desejos de caráter mais pessoal. Num extremo de insensibilidade, essa atitude geral em relação à reprodução é ilustrada por este grafito em Pompéia: “Não me importo com tua gravidez, Salvila; eu a desdenho.” A questão é, como o autor esperava que Salvila pudesse ter evitado sua condição?[14]

Para as que se fiavam nas crenças populares, havia um sem-número de métodos contraceptivos com diferentes graus de insensatez ou eficácia: métodos mágicos, métodos de barreira envolvendo o excremento de elefantes, ou até mesmo uma providência tão simples quanto agachar-se e espirrar depois do coito. Mais tarde, se esses métodos falhassem, havia diversas maneiras de se envenenar ou traumatizar o próprio corpo a fim de induzir um aborto antes que uma cirurgia se fizesse necessária. Todavia, a única forma verdadeiramente segura de se evitar a concepção era a abstinência do sexo — ou pelo menos do sexo vaginal. Talvez tenha sido nesse espírito que um poeta envergonhado tenha confessado sua satisfação neste dístico encontrado na Vila dos Mistérios, próximo à porta de Herculano em Pompéia: "Aqui penetrei as nádegas abertas de minha mulher; mas foi vulgar de minha parte escrever estes versos."[15]

A felação constituía uma alternativa prática, e os membros da elite podiam ler relatos sobre o assunto nas paredes de suas próprias mansões. Na casa de Fábio Rufo, por exemplo, lê-se que "Rômula chupa o homem dela aqui e em todos os lugares", ao passo que, na Casa das Bodas de Prata, ficamos sabendo que Sabina estava "chupando, mas não estava fazendo direito". Todavia, numa cultura que tanto privilegiava a eloqüência e a oratória, e na qual era costume a troca de beijos no cumprimento entre duas pessoas de mesma classe social, não era de se esperar que as esposas aristocratas sujassem a boca com tal prática. Nas pinturas eróticas geralmente vemos os homens forçando a cabeça das mulheres no momento da felação; caso sejam mulheres da elite, não é de se espantar que tenham oferecido resistência na tentativa de preservar sua pureza oral. Os aristocratas que estivessem em busca de práticas sexuais alternativas — ou simplesmente de práticas comuns, porém livres de qualquer ansiedade — não teriam dificuldade para encontrar na cidade a companhia de praticantes tanto profissionais quanto amadoras.[16]

Os homens de Pompéia não precisavam de qualquer pretexto para sua hipocrisia em assuntos relacionados à moralidade sexual; no entanto, a preocupação com a saúde de suas esposas podia ser amplamente usada com esse intuito. O adultério feminino era passível das mais severas punições, mas, desde que não fosse pilhado com a mulher ou filha de um homem de classe social semelhante ou mais elevada, um conquistador era efetivamente, senão legalmente, imune a qualquer tipo de queixa ou processo. Melhor ainda se um homem pagasse por uma amante ou se essa amante estivesse de alguma forma subjugada à autoridade dele.

Talvez para os estóicos como Musônio o sexo com escravas não fosse considerado uma prática "moderada"; mas, para Musônio, qualquer modalidade de sexo que não se realizasse no âmbito do casamento e não tivesse como fim exclusivo a procriação era considerada condenável. Não é de se espantar que ele e seus simpatizantes fossem vistos pela maioria de sensatos como radicais da moral. Com efeito, prevalecia na sociedade o sentimento de que os famintos deviam deixar de lado seus escrúpulos e saciar sua fome. "Se estás com fome", escreveu Horácio, "tu não torces o nariz para outros pratos que não sejam pavão e linguado, torces? Se sentes a virilha pulsando e tens à disposição uma escrava ou jovem escravo criado em tua própria casa, os quais podes foder imediatamente, tu não deixas teu membro inchado explodir, deixas? Eu decerto não deixo. Gosto do sexo fácil e convenientemente disponível".[17]

Mas como devia se sentir um *paterfamilias* quando ele — ou um parente ou hóspede do sexo masculino — se aproveitava de um de seus "utensílios ambulantes" para aliviar suas necessidades sexuais? Visto o abismo que separava o aspecto físico de senhores e escravos — embora houvesse belas exceções, compradas a bom preço exatamente para esse propósito —, o sexo entre uns e outros não poderia ser considerado algo próximo à miscigenação ou ao bestialismo? Ou talvez apenas um ato de prostituição no conforto da própria casa, sem nenhuma fatura a pagar uma vez terminados os trabalhos? Seria possível que vez ou outra se estabelecesse algum tipo de envolvimento emocional entre as partes, ou o sexo entre senhores e escravos era sempre um evento meramente funcional? E — o mais difícil de se imaginar — como deviam se sentir os recipientes desses avanços, ou os outros escravos que porventura nutrissem por eles ou elas algum tipo de afeto e que eram obrigados a assistir a tudo sem poder fazer nada? Como era saber que todos aqueles perigos envolvidos na gravidez — que a senhora da casa tanto procurava evitar — eram impostos a uma escrava inocente, que além de tudo poderia ser jovem demais para suportá-los?[18] Num anel encontrado na área portuária de Murecine estão gravadas as seguintes palavras: "À minha *ancilla*." Que significado teria esse anel: uma declaração de afeto à amante-escrava do homem imponente representado por uma estatueta encontrada nas proximidades, ou um mero símbolo de propriedade sexual?

Muitas escravas decerto se sentiam tentadas a penetrar o coração de seu senhor, e as relações sexuais dessa natureza talvez não fossem tão indesejáveis quanto poderíamos supor em razão da discrepância de poder entre as partes envolvidas — pelo menos depois que se "domasse" o espírito das escravas, como Catão aconselhava fazer tão logo se efetuasse a compra. Apenas uma meia dúzia de escravas e até dezenas de escravos dividiam os mesmos aposentos fétidos, e o senhor de todos eles tinha plenos poderes para não só escolher uma das meninas para sua diversão pessoal como também decidir quais seriam os parceiros dela e quando eles teriam o direito de encontrá-la; às vezes esses parceiros até pagavam pelo privilégio. Ora, o *droit de seigneur* era de tal modo absoluto que só restava aos escravos procurar estabelecer com seu senhor qualquer arranjo que lhes trouxesse alguma espécie de benefício.[19]

Enquanto certos senhores viam nas diferenças raciais um obstáculo para o estabelecimento de uma relação com as escravas, outros claramente se deleitavam com o exotismo dessas mesmas diferenças. De modo geral, os escravos africanos, asiáticos e europeus do norte eram alvo do repúdio e das zombarias de seus senhores, mas a minoria de escravas negras era considerada esteticamente admirável. Um grafito explicitamente lascivo diz: "Amar uma menina de pele escura é queimar-se no carvão; quando vejo uma menina negra, como de bom grado as amoras pretas."

Para os que buscavam prazer fora de casa, encontrar uma prostituta em Pompéia certamente não era das coisas mais difíceis, muito embora não saibamos ao certo até onde iam os limites do comércio do sexo na cidade. Até mesmo as estimativas mais conservadoras estabelecem o número de bordéis em torno dos dez, dos quais o mais famoso era o *lupanar* situado nas proximidades do fórum, no emaranhado de ruas onde várias oficinas menos salubres também tinham endereço. Ali, nos cômodos minúsculos de um prédio em forma de cunha, localizado numa esquina acentuada, clientes como Fembo e Ágato — perfumistas que decerto contavam com a preferência das garotas — podiam escolher seus desejos e posições sexuais a partir das pinturas sobre a portinhola de cada quarto ou da placa que uma das prostitutas carregava pelas dependências do bordel. Logo ao lado da entrada, outra porta leva ao andar superior, onde mais cinco quartos podiam ser utilizados nos dias de maior movimento — quando marinheiros desembarcavam no porto, por exemplo, ou quando as multidões chegavam à cidade em dia de gladiatura ou teatro. Nessas ocasiões, tinham sorte os que ficavam em cima, evitando assim as caminhas e os travesseiros de alvenaria com os quais eram equipados os quartos de baixo.

Pompéia estava preparada para satisfazer qualquer cliente: desde os mais afeitos à sofisticação até os de hábitos mais rasteiros. Grupos de grafitos licenciosos demarcavam o território para os pedestres da cidade; neles, as profissionais com esta ou aquela especialidade anunciavam aquilo que as distinguia das concorrentes. Mais ao norte, Afrodite, Venéria, Espendusa, Ninfa e Timele faziam o *trottoir* na rua que passava entre o *macellum* e o Templo de Júpiter e morria diante de uma das torres do muro da cidade. A última destas mulheres declarava-se uma especialista da felação, mas, uma vez que tinha Ninfa como rival nesse mesmo departamento, informava que também estava disponível para o sexo anal. Elas abordavam seus clientes não muito longe de uma das casas mais amplas e luxuosas de Pompéia; os membros da família Vétio e os habitantes da Casa dos Dioscuros, com suas prováveis conexões com Aleu Nigídio Maio, não podem ter deixado de notar a presença insalubre daquelas mulheres. As roupas das prostitutas não deixavam dúvida quanto à profissão delas: fossem as túnicas diáfanas que noutras mulheres ficariam excessivamente provocantes ou a irônica versão da pretexta que de outra forma era de uso exclusivo dos homens proeminentes da cidade.

Outro grupo de profissionais fazia ponto na esquina entre o bordel do fórum e a taberna de certo Febo, que também operava no ramo do sexo; talvez elas visassem se aproveitar do fluxo de beberrões a caminho de casa, vindos de um desses dois estabelecimentos, oferecendo-lhes propostas irrecusáveis e serviços mais flexíveis. Euplia não era um nome incomum naquelas partes, mas talvez a prostituta assim chamada, que atiçava sua clientela dizendo já ter se deitado com "milhares de homens bonitos", não se incomodasse em fazer visitas domiciliares também, desde que fosse justamente recompensada. Outra Euplia certamente "chupou por cinco asses" — um preço altíssimo — numa casa do outro lado da via de Estábia. Não há registro, contudo, do que ela cobrou para fazer a viagem ainda mais longa até a Casa do Cubículo Floral, a uma meia dúzia de quadras de distância, onde seu cliente talvez tenha acompanhado toda a diversão olhando para o belo espelho de obsidiana pendurado à parede, à direita do qual, talvez num momento de torpor pós-coito, ele acabou deixando uma mensagem descrevendo-a como "licenciosa e clitoridiana".[20] Para os que buscavam algo entre uma escapadela rápida e o repasto de um bordel, cubículos cravados nos muros das ruas mais ermas ofereciam a solução intermediária desejada; cortininhas toscas garantiam a privacidade dos usuários e facilitavam uma saída rápida.

Os preços variavam amplamente e decerto dependiam da idade e dos dotes físicos da prostituta, da aparência do cliente, dos serviços requisitados e da localização. Todas as prostitutas eram obrigadas a se registrar com edis e a pagar um imposto, cujo cálculo permanece um mistério. Pagando-se uma taxa adicional, elas adquiriam o direito de trabalhar em torno dos prédios públicos, como o anfiteatro, em cujas arcadas encontram-se inúmeros registros das delícias ali vividas. Mas o cenário mais lamentável de todos era a necrópole, onde acabavam as prostitutas mais velhas que haviam sobrevivido aos riscos da doença e da gravidez. Os túmulos que durante o dia forneciam assento ou sombra para os passantes, à noite serviam de abrigo àqueles suficientemente corajosos ou desesperados para se aventurar no terreno das bruxas e dos lobisomens em busca de sexo barato.[21]

Os ossos pélvicos de duas mulheres de cinqüenta anos — encontrados em meio às ossadas das centenas de habitantes de Herculano que morreram na erupção — exibem, de modo exagerado, o mesmo tipo de anormalidades encontradas nas prostitutas norte-americanas de hoje. Não é difícil imaginá-las nas imediações da Porta de Nucéria, batalhando para dar uma vida minimamente digna aos cinco ou mais filhos que por azar haviam sobrevivido aos métodos anticoncepcionais inadequados da época. Decerto tinham a pele engelhada, dentes apodrecidos, ossos frágeis em razão da subnutrição, além de juntas que rangiam dolorosamente durante as noites longas e frias do mês de janeiro. Mas em 61 d.C. elas mal haviam deixado a flor da idade, e sequer podemos afirmar categoricamente que suas vidas haviam resvalado na prostituição.

Os escravos eram, sem dúvida, submetidos à mesma exploração sexual que as escravas, e mesmo libertos, permaneciam obrigados a ceder aos eventuais avanços de seus senhores. Trimalquião chega ao ponto de justificar as baixezas impostas tanto por seu senhor quanto por sua senhora. "O que meu senhor ordena não é vergonhoso", ele insiste, talvez advogando em causa própria. No entanto, outros autores são unânimes ao dizer que padrões de comportamento contraditórios vigiam à época. A passividade sexual era inaceitável para os cidadãos comuns, mas para os escravos era vista apenas como um percalço de suas circunstâncias — um pecadilho involuntário que certamente seria esquecido quando conquistassem a liberdade.[22] O que não sabemos é se a pressão por essa indulgência vinha mais dos senhores ou de suas esposas, que talvez se sentissem aliviadas ao saber que os maridos tinham outra fonte de satisfação sexual além das mocinhas pueris ao seu dispor. Ao contrário das jovens escravas, que permaneciam desejáveis mesmo depois de desabrocharem em mulheres férteis, os escravos adolescentes iam perdendo seu encanto à medida que engrossavam a voz e perdiam a semelhança com o ideal grego do catamito imberbe.

Mas o sexo entre homens não se limitava aos membros de um mesmo núcleo familiar. Os mais velhos podiam ter seus amantes desde que desempenhassem o papel ativo na relação, ao passo que os mais jovens — se discretos — podiam se deixar penetrar com relativa impunidade desde que ainda não tivessem completado os ritos de passagem da pubescência. E para aqueles que admirassem os jovens de classe mais elevada e não temessem que suas preferências se tornassem públicas, ou para os jovens que conviviam pacificamente com sua própria efeminação e recebiam de bom grado a atenção dos mais velhos, ou simplesmente para os que gostavam de admirar o físico banhado a óleo dos funcionários africanos, os banhos públicos menos convencionais eram o destino mais apropriado.

Encastoadas numa área residencial bastante aprazível — ao mesmo tempo central e distante da azáfama do fórum —, as Termas do Sarno eram o exemplo maior de uma sofisticada instalação inteiramente dedicada ao lazer. A construção empoleirava-se na borda de uma escarpa e contava com vários pavimentos cravados na encosta; corresponde em muitos aspectos ao lugar onde Sêneca diz ter-se hospedado por ocasião de uma visita à Campânia — um de seus melhores amigos morava em Pompéia — e os relatos das interrupções que ele sofria enquanto tentava estudar dão uma boa idéia do que era a vida por ali. Acima das termas ficavam os requintados apartamentos onde os mancebos e os solteirões da cidade podiam se refugiar, e ao lado ficava uma sala de exercícios físicos decorada com belas imagens de lutadores e fisiculturistas. Naquelas paragens, o *otium* era cultivado em sua forma mais nobre e rigorosa: um breve descanso das questões públicas e das negociações comerciais, dedicado à limpeza e ao exercício do corpo. Com efeito, o ritual de banhos diários tal como era praticado ali acabou por tornar-se uma espécie de símbolo definidor da civilização romana, em contraste com a civilização grega, em que as abluções regulares costumavam ser substituídas pelo uso do perfume.

Talvez houvesse no complexo do Sarno uma porta exclusiva para os ocupantes dos apartamentos e para os clientes mais distintos, mas isso não diminui em nada a importância simbólica de termas como aquelas. Todos podiam freqüentar e participar das mesmas atividades de relaxamento e purificação, o que fazia disso uma espécie de força unificadora da vida civil. A arquitetura, a hidráulica e as artes decorativas convergiam nos banhos públicos para dar mostra dos avanços técnicos de Roma, e as doações para estabelecimentos dessa natureza constituíam a forma predileta de filantropia. No entanto, ao longo dos quatro primeiros séculos da era cristã, os banhos públicos foram duramente recriminados pelos escritores moralistas de Roma. Ora, o que se passava nesses lugares que tanto feria a sensibilidade dessas pessoas? Seria possível que, embora fossem considerados uma representação do que havia de melhor em Roma, eles na verdade ficassem muito aquém de uma situação ideal? Ou quem sabe havia outros aspectos ainda mais perturbadores?

Um dos motivos de censura mais evidentes era o comercialismo que vinha se instalando naquele espaço antes meramente funcional e relativamente austero. Agora os proprietários contavam com uma clientela cativa e exploravam ao máximo o monopólio de que dispunham, procurando atender os mais variados pedidos de seus visitantes — que iam de comida e vinho até serviços de beleza, massagem e treinamento personalizado. Aqui também é de imenso valor o testemunho de Sêneca sobre as interrupções que ele sofria enquanto tentava filosofar: vendedores de salsichas, bolos e doces passavam apregoando suas iguarias; baderneiros estimulados pelo vinho esborrachavam-se aos berros nas piscinas; cafetões e prostitutas tentavam arrebanhar fregueses; clientes inconvenientes aproximavam-se com convites para jantar. O dinheiro fluía tanto quanto as águas, mas o resultado era uma insuportável algazarra para os que buscavam tranqüilidade. Mas isso, por si só, não basta para explicar a virulência das críticas dos moralistas.

Nos mosaicos tanto das residências particulares quanto dos banhos públicos de Pompéia, a figura de um banhista ou funcionário negro aparece repetidas vezes: quatro podem ser encontradas na Casa de Césio Blando, três na pequena suíte de banho na Casa de Menandro, e mais outras tantas no *praedium* de Júlia Félice. Em algumas dessas representações ele carrega um jarro d'água ou uma espátula para tirar o óleo espalhado no corpo dos banhistas para facilitar a remoção da sujeira; em outras, aparece alimentando a fornalha com uma pá tal como convinha aos "etíopes", que, segundo os romanos, eram negros porque tinham sido tisnados pelo sol. E, a não ser nos casos em que aparece nu, veste um uniforme que se limita a um saiote curto, sob o qual insinua-se um pênis descomunal, geralmente ereto. Trata-se, sem dúvida, de um estereótipo étnico, mas que cumpria a mesma função de todas as outras imagens fálicas espalhadas por Pompéia: desde os pequenos amuletos carregados pelas pessoas, os falos de pedra nos calçamentos e muros, até as pinturas e estatuetas de Príapo.

Assim como os mímicos obscenos que se apresentavam no teatro com suas gigantescas próteses penianas, essas imagens tinham como objetivo produzir o riso, considerado um poderoso instrumento na subversão das influências malignas, tais como o Mau-Olhado e a *invidia*, ou inveja. Mas talvez não fosse esse o único valor desses falos.

O ideal estético do mundo clássico ditava que os pênis deveriam ser pequenos e infantis, tal como aparecem no estatuário pompeiano. Todavia, a literatura do século primeiro sugere um cenário diferente, pelo menos em referência a certos grupos de homens que espontaneamente se encontravam nos banhos públicos para admirar e aplaudir os pênis de proporções especialmente generosas.[23] Caso Símplice e Petrino — os dois escravos comprados de Popéia por Dicídia Margare para trabalhar nas Termas do

Sarno — fizessem jus a tal atenção, o que poderíamos imaginar? Que seus membros avantajados fossem louvados por sua eficácia na proteção contra o mau-olhado, ou cobiçados por outros motivos, de natureza mais corporal? Eram invejados ou desejados por seus admiradores?[24]

Por sorte, as paredes de Pompéia não são inteiramente alheias a esse assunto. A apreensão que certas mulheres sentiam diante de seus amantes bem-dotados é retratada em alguns afrescos e sugerida nos grafitos, mas os relatos dos praticantes do sexo anal com outros homens são de longe os mais reveladores. Secundo alega ter "enrabado meninos que ganiam de dor", ao passo que Quíncio "aqui penetrou nádegas trêmulas e viu a dor que isso provoca". Um sedutor mais ousado chegou ao ponto de aludir à mitologia na tentativa de convencer um amante temeroso a sucumbir a seus atributos colossais: "Que Demoetas se entregue a mim, e ele será mais feliz que Pasífae. Tudo isso foi escrito por Zózimo." No entanto, a despeito da bazófia de Zózimo, foram homens como ele — corruptores de jovens do sexo masculino — os responsáveis pela má fama gradualmente adquirida pelos banhos públicos.[25]

A grande apreensão em torno das termas era a de que a atmosfera de liberdade sexual gerada pela presença de prostitutas, vendedores de perfume e outros da mesma cepa viesse a corroer todos os parâmetros morais, de modo que os adolescentes que já beiravam a maturidade corressem o risco de sucumbir à volúpia dos mais velhos — num espaço público — e portanto tivessem sua reputação maculada para sempre. Uma impressão que pelo menos uma das termas de Pompéia não fazia a menor questão de corrigir, muito pelo contrário. Pois as pinturas nos vestíbulos das Termas Suburbanas — situadas na ladeira íngreme do outro lado da Porta do Mar, que levava ao porto — chegavam ao extremo de catalogar quase todas as modalidades de devassidão sexual que atormentavam os pais zelosos de filhos adolescentes.

Nessa série de 16 painéis (dos quais oito ainda sobrevivem), uma mulher de gatinhas é abordada por homens em ambas as extremidades; outra fica de joelhos para receber um homem por trás, e esse homem é possuído por outro; duas mulheres se entregam aos prazeres sáficos; e uma mulher deitada segura as próprias pernas para aproveitar melhor a cunilíngua do parceiro. Tudo isso era visto como formas ultrajantes de comportamento sexual, e essas imagens decerto provocavam relativa inquietude em seus espectadores antigos. Mas em quase todas o foco está na humilhação, dessa ou daquela maneira, de um participante masculino.[26]

Para os mais empedernidos, o único papel admissível naquelas atividades orgiásticas era o do macho que penetra, como aquele que podemos ver — numa das cenas mais complexas — demonstrando com um soco no ar sua felicidade por ter sido dispensado do papel submisso. Mas diante do exemplo dado pelo próprio Nero, ganhou reconhecimento na década de 60 d.C. uma *persona* sexual bastante diferente, muito bem representada por outro personagem daquelas mesmas pinturas. Ensanduichado por um homem e uma mulher, esse personagem segura a mão do amante que o possui por trás, no único gesto de afeto em toda a série. Um grafiteiro insolente ainda podia provocar risadas ao escrever "Ícaro come você" nos muros da Casa do Citarista, mas é bem possível que não muito longe dali se encontrasse uma comunidade de homens que abraçava valores bem diferentes.

Columela, o especialista em assuntos agrícolas, fala em nome de seus colegas tradicionalistas ao criticar assim as mudanças nos costumes sexuais que eles encontraram numa visita à cidade: "Suponho que os modos viris do passado não sejam mais desejáveis diante do luxo glamouroso que vigora nos dias de hoje (...). Vemos com espanto os gestos dos efeminados de outras terras, os trejeitos femininos que imitam aquilo que a natureza negou aos homens, iludindo a quem os olha." Columela refere-se especificamente aos *cinaedi*, cujos desvios de comportamento, na opinião de Juvenal, "espalhavam-se como uma epidemia". O nome *cinaedi* alude àqueles que "balançam os quadris, ou seja, os dançarinos e os artistas da pantomima". Via-se nisso um convite velado à penetração anal — dizia-se também que os *cinaedi* convocavam seus escravos libertos para satisfazer seus prazeres sexuais. No entanto, o que mais os identificava como grupo social era a adoção de todos aqueles sintomas da *mollitia*, ou moleza execrável, que os homens normais deviam desdenhar. E, pelo menos por um tempo, suas supostas fraquezas não eram mais algo a esconder: no *Satiricon*, um *cinaedus* entoa uma canção convidando amigos para acompanhá-lo a uma festa.[27]

Os *cinaedi* vestiam-se com cores vivas e tecidos diáfanos, preferencialmente com túnicas de mangas longas e drapejadas; banhavam-se excessivamente e gostavam de perfumes adocicados, como o do bálsamo e da canela; penteavam os cabelos em belos cachos; e, o mais revelador de tudo, raspavam os pêlos do corpo em busca de uma semelhança ainda maior com as mulheres. É possível que alguns dos fórceps encontrados na cidade tivessem sido usados para a depilação de homens, e não de mulheres, muito embora as sobrancelhas pudessem ser raspadas, assim como as nádegas, que deviam manter um aspecto juvenil. Ovos de formiga podiam ser aplicados nas axilas dos meninos, assim como o sangue de morcegos ou de cordeiros castrados — ou a bile de ouriços — era usado pelos mercadores para retardar o crescimento dos primeiros pêlos faciais dos escravos púberes.

Os moralistas mais ferrenhos viam efeminação até mesmo na arquitetura das termas recém-construídas nos meados do século primeiro — das quais as Termas Centrais de Pompéia, construídas pouco depois de 61 d.C., constituem um perfeito exemplo. As fendas estreitas que antes davam passagem aos ventos fortes haviam sido substituídas por janelas amplas que deixavam vazar a luz. Ali, o cheiro perfumado das cascas de castanha queimadas para aplicação nos cabelos decerto chegava às narinas dos banhistas enquanto Vesbino, Cesônio Félice e seus amigos se empetecavam.[28] Sabemos que esses pompeianos eram considerados *cinaedi* somente em razão de grafitos ofensivos, mas também havia outros que não se intimidavam em tornar pública sua identidade sexual nos muros de uma rua isolada, escondida atrás da basílica. O nome Euplia aparece por ali, e pode ser que Latário, Restituto e Januário fossem simplesmente prostitutos que usavam o termo *cinaedus* como chamariz para seus clientes. O mais curioso, no entanto, é que esses dois últimos nomes aparecem duas vezes com diferentes qualificativos: uma vez como *cinaedi*, e outra, ousadamente, como *niironas*. Essa associação com Nero também podia ser encontrada em outros lugares.[29] A reputação do imperador, ao que parece, estava se espalhando.

Os últimos dos banhistas respeitáveis já estavam de saída quando Rusto finalmente chegou às termas. Como sempre, estava acompanhado de um único escravo, Déster, que recebeu instruções para esperar do lado de fora até que seu senhor se enfastiasse com seus prazeres. No *vestíbulo, Rusto podia sentir o olhar ao mesmo tempo reprovador e lascivo dos banhistas mais velhos que ajustavam as dobras de suas togas com exagerado apuro enquanto ele se despia e flexionava os músculos de um modo provocador. A despeito do que pensassem daquele comportamento, os decuriões que freqüentavam o lugar jamais ousariam contar o que quer que fosse ao pai dele.*

Mas quanto aos escravos a história era bem outra, e Rusto sabia disso. Mesmo aqueles que tinham seus próprios motivos para fazer vistas grossas aos apetites de seus senhores podiam, de inopino, dar com a língua nos dentes. Burrice deles: bastaria tão-só uma suspeita de escândalo para que fossem torturados até que entregassem a história inteira. Ainda assim, foi quando os mexericos que circulavam entre os escravos da casa de Numísio haviam chegado aos ouvidos do pai de seu amigo Grato que o pobre jovem fora forçado a tomar uma atitude tão drástica. Drástica, é claro, apenas na cabeça daqueles que ainda não se haviam liberado das convenções: para os demais, tratava-se apenas do mais sensato a fazer.

Déster havia trazido alguns frascos dos ungüentos do próprio Rusto — produtos de fino extrato, fabricados em Cápua —, mas, para o jovem senhor, transportá-los do vestíbulo até as piscinas era esforço demais. De qualquer forma ele se sentia inclinado a experimentar algumas das novidades do estoque local. Achava que merecia uma boa dose de paparicos enquanto imaginava como teria reagido se estivesse no lugar de Grato.

O que o pai do menino poderia ter dito para provocá-lo daquela maneira? "Chafurdando em perfumes estrangeiros, abandonando-se à luxúria, andando feito mulher apenas para atrair as mulheres... e nem sei quantas outras demonstrações de mau juízo." Se tivesse sido atacado dessa forma, Rusto certamente não se limitaria a resolver a questão com um processo de demência. Parricídio era uma palavrinha tão encantadora. Ora, não fora o próprio imperador quem havia demonstrado a virtude de se livrar de um parente castrador?

Ao deixar a sala de massagens, Rusto percebeu o macaco que saltava entre as abóbadas do lugar, guinchando, e jogou uma castanha na direção dele. Quem se importava com o fato de que, segundo a lei, os parricidas deviam ser chicoteados, presos dentro de um saco — na companhia de um cachorro, um galo, uma cobra e um macaco da Barbária — e depois jogados ao mar? Os tempos estavam mudando, e Rusto contava com a proteção de amigos importantes — pessoas como o próprio Grato, além de Cláudio Vero e Popídio Ampliato. Era chegada a hora de transpor certas barreiras.

Amigos nunca eram demais, ele pensou; amigos de quem se soubessem os segredos mais íntimos. Passando rente a Verânio Hipseu, Rusto pôde ouvir a respiração alterada do velho. Mesmo através do vapor, Hipseu via e apreciava as nádegas que Rusto mantinha tão perfeitamente lisas, bem como o brilho nos braços dele, de pelinhos dourados e encaracolados. Empoleirando-se na beira de um banco de mármore, Rusto olhou diretamente nos olhos de seu alvo, empertigou um dedo e passou-o entre os cabelos meticulosamente penteados — um indubitável convite que Hipseu sequer pensaria em recusar.

— VI —

O poeta Horácio estabeleceu o que por muitos séculos seria o refrão dos observadores culturais mais pessimistas ao escrever: "O que pode escapar aos efeitos nefastos do tempo? Os dias de nossos pais, inferiores aos de nossos avós, deram origem a nós mesmos, mais imprestáveis que nossos antepassados e destinados a gerar filhos ainda mais corruptos."

Em vista das diretrizes morais estabelecidas pelo próprio imperador, a segunda metade do reinado de Nero seria um daqueles períodos da história do império romano em que a constante luta entre o dever e o prazer vinha incontrolavelmente à tona. Ao longo da década de 60 d.C., essas tensões permeariam todos os aspectos da vida pessoal, familiar e civil em Pompéia.

A palavra "decadência" não seria cunhada antes do início do segundo milênio, e em latim medieval, não no clássico. Mas ainda hoje é a tradução mais adequada para aquelas idéias de *vacillatio* e *inclinatio* que tanto vexavam a elite romana, apavorada com a possibilidade de declínio nacional. O poeta francês do século XIX, Paul Verlaine — ele próprio imerso numa época preocupada com a compreensão dos aspectos intangíveis da decadência — deu sua contribuição pessoal à lista de associações possíveis que a palavra evoca. "Em tons de púrpura e ouro", ele escreveu, "ela despede o clarão das chamas e o brilho das gemas. Compõe-se de espírito carnal e de carnes tristes, bem como dos violentos esplendores do Baixo Império; evoca a máscara das cortesãs, os esportes do circo (...), o colapso nas chamas das raças, exauridas pelo poder do sentimento".

Pois esta era a atmosfera infecta em que o séquito de Nero seria arrastado durante os anos que se seguiram ao assassinato de Agripina: um *demi-monde* de luxo, artifício e auto-engano, em que o dinheiro era gasto com largueza, mas em que a mais nefasta modalidade de inflação vigorava no universo do desejo. Para Cornélio Tácito não resta dúvida de que foi o mergulho de Nero na degenerescência o que deu início a todo o processo.

Para uma elite que ainda se agarrava tão desesperadamente ao passado, 61 d.C. foi um ano bastante perturbador. Em Roma, o prefeito Pedânio Secundo foi assassinado por um escravo de sua própria casa. O senado — ciente da necessidade de reafirmar a submissão como um dos pilares da sociedade, bem como do perigoso precedente que esse crime poderia estabelecer — condenou à morte toda a escravaria de Secundo, um contingente de quatrocentas pessoas, alegando negligência na proteção de seu senhor. Tratava-se de um crime de omissão que, entretanto, não implicaria clemência. Quando hordas munidas de tochas e pedras, compostas sobretudo de libertos, tomaram as ruas numa demonstração de solidariedade, a guarda pretoriana precisou ser acionada para detê-las.

Talvez se trate de uma questão comparativamente menor, mas na atmosfera pesada daqueles dias, os grafitos de uma grande propriedade agrícola próxima a Pompéia, afirmando que a mãe de Augusto era de origem mortal e não divina, talvez pudessem ser lidos como um chamado revolucionário para a explosiva e numerosa população de escravos rurais. Afinal, o próprio Espártaco — que já fora a atração principal em arenas como a de Pompéia — havia empreendido, e vencido, uma batalha nas encostas do Vesúvio. O que dizer então dos libertos, ainda tão insatisfeitos com sua posição na vida, por mais dinheiro que tivessem acumulado?

Agravando ainda mais a situação geral de efervescência, as notícias que chegavam de fora eram, quando nada, inquietantes. A província da Britânia ainda se encontrava em estado de declarada revolta: a cidade romana de Camulodonum, recém-construída, havia sido reduzida a cinzas, resultado da traição empreendida em favor do exército rebelde de Boudicca pelos *incolae*, os residentes "estrangeiros" que os romanos tão generosamente haviam recebido em seus domínios. Os plantéis de Pompéia eram compostas por escravos de origem grega; o comércio da cidade era dominado sobretudo por homens com fortes laços com a Grécia e com o

Egito; escravos de todas as raças conquistadas viviam lado a lado com seus senhores nos lares pompeianos. A aristocracia local decerto se inquietava com o número de rebeldes em potencial ao seu redor.

Em meio a tantos focos de incerteza, o consolo da razão não era páreo para a superstição, e os maus agouros não decepcionaram. Em Roma, uma virgem vestal acusada de incastidade foi queimada viva, e um raio que atingira o ginásio helênico de Nero reduziu a estátua do imperador a uma massa disforme de bronze. Pouco antes, haviam brotado rumores de que um possível sucessor tramava usurpar o poder imperial, e um cometa fora interpretado como sinal de que haveria uma iminente troca de governante.

Na capital, as massas desgostosas certamente sabiam quem culpar por seus temores. Demonstrações populares eram realizadas contra Popéia Sabina e a favor de Otávia, primeira mulher de Nero e último elo de sangue sagrado entre Augusto e a sucessão imperial. A essa altura, Otávia já estava condenada a abrir caminho para a sedutora de cabelos cor-de-âmbar, e já havia planos para que ela fosse condenada por infidelidade e traição, exilada e em seguida assassinada. Mesmo assim, estatuetas da usurpadora Popéia eram esmigalhadas pelas turbas de frustrados e descontentes. Rapidamente, a reação do imperador a esses atos de revolta passava do desejo de conciliação ao mais consumado menosprezo, fruto da influência dos sicofantas semi-oficiais que o cercavam e cada vez mais o insulavam da opinião pública.

Os esportes perigosos e apresentações teatrais que se seguiram ao assassinato de Agripina haviam rapidamente deixado de ser uma simples celebração da sobrevivência do imperador para se tornar uma característica definidora do reinado de Nero. Os padrões morais de Roma haviam sofrido uma verdadeira revolução. Pois os apetites alarmantemente helênicos do imperador não só conspurcavam sua imagem como também serviam de modelo para a juventude romana. Inspirado em agremiações mais antigas, de orientação mais militar que artística, um novo clube foi fundado com o nome de "os Augustanos", inicialmente recrutando membros entre os jovens cavaleiros de Roma. Tinha como função abastecer a claque de Nero nas ocasiões em que ele subia ao palco, e organizava-se em seções com líderes individuais. À maneira da claque alexandrina que

Nero havia encontrado em Nápoles, cada seção especializava-se num diferente tipo de aplauso: o tipo “abelha”, de método desconhecido; o tipo “telha côncava”, com as mãos arqueadas; e o tipo “telha plana”, com as mãos estiradas. Os membros chegavam ao extremo de tirar todos os anéis que pudessem prejudicar seu desempenho, e o estrondo que eles produziam decerto bastaria para levantar os ânimos da diva mais insegura.

À diferença das organizações fundadas por Augusto com o intuito de canalizar a energia dos ambiciosos da sociedade, a ética do novo clube de Nero não se baseava na devoção ao imperador, nem tampouco na observância de sua mensagem de obediência, conformidade e respeito às tradições. Na verdade, baseava-se numa quase total corrupção desses valores. Seu real propósito era promover a imagem de um imperador que via a si mesmo mais como um astro internacional e andrógino do que como o confiável *paterfamilias* da nação. E seus membros eram motivados não pelo desejo altruísta de contribuir com a vida pública mas pela promessa das verdadeiras fortunas com que seriam recompensados pelo imperador, e também pelo apelo erótico de se sentirem tão próximos do poder imperial.

Ao longo dos anos seguintes, esse clube exclusivo abriria suas portas a uma clientela bem mais ampla. E, quanto maior a vaidade do imperador, maiores eram as recompensas oferecidas aos neófitos, com milhões de sestércios distribuídos entre os que estivessem no lugar certo, na hora certa. Os efeitos dessa forma muito particular de generosidade não demorariam muito a alcançar a sociedade pompeiana, uma vez que a claque de Nero já não se limitava mais a defender a causa do imperador nos confins do teatro.

Talvez por uma questão de fidelidade local, os pompeianos mostravam-se mais inclinados que os romanos a perdoar Popéia. No entanto, focos de ferrenha oposição decerto brotaram com a chegada na cidade daqueles capachos de Nero, pavoneando suas riquezas imerecidas pelas ruas e tratando seus superiores com condescendência. Com o passar do tempo, e com o declínio da credibilidade do imperador, essa oposição só fez crescer. Os sinais de sectarismo são sutis e enganosos, mas um conjunto de grafitos dá testemunho do tipo de invectivas bem-humoradas que talvez se destinassem, ainda que veladamente, à claque de Nero. Próximo

1. O Vesúvio assoma no horizonte de Pompéia.

2. Vilas na zona costeira de Pompéia. (Casa de Marco Lucrécio Fronto)

3. Grafito representando o navio *Europa* em alto-mar; do cesto da gávea, um marujo avista terra firme. (Casa da Nau Europa)

4. Cena nilótica freqüentemente encontrada em Pompéia, que tinha laços fortes com o Egito. Pigmeus brincam em meio a hipopótamos e crocodilos.

5. (Da esquerda para a direita, em fileiras.)

a

b

c

d

e

f

a) Imperador Augusto
b) Imperador Nero (escala 2:3)
c) Nero e Agripina

d) Nero como Apolo, o Citarista (escala 2:3)
e) Nero em uma biga puxada por elefantes
f) Imperador Vespasiano (escala 2:3)

6. Mural da oficina de pisoagem de Estéfano; uma coruja, símbolo de Minerva, empoleira-se no alto de uma estrutura anelada, destinada à secagem de tecidos.

7. Querubins fabricando e provando vinho. (Casa dos Vétio)

8. Atores preparam-se para entrar em cena. (Mosaico da Casa do Poeta Trágico)

9. Tumulto no anfiteatro de Pompéia em 59 d.C. Os nucerinos foram vencidos, e os pompeianos, punidos. Um incidente banal acarretou uma briga ferrenha entre os habitantes das cidades vizinhas durante uma gladiatura. Muitos nucerinos mutilados foram levados a Roma. Observe os toldos utilizados para produzir sombra, e, na fachada da palestra à direita, o nome de Décimo Sátrio Lucrécio Valente, uma de duas dedicatórias antagônicas.

10. Cortejo de magistrados trajando togas de renda púrpura (pretextas); à esquerda, vêem-se dois animais sacrificais, um boi e uma ovelha.
(Mural do prédio ou Hotel Murecine)

11. Relevo no altar do Templo do Gênio de Augusto, no qual vemos o sacerdote de cabeça coberta e o *victimarius* segurando um martelo. O flautista ao fundo decerto estava ali para abafar qualquer ruído que pudesse significar mau agouro.

12. Este baixo-relevo, um dos dois que adornam o altar no átrio da Casa de Cecílio Jucundo, representa os momentos iniciais do terremoto de 5 de fevereiro de 62 d.C. Os dois animais sacrificais — o boi e o porquinho assustado — são apropriados para a celebração simultânea de duas efemérides: o festival dos deuses-lares de Pompéia e o aniversário de Augusto. O Templo de Júpiter e a entrada do fórum tombam com os tremores, e as estátuas eqüestres são arrancadas dos pedestais.

13. Um dos diversos murais que representam a rotina do fórum no átrio do complexo de Júlia Félice, realizados uma década após o terremoto, quando reparos nesta parte da cidade ainda estavam em andamento. Outros da mesma série retratam homens togados lendo anúncios num rolo de papiro, e uma mulher, acompanhada de seu escravo, sendo importunada por um pedinte.

14. O segundo baixo-relevo da Casa de Cecílio Jucundo retrata os esforços de reconstrução da cidade. Uma carroça puxada por uma parelha de bois carrega pedras para a execução de reparos nos muros; a Porta do Vesúvio e o *castellum aquae* encontram-se seriamente avariados. À direita, oferendas são feitas num pomar dedicado ao culto de Hércules, fora dos muros.

15. Baco e sua simbólica pantera ao sopé do Vesúvio, à época considerado apenas um vulcão inerte (Casa do Centenário). Observe, nas encostas, as treliças que davam sustentação às videiras. A serpente é outro símbolo do culto a Baco.

16. A recém-nascida Vênus emergindo de uma concha. (Casa da Vênus Marinha)

17. Imagem idealizada de um jardim romano, com ilusão de profundidade. Fontes borbulhantes foram encontradas em inúmeras casas pompeanas, especialmente na Região VI, ao norte do fórum, onde foi descoberta esta pintura. Observe as máscaras no alto da composição; exemplares de máscaras semelhantes foram encontrados na Casa dos Cupidos Dourados.

18. Mulheres fazendo sua toalete (extraído da famosa seqüência de murais na Vila dos Mistérios).

19. Dédalo mostra a Pasífae a novilha de madeira que ela usará como disfarce para facilitar a cópula com Júpiter, encarnado como touro. (Casa dos Vétio)

20. Modesto exemplar das inúmeras imagens eróticas encontradas em toda a cidade.

21. Trabalhadores em plena faina e em cortejo formal: cenas comuns em Pompéia na seqüência do terremoto de 62 d.C.

22. Natureza-morta celebrando a pujança da natureza da Campânia.

23a. Detalhe de Nero como Apolo Citarista no Hotel Murecine. Homenagem bastante explícita ao então popular imperador, que visitara a cidade naquele momento de dificuldade.

23b. Nero como Apolo era a figura central numa área composta por três salas de jantar adjacentes. Os motivos arquitetônicos que a cercam aludem claramente aos cenários teatrais da época.

24. Cerimônia no santuário de Ísis (mural de Herculano). Numa composição que evoca o exotismo do Oriente, um coral masculino e outro feminino cantam em lados opostos da escadaria do templo enquanto, no primeiro plano, dois íbis passeiam diante do fogo sagrado.

25. Fachada de uma casa coberta com grafitos e propaganda eleitoral, como devia ser a de tantas outras nas ruas principais e secundárias da cidade.

26. Escavação do Templo de Ísis em meados do século XVIII; um grupo de turistas observa os trabalhos. Imagem encomendada para ilustrar a sedimentação de matéria vulcânica para a publicação *The Campi Flegrae* (*sic*), de William Hamilton.

27. Cadáveres, moldados em gesso, de pompeanos pilhados em fuga durante a erupção do Vesúvio. (Casa de Fábio Rufo)

a alguns pronunciamentos arrogantes dos próprios Augustanos, encontram-se mensagens para, ou sobre, as prostitutas Afrodite, Ias e Timele, em que estas são chamadas de "requintadas", ou, em latim, "augustiniana".

Não obstante todo o orgulho que sentiam por serem os requintados favoritos do imperador, os membros da claque não passavam, aos olhos de outros, de meras prostitutas. Mas por ora, eram as prostitutas e os *cinaedi* que cantavam de galo naquele terreiro.

CAPÍTULO 7

Quando terão fim os nossos medos?

Fevereiro de 62 d.C.

Na tarde anterior, Fábio Secundo atrasara-se em seus negócios na cidade e alcançara os vinhedos de sua propriedade somente ao anoitecer. Permitira-se o dúbio luxo de pernoitar na fazenda e agora acordava com dores nas costas, em razão do catre duro, e pontadas na cabeça, em razão do vinho servido na véspera. Mas não se arrependia de tê-lo feito: em manhãs tão límpidas como aquela, caminhando pelos campos e pomares, seguindo pelas estradinhas vicinais, ele se dava conta do quanto era feliz por ser cidadão de Pompéia, por pertencer àquele mundo rural, abençoado pela Natureza, e ao mesmo tempo morar numa cidade relativamente sofisticada em que podia gastar os lucros duramente obtidos — e tudo isso sob a sábia governança do imperador de Roma. O que mais alguém poderia querer?

A caminho da Porta do Vesúvio, por onde olhasse, Secundo só via beleza e diligência. Lá no alto da montanha, onde ficavam suas próprias terras, os trabalhadores ocupavam-se com as tarefas de fevereiro, capinando e amarrando de volta as vinhas que haviam se soltado com os ventos do inverno. Pouco mais abaixo, acorrentados em fileiras e bem instruídos por seus vilici*, os escravos cavavam valas de irrigação e plantavam mudas; eram muitos, cerca de oitenta para cada jeira de terra. Em breve teriam de se dedicar ao plantio do milho, pois no quinto dia do mês terminava o curto período em que as sementes da primeira colheita tinham de estar no chão.*

E então veio o quinto dia do mês. Não foi preciso ver a agitação na cidade para que Secundo se lembrasse disso, mas foi essa mesma agitação que o impedira de demorar mais alguns dias no Vesúvio. Pois no dia 5 de fevereiro comemorava-se a nomeação de Augusto como Pai da Nação, e, como se isso não bastasse, em Pompéia também se realizava uma festa em homenagem aos espíritos guardiães da cidade. O que significava dois sacrifícios em vez de um, bem como trabalho duplo para os encarregados de preparar o sal santificado a ser espargido previamente no lombo das vítimas.

Naquela manhã, Secundo havia contado com a oportunidade de trocar uma palavrinha com o liberto Venério, em grande parte o responsável pela gestão tranqüila da colônia — desde o controle das propriedades oferecidas em aluguel aos cidadãos até a organização dos cerimoniais. Deveria ter previsto que Venério estaria ocupado demais para conversar. E lá estava ele, assoberbado, fazendo o impossível para que todos os cidadãos que queriam assistir à cerimônia fossem acomodados no templo em tempo hábil. Secundo observava o liberto espinafrar Cecílio Jucundo por tentar obter, no último minuto, a assinatura do duúnviro em mais um documento. Viu o leiloeiro sair furioso do recinto, enquanto Cláudio Vero vestia apressadamente os trajes cerimoniais e abria caminho pela multidão rumo ao altar, jurando nunca mais testemunhar outra negociação para aquele homem execrável.

Para os simples mortais já não havia mais espaço no templo em que eles pudessem se apertar, e Secundo relaxou, aproveitando a oportunidade para admirar o fórum tal como ele se encontrava naquele momento: vazio e imponente. Que homenagem melhor poder-se-ia fazer à memória de Augusto do que aquela espetacular edificação? Por obra dele, Roma deixara de ser uma cidade de pedra para se transformar numa cidade de mármore, e, embora Pompéia ainda não tivesse alcançado esse patamar, o fórum pompeiano constituía uma honrosa tentativa de se emular a magnificência da capital. Secundo admirou o pórtico abobadado, de dois pavimentos, que abraçava a parte sul do prédio. A oeste ficava o velho templo de Apolo, com seus acréscimos mais recentes; a sul, os três prédios da administração civil, flanqueados pela velha basílica; e a leste, o conjunto augustano.

Lembrando-se de que vira aquilo tudo pela primeira vez quando ainda era escravo, Fábio Secundo sentiu-se ao mesmo tempo estupefato e horrorizado. Pois lá estava ele agora — cidadão respeitável de uma cidade em franco crescimento, mercador abastado, um Augustal. A gratidão que sentia por Augusto não carecia de sacrifícios; então ele deu meia-volta e tomou o rumo de casa.

Ao contrário do resto do fórum, cercado de pórticos, a estreita face norte era dominada por um templo capitolino, alinhado com o Vesúvio e dedicado a Júpiter Óptimo Máximo, homenagem reconfirmada em 37 d.C. Em ambos os lados desse imponente volume, dois arcos monumentais completavam o perímetro do fórum, num esforço adicional de se imitar a grandeza de Roma.[1] E para complementar o brilho dessa construção central, o gesso — que cobria todos os prédios do fórum a fim de esconder as paredes de tufo — era decorado com uma engenhosa imitação de mármore veiado. O resultado alcançado era fonte de incontido orgulho cívico.

Para os fiéis reunidos naquela manhã de 5 de fevereiro de 62 d.C., a prova física da determinação de Augusto em conduzir o Império Romano de volta à retidão da *pietas* decerto parecia capaz de resistir a qualquer tipo de invectiva. Mas a fé religiosa que aquelas construções pretendiam incorporar talvez fosse bem mais frágil. Com seu costumeiro pendor à sátira, Juvenal escreveria mais tarde: “Hoje, sequer as crianças (...) acreditam em toda essa história de fantasmas, de reinos e rios subterrâneos, de sapos pretos coaxando nas águas do Estige, de milhares de mortos atravessando o rio num pequeno esquife.” Juvenal não faria mais que ecoar o pensamento dos muitos intelectuais romanos da época que expressavam opiniões igualmente racionais sobre o panteão greco-romano e sobre o rol de eventos sobrenaturais a ele associado. Cícero tomava o cuidado de articular opiniões semelhantes apenas em suas cartas; já nos pronunciamentos públicos, procurava tanto quanto possível respeitar a sensibilidade supersticiosa das massas populares. Ovídio expressaria seu ceticismo com cautela ainda maior ao escrever: “A existência de deuses é conveniente; portanto, que existam os deuses.” No entanto, se naquele dia houvesse no fórum quem duvidasse do poder divino, as bases desse ateísmo logo seriam chacoalhadas.

Na manhã de 5 de fevereiro, foram feitas preparações para dois sacrifícios. A cerimônia seria presidida por um magistrado que acumulava responsabilidades sacerdotais, políticas e jurídicas; mas o que importava mesmo era sua aptidão técnica, muito mais que qualquer dom especial de mediação com o divino. Os deuses tinham expectativas muito claras e inflexíveis quanto ao comportamento dos fiéis e dispunham-se a recompensar com o bem-estar geral da humanidade o meticuloso cumprimento de suas diretrizes: desapontá-los com uma cerimônia desleixada era o mesmo que atiçar o mais vingativo dos senhores. Embora os registros escritos dos ritos religiosos em Roma sejam raros e um tanto opacos, pinturas de sacrifícios nas paredes da Casa dos Vétio e de outros lugares em Pompéia, bem como a impressionante cena talhada em baixo-relevo no altar de mármore do próprio templo, ajudam-nos a imaginar como se davam os preparativos iniciais de uma cerimônia típica (Figura 11).

A multidão se juntaria para ver o líder do ritual — talvez Lucrécio Valente, ou Cláudio Vero, à época um duúnviro em franca ascensão — levantar um capuz sobre a cabeça, em sinal de respeito à divindade, e dar início à cerimônia com a seguinte exortação: "*Procul, o procul este profani.*" Todos os profanos — isto é, os não-cidadãos que porventura tramassem realizar algum tipo de magia negra durante os rituais — eram convidados a sair. Ajudantes ficavam a postos para entregar os instrumentos de bronze necessários ao sacrifício e derramar a água dos jarros quando requisitados.[2]

Além do sacerdote principal, outros participantes também tinham motivo para recear a ira dos deuses. Ao harúspice, por exemplo, cabia examinar as vísceras do animal recém-sacrificado e zelar pelo fiel cumprimento de todas as normas. Ainda que qualquer negligência de sua parte pudesse resultar em desastre, seu maior receio era deixar que as vísceras lhe escorregassem das mãos enquanto eram levantadas ao alto em oferenda. No caso de qualquer falha ou gafe durante os trabalhos, o sacrifício podia ser repetido, mas um acidente nesse passo derradeiro implicava agouros da pior espécie. Responsabilidade ainda maior recaía sobre os ombros de outro participante: o homem — talvez um açougueiro ou ferreiro, mas certamente alguém muito forte e hábil com o martelo — encarregado de levar o animal sacrificatório ao altar e dar cabo dele com as próprias mãos.[3]

O carrasco era escolhido pelo conselho de decuriões e talvez permanecesse nessa função durante cinco anos. Também é possível que tivesse a incumbência de fornecer o animal adequado a cada ocasião. Cada divindade tinha lá suas preferências de espécie, cor e sexo. Baco, por exemplo, gostava de se vingar das cabras que comiam suas vinhas; nessas ocasiões, o preço a pagar no caso de falhas era bem maior. Ao Augusto deificado era devido um porco castrado, mas os *lares* protetores da cidade demandavam nada menos que um boi, um animal de tal modo valioso que, até pouco tempo antes, quem acidentalmente matasse um deles era condenado à morte, a mesma pena reservada ao assassinato de humanos.

De torso nu e com o martelo apoiado no ombro, o carrasco fingia calma, mas mantinha o pulso bem firme enquanto puxava o boi chifrudo pelo nariz. Sabia que o sacrifício seria invalidado caso uma das vítimas fugisse; aliás, qualquer sinal de que a besta não seguia de bom grado para a própria morte era interpretado como mau agouro. Os espectadores gostavam de ver certa folga na corda que puxava o animal, da mesma forma que gostavam de ver um ar de impassibilidade no rosto dos gladiadores à beira da morte. Tanto o boi quanto o porco que o acompanhava eram enfeitados com uma faixa cerimonial, e todos ficavam aliviados — o carrasco em particular — quando o suíno seguia adiante alegremente, alheio à platéia ao seu redor. Não era permitido que os animais fossem de alguma forma estonteados antes de receberem o golpe de misericórdia — apenas um golpe certeiro era admissível. A expectativa de tanta precisão decerto contribuía para aumentar ainda mais a tensão no ambiente.

Quando os primeiros pulsos de energia, quase imperceptíveis, brotaram das profundezas da terra, Pompéia estava tranqüila. No fórum, a grande multidão seguia atentamente as orações oferecidas à estatueta localizada acima do altar do templo, bem como ao vinho derramado sobre a cabeça branca do boi sacrificatório, rolando pelas faces como lágrimas de sangue. Os animais foram os primeiros a perceber: os pombos que alçaram vôo com estrépito; a mula amarrada a uma argola no calçamento e que agora coiceava e zurrava mostrando os dentes; o porquinho, antes plácido, que começara a guinchar de repente, lançando-se bravamente entre os espectadores e buscando refúgio sob o altar.

Por toda a cidade, olhos incrédulos viam as fendas que se abriam nas paredes próximas, deixando vazar a luz do dia. Vasos e frascos preciosos despencavam das prateleiras; móveis chacoalhavam deslizando pelo chão. Os que estavam em casa tentavam ficar de pé, mas perdiam o equilíbrio e acabavam caindo; os mais idosos, que já haviam passado por outros terremotos, simplesmente permaneciam deitados à espera do fim dos tremores. Em casa, onde se divertia com a contagem de suas moedas, o leiloeiro Jucundo apertou os olhos e lamentou pelos que estavam no fórum.

Mesmo antes de ouvir os mugidos fantasmagóricos de sua vítima, o harúspice *já havia notado que a bandeja de bronze batido em sua mão tremia, refletindo feixes de luz na superfície polida. Embora tivesse consciência de que, ao seu lado, o magistrado Cláudio Vero falava alguma coisa, não conseguia compreendê-lo nem tampouco responder o que quer que fosse. Naquele instante o estranho silêncio que se fizera no fórum foi interrompido por um som, um estalo distante, que parecia vir de todas as direções. Em seguida ouviu-se um ribombo, que aumentou de intensidade até alcançar o prédio, perpassando o peito de seus ocupantes. O chão aparentemente se liquefez e deu início à sua dança macabra: as pedras do calçamento começaram a balançar como se tivessem se transformado em ondas marítimas. Tempo e espaço haviam se dilatado.*

Foi então que, de um segundo a outro, a multidão paralisada pelo medo saiu de seu torpor e fugiu em disparada, aos berros. O carrasco agarrava-se aos chifres do boi não mais para controlá-lo, mas para se proteger dos ensandecidos que o atropelavam feito marujos em dia de tempestade.

Mesmo depois de verem a placa de mármore talhada com o nome de Júpiter Óptimo Máximo desprender-se dos engastes e espatifar-se no chão, alguns tolamente preferiram dar ouvido aos instintos e buscar refúgio sob um teto qualquer, enquanto os que já se encontravam abrigados acotovelavam-se para sair pela porta mais próxima. Os minutos passavam, mas a assuada e o terror aumentavam à medida que homens e pilares chegavam ao limite de sua resistência. A escrava Ferusa chegou a ver seu odiado senhor desaparecer sob os escombros de um teto. Nas termas desertas,

Hipseu podia jurar que a piscina havia rachado e sugado cada gota de água antes de cuspi-la de volta. Do porto vinham ruídos de madeira estilhaçando, conforme barcos de todos os tamanhos eram lançados contra docas e muros. Colunatas seculares bamboleavam e ruíam; muros rasgavam-se como se fossem de papel ou cuspiam grandes bolas de tijolo e pedra, formando pilhas de entulho. Mesmo os prédios mais imponentes do fórum cambaleavam feito homens bêbados, à espera de que um reles sopro os destruísse por completo. Quem suspeitasse o que de fato estava acontecendo sabia que a cidade inteira ruía sobre suas próprias fundações.

Por fim, os últimos espasmos deram lugar a uma estranha quietude, e as nuvens de poeira começaram a se dissipar. Ouviam-se apenas os gemidos da miséria humana, acompanhados aqui e ali pelo estrondo das construções que desabavam depois de muito lutarem para continuar de pé. Na parte sul do fórum, espirais de fumaça exalavam dos prédios da cúria. Quando tomou a direção norte, Venério viu desabar o lintel sobre a porta de uma loja distante. Alguns tentavam tirar Jucundo dos escombros, mas o leiloeiro já estava morto.

Entre os gemidos e o pranto das crianças, ouviam-se de um lado a outro da cidade os chamados de pais e mães, tomados de desespero, que tentavam localizar seus filhinhos em meio à ruína. Magônimo, o cirurgião, já procurava socorrer aqueles cujos ferimentos podiam ser tratados. Contudo, trabalhava sozinho, e pouco era o alívio que podia trazer a tantos feridos de corpo e de mente. Para muitos, o tempo simplesmente se recusava a recomeçar.

Dali a pouco, ao longe na baía, a primeira de uma série de ondas gigantescas formou-se ao longo do delta; depois seguiu em direção à costa e subiu o rio Sarno até a altura da ponte. Quando a terceira onda atacou, os pilares já avariados pelo terremoto cederam, e a ponte desabou sobre as águas revoltas abaixo dela. No porto, os armazéns mais próximos ao mar vieram abaixo, e os demais foram inundados. Quando as águas recuaram, arrastando consigo o seu butim, os que estavam na cidade puderam ver o leito seco do estuário por um breve instante, antes que o mar o cobrisse novamente.

Preso sob as ruínas de sua casa, Fábio Secundo podia ouvir o furor das águas mas não via seus efeitos. Só o que podia ver, através de uma lacuna no amontoado de pedras, eram as ruínas do Templo de Vênus. A estatueta da deusa apoiava-se numa coluna, mas dali a pouco, sucumbindo ao impacto das ondas na costa, lentamente foi ao chão. Pouco antes de perder os sentidos, Secundo jurou a si mesmo que, na remota hipótese de sair vivo daquela tragédia, ele ergueria uma nova imagem, ainda mais gloriosa que a anterior.

Estima-se que o terremoto que assolou Pompéia e regiões vizinhas no dia cinco de fevereiro de 62 d.C. tenha atingido 7,5 na escala Richter.[4] O mais provável é que tenha sido resultado de um fluxo de magma em direção à superfície da terra ao longo da falha geológica que corria sob o Vesúvio. Depois dessa primeira demonstração de fúria, os tremores arrefeceram, mas voltariam novamente — e de forma muito mais dramática — 17 anos depois. À época trabalhando em seu livro *Questões naturais*, Sêneca dá o seguinte testemunho da tragédia: "Pompéia, a famosa cidade da Campânia, veio abaixo sob os efeitos de um terremoto, que também atingiu as regiões vizinhas. (...) Mesmo as estruturas que permaneceram de pé estão a ponto de cair." Embora tremores de menor escala fossem comuns na região, ninguém ainda havia passado por nada remotamente parecido com a catástrofe de 62 d.C. — que aliás causara enorme surpresa, pois acreditava-se à época que a terra permanecia dormente durante os meses de inverno. O desastre seria comentado aos quatro ventos. De início acreditava-se que Nápoles havia sofrido apenas danos menores, mas logo se descobriu o verdadeiro significado disso: nenhum dos prédios públicos fora afetado, muito embora as residências particulares tivessem sido amplamente atingidas. Afinal, Nápoles estava a apenas trinta quilômetros do epicentro do terremoto.[5]

Evidências arqueológicas sugerem que em Pompéia e Herculano — as cidades que receberam o grosso da devastação —, quase todas as construções foram danificadas em maior ou menor grau. Templos foram arruinados; casas reduziram-se a pilhas de entulho; e os robustos muros e guaritas da cidade, que no passado haviam resistido ao ataque de inúmeras máquinas de guerra, também não saíram incólumes. Nos primeiros dias seguintes ao terremoto, a situação decerto beirava o caótico, sobretudo em razão dos incêndios provocados pelas lamparinas derrubadas nos quatro cantos da cidade. Na ausência de medidas emergenciais eficazes, a população era obrigada a se desdobrar para fazer face à tragédia.

Sábios foram aqueles que abandonaram suas casas para morar temporariamente sob a lona; havia uma grande probabilidade de tremores adicionais a curto prazo, e mesmo as construções que ainda estavam de pé seriam pouco seguras para habitação. A mesma coisa foi o que fizeram os habitantes da atual Puzzuolo (a Putéolos da era Romana) em 1980, quando a cidade sofreu um abalo semelhante, porém de menores proporções. É comum para aqueles que sobreviveram ao trauma de um terremoto relutar em voltar para suas casas, mesmo depois de passados todos os riscos. No caso de Puzzuolo, os acampamentos adjacentes permaneceram ocupados durante nove meses ou mais; as pessoas voltavam à cidade somente à luz do dia, para cuidar de seus afazeres.

Grande parte dos registros arqueológicos de Pompéia tem sido apagada ou adulterada pelos trabalhos de restauração subseqüentes; além disso, os coetâneos do terremoto deixaram apenas um punhado de histórias registradas, uma ninharia se comparado ao cabedal de testemunhos pessoais que poderíamos esperar. No entanto, algumas indicações interessantes sobre as condições que vigoraram depois desse primeiro desastre têm sido encontradas na cidade que seria soterrada cerca de duas décadas depois: um baixo-relevo retratando os primeiros momentos do terremoto; fragmentos de inscrições dedicatórias (que carecem urgentemente de restauração); contrafortes erguidos às pressas, escondidos atrás de muros posteriores. Além disso, a analogia com terremotos mais recentes e mais bem documentados ajuda a preencher as lacunas deixadas pelos registros antigos.

Os acidentes sismológicos e a reação da humanidade em relação a eles pouco têm mudado ao longo desses últimos dois mil anos, que, em termos geológicos, equivalem tão-somente a um piscar de olhos. Desde os terremotos bastante recentes no Marrocos e no Irã até aqueles, ainda frescos em nossa memória, que assolaram Assis e Puzzuolo na Itália, ou aqueles mais distantes ainda, como as grandes catástrofes de São Francisco na virada do século XIX e de Lisboa 150 anos antes, os impactos físicos e psicológicos são muito parecidos e certamente comparáveis aos que vigoraram em Pompéia nos dias que se seguiram ao Festival de Augusto.

Tsunamis — de maior ou menor poder de destruição — são efeitos colaterais muito bem comprovados de terremotos de magnitude semelhante ao de Pompéia, e sem dúvida a ponte sobre o rio Sarno foi destruída naquela época, por obra de uma tsunami ou não. Da mesma forma, a descrição que Sêneca fez de ovelhas morrendo às centenas durante o terremoto, por exemplo, parece confirmar o vínculo entre o terremoto e a erupção do Vesúvio 17 anos mais tarde, visto que há diversos casos documentados na Islândia em que rebanhos inteiros foram dizimados pelas nuvens de gás sulfuroso lançadas pelos vulcões. Caso as encostas em que os rebanhos pastavam tivessem sido recentemente molhadas pela chuva, é bem provável que fissuras tivessem se formado no solo, deixando escapar os gases letais.

Outras histórias talvez tenham explicações menos óbvias. O banhista que acreditava ter visto o chão se abrir para sugar e regurgitar toda a água em que ele se encontrava pode ter sido vítima das alucinações provocadas pelos distúrbios no ouvido interno que ocorrem durante os terremotos mais fortes.[6] Relatos de abismos que se abrem repentinamente nas ruas, sugando os passantes e fechando-se logo em seguida, são alucinações comuns registradas em terremotos recentes; além disso, são inúmeros os registros de relatos igualmente surreais e com a mesma causa psicológica. Seja como for, o impacto psicológico do desastre foi profundo. Quase todos haviam sofrido ferimentos, cortes e escoriações, no mínimo, e caso o terremoto de Pompéia tivesse ocorrido nos dias de hoje, cerca de um terço dos sobreviventes seria diagnosticado como portador do transtorno de estresse pós-traumático. Alguns seriam obrigados a conviver com o distúrbio por boa parte de suas vidas, e outros, a maioria, levariam pelo menos um ano para se livrar de sintomas como letargia, desespero, depressão e crises súbitas de ira ou pânico. Sêneca não estava exagerando quando descreveu uma cidade em que homens e mulheres vagavam como loucos pelas ruas.

Os pompeianos que procurassem nas ruínas da cidade algum sinal da ira divina — fruto de alguma falha ou desobediência por parte dos fiéis — poderiam encontrá-lo no chão do *comitium*, mais especificamente, nos estilhaços dos códices legislativos de Pompéia. Sabemos por certo que essas tábulas seriam refeitas pouco tempo depois.

O número de fatalidades deve ter sido considerável. O fato de o terremoto ter ocorrido no início da tarde, quando muitas pessoas estavam ao ar livre, pelo menos minimizou o contingente de pessoas vulneráveis à queda de alvenaria. Acredita-se que um terremoto na Itália romana tenha custado a vida de vinte mil quando o teatro em que elas estavam reunidas desabou. Entretanto, levando-se em conta a extensão dos danos físicos a Pompéia, é inconcebível que o número de mortes não tenha alcançado as muitas centenas ou os poucos milhares. Sismos de igual intensidade na era moderna resultaram em altíssimos números de vítimas, principalmente onde as técnicas de construção ainda obedeciam a princípios ultrapassados ou quando ainda não haviam sido implementadas as medidas de absorção de impacto. Trinta e cinco mil pessoas morreram na Calábria no século XIX, e outras 12 mil em Agadir, no Marrocos, já em 1960.

Infelizmente não há como nomear os pompeianos vitimados naquele dia terrível ou na seqüência dele, à exceção de Cecílio Jucundo, cuja morte pode ser inferida a partir de algumas evidências: a seqüência de contratos negociados por ele e arquivados em códices de cera termina abruptamente pouco antes do dia 5 de fevereiro. Esse silêncio repentino chega a ser comovente, e talvez seja revelador que os baixos-relevos — tão informativos quanto às condições dos prédios após o terremoto — tenham sido talhados para o altar erguido posteriormente naquilo que fora sua casa (Figuras 12 e 14). Talvez tivessem sido encomendados pelos herdeiros a fim de homenagear o responsável pela construção de uma fortuna familiar que nos anos seguintes financiaria a carreira política deles. Mas tal homenagem ainda demoraria a se realizar.

Em meio a tanta estupefação é bem possível que por muitos dias depois da tragédia ainda não houvesse nenhuma estimativa realista do número de mortes. Os dados decerto eram provisórios e toscamente coletados; e os relatórios das regiões vizinhas, morosos. Esperança e desesperança seguramente se alternavam durante as escavações — dificultadas pela insuficiência de equipamentos e recursos — à procura de sobreviventes soterrados. Pompéia não podia contar com nenhuma espécie de auxílio por parte das cidades vizinhas. Herculano havia sido devastada; Nucéria também sofrera grandes prejuízos e provavelmente não estava em condições de socorrer a rival, mesmo que quisesse. Levando-se em conta a precariedade das pontes e das estradas, o meio mais provável para o transporte de adjutórios era o mar, e as docas do Miseno encontravam-se a apenas algumas horas de distância.

De certa forma, talvez tenha sido uma bênção o terremoto ter ocorrido fora da época de navegação. No mês de fevereiro, grande parte da tripulação das trirremes e quadrirremes cumpria funções em terra firme e podia ser redirecionada para novas tarefas; além disso, a marinha podia fornecer as cordas, polias e croques necessários a uma operação de resgate. Na condição de testemunha ocular da erupção de 79 d.C., Plínio, o Jovem, não mediria palavras para louvar o heroísmo magnânimo de seu tio, o almirante da frota, que de moto próprio organizara uma expedição para resgatar os que se encontravam acuados nas praias vulneráveis ao fogo e aos gases letais do vulcão. Naturalmente não temos motivos para supor que missões humanitárias como essa não fizessem parte das responsabilidades ordinariamente atribuídas à frota. No entanto, com a maioria dos barcos em dique seco e os marujos dispersados, talvez demorasse algum tempo — mesmo dias — para que a marinha pudesse se preparar para uma operação de resgate.

Entrementes, a anarquia reinava e os inescrupulosos se beneficiavam dela. Os roubos se multiplicavam nas ruínas da cidade, e decerto ninguém se preocupava em ler os avisos afixados nas fachadas das casas, pedindo ajuda na localização de objetos roubados, como no caso de um pote de cobre que fora levado de uma família de poucas posses. Mesmo os coveiros que preparavam os mortos para o enterro deviam se sentir tentados a surrupiar as jóias e o dinheiro eventualmente esquecidos nos corpos — os compêndios legais de Roma dão claro testemunho das suspeitas de desonestidade associadas a essa profissão, mesmo em tempos de absoluta normalidade. Além disso, era corrente a opinião de que os instintos gatunos dos escravos haviam se acirrado depois do relaxamento das velhas medidas de controle. Mas não eram só esses os motivos de inquietude: naquele início de fevereiro, o frio castigava a grande massa de homens, mulheres e crianças, e a necessidade mais premente era, sem dúvida, a de água, comida e abrigo.[7]

O baixo-relevo no átrio de Cecílio Jucundo mostra as ruínas da Porta do Vesúvio, e ao lado dela, o "castelo" que canalizava o fornecimento de água para a cidade ao longo de uma encosta não muito escarpada. Embora a torre desse castelo tenha se revelado incrivelmente forte — o que não chega a surpreender, em se tratando de uma atarracada e funcional caixola de tijolos reforçados —, o mesmo não pode ser dito da infraestrutura de dutos e tanques vinculada a ela. O aqueduto propriamente dito era por certo bastante vulnerável a danos, e, até que alguma providência fosse tomada, a água que porventura chegava a Pompéia escorria inutilmente pelos dutos rompidos ou pelas colunas decapitadas que antes sustentavam os tanques de armazenagem. No amplo vestíbulo da basílica do fórum havia um poço de onde era possível tirar água com o auxílio de uma roda hidráulica — um recurso bastante útil, claro, mas também uma espécie de vestígio simbólico do arcaísmo da vida urbana. Muitos pompeianos acabaram por redescobrir o valor de poços como esse — bem como das cisternas para armazenagem de água pluvial, talvez apenas ligeiramente avariadas —, mas para a maioria dos desabrigados não restava outra coisa a fazer senão recolher a água suja empoçada nas ruas e tirar dela o melhor proveito possível. Como sempre acontece em circunstâncias semelhantes, mesmo na presença de medidas emergenciais organizadas, a doença rapidamente ameaçava substituir os ferimentos como *causa mortis* principal: o tifo e a disenteria rondavam à espreita.

Os códices legislativos das cidades romanas incluíam medidas específicas para lidar com o racionamento de comida: proibiam a estocagem secreta de grãos e o controle monopolístico de preços em tempos de necessidade. Levando-se em conta que a produção agrícola concentrava-se principalmente nas mãos dos pompeianos da elite, e que a maior parte do superávit das últimas colheitas estava estocada em celeiros de sua propriedade ou em armazéns operados por ex-escravos seus, tratava-se de uma solução extraordinariamente igualitária. Todavia, nem mesmo o recurso às reservas de grãos e a distribuição racionada do pão teriam sido suficientes para satisfazer as necessidades nutricionais da população por muito tempo. A semeadura da colheita da primavera havia sido interrompida pelo terremoto, e a cidade teria de planejar por mais seis ou sete meses antes que pudesse se beneficiar de uma nova colheita. Talvez tenha adotado a mesma solução utilizada pelos romanos na crise graneleira de 6 d.C. Nesse caso, a fim de reduzir a um nível administrável o número de bocas famintas, todos os escravos que não eram absolutamente necessários foram despachados para fora da cidade. Os mais afortunados seguiram para as propriedades de seus senhores, mas a grande maioria foi abandonada a seus próprios recursos.[8]

Tal medida teria beneficiado a cidade por um lado, mas o êxodo maciço de mão-de-obra naquele momento de tamanha necessidade teria dificultado sobremaneira os trabalhos de reconstrução e restauração. Bastaria uma rápida inspeção das quadras situadas entre o fórum e os muros setentrionais da cidade — onde antes se viam muitas residências da elite, bem como de outros segmentos da sociedade — para se ter uma idéia do desafio reservado aos pompeianos. Ao longo do que hoje chamamos de rua de Mercúrio, quase todas as construções haviam sido afetadas; perto dali, as casas conhecidas como da Âncora, dos Dioscuros e do Centauro precisavam todas de amplos reparos. O estilo de alvenaria empregado na Porta de Herculano, a primeira depois da Porta do Vesúvio no sentido anti-horário, indica que ela também teria de ser reconstruída a partir do zero.

Por muitos meses depois da tragédia os animais teriam toda liberdade para entrar na cidade à noite e vagar pelas ruas em busca de comida, competindo com os humanos por esta ou aquela migalha. Para os mais ansiosos ou supersticiosos, as portas destruídas representavam uma barreira a menos contra os espíritos dos mortos, cujo contingente aumentava a cada instante e contra os quais, agora, apenas o *pomeranium* servia de proteção. Diante de tantas demandas, os magistrados ou líderes civis que porventura tivessem sobrevivido, ainda que ágeis e competentes, teriam enorme dificuldade para satisfazer até mesmo as necessidades físicas mais básicas dos pompeianos; o que poderiam fazer, então, para assegurar o bem-estar psíquico dessas mesmas pessoas?

Com a superlotação dos cemitérios improvisados e o aumento incessante do número de mortes, tornavam-se problemas cada vez maiores o enterro dos corpos e o fiel cumprimento dos ritos fúnebres tradicionais. A possibilidade de que mortos e moribundos fossem atacados por animais impedia o relaxamento, por menor que fosse, dos esforços de busca. Todavia, pouco a pouco a obstinação foi dando lugar a sentimentos de revolta e amargor, uma vez que os corpos de parentes e amigos queridos corriam o risco de sofrer a indignidade de um enterro comunitário ou cremação.

Quando já não havia mais qualquer esperança de se encontrar sobreviventes, os cidadãos de Pompéia passaram a se dedicar, tanto quanto possível, à reconstrução da cidade. A situação a norte do fórum repetia-se por toda parte. As quadras a sudeste do anfiteatro talvez fossem as mais atingidas e, com o tempo, seriam completamente substituídas por plantações. Na parte nordeste de Pompéia, uma enorme quadra de residências ficou tão completamente arrasada que nenhum trabalho de reconstrução sequer foi tentado por parte dos moradores, e o lugar foi finalmente ocupado por banhos públicos.

Certos padrões podem ser identificados nos danos causados aos muros da cidade e nos reparos executados posteriormente mediante o exame arqueológico, nas ruínas pós-erupção, daquelas partes em que o gesso caiu e deixou à mostra as pedras subjacentes. O efeito "esqueleto", por exemplo, é característico: as quinas das construções permaneciam de pé, mas as paredes entre elas desabavam e eram reconstruídas com materiais improvisados. O tipo de dano ilustrado pelo relevo de Jucundo é ainda mais dramático, mas o estilo *naïf* da obra tem levado muitos intérpretes a descartar a possibilidade de que muros e construções inteiras tivessem tombado a um ângulo de 45 graus. Entretanto, as fotografias de São Francisco logo depois do terremoto de 1904 mostram que, por mais improvável que isso possa parecer, muros inteiros, construídos de pedra e argamassa, haviam se inclinado a esse ponto sem cair.

Ninguém minimamente sensato poderia ter achado que bastava soerguer essas construções para reabitá-las, mas diante dos pequenos tremores que se seguiram ao terremoto, abalando ainda mais os nervos dos pompeianos, a sensatez certamente havia se tornado artigo de luxo. Homens que na véspera possuíam imóveis avaliados em milhares de sestércios agora olhavam estarrecidos para construções à beira do colapso. A miséria constituía uma ameaça. No mundo romano, a instituição do resseguro começava e terminava com a garantia limitada do imperador de recompensar eventuais perdas no transporte de grãos; seguros imobiliários ainda eram inconcebíveis. Mesmo hoje, nas sociedades de predominância secular, as apólices são cuidadosamente redigidas a fim de excluir os "atos de Deus".[9]

Nas cidades italianas, geralmente era necessário receber a aprovação do conselho de decuriões para demolir o que quer que fosse. Mas dadas as circunstâncias — com a morte, mutilação ou fuga de grande parte da elite —, até mesmo reunir o conselho seria um desafio. E ainda que não o fosse, o acúmulo de demandas urgentes por certo teria inviabilizado o bom andamento das deliberações. Além disso, a própria autoridade dos magistrados, e sua capacidade de manter a mais básica ordem, deve ter sido duramente colocada à prova. Não havia muito incentivo para que os cidadãos de Pompéia agissem em prol do bem comum enquanto restasse alguma chance, por mais remota que fosse, de salvar seu próprio patrimônio. Com tamanha carga nos ombros, como poderiam os magistrados monitorar a distribuição equânime de recursos e cuidados médicos que, em tempos normais, eram fornecidos de acordo com o poder aquisitivo? Os conflitos decerto espocavam por toda parte.

Talvez fosse isso que Cláudio Vero, o magistrado sênior em exercício, tivesse em mente ao anunciar a realização de um festival de jogos a menos de um mês do terremoto. Tratava-se de uma audaciosa tentativa de levantar os ânimos da população sobrevivente com uma grande demonstração de normalidade — ou da normalidade possível, uma vez que grandes seções das arquibancadas do anfiteatro haviam desabado e a proibição de gladiaturas ainda estava em vigor. Não sabemos se esses jogos foram realizados ou não, embora saibamos da existência de planos para a distribuição de dinheiro, mas somente se "o tempo permitir". Medidas dessa natureza não passavam de placebos; não havia lugar para soluções fáceis.

Ainda assim é tentador imaginar os amigos que formavam a panelinha política de Vero somando esforços para ajudá-lo naquele momento difícil. Eram em grande parte descendentes de libertos imperiais, como o próprio Vero. Seja em razão de seus contatos ou simplesmente da obstinação comum a suas origens, acabariam por se tornar verdadeiros esteios da comunidade durante os anos difíceis que estavam por vir — período em que permanecer em Pompéia demandaria nervos de aço, mas em que as oportunidades se multiplicariam para os mais audaciosos.[10] É bem possível que, ao verem os primeiros barcos do almirante Aniceto finalmente abrir caminho entre os destroços no mar e seguir rumo ao porto da cidade arruinada, talvez no dia sete ou oito de fevereiro, muitos em Pompéia já acreditassem ser tarde demais.

A Diógenes parecia que Pompéia havia se transformado numa grande mina. Centelhas de esperança ainda faiscavam por todos os lados — homens vasculhavam os escombros, levantando pedras, escavando. Nos campos a norte dos muros, os marinheiros de licença cavavam trincheiras para um acampamento, enquanto nas imediações da Porta do Vesúvio, os homens do próprio Diógenes cavavam uma enorme cova para a rápida remoção dos corpos de escravos e miseráveis. O contingente de depauperados havia inchado nos últimos quatro dias. A demanda sobre os clubes funerários era de tal modo grande que muitos já não podiam mais pagar para que seus membros tivessem um nicho e uma placa decentes num columbarium. *E onde não havia escavações, cães famintos andavam em bandos, desesperadamente farejando as carnes mortas sob os escombros.*

Diógenes havia se acostumado a muita coisa ao longo dos anos, mas ainda assim precisava cobrir o nariz e a boca com um lenço sempre que entrava na cidade. O que mais o perturbava, no entanto, era que, em meio àquela carnificina, ele ainda era obrigado a contribuir para o número de mortes no cumprimento de suas funções como carrasco da cidade. Depois das primeiras 48 horas de anarquia, uma meia dúzia de escravos já lhe havia sido encaminhada pelos seus respectivos senhores, e outros tantos pelas autoridades interinas que precisavam demonstrar pulso firme. Entre os condenados encontrava-se um de seus aprendizes, que fora pilhado surrupiando jóias dos cadáveres. Diógenes sequer sabia o que poderia usar para montar os crucifixos: a madeira que chegava à cidade era tão pouca que mesmo as piras tinham de ser construídas com escombros.

Não que o crime pudesse ser contido dessa forma. Naquelas circunstâncias, todos prevaricavam em maior ou menor grau. Em poucos dias seria realizada a Ferália, e para Diógenes não seria surpresa nenhuma se alguns dos enlutados aproveitassem a ocasião para afanar a canela e o incenso das piras. Apesar de tanta escassez, decerto não faltariam oferendas para alimentar os mortos: pratos de comida deixados ao lado dos túmulos, vinho derramado pelos dutos para umedecer as cinzas, talvez ramos de violeta para alegrar a vida no além. Por certo naquele ano os membros da elite fariam oferendas menos extravagantes, mas os famintos não hesitariam em se alimentar com o que estava sendo desperdiçado com os mortos. Visto que uma favela aos poucos se erguia no pomerium, *os limites do sagrado já não existiam mais.*

Vendo a fumaça que se levantava das fogueiras nos acampamentos improvisados, Diógenes não se conteve e pôs-se a imaginar como ele também poderia tirar proveito daquela situação. Lastimava que tantas casas bonitas permanecessem abandonadas no interior dos muros da cidade, onde ele tão injustamente era proibido de viver. Em muitos casos, os herdeiros dessas casas eram homens que nunca vinham a Pompéia e dificilmente passariam a freqüentá-la agora. Decerto as venderiam por uma ninharia qualquer. E agora que a morte estava por toda parte, o que poderia impedi-lo de viver dentro dos limites do pomerium*? Ora, as autoridades precisavam dele; que mostrassem então o seu apreço.*

A tarefa não havia sido fácil, mas Diógenes conseguira deixar os familiares de Vestório Prisco orgulhosos. Agora os via desfilar diante do jovem edil, prestando suas últimas homenagens. Havia preparado o cadáver mutilado de tal modo que o sofrimento fosse o mínimo possível. Numa espécie de despedida final, o nome de Prisco era pronunciado uma vez por cada um dos parentes e amigos, e punhados de terra eram jogados sobre o corpo. Diógenes já havia retirado um naco de músculo da coxa esmagada do edil para ser enterrado separadamente das futuras cinzas. Agora retirava as moedas que cobriam os olhos e soabria as pálpebras de modo que Prisco olhasse cegamente para o céu cinzento quando as chamas começassem a arder ao seu redor. Os passantes observavam a cena com ligeiro ressentimento: a normalidade daquela cerimônia decerto era fruto de um tratamento de exceção.

De onde estava, Diógenes podia ouvir o estrépito dos martelos e os berros das equipes da marinha que ainda resgatavam corpos, muitos dos quais seriam recolhidos por famílias que se julgavam no direito, tanto quanto os Vestório, de proporcionar um funeral decente a seus entes queridos. Era bastante improvável que se repetissem casos como o de Fábio Secundo, que naquela manhã havia sido miraculosamente retirado vivo de uma das áreas mais devastadas da cidade, próxima ao Templo de Vênus, depois de passar dias bebendo a água de um vazamento. Mas, de qualquer modo, Diógenes podia ler os sinais ao seu redor. Mesmo depois de enterradas todas as vítimas do terremoto, a doença continuaria a lhe proporcionar um volume de trabalho próximo ao desumano. Rapidamente viria o dia em que ele não poderia mais cumprir com suas obrigações.

— VII —

Segundo o código de ética militar dos romanos, o conquistador de uma cidade inimiga devia ser clemente com os conquistados. Não havia garantias de que os habitantes dessa cidade fossem poupados da escravidão, embora alguns chegassem até mesmo a se tornar cidadãos do império; mas o conjunto das residências, e em particular dos templos, devia ser respeitado. Qualquer afronta a esse código podia resultar na ira dos deuses. O mau êxito do retorno de Odisseu e de outros heróis homéricos à sua Grécia natal era atribuído à inclemência e à discriminação que eles haviam demonstrado durante a tomada de Tróia. Analogamente, Cipião, o Jovem, havia causado a desgraça de Roma em razão da brutalidade com que saqueara Cartago. Para os analistas do futuro, esse seria o primeiro momento do declínio moral de Roma.

Passar o arado sobre o solo onde antes habitava uma cidade constituía um ato quase inconcebível de rasura — uma empreitada que ninguém em 62 d.C. poderia ter visto com bons olhos para uma cidade como Pompéia. Todavia, os templos pompeianos haviam sido danificados muito além do que poderia ter feito o mais cruel dos generais. Algumas áreas dentro do perímetro dos muros haviam sido tão devastadas que nem mesmo os proprietários se sentiam motivados a reconstruir seus imóveis, e depois de um tempo os terrenos baldios acabariam sendo preparados para a plantação.

O grande Augusto tinha plena ciência da responsabilidade do governo central em dar suporte às comunidades atingidas por terremotos, e há registros de sua atuação durante a tragédia de Pafos, no Chipre. Analogamente, uma bela moeda de bronze foi cunhada em Roma no ano de 22 d.C. para comemorar o auxílio que Tibério havia dispensado a Sarde e a outras 11 cidades asiáticas, na forma de uma doação de dez milhões de sestércios e da suspensão por cinco anos de todos os impostos devidos a Roma. No entanto, não há registros que sugiram o apoio de Nero a Pompéia. Certamente ficaram desapontados os pompeianos que haviam nutrido qualquer esperança de que a cidade natal de Popéia — cada vez mais influente na condição de mulher do imperador — merecesse uma atenção especial por parte de Nero, que infelizmente tinha outros problemas a resolver. Com efeito, a muitos observadores no início da década de 60 d.C. pode ter parecido preferível ser uma cidade britânica reconquistada e reduzida a cinzas pelos rebeldes nativos, ou um entreposto na Armênia brutalmente destruído depois do cerco de Corbulo, a ser uma fiel colônia na Campânia. A primeira, pelo menos, acabaria se reerguendo enquanto Pompéia se arrastava na incerteza.

Mas dessa vez o imperador tinha bons motivos para negligenciar Pompéia. Além das campanhas no estrangeiro, muitas mudanças haviam sido efetuadas na corte imperial: por volta de 62 d.C., quase todos que haviam servido a Nero desde os primórdios do reinado já haviam sido afastados e substituídos. Uma nova geração de cortesãos ambiciosos, que se locupletava com o apoio cego e inescrupuloso oferecido ao imperador, representava um desafio à supremacia de conselheiros como Sêneca e Burro. Um impasse foi criado quanto ao que deveria ser feito com Otávia, a esposa malquista de Nero. Popéia estava impaciente para vê-la oficialmente afastada de modo que pudesse assumir seu lugar no trono ao lado do imperador. Todavia, na qualidade de filha de Cláudio, Otávia representava o último elo de Nero com a verdadeira legitimidade de seu poder.

Dos dois velhos e astutos conselheiros, Burro sempre fora o mais inclinado a expressar suas opiniões. Mas talvez porque estivesse cansado de se rebaixar à condição de sicofanta ou porque já se exasperasse com a persistente tolice de seu tutelado, o comandante da guarda pretoriana cruzou todos os limites da prudência ao aconselhar: caso se divorciasse de sua mulher, Nero deveria ter a decência de abrir mão do império que recebera como dote de casamento. Ora, para um imperador de 25 anos que já começava a fantasiar com a própria divindade, uma sugestão dessa natureza cheirava a blasfêmia, e mais ainda a traição.

Nero não precisou ir longe para encontrar a solução para o problema apresentado por Burro. Cláudio e Britânico constituíam bons precedentes de envenenamento; além disso, todos já tinham ouvido falar da desfaçatez com que o imperador louvava as virtudes do cogumelo, acrescentando piscadelas de cumplicidade. Mas o método de assassinato escolhido para essa ocasião em particular revestiu-se de uma combinação tipicamente neroniana de perspicácia, maldade, culpa e dissimulação que só fez aumentar sua repugnância: a dose fatal foi misturada aos remédios de garganta administrados ao velho conselheiro, acompanhada dos mais sinceros votos de recuperação por parte do imperador. Burro sabia muito bem o que estava se passando, e só podemos imaginar como ele deve ter engasgado ao engolir aquela tintura mortífera embalada para presente.

Sêneca tinha plena consciência de que sua situação era igualmente delicada. Via os sinais com toda clareza e, escrevendo a um amigo, citou o seguinte provérbio: "Aos olhos sagazes do espadachim, basta um esgar, um meneio do punho ou uma ligeira inclinação do corpo para descobrir as intenções do inimigo." Infelizmente seu pedido a Nero para que fosse dispensado da posição de "primeiro-amigo" não encontrou a menor ressonância por parte do imperador. Não obstante, a velha raposa da política e dos negócios tornou-se cada vez mais arredia, dispensando visitantes da sua *salutatio* matinal e ausentando-se de Roma por períodos cada vez maiores.

Com a morte de Burro e as freqüentes ausências de Sêneca, o divórcio de Otávia foi rapidamente concluído, graças, em parte, ao empenho de Ofônio Tigelino, estrela em ascensão na corte e substituto de Burro numa das duas posições de comandante da guarda pretoriana. Com o êxito obtido nessa delicada missão, Tigelino galgou mais alguns degraus na escada da notoriedade e desde então só fez ganhar a confiança e a amizade do imperador — primeiro ao comandar o desbaratamento das manifestações populares contra o tratamento dispensado a Otávia, e depois ao se livrar da imperatriz de uma vez por todas. Acusada de planejar um golpe de estado em conluio com Aniceto, o mesmo que havia orquestrado o assassinato de Agripina com Nero, Otávia foi executada por traição. Tácito refletiria alguns anos mais tarde: "Quanto mais se agravavam os vícios do Estado, menor era o poder do bem."

Escrevendo de maneira bastante didática durante os anos mais solares do reinado de Nero, Sêneca havia tentado definir para seu aluno a única qualidade que distinguia um bom governante de um tirano. Tratava-se da *clementia*, a mesma virtude que garantia a sobrevivência das cidades conquistadas. "*Clementia*", escreveu Sêneca, "significa a capacidade de afastar os impulsos de vingança da mente daqueles que têm poder para levá-la a cabo, ou a leniência de um superior em relação a seu inferior". No entanto, em vista da ira dispensada pelo general Corbulo às cidades subjugadas ao longo de sua campanha na Pérsia, ou da presença cada vez maior, em Roma e em outros lugares, de um aparato coercitivo chancelado pelo Estado, podemos afirmar que a *clementia* era, cada vez mais, uma virtude em vias de extinção.

O novo conselheiro de Nero — e seu comparsa no crime — contribuía para que o imperador se afogasse ainda mais na decadência. A tirania em todas as suas formas estava em franca ascensão, e a atmosfera de medo espalhava-se à larga. Entrementes o imperador tornava-se vítima da mesma paranóia que suas ações propagavam. Tratava-se do mesmo círculo vicioso de que vários antecessores seus haviam ingloriamente tentado escapar. Cansado dos constantes aborrecimentos do poder, Tibério havia se afastado de Roma por completo, isolando-se em seu palácio na ilha de Capri — talvez para dar largas a seus apetites *voyeuristas* — e deixando Sejano, o [então] comandante da guarda pretoriana, para desgovernar em seu lugar. As conspirações e contraconspirações que assombravam o governo sanguinário de Sejano resultavam em massacres que acabariam por consumir boa parte da família imperial. Imperadores subseqüentes afirmariam em causa própria: "Ninguém acredita em conspiração até ver o imperador morto." Esse foi, sem dúvida, o mote paranóico do governo de Calígula. Aclamado imperador pelos pretorianos ainda na juventude, ela havia assistido à subtração de quase todos os seus familiares por obra dos abutres políticos ao seu redor. Assim que pôde revidou com uma caça às bruxas que levou boa parte do senado à humilhação ou à morte, e, uma vez esgotada a tolerância dos senadores, foi assassinado ele próprio. Entre o reinado de Calígula e o de Nero deu-se o de Cláudio, mais uma provável vítima de assassinato. Seria possível que a Nero estivesse reservado o mesmo destino?

Para um governante sempre às voltas com as ameaças de assassinato, reais ou imaginadas, qualquer medida profilática era recebida de bom grado. A droga *teriaca* era considerada uma poderosa panacéia, particularmente eficaz no combate ao envenenamento. Originalmente encomendada pelo rei Mitrídates VI do Ponto, no século primeiro da era cristã, levava ingredientes tão secretos quanto seu modo de preparo. Plínio nos conta como Pompeu, na caótica seqüência de sua vitória sobre o rei Ponto, havia estabelecido como prioridade encontrar os tratados médicos do ex-governante a fim de desvendar o mistério daquele composto de 54 ingredientes, muitos dos quais eram toxinas administradas em pequenas doses com o intuito de aumentar a resistência do paciente. Supunha-se que o consumo regular da *teriaca* era capaz de mitigar os efeitos de quase tudo: desde flechas envenenadas e mordidas de cobra até as crises de hemorragia e disenteria. Já no fim do século primeiro, poetas recomendavam a seus leitores que tomassem, antes das refeições, "uma dose daquilo que salva reis — e pais". Todavia, estranhos são os caminhos da paranóia: quanto mais a droga se tornava popular, menor era o seu "efeito placebo".

Nero, claro, não deixaria por menos: instruiu Andrômaco, seu médico particular, que acrescentasse carne de víbora à fórmula original a fim de adequá-la às suas necessidades pessoais. As propriedades curativas da *teriaca* talvez possam ser atestadas pelos quatorze anos de boa saúde que antecederam a morte de Nero, não pelo envenenamento mas pelo aço frio de uma lâmina. No entanto, as vítimas do terror dos anos finais de seu reinado talvez ficassem surpresas ao saber que os ingredientes ativos mais poderosos daquela mistura eram ambos relaxantes: a *cannabis sativa*, com suas propriedades modestamente alucinógenas, e a *papaver somniferum*, rica em morfina. Depois de séculos de especulação, a antiga fórmula finalmente foi deslindada mediante a análise de um pote medicinal encontrado nas cercanias de Pompéia. Esse pote continha resíduos de quarenta e sete espécies vegetais e de sete tipos de ossos moídos. Quanto à carne de víbora, nenhuma evidência.

Passado um ano do terremoto, Pompéia também precisaria desesperadamente de uma cura, mas nada que narcóticos ou óleo de cobra pudessem resolver.

CAPÍTULO 8

Cinzas de um maxilar

Julho de 63 d.C.

Imóveis e mudos, os dois homens esperavam atrás dos arbustos até que um coelho tropeçasse numa das armadilhas que eles haviam preparado. O médico Magônimo e seu companheiro haviam partido de Pompéia no entardecer para andar mais de quinze quilômetros até as florestas que revestiam as encostas além dos vinhedos. Para ambos, contudo, não se tratava do prazeroso esporte da caça que seus vizinhos mais ricos costumavam praticar, sempre com o auxílio de cães e de escravos carregando refrescos, e talvez com a glória de um mosaico ou pintura retratando seus triunfos; tampouco se tratava da caça profissional de animais para a arena de que tantos campesinos haviam dependido para viver até a proibição das gladiaturas. Naquela noite tratava-se tão-só do imperativo da fome.

Os caçadores não haviam atravessado a planície sozinhos. Diante deles, a estrada comprida pontilhava-se de outros tantos citadinos, igualmente cansados das sopas de feijão e esperançosos de encontrar algo mais substancial para botar na panela; à direita e à esquerda, fazendeiros e trabalhadores acenavam aos passantes. No escaldante fim de julho — quando Sirius já podia ser vista no cão de Órion —, somente no frescor das manhãzinhas e dos fins de tarde é que alguém, desde que não fosse escravo, cogitava trabalhar no que quer que fosse. Nesses períodos, diques e valas eram apressadamente cavados para canalizar fiapos de água até os pontos mais secos das lavouras, e a folhagem de árvores e arbustos era cortada, ainda úmida com o precioso orvalho da noite, para aliviar minimamente o gado quando o sol viesse a castigá-lo mais tarde.

Embora para Magônimo um dia longe de seus pacientes fosse de modo geral um prazer — ainda que dedicado à caça de coelhos e não aos estudos —, os meses anteriores o haviam deixado exausto e desanimado. Tanto ele convivera com a morte e com a loucura que agora só via doença diante de si, mesmo na mais límpida das manhãs de verão. Desde junho os doentes vinham chegando em números cada vez maiores. O mesmo acontecia todos os anos, mas dessa vez não houvera trégua nos meses de inverno.

Rumores circulavam a respeito dos vapores letais que no ano anterior haviam vazado de frestas na montanha, infectando os rebanhos e espalhando pestilência nas fazendas e na cidade também. Magônimo, no entanto, confiava em suas próprias teorias e sentia-se feliz ao atravessar os vinhedos na companhia do amigo, em direção ao ar mais ralo das montanhas. Sabia que os pastores que habitavam as choças lá do alto tinham uma vida boa e longa, enquanto os que moravam na planície ou nos pântanos morriam jovens e miseráveis. Além disso, sentia-se aliviado por estar longe, ainda que por um tempo, do zumbido colérico dos pernilongos que tanto o infernizava durante as noites na cidade.

Com dois pares de coelhos e uma meia dúzia de perdizes já prontos para serem levados para casa, os caçadores sentaram-se para comer um pouco de pão naquele clima de paz. No entanto, olhando para a planície que se estendia até Pompéia, o médico não conseguia se livrar da sensação de que o mundo inteiro estava doente. Em Pompéia circulavam boatos de toda espécie. Dizia-se, por exemplo, que as cisternas subterrâneas que armazenavam a água dos meses de chuva estavam rachadas e vazavam, e que os proprietários de terra não tinham dinheiro para consertá-las. A água era escassa, mas o vinho era jogado fora. Os compradores, quase todos mortos ou falidos, não apareciam para buscar suas encomendas parcialmente pagas, e os vinicultores, sob o amparo da lei, deitavam fora milhares de litros de vinho para dar espaço à nova safra. Mas os problemas dos agricultores não paravam por aí.

Olhando para a cidade fraturada, para os muros e portas ainda em ruínas, Magônimo deixou o pensamento vagar e logo se lembrou daquele sem-número de vítimas que seus cuidados não haviam bastado para salvar — a respiração ofegante, os membros desconjuntados e cobertos de sangue, as roupas trituradas pelo horror. Estava absorto demais para ouvir os cães que se aproximavam, e só no último segundo foi que deu um pulo e pôde ver o magnífico javali que chispava através da clareira até ser derrubado por seus perseguidores mais velozes. Pouco depois, os caçadores saíram do mato para apaziguar a matilha. Entre eles estava Júlio Políbio, filho de Filipo e homem em ascensão, levantando a lança para aliviar o javali com um golpe de misericórdia. Atrás dele encontrava-se o velho Macer, do clã dos Cornélio. Um javali, pensou Magônimo, e o líder da matilha.

Mesmo 18 meses depois do terremoto, Pompéia ainda constituía uma terrível paisagem para quem a visse do alto, como o médico Magônimo. Pilhas e pilhas de escombros permaneciam intocadas. Distritos inteiros — e muito provavelmente o fórum também — encontravam-se interditados para os trabalhos de restauro e coleta do material ainda passível de reaproveitamento. A cidade vivia num estado de caos, com obras de edificação e limpeza por todos os lados — gotas d'água diante do desafio de proporções oceânicas que se oferecia aos pompeianos.

Olhando para a pintura de um canteiro de obras na Vila San Marco, não muito distante da vila de Popéia em Oplonte, ou para a cena que retrata a construção de Tróia na residência de Védio Sírico em Pompéia — talvez uma orgulhosa alusão ao empenho dele na empreitada local — quase podemos ouvir o alvoroço dos trabalhos ressoar nas paredes. Munidos de serras e enxós, carpinteiros desbastam as árvores recém-cortadas para a elevação de andaimes ou preparam a madeira para o fabrico de novas superestruturas: as pesadíssimas vigas a serem colocadas sobre colunas e pilastras, as tábuas e traves para os assoalhos. Pedreiros vestidos em túnicas escuras e curtas lapidam as pedras que depois serão encaixadas em algum lugar, enquanto outros, mais habilidosos, esculpem relevos num pedaço de mármore ou estrias numa coluna, semelhante àquelas que mais tarde seriam abandonadas no amplo pátio dos novos banhos públicos, ainda semiprontos à época da erupção do Vesúvio. No início, claro, dinheiro e tempo eram escassos, e somente os reparos mais urgentes eram realizados. Projetos mais grandiosos ficavam para depois.

Os problemas estruturais dos prédios públicos eram atacados com soluções improvisadas, que mais tarde seriam ocultadas pelos revestimentos de mármore. A arqueologia só faz corroborar o conteúdo de uma pintura em que multidões de trabalhadores preparam cimento em grandes ânforas cortadas na altura do pescoço, para depois cobrirem fendas e buracos com restos de tijolo, tufa, cerâmica, lajes de calcário e *tesserae* de mosaicos. A identificação dessa técnica rudimentar — ou *opus incertum* — nos sítios arqueológicos resulta num mapa bastante confiável dos colapsos provocados pelo terremoto e reforça as evidências do "efeito esqueleto" sobre as edificações.

Tudo indica que entre as primeiras obras realizadas incluíam-se a reconstrução da ponte sobre o Sarno e a recuperação da estrada para Nucéria — obras fundamentais para o restabelecimento do fluxo de suprimentos e financiadas por dois magistrados de famílias importantes: Caio Cornélio Fusco e Marco Antônio Tércio, que aparentemente serviram como edis logo depois do terremoto.[1] Também era prioritária a reconstrução das portas que davam acesso à cidade. Não há inscrições que revelem o nome dos financiadores nesse caso, mas não é de todo fantasioso supor que o empreendimento fosse autofinanciável. Multas no valor de três mil sestércios eram devidas aos deuses-lares por aqueles que, sem permissão, enterravam seus mortos em valas próximas às portas. Visto que àquela altura as necrópoles já estavam completamente tomadas, é bem possível que a renda obtida com as multas por sepultamento ilegal tenha financiado os primeiros trabalhos de reconstrução da Porta do Vesúvio.[2]

No entanto, olhando para a cidade do alto de uma montanha, o médico Magônimo teria um motivo ainda mais grave para se afligir: a situação do aqueduto. Privada de água limpa, uma cidade do tamanho de Pompéia dificilmente se veria livre das doenças. Na Itália, uma extraordinária rede de aquedutos — um dos maiores feitos da engenharia romana — garantia o transporte da água cristalina das montanhas até as cidades. A água de Pompéia chegava por meio do Aqua Augusta. Com cerca de um século de existência, a linha principal desse aqueduto cortava toda a paisagem da Campânia: começava nas quedas de Acquaro e seguia por 155 quilômetros na direção leste, chegando até a ponta mais distante da baía de Nápoles e despejando seu conteúdo no enorme reservatório ali construído para servir a frota de Miseno. O braço que chegava a Pompéia, por exemplo, tinha mais de seis metros quadrados de perfil. É bastante provável que trechos inteiros das arcadas sobrepostas do Augusta tenham desabado com o terremoto, e os pompeianos dificilmente poderiam reconstruí-las sem alguma ajuda por parte do governo central.

Dando-se conta de como a cidade de Pompéia agora lembrava o corpo mutilado de um gigante, Magônimo talvez tenha pensado na velha comparação entre o funcionamento de uma cidade e a anatomia humana mencionada por Vitrúvio em seus tratados de arquitetura e urbanismo. À primeira vista, o trânsito das pessoas pelas ruas e através de suas muitas portas parecia normal; mas olhando-se mais de perto, os processos naturais da vida haviam sido amplamente afetados pela tragédia. Se de um lado os construtores chegavam aos bandos com os materiais necessários ao seu trabalho, de outro, muitos pompeianos já haviam arrumado as trouxas e agora se preparavam para partir, alguns para nunca mais voltar. As carroças levando suas mobílias por pouco não colidiam com aquelas trazendo suprimentos vitais, e nos trechos de maior congestionamento uma ou outra tinha de escalar o meio-fio e prosseguir na calçada, ameaçando atropelar os pedestres (Figura 14).

Para resolver seus problemas de trânsito, é bem possível que Pompéia tenha adotado a mesma solução de Roma, que, em razão de sua densidade populacional, era ainda mais vulnerável a congestionamentos. Ali as carroças haviam sido proibidas de circular durante o dia, a não ser que fossem empregadas nos cortejos sagrados ou na construção de templos e de outros prédios públicos.[3] O que resultou disso foi uma cidade que nunca dormia, além de muito barulho para quem não estivesse trabalhando. Todo o abastecimento da cidade era realizado na escuridão da noite. Produtos de primeira necessidade, bem como os supérfluos, eram trazidos dos armazéns e das fazendas vizinhas num incessante fluxo de veículos, ao passo que, no sentido oposto, carroças levavam os excrementos da população para jogá-los em depósitos do outro lado dos muros.

Os tratados medicinais da época davam especial atenção à interrupção do fluxo sanguíneo, motivo de perigosas variações na temperatura humana. Analogamente, as embolias que tanto afligiam Pompéia talvez tenham ameaçado a saúde da própria sociedade, pois a cada ponto de conflito criava-se uma oportunidade para mudanças no *status quo*. Para os cidadãos ansiosos por ver as coisas voltarem ao normal, a destruição do Templo de Vênus talvez tenha sido, pelo menos simbolicamente, o pior golpe de todos.

Uma cidade precisa prover muitas coisas para atender às necessidades físicas e emocionais de seus habitantes: defesa, ordem, moradia, saúde, além de sólidas estruturas que garantam o avanço da produção e do comércio. No entanto, embora a negligência em qualquer uma dessas áreas resulte em problemas, não há nada mais catastrófico para uma cidade que o aniquilamento de sua própria identidade. Nas críticas à truculência usada na conquista de Cartago em tempos mais remotos, a destruição do Templo de Juno, a protetora da cidade, era sistematicamente apontada como a pior de todas as atrocidades. Com o Templo de Vênus em ruínas, Pompéia havia sido metaforicamente decapitada.[4]

A casa de Aulo Pompônio Magônimo fica próxima ao templo que por séculos foi erroneamente associado a Júpiter Meilichios, mas que hoje acreditamos ter sido dedicado a Esculápio, o filho mítico de Apolo e Corônis e deus romano da cura, uma apropriação do grego Asclépio. Seu templo em Roma foi erguido em resposta a três anos sucessivos de epidemia; 63 d.C. seria uma ótima ocasião para que ele encontrasse um lar em Pompéia.[5]

Além da arquitetura, a medicina era um ofício que Cícero tinha em alta conta e considerava uma honrosa ocupação para aqueles membros da sociedade devidamente capacitados, porém egressos das camadas sociais menos elevadas. Os alunos passavam por um período de treinamento — durante o qual seguiam passo a passo a prática dos profissionais mais experientes, o que muitas vezes assustava ou vexava os pacientes — e depois recebiam um registro oficial. Mas visando construir uma reputação, os recém-formados procuravam limitar o âmbito de suas intervenções, tratando apenas aqueles casos de êxito mais provável. Os médicos designados para as legiões seguiam por um de dois caminhos: ou se tornavam um "homem dos ossos" ou um "homem dos ferimentos". Mas tanto num quanto noutro caso, os riscos envolvidos numa cirurgia sem anestésicos e sem antibióticos certamente não eram desprezíveis. Embora o número reduzido de bisturis e sondas que Magônimo possuía seja indicação de que ele se aventurava nas cirurgias invasivas apenas ocasionalmente, havia muitas outras maneiras além do conserto de ossos pelas quais ele podia ter ajudado seus pacientes.

Instrumentos ginecológicos também foram encontrados na residência do médico, que naturalmente era muito requisitado para os trabalhos de obstetrícia. Os pilões encontrados ao lado desses instrumentos talvez fossem mais úteis ainda. Pesquisas realizadas nos jardins de Pompéia, utilizando moldes de gesso das raízes para determinar as espécies cultivadas, revelaram uma espantosa gama de plantas capazes de curar, ou até mesmo prevenir, diversas enfermidades comuns. Mas embora boa parte dos cuidados médicos se dessem no âmbito de cada núcleo familiar — as ervas encontradas no jardim de Júlio Políbio sugerem um nível razoável de conhecimento doméstico sobre o emprego delas —, a perícia farmacêutica de Magônimo era essencial para o preparo daqueles remédios mais complexos e tão necessários, descritos nos herbários da época.

Muitos convalescentes iam de Roma para as encostas do Vesúvio para se recuperar, mas os restos mortais encontrados em Pompéia e Herculano sugerem que a tuberculose e a malária eram endêmicas na região. A planície costeira era uma espécie de criadouro natural de mosquitos, e a malária grassava nos pântanos em torno de Pesto, ao sul da baía de Nápoles, ou naqueles em torno do rio Volturno, ao norte, região que mais tarde seria abandonada pelos humanos. Nos pântanos salobros do Sarno, a situação não era lá muito melhor. Embora os mosquitos não sejam exímios voadores — atrapalham-se no vento e nos vôos morro acima —, as poças de água estagnada formadas pelos vazamentos em cisternas e dutos quebrados por certo atraíam-nos para o coração de Pompéia — supondo-se, é claro, que eles já não estivessem lá. As residências na cidade eram, em tempos normais, generosamente equipadas com fontes e piscinas, e, ao contrário do que se poderia esperar, pesquisas em Roma mostram que as taxas de mortalidade eram significativamente maiores nas partes mais abastadas da cidade, onde essas amenidades eram mais freqüentes.

Nos afetados pela malária ou por qualquer outra doença respiratória como a tuberculose, os riscos de pneumonia — por si só uma doença fatal — eram bem maiores. Mas várias outras doenças crônicas também eram motivo de preocupação. Cerca de vinte por cento dos corpos de um grande número de pessoas atingidas enquanto tentavam fugir da erupção exibem o tipo de lesão vertebral característico da brucelose. Contraída mediante a ingestão de laticínios contaminados — por bactérias semelhantes às que foram identificadas em restos de queijo em Pompéia —, a brucelose inicialmente apresentava sintomas muito parecidos com os da gripe comum, como sudorese e fadiga, antes da instalação de uma artrite bastante debilitante. Dada a inexistência de qualquer artifício de refrigeração, as doenças de origem alimentar eram muito comuns no sul da Itália durante os meses de verão, quando as taxas de mortalidade subiam às alturas.

Em pelo menos um aspecto os habitantes de Pompéia podiam se considerar afortunados. Tanto Celso quanto Dioscórides conheciam as propriedades paliativas de uma inesperada substância, facilmente encontrável na cidade. Para mordidas de cachorro, disenteria, dor ciática e até mesmo úlceras gangrenadas, o *garum* era considerado uma das melhores curas disponíveis.[6]

Observando os doentes e feridos que visitavam o templo de Esculápio para suplicar ajuda ao deus, ou escutando quem viesse consultá-lo, Magônimo decerto chegava a pensar que sua missão, ainda que penosa, talvez não fosse tão difícil quanto a das autoridades pompeianas. Embora sejam muitos os exemplos de ossos mal encanados nos esqueletos de Pompéia, também há evidência de pessoas que se recuperaram plenamente de fraturas no fêmur — muitas vezes já debilitado pela osteoporose — e que, na ausência de um tratamento adequado, certamente teriam morrido. Os adoradores de Esculápio talvez manquejassem de uma perna, mas os cuidados médicos que recebiam, bem como os cataplasmas que usavam, impregnados com as cinzas do maxilar de um asno, de algum modo lhes resolviam o problema.

Cedo ou tarde também seriam reparados os danos físicos sofridos pela cidade, assim como os distúrbios inevitavelmente causados à ordem social. Mas na condição de discípulo de Hipócrates e Celso, Magônimo certamente teria abordado as questões da saúde de modo mais holístico. O desequilíbrio dos quatro humores — sangue, fleuma, bile amarela e bile negra — estava na base de todas as enfermidades, e era por esse motivo que o médico possuía um bom número de potes de sangria. Esses potes eram colocados sobre incisões na pele e aquecidos com uma chama de modo que se criasse um vácuo e o sangue fosse puxado, purgando aqueles em que o humor sangue predominava sobre os demais. Difícil dizer, no entanto, se o conselho da cidade teria meios de instituir um tratamento igualmente severo para restaurar a saúde de Pompéia.

Em 63 d.C., os decuriões do conselho viam-se diante de uma série de problemas aparentemente sem solução. Àquela altura as necessidades mais urgentes já haviam sido identificadas e, pelo menos até certo ponto, aplacadas. No entanto, uma vez chegada a hora de iniciar e administrar os trabalhos de restauração dos principais prédios da cidade, os obstáculos se revelaram os mais diversos. A negociação e o fechamento de contratos de obras públicas geralmente eram efetuados pela alta magistratura em nome do conselho, mas o orçamento final era votado numa reunião de conselheiros e requeria a aprovação de no mínimo dois terços dos presentes, desde que houvesse *quorum*. Ocorre que muitos dos decuriões haviam morrido no terremoto ou deixado a cidade para viver em suas propriedades no campo; além disso, outros tantos haviam perdido seu assento no conselho por motivo de falência. As tais reuniões, portanto, dificilmente poderiam se realizar.

Igualmente difícil seria preencher os assentos vagos no conselho e levantar os fundos necessários para as obras de reconstrução, uma vez que a riqueza aparentemente insistia em seguir na direção oposta à de Pompéia. Os laços de uma família com seu lar eram de tal modo fortes que abandoná-lo constituía uma violência. Mas pelos mesmos motivos que levavam a aristocracia romana a freqüentemente empreender uma *peregrinatio* por suas propriedades rurais — negócios, condições de higiene, fruição das paisagens —, muitos pompeianos agora abandonavam a cidade em caráter permanente. Mesmo aqueles que não se viam obrigados a vender suas casas optavam por fugir. Para alguns, Pompéia havia se reduzido a um poço de lembranças dolorosas.

Entre os que decidiram partir, muitos devem ter se aproveitado da escassez temporária de habitações para alugar seus imóveis a preços inflacionados, ou então deixado suas propriedades aos cuidados de um administrador — escravo ou liberto — que fiscalizasse os trabalhos de restauração, na esperança de um dia poderem voltar. Tal foi o caso com a maior das inúmeras casas dos Cornélio, situada numa área privilegiada, bem ao lado do Arco de Holcônio. Audiutor é o nome do último administrador a trabalhar ali.

O êxodo de Pompéia foi notado em Roma, que decerto se afligia com a possível formação de um vácuo de poder. Coube a Sêneca repreender os pompeianos desterrados: "Não mais acreditemos naqueles que deram as costas à Campânia, que emigraram depois do infortúnio, e reconheçamos que eles jamais voltarão à sua terra natal." Em seguida, Sêneca implora aos membros da elite pompeiana que demonstrem espírito de liderança e permaneçam na cidade a título de exemplo. Lembra-os não só de suas obrigações cívicas mas também de seus interesses pessoais, apontando a insensatez daquele deslocamento, visto que outra tragédia de iguais proporções poderia acontecer em qualquer lugar.

Para os aristocratas que lhe deram ouvidos, permanecer em Pompéia constituía um destino cruel. Da noite para o dia, muitos haviam perdido suas casas e suas fontes de riqueza. Embora o sistema legal romano quase sempre favorecesse os ricos, uma exceção à regra era a obrigação dos proprietários de terra em arcar com todas as perdas involuntariamente incorridas por seus rendeiros. Sobre aqueles recaíam os prejuízos com o não-pagamento da safra produzida em suas terras, ou com o cancelamento de plantios e colheitas devido à escassez de mão-de-obra. Alguns membros desse grupo — que de modo geral se julgavam superiores por terem investido na terra, mas que não pertenciam aos escalões mais altos da sociedade e portanto não dispunham de grandes reservas financeiras — viram-se particularmente vulneráveis em tais circunstâncias. A renda obtida com os arrendamentos era cada vez menor; os rebanhos encontravam-se desfalcados e precisavam ser repostos; equipamentos e benfeitorias, quando nada, precisavam de reparos. Mas ainda não havia sistema bancário que lhes oferecesse qualquer coisa parecida com um empréstimo-ponte.[7] A liquidação de ativos era, portanto, o único recurso disponível a quem quisesse manter a solvência. Desconsiderando-se os artigos de luxo, de baixo valor de mercado, isso implicava a venda de terras ou dos escravos que trabalhavam essas terras. Ora, sem terras e sem escravos, como alguém poderia sonhar em reerguer sua fortuna e retomar seu lugar na sociedade? Para piorar ainda mais a situação, o desespero dos vendedores era mais que evidente, e os preços despencavam.

Caso, numa daquelas reuniões de emergência do conselho, alguém tenha se aventurado a fazer um cálculo rápido dos custos de reconstrução dos prédios públicos de Pompéia, o resultado obtido certamente terá soçobrado até mesmo o mais pessimista dos conselheiros. Tomando como base os custos mencionados nas inscrições dedicatórias em diversas construções antigas espalhadas pela Itália, podemos afirmar que o mais modesto plano de reconstrução teria exigido de cada conselheiro uma doação equivalente à metade de seu patrimônio pessoal.

A restauração de cada templo teria custado pelo menos sessenta mil sestércios, ou mais de 150 mil nos casos em que os danos foram maiores. Embora grande e suntuoso, o Templo de Vênus não constituía exatamente uma exceção, e pelo menos oito templos de proporções semelhantes precisavam de investimentos significativos. Cerca de cem mil sestércios teriam custeado a reforma das colunatas em torno do fórum; e outros 250 mil, a reconstrução das instalações de entretenimento; mas os reparos menos complexos, de arcos e arquibancadas por exemplo, teriam saído por uma quantia bem menor. No caso crítico dos banhos públicos e do abastecimento de água, qualquer tentativa de orçamento teria ficado aquém das necessidades reais. A restauração das Termas Estabianas, Suburbanas e do Fórum sairia por pouco mais de sessenta ou oitenta mil sestércios cada, mas, nos anos seguintes, o clamor por um novo complexo balneário de enormes proporções sairia por uma cifra bem maior, a julgar pelas Termas de Netuno em Óstia, que sabidamente haviam custado a bagatela de um milhão. Além disso, o preço para refazer o braço do aqueduto Augusta que abastecia Pompéia poderia ir de algumas centenas de milhares a mais de um milhão de sestércios, muito embora não saibamos que parcela desse montante teria ficado a cargo de Pompéia.

Assim sendo, o mínimo necessário para o renascimento da vida pública em Pompéia seria algo em torno de um milhão de sestércios; mas essa cifra facilmente chegaria aos dois milhões se, num cálculo mais realista, fossem levados em conta o porto, os muros, as estradas, a infra-estrutura de água e esgotos, além de outros tantos serviços menores a cargo da cidade. A despeito de quaisquer medidas apressadas que os decuriões possam ter tomado em 63 d.C., a arquitetura que eles veriam renascer dali a alguns anos seria qualquer coisa menos modesta. Se tivessem feito o mesmo que Roma faria na seqüência da crise do ano seguinte, teriam desencorajado o desmantelamento de qualquer edifício que não pudesse ser devidamente substituído depois.[8]

Um cálculo aproximado do retorno anual sobre as propriedades dos decuriões, com base nos códices de Jucundo e em outras fontes também, revela que a renda de cada um deles ficava entre dez e quarenta mil sestércios. Visto que a maioria das residências precisava de reparos, apenas uma pequena parte desse montante podia ser gasta nas obras de utilidade pública. A necessidade de recursos adicionais era ponto pacífico, restava saber onde buscá-los.

Indiferente à sua posição social, Maio havia se vestido naquela manhã com uma túnica de operário, pronto para se juntar a seus concidadãos. Todos haviam sido convocados a ajudar na recuperação do fórum durante os cinco dias de serviços comunitários anualmente devidos à cidade. Mas até então nenhum dignitário de Pompéia fora visto usando qualquer coisa que não fosse a costumeira e imaculada túnica branca. Diante da atitude esquiva de outros decuriões, Maio havia decidido dar exemplo, e agora via-se emprestando o peso do próprio corpo para empilhar as colunas derrubadas pelo terremoto.

Ao fim do dia, seus companheiros puseram-se a maldizer aqueles que não haviam comparecido e a fazer piadas à custa de um homem que alegara não ter podido trazer sua parelha de bois porque os animais estavam doentes. Todos sabiam que ele os havia alugado a Cornélio Tages, o construtor. Dispensado dos trabalhos comunitários para não atrasar os serviços sob sua responsabilidade, Tages usava o tempo livre assim obtido tentando alugar bois e escravos que, por uma questão de civismo, deviam ser emprestados à cidade.

Mas o patrono e ex-senhor de Tages decerto já esperava por isso. Afinal, fora o próprio Macer quem deixara de ensinar ao ex-escravo o significado da palavra civismo. Ainda na véspera Maio havia se queixado com seu colega de decúria, mas, apesar das desculpas e do falso embaraço, Macer havia se esquivado de seus cinco dias de trabalho comunitário e dado dinheiro a Tages para mandar um homem em seu lugar. Dinheiro que a longo prazo seria recuperado: Tages era um liberto informal, ou latino Juniano, e sua renda seria integralmente revertida aos cofres dos Cornélio depois que ele morresse.

Terminado seu trabalho, mesmo antes de se banhar, Maio seguiu rumo à casa de um liberto seu, o bronzista Nigídio Vacula, a quem recentemente ele havia encarregado de refazer os códices legislativos da cidade, avariados pelo terremoto. Recém-instalado numa bela casa na rua que saía do fórum e seguia para o norte, Vacula tinha como vizinhos imediatos duas das famílias mais importantes de Pompéia: de um lado, Cornélio Macer, o senhor de Tages; de outro, os antiqüíssimos Vétio. Mas, como todas as demais, sua casa precisava de sérios reparos. Em Pompéia eram poucos os construtores à altura do trabalho, e igualmente poucos eram os forasteiros que se dispunham a se mudar para lá naquelas condições.

Já próximo a seu destino, Maio avistou Tages numa esquina, metido numa calorosa discussão com um dos residentes locais. Então encurtou os passos na esperança de ouvir algo. A primeira coisa a chamar sua atenção foi o tom dos interlocutores: a arrogância de Tages, ciente de que podia cobrar o que bem entendesse, e a submissão do outro, que suplicava de um modo impróprio para alguém de sua condição. Em seguida, notou que ambos olhavam fixamente para o calçamento, onde um buraco deixava à vista os dutos de água. Nesse instante, eles perceberam a chegada de Maio e baixaram a voz.

Foi preciso que Vacula lhe explicasse o que acontecera ali. O construtor recebia propinas para aumentar o tamanho dos dutos que abasteciam residências, oficinas e lojas. Entusiasmado com sua inusitada posição de poder, cobrava verdadeiras fortunas dos decuriões, ao mesmo tempo que oferecia preços bem mais confortáveis a seus amigos libertos. A lavanderia de Vesônio Fileros aparentemente já havia reaberto as portas e ia de vento em popa. Vacula deu de ombros. O que podia ser feito?

Até tempos mais recentes, o primeiro ato de uma revolução tem sido, de modo geral, botar fogo nas instituições públicas onde são mantidos documentos que oficializam tudo aquilo que os revolucionários vêem como injustiças; e mesmo nos dias de hoje, apenas a tomada dos meios de comunicação tem precedência. Em Pompéia esse fenômeno se deu por causas puramente naturais. Os suficientemente espertos para entrar em ação logo nos primeiros dias valeram-se da destruição de contratos e escrituras para reclamar ilicitamente a posse de bens e direitos. Esse estratagema teria sido especialmente eficaz, por exemplo, naqueles casos em que terras vizinhas encontravam-se temporariamente abandonadas em razão da morte do proprietário e da ausência dos herdeiros. A coisa pública também não estava a salvo: o conselho da cidade estava de tal modo sobrecarregado com outros problemas que decerto não tinha meios de dar atenção a infrações menores.[9]

Mesmo quando havia um testamento para governar a partilha de um patrimônio, esse testamento não tinha grande valia quando a maioria dos beneficiários também estava morta ou os bens do espólio haviam sido arruinados pelo terremoto. Além disso, a realização de leilões havia se complicado em razão da escassez de leiloeiros sobreviventes.[10] A corrupção decerto grassava. Em vista da enorme demanda por mão-de-obra qualificada, os construtores inevitavelmente ocupavam uma posição de muito poder, uma vez que podiam simplesmente abandonar reparos essenciais para atender as necessidades menos prementes dos que podiam pagar.[11]

Tudo isso tornava ainda mais urgente uma retomada de rédeas por parte do conselho da cidade — mas de onde viriam os novos membros? Levando-se em conta que menos de 63 decuriões permaneciam ativos no conselho, a escolha de substitutos para os assentos vagos caberia ao mais velho dos dois duúnviros. Entre os que defendiam a manutenção de padrões rigorosos para a seleção de membros, certamente destacavam-se as vozes de homens como o velho Cúspio Pansa, que já havia exercido o duunvirato por quatro vezes, e seu filho, que agora ocupava o posto de prefeito especial para a gestão da crise. Outros membros da velha guarda, como Postúmio Modesto e Aleu Nigídio Maio, também não deixariam de se fazer ouvir. Todavia, mesmo aquelas famílias com claros interesses na manutenção do *satus quo* não teriam como refutar a necessidade de se abrir as portas do conselho pelo menos até certo ponto. Afinal, no ato da admissão os novatos eram obrigados a contribuir com uma taxa de oito mil sestércios cada, e os que se sentiam especialmente honrados com a inesperada promoção muitas vezes contribuíam com valores ainda maiores.

Seria interessante cogitarmos que partido Júlio Políbio tomava nos debates acerca da inclusão de libertos no conselho da cidade. Filho de um liberto imperial, talvez favorecesse a idéia. Mas talvez quisesse resguardar seu poder, à época em franca ascensão. Políbio comandava uma complexa rede de interesses que garantia não só a sua própria promoção política como a de seus amigos também. As barganhas entre eles eram bastante diretas e explícitas: "Elejam Júlio Filipo, e ele elegerá Políbio", é o que estava escrito em frente à casa dos Júlio.[12] Apesar de tanta franqueza, essa nova abordagem política não impediu Marco Lucrécio Frontão — primo de Valente, o flâmine de Nero — de fazer par com Políbio no duunvirato.[13] Alguns anos mais tarde, até mesmo Trébio Valente — filho de um importante político e censor, à época ainda adolescente — reconheceria os benefícios de se conquistar o apoio da panelinha de Políbio.

Nos anos seguintes Políbio também receberia um apoio significativo por parte das pompeianas. Embora não tivessem direito a voto, as mulheres exerciam certa influência, e Tácito comenta com desprezo a inclinação feminina a misturar preferências políticas com o aspecto físico dos candidatos. Com tantas vantagens naturais, parece-nos improvável que Políbio precisasse se fiar no dente de urso que lhe servia de amuleto, encontrado nos despojos de um armário no peristilo de sua residência. A carreira política de Políbio já era suficientemente abençoada, e, ao que parece, seus negócios também. Embora naqueles tempos difíceis coubesse à velha elite administrar o fluxo de alimentos das cidades vizinhas para Pompéia, é bastante provável que Júlio Políbio e seus amigos exercessem considerável influência sobre a distribuição desses alimentos. Ora, aos olhos do público, os verdadeiros heróis da história eram os distribuidores, e talvez só agora as pessoas pudessem dar crédito ao "bom pão" que Políbio havia prometido em sua propaganda eleitoral.

Políbio sempre tivera consciência das vantagens políticas colhidas por quem distribuía o pão, e, na Pompéia pós-terremoto, inúmeras oportunidades se apresentavam para que ele expandisse seus interesses. Novos negócios espocavam por toda parte; comerciantes e artesãos aproveitavam os trabalhos de reconstrução para incorporar lojas e oficinas na periferia de suas residências, ou para transformar casas inteiras em estabelecimentos comerciais. Não há dúvida quanto ao que estava por trás de tamanha atividade: o mesmo gosto pelo lucro que motivara Cícero a contratar um arquiteto para supervisionar o restauro de uma quadra de prédios dilapidados que ele havia herdado em Putéolos, com a orientação de subdividir os imóveis a fim de aumentar o número de unidades disponíveis para aluguel. A esperteza de Cícero seria recompensada com um rendimento bruto de oitenta mil sestércios no primeiro ano, e cifras ainda maiores nos anos posteriores.[14]

Sobretudo as padarias souberam tirar partido da oferta de novos espaços. Os pompeianos gostavam de pão fresco. Nos subúrbios e nas oficinas maiores da cidade, os pães eram assados no próprio local e servidos aos trabalhadores diretamente do forno. Muitas famílias preparavam em casa sua própria massa — e em alguns casos trituravam a farinha também —, mas depois mandavam as bisnagas para serem assadas em fornos profissionais a fim de se obter uma casca perfeita. Tratava-se de uma opção especialmente popular, já que os fornos domésticos haviam sido em grande parte inutilizados na seqüência do terremoto. Além disso, pratos quentes eram levados, na cabeça dos garçons, das estalagens até as residências, inclusive as mais abastadas.

A presença de padarias na proximidade das casas da elite sugere uma de duas coisas: ou os padeiros eram indiferentes à hierarquia social, ou operavam sob a direção dessas mesmas famílias que em princípio eles incomodavam. A parte noroeste da cidade, onde se aglomeravam algumas das mais belas e bem-cuidadas residências do período pós-terremoto, não era exceção. Ali, parte da magnífica Casa do Labirinto, discretamente alojada atrás da Casa do Fauno, foi ocupada por uma padaria e equipada com mós e fornos. O mesmo ocorreu com uma das residências vizinhas à Casa do Touro, cuja decoração nos permite supor que os proprietários, certamente orgulhosos de sua própria sensibilidade estética, não teriam hesitado em expressar suas objeções, caso tivessem alguma, quanto à proximidade de uma padaria. A algumas quadras dali, na direção leste, a estrada de Estábias cortava a cidade rumo ao norte e via crescer cada vez mais o número de padarias ao seu redor, com uma meia dúzia de estabelecimentos na zona artesanal situada entre o trecho central e o fórum.

Próximo ao cruzamento da estrada de Estábias com a rua principal ficavam as residências de Júlio Políbio e do liberto Popídio Secundo. Aparentemente, ambas tinham alguma relação com uma padaria. No caso de Popídio, o estabelecimento ficava tão perto do corpo principal da Casa do Citarista, que os fornos decerto o esquentavam durante os meses de inverno. A padaria próxima à casa de Políbio ficava um pouco mais distante, mas o envolvimento dele no negócio é quase certo.

Pelas regras do patronato romano, um liberto podia ter apenas um único patrono. No entanto, dois anúncios políticos assinados por um homem chamado Lólio pedem apoio tanto para Júlio Políbio quanto para o vizinho dele, Popídio Secundo. Naturalmente, é possível tratar-se de duas pessoas chamadas Lólio, mas outro homem de nome Plácido (provavelmente Vetúcio Plácido, que administrava a taberna defronte à casa de Políbio, com seu parceiro Ascula) divulga de maneira ainda mais explícita sua filiação tanto a Políbio quanto a um parente de Popídio Secundo, chamado Ampliato. O que podemos inferir disso é que, além de colaborarem na política, Políbio e os riquíssimos libertos da casa dos Popídio partilhavam redes de patronagem e certamente tinham negócios juntos.

Com um sócio tão rico quanto Popídio Secundo, Políbio por certo teria capital suficiente para investir em empreendimentos bem maiores. Quem sabe não eram eles os financiadores do tal Lólio, que à época fazia obras bastante curiosas numa propriedade igualmente próxima à Porta do Mar e ao fórum? A Casa do Marujo ocupava todo o comprimento de uma quadra e, estranhamente, dividia-se em duas partes. A entrada da frente dava acesso a uma elegante residência que se estendia até um jardim cercado de colunas; a dos fundos, a uma escada íngreme e abobadada que desembocava num conjunto de vinte e sete cômodos subterrâneos destinados à armazenagem e alinhados com a colunata do jardim. Essa área inferior tinha chão de terra batida e, portanto, prestava-se apenas à estocagem de perecíveis, especialmente de grãos. O conjunto havia sido construído décadas antes com o propósito de acomodar um mercado de grãos — com clarabóias que permitiam a quem estivesse no jardim espiar o movimento no subsolo — e talvez colocado à venda na esteira do terremoto.

Uma primeira injeção de capital teria sido mais que suficiente para que Lólio comprasse a Casa do Marujo e fizesse os consertos necessários na entrada principal e na fachada oeste, ambas em ruínas. As obras foram conduzidas de forma atabalhoada — mais uma evidência da escassez de mão-de-obra qualificada —, mas Lólio decerto estava ansioso para se instalar na casa nova, de belos mosaicos e murais apenas ligeiramente rachados. E talvez por gratidão ele tenha aquiescido quando seus patronos lhe propuseram converter um dos dois átrios em alojamento de trabalhadores e abrir uma segunda porta dianteira que desse acesso direto ao depósito. Afinal, o empenho deles no sucesso do negócio era, em última análise, vantajoso para o próprio Lólio — o que seria comprovado pouco depois, quando Políbio e Secundo usaram de sua influência no conselho para que a rua dos fundos fosse alargada de modo que as carroças provenientes do campo pudessem descarregar as sacas e voltar rapidamente para buscar nova carga. Naquele período pós-terremoto, a preocupação com a estocagem secreta de grãos era de tal modo grande que o pedido de um distribuidor escrupuloso e confiável dificilmente poderia ter sido negado pelos decuriões.

O negócio de Lólio estava fadado ao sucesso, e os arredores de sua casa decerto fervilhavam com o constante vaivém de trabalhadores e mercadorias. Para facilitar o manuseio dos produtos, uma rampa foi construída numa área próxima ao espaço de manobra de modo que as sacas pudessem ser jogadas das carroças ou das bestas de carga diretamente para os estivadores (a porta dos fundos era larga o bastante para dar passagem a dois homens carregando sacas). Mas os investidores queriam mais: visando maximizar a produtividade, insistiam em alimentar os trabalhadores no próprio local. Talvez tenha sido necessária certa força bruta para convencer Lólio a aceitar mais aquele transtorno, ou talvez tenha bastado o argumento de que o forno no subsolo também poderia ser usado para aquecer sua minúscula sala de banho. Foram instalados um moinho de tração animal e outro de tração manual, bem como prateleiras onde as massas podiam descansar; um cômodo reservado à sova foi equipado com gamelas. Mas os dutos para o aquecimento da sala de banho foram atabalhoadamente instalados através de um dos murais prediletos de Lólio, o de Galatéia e Polifemo, e a paciência do liberto chegou ao fim. Sem qualquer ruptura formal com os patronos, ele usou o dinheiro que havia amealhado até então para fazer valer sua autoridade e reincorporar o segundo átrio à área residencial. Mas depois disso, nunca teve dinheiro para consertar os estragos causados à decoração.

As reformas na Casa do Marujo faziam parte de uma tendência muito mais abrangente que envolvia uma nova postura empresarial por parte da elite pompeiana e um renovado dinamismo em todas as camadas da sociedade. Se antes a geração de lucro era apenas desejável, agora, no clima econômico de 63 d.C., ela era vital. Diante da necessidade de financiamento para um sem-fim de obras de reconstrução, tanto públicas quanto privadas, os credores estavam executando a maioria de seus empréstimos em outras áreas. Quem tivesse contatos fora da zona do terremoto talvez pudesse contrair novas dívidas, mas para muitos a falência era iminente. Tratava-se de mais um fator para alimentar a sanha dos oportunistas.

E para aqueles cujo oportunismo se limitava à sedução de viúvas ricas para fins de casamento, a primavera e o verão de 63 d.C. teriam sido épocas de grande atividade.[15] As viúvas eram obrigadas a observar um luto de 12 meses e, nesse período, só podiam se casar outra vez com a autorização expressa do imperador. Mas para os pretendentes, que precisavam preparar o terreno, agora era a hora de entrar em ação. Em certos casos não seriam mal recebidos: muitas mulheres ainda capazes de gerar filhos, e com o atrativo adicional de uma herança no bolso, podiam se dar ao luxo de esperar pela pessoa certa e talvez estivessem interessadas em entrevistar candidatos. Mas as mais velhas ou menos aquinhoadas teriam motivos para temer uma velhice solitária. Bastante desanimador era o exemplo da riquíssima Umília Quadratília, que, trancafiada em sua casa de Putéolos, só tinha por companhia uma trupe de teatro particular. Mas pelo menos tinha seu dinheiro para se consolar; muitas viúvas de meia-idade acabavam seus dias na mais consumada miséria.[16]

Os *captatores*, ou caçadores de herança, figuravam entre as mais desprezíveis criaturas da época. Esses charmosos bajuladores — que acabavam por conquistar a afeição dos endinheirados para depois receberem uma bela quantia em testamento — parasitavam os velhos mais crédulos e os jovens mais inocentes com igual desfaçatez. Sobre isso comentou

Juvenal: "Quem tem herdeiros sequer é convidado para jantar." As presas mais fáceis eram exatamente aquelas viúvas já de certa idade, desprezadas pelo resto da sociedade e inconformadas com sua nova condição de invisibilidade. Fosse lá o que elas precisassem, dizia-se, os prestimosos caçadores logo vinham ao seu auxílio: uma massagem, uma aulinha para as crianças, um conselho sobre a casa ou sobre problemas de saúde. Mais uma vez brincou Juvenal: "Manda-o voar, e ele voa." E voar muitas vezes significava apagar o fogo das solteironas. Não chega a ser surpresa que, para um poeta satírico como Juvenal, esse lamentável papel coubesse invariavelmente a um grego: o arquetípico forasteiro imundo, pronto para servir de bode expiatório para a ganância e a amoralidade que grassavam na sociedade em geral.[17]

Na Pompéia pós-terremoto, eram muitas as oportunidades para quem quisesse se locupletar com a fortuna alheia, mesmo na existência de herdeiros. Quando um tutor não era nomeado no próprio testamento, os órfãos de pai ficavam sob a custódia do parente masculino mais velho, e na ausência de candidatos possíveis, cabia ao conselho da cidade escolher um guardião. Em muitos aspectos tratava-se de uma tarefa onerosa, que incluía uma auditoria do patrimônio logo após a nomeação e o compromisso de devolver o mesmo valor, acrescido de juros, quando a criança atingisse a maioridade. Os magistrados, os veteranos do exército e os que tinham mais de setenta anos podiam ser dispensados. É bastante provável que em 63 d.C. muitos outros implorassem para serem dispensados também, legitimamente alegando pobreza, problemas de saúde ou loucura. Por outro lado, o magistrado que estivesse ajuizando a questão podia refutar este ou aquele candidato que na sua avaliação não fosse suficientemente idôneo. Entretanto, diante da possibilidade de pôr as mãos numa considerável quantia para financiar os próprios investimentos e prestar contas só depois de muitos anos, os inescrupulosos certamente viam com bons olhos o cumprimento desse papel.

Por fim, uma vez esgotadas todas as alternativas, o dever de tutelagem recaía sobre os libertos, já onerados com o *obsequium* devido à família dos patronos mesmo depois da morte destes. Alguns por certo maldiziam seu destino, mas os mais calculistas talvez fizessem o contrário. E mesmo o mais bem-intencionado dos tutores dificilmente resistiria à tentação de usar os bens do tutelado para fazer face às turbulências do mercado pompeiano.

Por mais repugnante que lhes parecesse a idéia, os governantes de Pompéia viam na crescente fortuna dos libertos uma espécie de tábua de salvação. Mas eles já tinham em mãos um meio relativamente indolor de obter acesso a essa fonte de financiamento: bastava relaxar um pouco o rigor na admissão de novos membros para os Augustais, uma organização composta sobretudo, mas não exclusivamente, de libertos. Para serem admitidos, os postulantes deviam não só ter uma boa posição na sociedade como também contribuir com uma taxa fixa para o tesouro da cidade. Num valor inferior à metade da taxa devida por um decurião recém-admitido no conselho, o depósito exigido de cada novo Augustal não chegava a fazer muita diferença; no entanto, se a loja de Pompéia lograsse rivalizar em tamanho a da vizinha Herculano, a renda total seria muito bem-vinda.

Entre os poucos Augustais de Pompéia cujos nomes sobreviveram à história encontra-se um bom número de homens prósperos e poderosos. Mas decerto não eram facilmente manipuláveis: Vesônio Fileros, que se mostrava inclemente quando derrotado em suas transações comerciais; Cerrínio Restituto, cujo filho Vátia chegaria a magistrado valendo-se da honrosa posição do pai; e Conviva, um dos irmãos Vétio, cuja casa luxuosamente decorada é uma das atrações prediletas dos guias turísticos do nosso tempo.

Todavia, a ambição, a resiliência e o dinamismo dos libertos daquela região talvez sejam mais bem evidenciados não por qualquer fonte arqueológica de Pompéia, mas por uma coleção de códices — tratando sobretudo de processos legais — encontrada numa fileira de casas em Herculano. Ali, um manda-chuva chamado Comínio Primo, dono de glebas florestais na região e de escravos comprados de ninguém menos que Popéia, não procrastinou para botar seus negócios de volta aos trilhos. O terremoto deu-se no início de fevereiro, e já no início de março ele concluiu uma transação que nos meses seguintes resultaria em diversas notas promissórias e recibos. Mais interessante ainda é a figura de Lúcio Venídio Ênico, o vizinho de Primo que no dia 22 de março — apenas seis semanas depois de sua cidade ser, para todos os fins, quase inteiramente destruída —

tomou o que talvez fosse o passo mais importante de sua vida: candidatou-se à cidadania romana.[18]

Venídio Ênico pertencia à subcategoria "latino Juniano" de libertos, escravos que haviam sido postos em liberdade sem a observância dos procedimentos formais. Desde o ano 4 d.C., quando Augusto impusera restrições legais à alforria indiscriminada, a liberdade só era oficialmente concedida aos maiores de trinta anos que tivessem dado provas suficientes de bons serviços ou àqueles que fizessem parte da prole ilegítima de seu senhor. Para os que não atendiam nenhum desses critérios, a liberdade vinha com todos os benefícios normais, exceto o mais importante: nada do que amealhassem em vida — fosse uma posição melhor na sociedade ou dinheiro — podia ser passado aos descendentes. Em vez disso, exceto em circunstâncias muito particulares, seus filhos eram classificados como ilegítimos e sua fortuna pessoal revertia diretamente ao ex-senhor, o que deixava os descendentes na miséria. Tampouco eles podiam fazer parte dos Augustais, pois não tinham cidadania. Todas as escapatórias possíveis já haviam sido previstas e contempladas na legislação de modo que as classes dominantes pudessem tirar proveito do espírito empreendedor de seus escravos e relaxar até que os investimentos voltassem às suas mãos acrescidos de um bom lucro.[19]

Muitos eram os obstáculos para o Juniano que tentasse burlar a lei ou ter sua posição oficialmente corrigida. Somente o depoimento pessoal de seu ex-senhor — ainda que morto ou distante — valia como prova de que ele merecia ser aliviado de sua lastimável posição. Na ausência dessa prova, outras tinham de ser produzidas a fim de convencer uma comissão judicial da qual fizesse parte uma figura proeminente, como um pretor, um governador de província ou o imperador em pessoa. Para os Junianos havia uma única saída: desposar uma cidadã e professar diante de sete testemunhas que o único propósito daquela união era gerar filhos, para depois levar o primogênito de um ano à pretoria em Roma.

Ao que parece, essa foi a estratégia adotada por Venídio. O terremoto aconteceu quase 13 meses exatos depois do nascimento de sua filha, justo na época em que ele cogitava postular a cidadania. Decerto Venídio esperava que, em razão da amnésia coletiva causada pelo terremoto e da destruição do arquivo público, seu caso não fosse dos mais complexos. A julgar pelos eventos da década seguinte, quando sua elegibilidade aos Augustais ainda era objeto de disputas legais, as coisas não correram tal como planejadas. Mas, de acordo com o álbum da loja de Herculano, Venídio finalmente foi recebido pelos Augustais.

Talvez o conselho municipal de Pompéia tenha feito o que Roma faria pouco depois ao se deparar com sua própria tragédia: conceder a cidadania, a título de medida emergencial, a qualquer Juniano que se dispusesse a investir cem mil sestércios nas obras de reconstrução. É possível que, vendo nesse dinheiro um quinhão de seu patrimônio futuro, os ex-senhores tenham objetado. Mas também é possível que, diante do orçamento astronômico previsto para a reconstrução dos prédios públicos, o conselho tenha prestado ouvidos moucos à grita dos aristocratas. E assim seria retirado mais um esteio da tradicional hierarquia campaniense.

Talvez tenha sido essa erosão de regalias o que orientou os membros da família Cúspio no momento de escolher o projeto público ao qual destinariam suas doações privadas. Certamente foi recebido com surpresa o anúncio de que o restauro do anfiteatro era seu projeto preferido. Mas havia lógica nessa escolha. Em termos práticos, um recinto destinado à diversão ajudaria a atrair para Pompéia a mão-de-obra de que a cidade tanto precisava, ainda que as gladiaturas estivessem temporariamente proibidas. Mas em termos simbólicos, era na arquitetura em camadas da arena que se faziam mais imediatamente visíveis — sobretudo aos olhos dos benfeitores — as tradicionais diferenças de posição social. Bastaria restaurar os assentos, como fizeram os Cúspio, para que a plebe não tivesse mais pretexto para se misturar a seus superiores; bastaria reconstruir os corredores abobadados para que os magistrados pudessem novamente entrar em procissão como faziam antes, para a admiração das massas.[20]

No entanto, a despeito de todas as tentativas de fazer voltar o passado, as coisas nunca mais seriam as mesmas em Pompéia. Muitos haviam partido, deixando espaço para que outros surgissem. Uma nova hierarquia estabelecera-se entre os que tiveram coragem suficiente para permanecer na cidade; enquanto os fujões eram duramente criticados pela covardia. Víbio Severo, por exemplo, que havia sido magistrado sênior apenas cinco anos antes, foi alvo de impiedosa zombaria logo depois de sua partida. "Os Víbio", vituperou um grafiteiro, "um dia foram os mais ricos de Pompéia, mas seguravam o cetro só para fazer o mesmo que você faz todos os dias com o pênis." As conseqüências negativas para os tais "punheteiros" seriam incontornáveis. Estariam muito enganados os que haviam partido acreditando que bastava manter uma propriedade em Pompéia — e com ela o assento no conselho de decuriões — para exercer influência na política local.[21]

Por outro lado, foram recebidos de braços abertos os que de moto próprio se juntaram à comunidade, ainda que em busca de fortuna. Sextílio Rufo — cuja família gozava de excelente reputação na vizinha Nola — foi um dos que assim fizeram. Uma vez em Pompéia, conquistou a amizade de Júlio Políbio, ganhou a admiração de outros dignitários por ter sido "bom para todos", e ainda serviria como censor antes de ser, na morte, homenageado com uma inscrição tumular na sua cidade natal. Foram homens como ele que constituiriam os pilares da sociedade pompeiana nos anos que estavam por vir.

Desde que pusera os pés pela primeira vez na casa de Tages, em março, Júlia mal ouvira a voz do novo guardião. Uma brutal diferença da falsa ternura que ele demonstrara, com lágrimas e tudo, ao recebê-la sob seus cuidados. Como aquela gente tão importante tinha podido acreditar nele? Mas pelo menos ali ela tinha liberdade para fazer o que bem entendesse, ainda que não tivesse amigos ou amigas que lhe fizessem companhia. Agora, vendo Tages deitado de bruços sobre o banco, iluminado pelas lamparinas a óleo, Júlia sabia que para ele não fazia a menor diferença saber ou não saber que era observado por ela.

Mesmo assim permaneceu nas sombras. O amável médico apontou a chama de uma lamparina para as domas de barro que pontilhavam as costas de seu paciente, que, xingando, contraía os músculos em espasmos intermitentes. Mas Júlia se comprazia com a dor de seu guardião; observava, imóvel, o sangue ser chupado dos pequenos cortes que o médico abrira nele com a própria faca. Tages era enorme, desajeitado, arrogante. E muito tosco no modo de gastar o dinheiro, já que nunca o tivera antes. Por acaso aquilo era jeito de se tratar um médico tão gentil, esbravejando ordens a torto e a direito? Muito diferente do que havia sido o pai dela.

Certa vez, quando o capataz responsável por eles quebrou o braço e um médico foi chamado para socorrê-lo, o pai de Júlia havia brincado dizendo que os escravos davam os melhores pacientes: estavam de tal modo acostumados à dor que sequer piscavam. Mas Tages também havia sido escravo e olhem só para ele agora. Vendo-o tagarelar para se distrair — reclamações, quase sempre, e pouco caso dos idiotas que haviam fechado negócio com ele —, Júlia só enxergava fraqueza e ambição. No dia seguinte, na quietude da manhã, colaria o ouvido à porta do guardião na esperança de ouvir algum chiado no peito dele. Era julho, e a estação de novas doenças chegava ao fim. Mas os que já estavam doentes teriam de sobreviver por mais seis meses até que o Ano-Novo trouxesse uma mudança de ares.

Observando a irritação do médico ao receber o pagamento, Júlia sentiu uma ponta de esperança. Talvez ele nunca mais se dispusesse a pôr os pés ali outra vez; talvez Tages adoecesse ainda mais, sem ter quem viesse acudi-lo. Mas, tão logo embrulhou seus instrumentos e saiu do quarto, o bom homem parou um segundo diante dela e abriu um sorriso frouxo, sinal de que Tages ficaria melhor.

— VIII —

Diante do perigoso desalinho em que se encontravam os humores da cidade, acreditava-se que somente o imperador tinha poderes para dar fim ao caos. Aos olhos do povo de Pompéia, agora era um bom momento para que os benfeitores da cidade mostrassem que de fato podiam influenciar Roma tal como haviam prometido e convencer Nero a acudi-los naquele momento de necessidade. Há apenas um registro de visita imperial a Pompéia até então, provavelmente por Cláudio, em 24 de maio de 50 d.C. Mas agora, como o imperador poderia ignorar as súplicas pessoais de um representante da devastada cidade natal de sua adorada Popéia?

Sempre que uma cidade romana precisava enviar uma embaixada ao governo central, cabia aos magistrados sugerir uma lista de nomes ao conselho da cidade, que votava depois de meticulosa consideração. Uma vez aceita a proposta, Décimo Sátrio Lucrécio Valente provavelmente ofereceu-se para ir, talvez para comemorar com uma viagem a Roma o décimo aniversário de sua nomeação como flâmine de Nero. Mas outros tinham o mesmo direito, e nesses assuntos havia um protocolo a seguir: Pompéia deveria tirar na sorte o nome de seu representante. É razoável supormos que o conselho tenha recebido com alívio a vitória de Júlio Filipo: para defender a causa pompeiana diante de Nero, quem melhor que o descendente de um liberto imperial com modos gregos?

Filipo partiria para sua audiência com o imperador certo de que levava consigo as esperanças de seus concidadãos e a boa fé dos membros mais importantes da sociedade pompeiana. Em sua ausência, um liberto da família Cornélio e um escravo da família de Cúspio Pansa chegariam ao extremo de ir à sua casa e deixar inscrito, próximo ao pequeno oratório dedicado aos deuses-lares, um grafito que traduzia o sentimento geral da comunidade: "Pela saúde, pela vitória e pelo bom retorno de Caio Júlio Filipo, aqui, aos *lares* dele, Públio Cornélio Félice e Vitale Cúspio deixam uma oferenda." Seria possível que se tratasse de uma delegação oficial?

Seja como for, a combinação desses três nomes é eloqüente: Filipo, com suas conexões imperiais; Cornélio, um descendente dos primeiros colonizadores de Sulla; e Cúspio Pansa, que servira como prefeito durante o estado de emergência pós-terremoto. Aparentemente a cidade estava, pelo menos naquela iniciativa, unida. No entanto, apesar do apoio garantido dos conterrâneos, Filipo não sabia ao certo o que encontraria pela frente quando chegasse a Roma.

Diante daquela onda de má sorte nos anos recentes, os assessores de Nero mostravam-se cada vez mais eficazes no ludíbrio das massas. A guerra com a Pérsia havia chegado a um impasse, com um tratado de paz inaceitável para ambas as partes, e Corbulo havia ordenado que as tropas se recolhessem nas margens do Eufrates, no atual Iraque. Mas o que foi que se passou em Roma? A guerra foi divulgada como vencida, e arcos triunfais foram descaradamente erguidos para celebrar a vitória de Roma sobre o maior de seus inimigos. Em seguida, a frota graneleira foi destruída por completo nas águas supostamente seguras de Portus. E os romanos responderam com uma encenação por parte do próprio imperador, que, para demonstrar sua confiança na continuidade do suprimento de trigo, jogou diversas sacas nas águas do Tibre (certo de que nenhum observador mais atento fosse perceber que o conteúdo delas já estava velho e mofado). Mas, no fundo, só os mais tolos poderiam deixar de notar que a vida sob o reinado de Nero tornava-se cada vez mais incerta.

Cercado de bajuladores, distraído com a primeira gravidez de Popéia e cada vez mais dedicado à carreira de ator, Nero dificilmente teria uma noção exata do estado em que se encontrava seu povo em 63 d.C. No passado, Sêneca talvez tivesse tentado controlar a auto-indulgência do imperador (sem contudo abrir mão do polpudo lucro obtido com o fornecimento de quinhentas mesas com pernas de marfim para os banquetes de Nero), mas por ora seguia seu próprio conselho: "Os sábios procuram evitar o poder que mata, evitando, sobretudo, deixar transparecer que o estão evitando." Sem os conselhos de Sêneca para pôr rédeas em sua megalomania, insulado da realidade por obra de sua própria máquina propagandista e convencido tanto de seu brilhantismo como ator como de sua origem divina, Nero identificava-se cada vez mais com Apolo, o deus-sol, que como ele tocava lira, ou *cithera*, e conduzia bigas (Figura 5d).

O gênero teatral preferido do imperador era a pantomima trágica, uma inovação implementada algumas décadas antes por um ator liberto chamado Pílades. Sem a irreverência dos mimos e das pantomimas cômicas, a pantomima trágica era considerada uma "grande arte" e dava azo a grandes arroubos de virtuosismo por parte do ator. Valendo-se de material recolhido da mitologia e das tragédias gregas — o *Orestes* de Ésquilo e o *Édipo* de Sófocles eram as fontes prediletas de Nero —, um único ator, acompanhado de uma cítara e interpretando cada personagem alternadamente, podia cantar e dançar uma série de solos líricos que contava a história do princípio ao fim. O ator usava diversas máscaras ao longo do espetáculo e valia-se de uma linguagem corporal altamente estilizada, fruto de um sem-número de convenções, para expressar o estado emocional de cada personagem. Mesmo na presença de um coro para dar continuidade à narrativa, assistir a um espetáculo inteiro muitas vezes era uma experiência estafante, e por isso as expectativas dos críticos eram altíssimas, como Luciano revela ao escrever: "O dançarino deve ser perfeito em todos os aspectos, a um só tempo gracioso, rítmico, simétrico, consistente, irrepreensível, impecável, completo em tudo, aguçado nas idéias, profundo na cultura e, acima de tudo, humano nos sentimentos."[1]

Acreditava-se, entre tantas outras coisas, que Apolo havia sido o verdadeiro responsável pela vitória de Augusto no Áccio em 31 a.C., mas o difícil de acreditar era que um imperador levasse sua comparação com o deus até a esfera do teatro. O teatro era tradicionalmente o lugar em que a plebe podia expressar seu descontentamento na presença dos governantes; todavia, àquela altura, todas as apresentações a que Nero comparecia já eram rigidamente controladas. E quando ele se apresentou em público pela primeira vez, em Nápoles (uma cidade supostamente amigável que serviria de aquecimento para a turnê na Grécia), soldados foram distribuídos pelo auditório a fim de garantir que o público mostrasse a devida admiração pelos dotes histriônicos de seu imperador. Mas, como de costume, foi a claque particular de Nero, composta pelos Augustanos, que se fez ouvir com maior entusiasmo. Nero ainda não havia começado a se apresentar publicamente na capital, mas, onde mais ele fosse, os Augustanos locais somavam-se aos outros que o acompanhavam para produzir a euforia necessária.

Por volta de 63 d.C. os Augustanos já haviam se transformado numa poderosa base política para a causa neroniana. Em Roma e no resto da Itália, formavam um contingente de mais de cinco mil pessoas, as quais — levando-se em conta as recompensas de até quatrocentos mil sestércios que eram distribuídas a esmo entre os líderes de seção — dificilmente se recusariam a fazer o que quer que lhes fosse pedido. Com apenas essa corja de interesseiros para criticá-lo, Nero tinha poucos motivos para duvidar de seus dotes teatrais e, portanto, começou a se aventurar por outros domínios da criatividade. E para alguém tão afeito à grandiosidade, não havia domínio melhor que a arquitetura. Seguindo o exemplo de diversos outros membros da elite romana — que haviam lido Vitrúvio e se julgavam aptos a palpitar no trabalho dos pobres arquitetos —, Nero acreditava-se plenamente capaz de contribuir com suas idéias nas discussões profissionais sobre os já controversos *grands projets*. Sua influência talvez seja mais visível nas revisões efetuadas no projeto do grande canal que ligaria o lago Averno (na Campânia) a Roma, e que de início visava tão-somente compensar o favorecimento de Putéolos com a construção de Portus. O projeto final daria ênfase muito maior ao lazer e ao luxo do que à mera praticidade.

Como se a construção de um canal de cento e cinqüenta quilômetros de extensão e profundo o bastante para acomodar embarcações com até cinco ordens de remos não fosse por si só um grande desafio, o braço que ligava Miseno ao lago Averno agora seria coberto, ornado com colunas do início ao fim e preenchido com as águas curativas das fontes termais que borbulhavam nas cercanias de Baias. Caso tivesse convidado seus detratores a traçar um paralelo entre ele próprio e seu tio Calígula, Nero de longe sairia vencendo. Calígula sonhara simplesmente com a criação de uma ponte de barcos através da baía de Baias, e nem isso conseguira realizar. Nero por sua vez, visando aumentar suas chances de controlar a natureza, decretou que todas as sentenças de morte dali em diante fossem comutadas para trabalhos forçados na Campânia, de modo que todos os prisioneiros de todas as partes do império pudessem contribuir com os esforços de construção. Sem jamais se preocupar com o custo astronômico de suas fantasias, ele esquadrinhava plantas e maquetes na companhia de seus arquitetos e por certo chegava a visualizar como ficaria sua velha e superpopulosa Roma caso fosse possível reconstruí-la do zero.

Relatórios dando conta do que à época se passava na capital deixam bastante claro que nada mais era impensável. Sob a égide do imperador, Tigelino, o novo comandante da guarda pretoriana, tinha permissão para desenvolver seus próprios projetos especiais, sempre tão espetaculares quanto os do patrão, mas de natureza muito mais obscena. Entre esses projetos estava a realização, em 64 d.C., de uma extravagante orgia sobre as águas do lago artificial que Agripa havia construído em Roma para a simulação de batalhas navais. Vindos dos quatro cantos do mundo conhecido, animais selvagens e marinhos de toda sorte chegavam aos portos da Itália e seguiam para Roma a fim de ornamentar a festança. Banquetes fartos e luxuosos seriam servidos ao público em diversos pontos da capital, e nos embarcadouros à beira do lago, em bordéis temporários, as esposas da aristocracia romana poderiam oferecer seus préstimos lado a lado com as prostitutas da cidade.

Mas a prostituição de mulheres da elite, que quebrara tantos tabus, não se limitava aos confins de Roma. Os habitantes de Pompéia decerto ouviram os rumores quando, na primavera anterior, a corte havia realizado pândegas semelhantes a bordo das barcas que bordejavam a costa da Campânia.

Nesse ínterim, a comitiva de Júlio Filipo havia chegado a Roma, e num ótimo momento. Nero planejava uma longa turnê pela Grécia, e talvez por Alexandria também. Decidira-se que essa viagem de maio — desde Nápoles, onde seria realizada a apresentação de aquecimento, até o porto de embarque em Brindisi — seria a oportunidade perfeita para uma breve visita a Pompéia. Afinal, do ponto de vista político não seria nada mal se o imperador fosse visto estendendo a mão, ainda que tardiamente, à cidade devastada.

CAPÍTULO 9

Um berilo para Vênus

Maio de 64 d.C.

Depois que o último dos fregueses da manhã foi embora, Vétio Convívia permaneceu sentado no tablinum *de sua nova casa, permitindo-se alguns raros momentos de reflexão. Ninguém teria acreditado que ele e Restituto se estabeleceriam tão cedo numa casa tão bela depois de apenas cinco anos de liberdade. E no entanto lá estavam eles, numa vizinhança privilegiada, misturados à nata de Pompéia. Com a prosperidade do comércio de flores e das vinhas, quem poderia dizer que aquilo não era apenas o começo da fortuna de ambos? Se a visita do imperador resultasse em mais dinheiro para a cidade, eles não hesitariam em embolsar sua parcela, fosse como fosse. E quando isso acontecesse, repintariam as paredes de casa para, ousadamente e sem qualquer traço de vergonha, anunciar suas origens escravas a quem passasse por ali.*

A voz de Restituto retumbou do peristilo. Ele admoestava o encanador que laboriosamente fazia uma revisão nas doze minas d'água do local, caso o séquito do imperador resolvesse entrar para dar uma espiada. Convívia ainda se lembrava do dia em que conhecera o homem que agora chamava de irmão. Desde meninos eram muito parecidos, e o senhor deles, o velho Vétio, gostava de vê-los servindo a mesa juntos. Tinham a mesma altura e dividiam o mesmo catre, e naquela primeira noite Restituto tivera de abraçá-lo para aplacar o medo que ele, Convívia, sentia por estar tão longe de casa. E agora olhem só para isto: Restituto ralhando com um homem duas vezes mais velho e três vezes mais forte que ele, só porque o infeliz não conseguia espremer um pouco mais de água daque-

las fontes que, tal como estavam, já faziam inveja a boa parte do conselho da cidade.

Nas ruas vizinhas, entre as Portas de Herculano e do Vesúvio, onde haviam sido reparadas as primeiras partes do duto que vinha do castelo d'água, o estrépito de água contra pedra podia novamente ser ouvido. Se aquilo beirava as raias do milagre, tanto mais milagroso era que tivessem chegado tão longe aqueles meninos de outrora — Restituto, Convívia e o amiguinho deles, Félice, o brilhante e endiabrado filho do estalajadeiro Caprásia —, que brincavam naquelas mesmas ruas nos raros momentos de descanso. Metade do caminho devia-se a muito trabalho e talento, mas não tivesse o senhor deles perdido o filho, a mulher e metade dos escravos para o terremoto, o controle de seus negócios com vinho e óleo não teria caído nas mãos de seus libertos, e Félice jamais teria sido adotado pelo homem que secretamente e por tanto tempo havia amado sua mãe plebéia.

Mas tudo isso pertencia ao passado, e a Convívia agora só importava o futuro. No dia seguinte seriam inaugurados os Jogos Florais, e, embora os carregamentos que vinham do campo mal demorassem nas mãos dos barraqueiros e agentes, a demanda por flores ainda estava longe de se esgotar. Com a iminente chegada de Nero, a ansiedade era cada vez maior. Mesmo os covardes que vinham se escondendo nas fazendas, e que por dois anos não haviam dado as caras na cidade, agora chegavam aos montes. E os figurões de Pompéia competiam entre si para mostrar a casa mais bonita.

Convívia teria de atrasar as entregas a fim de aguçar o apetite dos clientes. Depois, quando já receassem não haver mais flores para reabastecer as guirlandas murchas e secas, eles seriam surpreendidos com mais uma leva de rosas, tremoços, violetas e mais outras tantas preciosidades fora de estação — todas forçadas e miraculosamente disponíveis. Ao preço que ele bem entendesse cobrar.

Quando precisava de uma metáfora para criticar a sociedade depravada em que vivia, Sêneca muitas vezes recorria ao mundo da horticultura. Os jovens que faziam de tudo para conservar o frescor sexual pré-puberdade, por exemplo, eram comparados àqueles que "pediam rosas no inverno, ou tentavam cultivar na neve uma flor primaveril".[1] É possível que no passado os moradores de Pompéia marcassem a chegada do verão com os

Jogos Florais, realizados nos últimos dias de abril e primeiros dias de maio: uma profusão de cores e perfumes, comédias nos teatros, um sentimento de leveza pairando no ar. Todavia, em meados do século primeiro, a constante disponibilidade das flores mais procuradas, fruto das novas técnicas de cultivo artificial, detraía a significância do festival, da mesma forma que hoje, na Europa, a oferta de narcisos antes do Natal reduz o impacto da primavera.[2]

Foi provavelmente nessa época, em 64 d.C., que Nero fez sua visita a Pompéia. O período relativamente curto entre a volta de Júlio Filipo, anunciando o sucesso de sua missão, e a chegada da comitiva imperial decerto foi marcado pela azáfama dos pompeianos que ansiavam dar ao imperador uma recepção condigna.

Teria sido nessa mesma época que Décimo Sátrio Lucrécio Valente — cuja casa mal ficava de pé alguns meses antes e sequer tinha uma porta que pudesse ser atravessada em segurança — havia encomendado a grande reforma de sete cômodos para expor uma bela série de pinturas mitológicas no estilo de então? Nesse caso, teria ele esperado que as perspectivas ilusionistas em torno dessas pinturas impressionassem um imperador obcecado pelo teatro? Ou que os belos murais do átrio parecessem devidamente suntuosos aos olhos dos figurões de Roma que ele contava receber? Ou que a grande imagem de Vênus — recém-nascida, estirada numa gigantesca concha de vieira sobre águas encapeladas — que cobria o muro dos fundos do jardim e podia ser vista do próprio átrio quando os biombos do *tablinum* eram recolhidos fosse interpretada como prova de sua indivisível lealdade a Nero e a Pompéia (Figura 16)?

Teria sido também a iminente chegada de Nero que motivara os libertos Popídio a redecorar a Casa do Citarista com uma série de adornos consagrados a Apolo — os murais, as estátuas de bronze? Nesse caso, eles teriam espaço de sobra para acomodar toda essa parafernália, já que vinham comprando diversas propriedades vizinhas com o intuito de incorporar um número cada vez maior de cômodos à casa original. Mas talvez um palácio virtual com três átrios fosse o mínimo que se poderia esperar de um membro proeminente dos Augustanos de Nero.

Decerto foi também nesses primeiros meses de 64 d.C. que a área central do segundo pavimento do "Hotel Murecine" deu lugar a uma suíte de três salas de jantar, com sofás de alvenaria e lindas paredes vermelhas que davam destaque à pintura de um jovem de cabelos dourados, lira em punho e diáfanos trajes ao estilo grego. A impressionante semelhança entre essa figura e o imperador é indício de que o prédio tenha servido, ainda que por pouco tempo, de alojamento à comitiva imperial às margens do Sarno (Figura 23b).

Seja como for, as paredes do Murecine preservaram um retrato bastante curioso dessa figura tão central para a derradeira geração de pompeianos, um homem ainda adorado por muitos, apesar da crescente atmosfera de medo. Grafitos nos muros de Pompéia sugerem a existência, além dos Augustanos, de mais um grupo de admiradores do imperador: os Neropopeienses, que, como o próprio nome revela, cultuavam também a nova imperatriz. Compunham-se sobretudo de libertos associados a famílias importantes e aparentemente tinham boas relações com os Augustanos.[3] Decerto eram motivo de orgulho para os parentes de Popéia — os da Casa de Menandro e os da Casa dos Cupidos Dourados —, já bastante vaidosos de seus laços indiretos com o poder. Durante o reinado de Nero essas duas casas sofreram amplas reformas e foram redecoradas, como em tantos outros casos, com imagens alusivas ao teatro. A obsessão pessoal de Nero tornara-se uma espécie de "espírito do tempo". Mas à medida que aumentava o calor do verão, tanta preocupação com a estética pouco adiantava para tornar o ambiente mais fresco. Nesse sentido, o único recurso possível era aliviar-se com o refrescante barulhinho de água corrente. Mas embora paredes pudessem ser reerguidas e repintadas, o conserto de toda uma infra-estrutura hidráulica — cujos canos corriam fundo sob o calçamento das ruas — representava um desafio infinitamente maior.

Em 64 d.C. ainda não havia sido inteiramente recuperada a grande rede de distribuição de água que antes alimentava as 39 fontes públicas da cidade e abastecia diretamente as residências cujos donos tinham meios de pagar a tarifa cobrada. Agora não se viam mais os extravagantes jardins aquáticos da elite, repletos de cachoeiras e fontes, que voltavam à vida com a chegada do verão. No entanto, mesmo em tempos de absoluta normalidade, a água que chegava a Pompéia por meio do Aqua Augusta precisava ser cuidadosamente administrada. São muitos os indícios de que os pompeianos não teriam grande dificuldade para dar cabo dos quinhentos litros diários que em tese poderiam ser entregues a cada homem, mulher e criança da cidade. Isso significa que um meticuloso plano de racionamento teria de ser imposto durante os meses quentes de julho a setembro, quando o fluxo do aqueduto — tão torrencial quanto o do rio Sarno nos meses de inverno — reduzia-se a um fiapo. No norte da Itália havia geleiras para abastecer as minas; na Campânia, ao contrário, as águas de origem vulcânica muitas vezes chegavam ainda quentes a seus múltiplos destinos. Visto que o suprimento minguava justamente na época em que a demanda aumentava, garantir a moderação do consumo decerto não figurava entre as responsabilidades mais simples dos edis.[4]

Embora Frontino, autor do fundamental *De Aqueductis*, sabiamente afirmasse que os pisoeiros não precisavam de água fresca, uma lei antiga garantia às oficinas de pisoagem e às termas o direito exclusivo de canalizar seu próprio suprimento. Em alguns casos, os dois grupos uniam forças e buscavam estabelecer seus negócios em terrenos próximos — as oficinas logo abaixo das termas — de modo que a água dos banhos pudesse ser reaproveitada na pisoagem. No mais das vezes, contudo, competiam diretamente com um sem-número de outros negócios que podiam se beneficiar com alguns litros a mais. Com tantos pontos de escoamento e tantos meios de se fraudar o sistema, a extração ilegal de água era um desafio constante para a lei.

Infelizmente não possuímos os planos de que se valiam os edis e seus assistentes para manter e administrar o sistema. Sem eles, as rotas dos dutos que coleavam pela cidade permanecem tão obscuras quanto a tecnologia que tornava possível o fabrico das válvulas de controle estrategicamente distribuídas para regular o fluxo de água.[5] Sabemos tão-somente que o processo começava no *castellum aquae* principal, no ponto mais alto da cidade, próximo à Porta do Vesúvio, por onde entravam as águas do aqueduto. A água que chegava no interior das espessas paredes de tijolos era dividida por três canais que levavam a canos de diferentes tamanhos para depois desaparecer no desconhecido. Disso podemos concluir que a água destinada a diferentes partes da cidade — ou a diferentes classes de recipientes — era controlada por meio de comportas capazes de bloquear o fluxo de um ou mais canos. Entroncamentos adicionais podiam ser encontrados em reservatórios secundários, geralmente construídos contra as paredes externas das residências e prédios públicos; além desses reservatórios, tanques menores, sustentados por torres a fim de manter a pressão da água, distribuíam-se por diversos pontos da cidade. Um sem-número de torneiras e válvulas controlava o fluxo local.

Mesmo com uma força de trabalho altamente motivada, o exame e o conserto de toda a tubulação de Pompéia — incluindo a substituição de tubos rachados por tubos novos, fundidos com o chumbo da Britânia — levariam muitos meses. Os primeiros a se beneficiar com os reparos provavelmente foram os moradores mais próximos do castelo d'água principal, a salvo do isolamento de trechos avariados que as válvulas de controle permitiam nos níveis mais inferiores da malha hidráulica. Além disso, ali residia boa parte dos ricos, cujas casas ficariam mais evidentes durante a visita imperial.

Ao que parece, essa área da cidade foi a que se recuperou mais vigorosamente dos danos causados pelo terremoto; várias melhorias foram implementadas durante os trabalhos de reconstrução, como o acréscimo de amplas salas de jantar ou a redecoração luxuosa dos diversos cômodos. Ao contrário do que se deu em outras partes, ali o luxo permaneceu em voga. Não muito longe da Casa dos Vétio, duas famílias em particular, aliviadas com o retorno da água, tomaram providências adicionais de modo que a situação não se repetisse quando tremores futuros colocassem o abastecimento novamente em risco. Nas proximidades da Porta de Herculano, a Casa das Vestais já contava com uma piscina no maior dos peristilos, além de melodiosas fontes ao longo da dupla seqüência de cômodos públicos. Os custos incorridos na instalação dessas charmosas amenidades decerto já haviam sido consideráveis, e agora não seriam menores. Após o terremoto, os pisos foram reassentados em planos diferentes de modo que a água pudesse fluir mais facilmente, e por esse motivo todos os mosaicos tiveram de ser refeitos. Além disso, no nível mais alto da casa, as paredes de um cômodo inteiro foram impermeabilizadas até quase no alto a fim de garantir a pressão da água que abastecia as fontes mais elaboradas.

Mas todo esse luxo era empanado pelas instalações aquáticas da Casa do Touro, vizinha à Casa de Cecílio Jucundo. Logo na entrada, os visitantes eram recebidos por um exército mágico de fontes espumantes. Na extremidade oposta, no fundo de um quase-peristilo, água jorrava dos três nichos do ninfeu; no átrio principal, uma clarabóia deixava vazar a luz do dia sobre uma piscina de mármore rasa, cuja água jorrava de quatro bicas, em cada uma das quinas, e depois escoava para uma cisterna subterrânea. No centro dessa piscina ficava um touro de bronze, que jorrava um cintilante arco de água pela boca. Outras partes da casa também dispunham de instalações semelhantes, incluindo um solitário jato vertical, pouco comum em Pompéia. No entanto, de tudo isso o touro era o que decerto havia sido construído com o firme propósito de agradar a Nero, um aperitivo do que o imperador veria durante sua iminente viagem ao Egeu.[6]

A poucos dias da chegada da comitiva imperial, os reparos mais significativos na rede hidráulica finalmente ficaram prontos. Não é difícil imaginarmos o tumulto dos preparativos: divãs e sofás sendo carregados das salas de jantar de inverno — cujas paredes muitas vezes eram pintadas de preto para esconder as manchas causadas pelas lamparinas a óleo — para os cômodos de verão, decorados com motivos florais em filigrana; sombreiros e toldos de lona sendo retirados de seus depósitos; canteiros sendo plantados com plantas anuais trazidas das sementeiras da cidade, como aquela que se instalara no terreno atrás da Casa da Nau Europa, vagado em razão do terremoto. Talvez aquele também fosse um bom momento para dar os retoques finais nas pinturas novas que adornavam os muros da cidade: tigelas transbordando de frutas; pássaros balofos pavoneando seu valor culinário; uma mixórdia de peixes de escamas brilhantes e crustáceos espinhentos representando a abundância do mar (Figura 22). E por certo chegara a hora de transformar em realidade aquilo que no resto do ano não passava de idealizações artísticas de um banquete perfeito.

Frutas e legumes seriam retirados da palha em que haviam sido deixados para amadurecer. As hortaliças — alface, beterraba, alcachofra, ervilha, feijão, além da cebola e do repolho pelos quais Pompéia era famosa — seriam colhidas nos jardins das cozinhas. Talvez houvesse melões também, cultivados em estufas semelhantes àquelas que o imperador Tibério havia criado na ilha de Capri algumas décadas antes. Os potes de barro de superfície perfurada, encontrados junto de uma parede no jardim da Casa da Nau Europa, talvez tenham a ver com o método de arejamento de raízes utilizado pelos importadores de cidreiras, tal como descreveu Plínio. Ainda que de difícil aclimatação, já que precisavam ser protegidas das geadas, as cidras decerto acrescentariam um toque especial aos festejos.[7] Nos pequenos sítios da região, ânforas de bojo espiralado seriam emborcadas para liberar os apavorados arganazes, que, uma vez lambuzados de mel e assados, dariam saborosos petiscos.

A baía de Nápoles também seria fonte de muitas delícias, e os pescadores de Pompéia lançariam suas redes com ânimo ainda maior, na esperança de fazer fortuna com a captura de alguma espécie particularmente valiosa. A tainha cinza — cujo fígado era considerado uma iguaria — alcançava preços astronômicos nas épocas de festa: diz-se que uma chegara a ser vendida por seis mil sestércios em Roma, e outra, por um preço três vezes maior que o do escravo que iria cozinhá-la mais tarde. Embora no passado esses peixes tivessem sido abundantes em torno dos cabos rochosos da Itália, ao final do século primeiro a pesca desenfreada resultaria num incipiente comércio de importação com a Córsega e numa elevação adicional dos preços. No entanto, em 64 d.C., um pescador pompeiano ainda podia ter esperanças de tirar a sorte grande. Na ausência de tainhas, outras espécies também tinham valor diferenciado: lampreias, garoupas e bremas eram bastante apreciadas nas cozinhas da elite romana.

Uma vez que não havia refrigeração, os peixes que davam seu último suspiro no convés dos pesqueiros precisavam ser vendidos rapidamente, enquanto os que chegavam ainda vivos em terra firme tinham uma sobrevida bem maior. Estes eram inicialmente colocados no tanque coberto no centro do *macellum* para depois serem vendidos a algum ricaço, que provavelmente os transferiria para a água salobra de seu próprio tanque, em torno do qual ânforas e tubos especiais de cerâmica eram distribuídos para fazer sombra ao cardume, e onde eles poderiam ser admirados pelos visitantes até que sua presença fosse requisitada à mesa numa ocasião qualquer. Essa era uma prática comum nas melhores casas da cidade, cujos habitantes talvez imitassem os aristocratas de safra recente, que tratavam seus peixes como animais de estimação, chegando ao ponto de enfeitá-los com jóias e alimentá-los com iguarias quando outro tipo de ração não podia ser encontrado.[8]

Para os pescadores, a vida no mar era difícil e cobrava um alto preço à saúde. A ossada de um rapaz de dezesseis anos que morreria na erupção de 79 d.C. mostra as conseqüências do manejo dos anzóis, pesos de chumbo e redes encontrados na região portuária de Pompéia: um tronco de impressionante tônus muscular, mesmo em comparação ao de pescadores do presente, e uma arcada dentária completamente banguela do lado direito, fruto do hábito de prender entre os dentes as linhas estiradas pelos peixes fisgados. Era em prol de pessoas assim que trabalhava o *collegium* de pescadores de que falam certos grafitos de Pompéia, muito embora seu poder de fogo não pudesse, nem de longe, comparar-se ao dos piscicultores profissionais da região. No século anterior, um obscuro comerciante romano, que se tornaria conhecido como Sérgio Orata, havia amealhado uma verdadeira fortuna com a criação de bremas de cabeça dourada — o *sparus auratus* que daria origem a seu nome — antes de diversificar seus negócios para o comércio de terras e ostras.[9] Com o mesmo espírito empreendedor, os sucessores de Orata ofereceriam uma ferrenha concorrência aos pescadores locais.

Em meio a tantos preparativos, as notícias trazidas de Nápoles pelos pompeianos que haviam viajado para ver a apresentação do imperador naquela cidade — Lúcio Popídio Secundo e os demais Augustanos certamente entre eles — podem ter levado alguns a recear que Nero cancelasse sua visita. No exato momento em que o novo Apolo cantava e tocava, o teatro fora atingido por outro tremor — bem mais fraco do que aquele que atingira Pompéia dois anos antes, claro, mas suficientemente forte para causar um grande susto à população, além de alguns danos graves, ainda que pouco numerosos. O imperador, por sua vez, não se deixara abalar. Mesmo percebendo as ondas de choque que rolavam a partir do epicentro do sismo, na ilha de Ísquia, Nero prosseguira impávido, completando o programa sem um único falsete que lhe traísse o medo. Somente depois que ele e o público haviam deixado o recinto em total segurança foi que as paredes do teatro ruíram. Ou pelo menos assim rezavam as histórias.[10]

Depois de se recuperar do susto — talvez cogitando sobre os possíveis significados do acontecido e concluindo que, em vez de derrubarem o teatro em sinal de desgosto, os deuses haviam se excedido na sua demonstração de entusiasmo —, Nero podia, quando nada, supor uma recepção duplamente calorosa em Pompéia. Já havia sido anunciado que ele revogaria a proibição das gladiaturas, imposta na seqüência do episódio com os nucerinos. As massas deliciavam-se com a novidade, e Aleu Nigídio Maio já planejava a realização de um evento para celebrar a reabertura da arena para seus propósitos originais. Além disso, ao estender suas condolências àquela cidade que tanto sofrera sob a fúria dos gigantes, Nero contaria com sua própria experiência em Nápoles para dar mais crédito às suas palavras.[11]

É bastante provável que Nero tenha descansado na vila de sua mulher em Oplonte antes de seguir viagem, e talvez ele tenha contado com a companhia da própria Popéia e da filhinha do casal, nascida um ano antes. Ali eles estariam cercados de tranqüilidade e beleza: a brisa roçando as cercas-vivas de buxo, as belas estátuas dando provas da benfazeja mistura de arte e lazer. Baias e Putéolos eram renomados centros de distribuição do mais fino artesanato grego — obras à altura dos conhecedores mais exigentes do império —, e não seria surpresa se os jardins de Oplonte contassem com uma Atena ao estilo de Praxíteles ou a efígie de uma Amazona talhada pelas mãos do próprio Policlito.

Era ali também, claro, que se encontravam as estátuas do jovem príncipe e de sua amada mais velha, de cabelos cor de âmbar; na vida real, contudo, a diferença de idade entre eles já não era tão evidente quanto fora alguns anos antes. Quanto à dinâmica do relacionamento — ele, mais jovem e ególatra; ela, mais velha e petulante —, não sabemos ao certo se algo havia mudado. Não é difícil imaginarmos o casal imperial trocando farpas à beira do belo lago da vila de Oplonte, em maio de 64 d.C., talvez por conta da relutância de Popéia em prosseguir na excursão do marido. Nenhum dos dois via com entusiasmo a idéia de atravessar as estradas poeirentas da Campânia chacoalhando a bordo de uma tosca carruagem local — como aquela encontrada numa vila a cerca de um quilômetro de Pompéia, que dispunha tão-só de um toldo arqueado de couro, bastante rudimentar e nada elegante, para fazer sombra aos passageiros. Mas se a obstinação de Popéia enfurecia o marido, que se abalara para os confins da Campânia sobretudo em consideração a ela, pelo menos dessa vez Nero soube conter seus impulsos de violência física — os rumores de que ele batia na mulher talvez levassem muitos pompeianos a questionar seu apoio ao imperador.[12]

Já fazia muitos anos que Sátrio Rufo não via sua cidade natal, e agora lá estava ele, em Pompéia, atravessando a Porta do Vesúvio na comitiva do imperador. A multidão de curiosos invadia a estrada, atrapalhando a passagem. Mas não foi a presença deles que fez o imperador hesitar, e sim a terrível paisagem de escombros que se estendia ao seu redor. Aquela destruição deixava a fragilidade humana de tal modo evidente que até um deus vivo não ficava imune a ela. Virando-se para Nero, Sátrio Rufo viu as lágrimas que brotavam nos olhos dele. Sabia que eram sinceras. Mas sabia também que a comiseração do imperador não tardaria a passar.

Durante os anos que servira a Nero como secretário e mantenedor dos cadernos dele, Rufo aprendera, a duras penas, a prever as idas e vindas do humor de seu volúvel patrão. Mas naquele dia ele contava com uma vantagem especial: conhecia não só o itinerário previsto como também a casa em que eles seriam formalmente recebidos. Não houvera cizânia no conselho de Pompéia quando os Sátrio ofereceram sua belíssima residência, com a estátua de um fauno no centro do átrio, para a recepção de Nero; poucas casas rivalizavam com esta em grandeza, e nenhuma outra tinha história tão venerável. E Rufo sabia que um dos tesouros da casa dos Sátrio certamente daria fim à tristeza do imperador.

E então as portas se fecharam atrás deles. Um breve momento de calma e frescor. Em seguida, piscando para ajustar os olhos à penumbra do átrio, Nero e seus atendentes foram pastoreados adiante pelos anfitriões: atravessaram o piso geométrico do tablinum *e chegaram ao primeiro peristilo. Diante do imperador, nos fundos de uma sala lateral com piso de mosaico, via-se uma impressionante pintura de Alexandre, escanchado em seu corcel ofegante, pelejando mas não exatamente conseguindo alcançar Dario, seu inimigo mortal, em meio à mixórdia de homens armados que os cercava. Naquele instante, como Rufo havia previsto, sumiram do rosto de Nero todos os sinais de pesar pelo infortúnio de seus anfitriões, dando lugar a um discreto esgar de ambição.*

Nero ficou siderado. Passavam-se os minutos e ele não despregava os olhos do único mortal que na sua opinião merecia ser emulado. Rufo conhecia o temperamento do patrão o bastante para não se alarmar, mas também percebia o desconforto dos membros do comitê de recepção, que, embora dispostos a respeitar os devaneios do imperador, temiam ser repreendidos por uma aparente desatenção. Foi então que, súbito, Nero voltou-se para trás e abriu um sorriso tão desumanamente extático que os anfitriões tiveram dúvidas se aquele era um bom momento para fazer o discurso de boas-vindas que eles haviam preparado com tanto desvelo.

Que Nero possuía certo carisma, isso é inegável, mas os pompeianos que até então nunca o tinham visto em carne e osso — apenas nas moedas, estátuas e pinturas —, decerto ficaram decepcionados com sua aparência física (Figura 5a). Dizia-se muito generosamente que o imperador tinha um belo rosto, mas, na opinião de outros coetâneos, ele não era particularmente bonito ou feio. Os olhos eram de um azul aguado, e os cabelos, de um castanho avermelhado. Tinha queixo duplo e pernas compridas e finas. E por volta de 64 d.C., já estava bem mais gordo, com dobras na cintura e um pescoço grosso, mas não exatamente viril. Em suma, estava bem longe do "Apolo dourado" com o qual desejava ser confundido. Para os mais tradicionais, seu desmazelo certamente era recebido como uma grande afronta; e as longas madeixas que ele deixava crescer durante os meses de turnê, presas com um lenço, eram claro sinal de seus modos afetados e pouco másculos. Essa impressão agravava-se ainda mais com a onipresença de um instrutor vocal, que a todo instante o aconselhava a poupar a voz, fosse sussurrando ou falando com um pano sobre a boca quando houvesse mais pessoas. Apesar de tudo isso, muitos se deixavam cegar pela simples proximidade do poder.

Os aristocratas romanos, mesmo os de segunda ordem, tinham por hábito fazer-se acompanhar de uma enorme comitiva durante as viagens. E Nero, emulando o sogro Cláudio, certamente chegou a Pompéia na companhia de um vasto contingente de soldados, secretários e cortesãos, além de um batalhão de serviçais — cozinheiros, padeiros e até mesmo carniceiros — que cuidassem de suas exigências culinárias. Além disso, é provável que dessa comitiva também fizessem parte arquitetos que pudessem contribuir de alguma forma para a reconstrução da cidade. Toda essa gente precisava ser alojada, mas por certo não faltavam pompeianos ansiosos para receber em casa os homens do imperador.

Quanto às mulheres de Pompéia, ofertas semelhantes às vezes eram feitas de braços abertos. Quando Valério Venusto, da primeira coorte pretoriana, intitula a si próprio de "o maior dos garanhões" e um companheiro de armas diz-se arrependido de ter seduzido apenas uma meia dúzia de meninas durante sua estada na cidade, deduzimos pelo alto grau de autocomplacência que tanto um quanto o outro conheciam muito bem os efeitos afrodisíacos da proximidade com o poder.[13]

O séquito de Nero trouxe a Pompéia um nível de glamour com o qual os pompeianos simplesmente não estavam acostumados. A tietagem que os fã-clubes deste ou daquele ator expressavam nos muros quando suas trupes favoritas se apresentavam na cidade torna-se desprezível quando comparada à efervescência que uma ocasião como aquela era capaz de suscitar. Que tão poucas mensagens dessa natureza tenham passado à história talvez possa ser explicado pela mudança de clima político verificada no final da década, quando qualquer associação com o finado imperador já não era considerada motivo de orgulho, mas de vergonha, e as paredes que evidenciavam essa associação já haviam sido caiadas. Mas o que de fato chegou aos dias de hoje são as palavras de alguns dos acompanhantes de Nero que haviam sido recebidos pelas famílias da cidade.[14] Cucuta, responsável pela contabilidade do imperador, tece loas a Públio Páquio Próculo; Sátrio Rufo, o secretário imperial, tanto apreciou a hospitalidade dos pompeianos que mais tarde, já aposentado, voltaria a morar na cidade e mandaria instalar uma placa com seu nome, a única desse tipo jamais descoberta; e Polieu Marso, com o pedantismo que se poderia esperar de um camareiro imperial, expressa sua gratidão nos seguintes termos: "Aqui e em toda parte, saúde à mais venerável das colônias; e aos pompeianos, onde quer que estejam, saúde."[15]

Grupos particularmente densos de grafitos dessa natureza localizam-se próximo à residência de importantes asseclas de Nero e dão testemunho do tratamento preferencial recebido por aqueles que expressavam sua lealdade sem meias-palavras, pessoas que buscavam sombra na glória do novo Apolo e colhiam favores anteriormente impensáveis. Esse clima de entusiasmo é perfeitamente exemplificado com o seguinte grafito: "De Calisto, Augustano, para Védio Cerato, Neropopeiense." A mensagem é simples e de significado evidente. A despeito das sutis diferenças entre os dois grupos de apoio a Nero, essa dupla de libertos comprazia-se com a devoção que tinham em comum e acreditava que uma declaração de amizade era vantajosa para ambos. Que Cerato fosse o liberto de Védio Sírico, um Neropopeiense e magistrado, indica a força das alianças em torno do imperador, capazes de perpassar todas as camadas da sociedade.[16]

É possível que, diante de hóspedes tão ilustres, muitos pompeianos tivessem se sentido obrigados a vestir suas melhores roupas e, por conseguinte, corrido o risco de afrontar os códigos da época. O direito de usar a cor púrpura era um privilégio ferozmente defendido por aqueles que gozavam de certa proeminência social. Apenas os magistrados da cidade e as autoridades distritais, bem como os jovens mais promissores que ainda não haviam chegado plenamente à idade adulta, podiam usar a pretexta, toga de ornamentação púrpura, que os destacava dos demais. Mas essa também era a cor preferida do imperador, o último grito naquele meado de século, e Nero achou por bem impor regras bastante rígidas que controlassem seu uso.

Os acompanhantes do imperador por certo achavam graça quando seus anfitriões pompeianos tentavam impressioná-los vestindo aquilo que, em Roma, era considerada uma cor tão perigosa. Mesmo o tipo de tintura podia determinar a gravidade da ofensa: oficialmente, os pigmentos ametistina e tírio — o primeiro, obtido de pedras preciosas; o segundo, de moluscos do gênero múrice — podiam ser fornecidos somente aos membros da corte imperial, e os mercadores que ousavam importá-los para outros clientes arriscavam ter seus negócios fechados. A utilização de pigmentos extraídos de raízes e liquens, menos fortes, era menos problemática. Caso tenha integrado a comitiva imperial, Cálvia Crispinila, a bizarra e temida roupeira de Nero, terá tido a oportunidade de identificar um sem-número de infrações, bastando-lhe um rapidíssimo exame dos tecidos. Em Roma, uma senhora respeitável, porém alheia aos costumes, teve suas roupas arrancadas em praça pública pela guarda pretoriana, a título de punição.[17]

Ao serem acompanhados até seus respectivos alojamentos, para descansarem e se refazerem antes das festividades noturnas, os membros do séquito imperial teriam atravessado uma sucessão de parques e jardins, talvez menores que os de Roma, mas igualmente encantadores. Tratava-se de espaços saturados com a atmosfera de um passado arcadiano, em que sátiros e animais silvestres, pintados nos muros ou modelados em bronze ou mármore, misturavam-se ao exuberante verdor daquele início de verão. Arbustos de alecrim, canteiros de tomilho e uma miríade de outras ervas aromáticas perfumavam o ar quente, enquanto aromas mais sofisticados embebiam quem passasse por uma estátua banhada com essência de rosas ou violetas, ou quem parasse para admirar os peixes ornados com jóias que nadavam em riachos perfumados.

Uma vez recompostos, os hóspedes pouco teriam a fazer senão deleitar-se com o canto dos pássaros que arremetiam sob a copa dos pinheiros e esperar pelos prazeres da longa noite que os aguardava. O conceito de *otium* — o período de descanso a que se tinha direito uma vez terminadas as obrigações oficiais do *negotium* — não encerrava nenhuma conotação moral dúbia e, se mantido em equilíbrio relativamente aos outros aspectos da vida, era tão prezado quanto qualquer outra virtude. Mas, quando a palavra *otium* se fazia acompanhar do adjetivo "grego", não havia dúvidas de que o fiel da balança pendia para o lado da extravagância. O lazer oferecido à comitiva de Nero em Pompéia teria sido grego em todos os aspectos, e esse era o mínimo que os romanos da corte teriam esperado.

Lá pelo meio da tarde, o sol ainda alto no céu, a espera chegaria ao fim e os banquetes finalmente teriam início. Em alguns lugares, pérgulas de videiras forneciam a sombra necessária; em outros, velas de lona haviam sido estiradas sobre as mesas, enormes triângulos de pano amarrados em árvores e postes, como redes gigantescas; nas casas, toldos cortados sob medida haviam sido atados a argolas de metal no alto das colunas, semelhantes às que ainda podem ser vistas no pórtico da Casa de Meléagro. Ouvido ao longe, o farfalhar das lonas abanadas pelo vento decerto aguçava os apetites nas outras partes da cidade.

Pois nem todos haviam sido convidados para os festejos. Mesmo com todas as cozinhas domésticas de Pompéia trabalhando a pleno vapor, os banquetes comportavam apenas uma minúscula fração daqueles que vinham batalhando por um convite ao longo das semanas anteriores. O resto da população teria de procurar por diversão nas festas organizadas pelos diversos *collegia* ou na costumeira animação das tabernas da cidade. Em dias normais, era em torno da quarta ou quinta hora que esses *cauponae* começavam a abrir para receber as entregas de comida e vinho; no entanto, com o prospecto de uma longa noite pela frente e a irresistível tentação de espiar a chegada do imperador, pelo menos naquele dia as tabernas abririam bem mais tarde. Em primeiro lugar, as ripas que separavam o balcão da rua teriam de ser recolhidas uma a uma; em seguida, a comida começaria a ser preparada, se esse fosse o caso; por fim, os incensos — que certa estalagem havia incluído em sua lista de compras — seriam acesos para amainar os efeitos do vinho.

Quando a elite se retirasse para seus respectivos jantares, as estalagens e tabernas já estariam em plena atividade: os clientes, gastando o que não tinham na esperança de que dinheiro fosse distribuído durante a visita do imperador; os proprietários, cogitando até quando continuaria a bebedeira antes que as coisas saíssem de controle. Mas, por ora, somente a proibição imperial de que petiscos fossem servidos nas tabernas poderia afetar a alegria geral. Nero vinha encorajando o vegetarianismo e considerava a sopa de ervilha o único prato adequado às tabernas. Diante dos boatos de que as estalagens usavam a carcaça de animais sacrificados nos templos para preparar boa parte de seu cardápio, e em vista dos riscos de contaminação bacteriana das carnes, os editos do imperador haviam sido promulgados, pelo menos até certo ponto, em prol da saúde pública. Todavia, o receio maior era de que, quanto mais as pessoas se demorassem à mesa, maiores fossem os riscos de conspiração.

Enquanto esperavam nos átrios e nas áreas públicas das mansões até que os demais convivas fossem devidamente anunciados e recebidos, os visitantes podiam se divertir apreciando as obras de arte e os registros da história familiar de seus anfitriões. Tão logo todos estivessem reunidos, o grupo prosseguiria no lento cortejo até a área do banquete, talvez parando a meio caminho para observar um escravo espargindo libações num fogo cerimonial ou oferecendo provas de comida aos deuses do *lararium*. Antes de tomarem seus assentos, eles teriam de se descalçar para que a poeira das ruas fosse lavada das mãos e dos pés, tal como podemos ver numa lista de recomendações aos visitantes na Casa do Moralista. Uma vez terminadas as abluções, o banquete seria servido. Em alguns casos, salas internas seriam usadas, mas pelo menos um quarto das residências maiores de Pompéia contava com um *triclinium* de verão, com leitos almofadados espalhados pelo jardim. Destas, dez haviam sido projetadas de modo que fios d'água corressem entre os leitos e que, em vez de se servirem a partir de uma mesinha colocada no centro do semicírculo de leitos, como de hábito, os convivas pudessem colher suas iguarias de pratos dispostos à beira da água ou flutuando nela. Quase podemos visualizar a alegria dos pompeianos, caminhando na direção de um jardim iluminado por tochas, na perspectiva de passarem uma noite de muito luxo, e ainda por cima na companhia de gente tão ilustre.

Aproveitando-se da distração dos demais, os ambiciosos talvez tentassem subornar o *vocator*, o mais poderoso de todo o batalhão de escravos envolvido no banquete e responsável pela disposição dos convidados nos três leitos.[18] Ditava o costume que eles fossem distribuídos em ordem hierárquica ascendente, no sentido anti-horário; assim sendo, as paredes dos *triclinia* internos muitas vezes eram pintadas com imagens que ecoavam o status das pessoas que se reclinavam diante delas.

Tão logo todos estivessem acomodados, vinho gelado seria servido — um tantinho diluído e adocicado com resina ou mel, tal como recomendavam os *connaisseurs* —, e os primeiros pratos seriam trazidos. Os frutos do mar decerto teriam destaque no cardápio oferecido pelos diversos anfitriões, sempre acompanhados de uma seleção de molhos aromáticos. Em alguns casos, as ostras também dariam o ar de sua graça, provavelmente as bivalves, mais sofisticadas, colhidas na costa de Brindisi e transportadas para o outro lado da Itália para amadurecerem nas águas do lago Lucrino, na Campânia. Esse era o tipo de extravagância que fazia a alegria do imperador, e até mesmo a de Plínio, para quem "a mistura resultante de dois sabores fortes mais do que compensava todo o trabalho".[19]

Em seguida, para estimular a conversa pós-comezaina, a parafernália para o primeiro número de entretenimento seria trazida: um aquário transbordante de onde um salmonete seria retirado, para depois ser colocado numa superfície lisa e coberto por uma redoma que tinha por função acelerar a asfixia e permitir que a agonia do peixe fosse acompanhada por todos. Pois é a cruz e a glória do salmonete que, à medida que ele vai morrendo, suas escamas passem por todo um espectro de cores sutis, assinalando sua passagem desta para a melhor. Ademais, que propósito mais nobre poderia haver para um peixe do que assombrar e divertir a corte neroniana com a própria morte?[20]

Embora a maior parte da escravaria estivesse ocupadíssima com outras tarefas nos bastidores, os servidores de vinho poderiam se valer da sobriedade que ainda imperava naquele início de noite para refletir sobre o espetáculo que haviam presenciado e os apetites cruéis e caprichosos de seus senhores. Parados logo atrás dos convivas, atentos ao momento em que a taça de um deles precisasse ser reabastecida, esses belos jovens — bem como os mais velhos que se esforçavam para manter uma aparência juvenil — poderiam tomar o destino do salmonete como sinal do que estava por vir.[21] De pele macia e cabelos longos, alguns adquiridos recentemente no mercado para aumentar a carga erótica daquela noite especial, os servidores de vinho muitas vezes eram vistos como meros brinquedos sexuais. Muito antes de terem de sobraçar um convidado bêbado e arrastá-lo para a cama — uma cena sórdida que serviria de tema para um mural de Pompéia —, eles teriam sido obrigados a aturar uma interminável sucessão de abusos motivados pelo álcool: insultos, humilhações e atos de violência, além de toda sorte de apalpos e avanços libidinosos. Referindo-se a esses belos desaventurados, Sêneca escreveu: "...ao menor murmúrio são repreendidos com a vara; pagam um preço altíssimo pela mais discreta quebra de silêncio; são obrigados a trabalhar a noite inteira, famintos e mudos."[22]

Em vista do que se esperava dos servidores de vinho, os escravos mais exóticos, vindos do Oriente, eram disputadíssimos nos leilões — um belo mancebo hindu, por exemplo, talvez fosse o sonho de consumo de muitos. Embora houvesse certa homogeneidade entre os meninos que serviam à mesa, as diferenças físicas entre os que trabalhavam nas coxias eram decerto bem pronunciadas: os bretões daquela época seriam em média nove centímetros mais altos que seus proprietários pompeianos, os quais, por sua vez, poderiam ser mais altos que os espécimes de outras raças conquistadas. Somente a condição de impotência comum a todos os escravos poderia dar azo a manifestações de solidariedade, que por certo não resistiam à exigüidade do espaço em que eles eram obrigados a trabalhar em ocasiões semelhantes.

Mesmo em lugares como a Casa das Vestais, reformada especialmente para a recepção de convidados, ou a Casa de Meléagro, em que o salão de jantar interno era posicionado de modo a facilitar o trânsito invisível dos escravos, o espaço dedicado à cozinha e às áreas de serviço era invariavelmente ínfimo. No entanto, era em cubículos assim que os pratos gastronômicos teriam de ser preparados para a corte de Nero, provavelmente receitas semelhantes àquelas registradas por Apício: aves assadas ao mel, favas cozidas com cominho e coentro, ou *porcellum hortolamun* — um porco cujos ossos eram extraídos pela boca para que a carcaça fosse preenchida com carne de lingüiça, lesmas, tâmaras e a delicada carne dos sabiás e de outros pássaros canoros. O trabalho na minúscula cozinha decerto ficava ainda mais difícil com a presença dos refinados cozinheiros imperiais, desdenhando dos pratos de que os locais tanto se orgulhavam. Mas com bons ingredientes — talvez carnes especiais, como aquelas vendidas num sofisticado açougue em Roma, espremido entre uma ourivesaria e uma perfumaria na via Sacra —, eles não teriam como errar.

Saídos do calor e do caos da cozinha, os garçons serviriam pratos em que talvez se vissem as folhagens de cenouras roxas e beterrabas — os romanos não comiam os tubérculos — ou porções de sorvete preparado à base de neve, de algum modo trazida das montanhas distantes. Com outros escravos voltando às pressas para os espaços da casa em que se escondiam os pratos vazios, os que chegavam precisariam dos talentos do bailarino e do ator para não colidir com ninguém e ao mesmo tempo manter a expressão servil que se esperava deles ao entrar num espaço público. A tolerância para erros seria mínima, e os escravos da Casa de Menandro poderiam agradecer aos deuses por uma boa alma ter providenciado que o mundo deles e o outro fosse separado por uma parede curva de modo a facilitar o trânsito humano.

Por mais de uma vez, enquanto abria caminho entre os escravos nos corredores estreitos, o garoto safou-se de ser pego simplesmente porque era ágil demais. Alheio aos impropérios que vinham de toda parte, fugiu pela entrada dos fundos e ganhou a escuridão das ruas. Desde que se vira livre do grandioso jantar que seu pai oferecia aos demais sacerdotes dos Augustais, Cerrínio Vátia mal havia parado para descansar enquanto pulava de banquete a banquete. Numa noite como aquela, até mesmo nas casas mais abastadas, os criados estavam ocupados demais para dar fé daquele pirralho de 12 anos, pequeno para a idade dele, que agora entrava onde bem entendia.

Tanto ele tinha visto que as experiências da noite já começavam a se embaralhar. Entre outras coisas, vira um assado ser fatiado ao compasso de uma orquestra, como se o fatiador participasse de uma exibição de artes gladiatórias, além de bolos que jorravam licor de açafrão. Tinha visto a estalajadeira Caprásia, dona da taberna perto da qual ele costumava brincar, entreouvindo os casos que ela contava sobre as orgias de Tibério em Capri, misturando-se aos clientes e procurando rir quando eles riam. E ainda agora ele quase fora atropelado pela manada de escravos que avançava na direção da sala vagada pelos fregueses para comer os restos de comida deixados sobre as mesas. Mas apesar de tantas maravilhas, nada poderia se comparar ao que ainda estava por vir.

Dali a pouco, um grupo de arruaceiros surgiu no fim da rua com uma lanterna balançando no topo de uma vara, mariposas adejando em torno dela. Vátia escondeu-se nas sombras cambiantes e esperou que eles passassem. O alvoroço das comemorações, tanto nas tabernas quanto nas casas, crescia em intensidade à medida que as pessoas se entregavam aos prazeres do vinho. Mas Vátia não se deixaria distrair. Pois agora estava a caminho de uma das casas da família de Popéia, convicto de que ali encontraria o imperador em pessoa.

Chegando à casa de Popeu Hábito, preparou-se para encarar o mais rígido esquema de proteção, mas os guardas plantados do lado de fora mal repararam nele. Dentro da casa, a luz das lamparinas estava tão fraca e as conversas tão sussurradas que por um instante ele receou ter chegado tarde demais. Mas o som distante de instrumentos musicais incentivou-o a atravessar o peristilo, decorado com máscaras de terracota que tremeluziam à luz das lamparinas. De repente, Vátia perdeu o chão. Já tinha ouvido falar de tetos em Roma que mudavam de cor sobre os convidados de uma festa, mas jamais vira ou ouvira nada parecido com aquilo.

Num pequeno palco elevado, uma cena estava sendo interpretada, não por atores humanos, mas por um elenco mecânico — bacantes dançando em roda, um Dioniso de gestos grandiloqüentes —, que se movimentava em perfeita harmonia e animava o mundo ao seu redor com plumas de fogo e fontes de leite. Mesmo os espectadores mais calejados encontravam-se perplexos diante daquelas novas maravilhas, engenhosamente concebidas por Heron de Alexandria. Somente o imperador parecia cansado e prestava pouca atenção. Vátia ficou desolado com a falta de interesse de seu ídolo. Ainda que carregasse nos ombros o peso do mundo, onde ele encontraria algo mais divertido do que aquilo?

Se os cozinheiros de Pompéia tiveram de se desdobrar para alcançar os padrões gastronômicos exigidos pelo imperador, os anfitriões de Nero precisaram ser ainda mais inventivos na hora de escolher os divertimentos a serem apresentados depois do banquete. Tão logo os convidados de um jantar romano se retiravam da área de jantar e passavam à etapa das bebidas — o *symposium*, ou *epidipnis* —, não raro um espetáculo qualquer era apresentado. Ainda que os pompeianos mais abastados tivessem condições de convocar trupes teatrais particulares ou itinerantes, o repertório tradicional dessas companhias dificilmente impressionaria a corte de Nero, sempre à cata de novidades.[23] Números de acrobacia talvez fossem uma alternativa — gente que escalasse escadas sem nenhum apoio, andasse na corda bamba, engolisse fogo etc. —, mas Nero não só já tinha visto tudo isso como também havia presenciado um acidente fatal, em que um arremedo de Ícaro se esborrachara no chão, manchando de sangue seu mais ilustre espectador. O que mais, então, poderia lhe interessar?

Um espetáculo erótico teria sido a primeira coisa a ocorrer aos anfitriões pompeianos; afinal, uma atração dessa natureza seria apenas um prolongamento natural para o clima de sensualidade provocado pelos murais das casas que o imperador visitara durante o dia. De um lado do espectro, talvez fosse possível acrescentar algum elemento sexual às atrações mais tradicionais, algo como uma orquestra de mulheres nuas ou um mimo que ultrapassasse os limites da costumeira obscenidade. Caso os organizadores precisassem de inspiração, bastaria que visitassem as tabernas locais, onde poderiam ver de tudo um pouco: acrobatas equilibrando taças enquanto faziam sexo em cordas paralelas, as famosas dançarinas de Cádiz apresentando-se em pêlo, especialistas na dança do ventre rodopiando a ponto de, nas palavras do poeta Marcial, "fazer o próprio Hipólito se masturbar".[24]

Mas Nero, já sob a influência de Tigelino e indiferente à provável presença dos cunhados, decerto preferiria algo bem mais picante, talvez nos moldes do seguinte relato: "O escravo recebia permissão para fazer o que quisesse com a mulher de seu senhor, na presença de seu senhor; e o gladiador violava a menina nobre diante dos olhos do pai dela." Nessas circunstâncias, pouco valor teria o regulamento de uma das casas de Pompéia, que recomendava aos visitantes: "Evite olhar lascivamente para a mulher de outrem. Procure manter um semblante de decência no rosto." É bastante provável que Tigelino e Petrônio estivessem presentes não só para aconselhar na programação da noite como também para identificar novos talentos a serem aproveitados em eventos futuros. Nesse caso, estariam à procura de candidatos de ambos os sexos e recomendariam que os espetáculos tivessem pelo menos uma pitada de homoerotismo, fundamental para capturar a atenção de um imperador cada vez mais afeito a transgressões nessa área. Acredita-se que uma das diversões preferidas de Nero consistia em vestir a pele de animais selvagens e violar meninos e meninas amarrados a um poste. Um comportamento assim talvez fosse de difícil digestão para uma cidade provinciana como Pompéia, mas os apetites imperiais não podiam ser frustrados. Poucos meses depois, naquele mesmo ano de 64 d.C., Nero vestiria um véu de noiva para celebrar seu "casamento" com o liberto Pitágoras, com direito a lua-de-mel e muito provavelmente a aquiescência de Popéia.[25] Se tivermos de escolher entre as inúmeras pinturas de Pompéia aquela que melhor tipifica os *cinaedi* — homens que incorporavam atributos femininos —, não encontraremos nada melhor que a imagem do próprio Nero, retratado como um Apolo em trajes diáfanos no salão do Murecine (Figura 23b).

Mas também é possível que, sabendo que jamais poderiam superar os prazeres que Roma podia oferecer, os anfitriões pompeianos tivessem optado por uma estratégia bem diferente: em vez de tentarem satisfazer os desejos lúbricos do imperador, eles buscariam recurso no lado mais civilizado de Nero, no apreço que ele tinha por todas as coisas alexandrinas. Aqui também poderíamos nos referir ao *Satiricon* de Petrônio, mais particularmente ao festim de Trimalquião, para obtermos uma pista sobre o que de fato constituiria uma surpresa para os romanos: ali, em meio a tantos excessos, os convidados suspeitavam que a qualquer instante algum autômato surgisse do nada e avançasse sobre eles.[26]

Nenhum resquício desses complexos mecanismos sobreviveu ao tempo, mas desde o tratado de pneumática de Filo de Bizâncio, do século II a.C., que se tornara bastante real a possibilidade de se criar máquinas que reproduzissem o comportamento de criaturas vivas mediante uma série de movimentos programados. Uma das simulações empreendidas por Filo — uma serpente armando o bote para atacar um ninho de pássaro — empregava um sistema de alavancas, parafusos e engrenagens que entrava em ação depois do acréscimo manual de água. Duzentos anos mais tarde, Heron, o grande promotor do automatismo nos dias de Nero, ainda usaria a hidráulica para alimentar suas vinhetas tituladas "Águia bebendo" e "Coruja e pássaros", porém com o atrativo adicional de um canto de pássaro simulado e de um número interativo com a platéia. Embora os anfitriões pompeianos de Nero tivessem meios de fornecer a água necessária para encenações semelhantes, na altura daquele início de década Heron já teria criado um teatro auto-suficiente que demandava apenas uma injeção inicial de energia — a queda de um saco de areia — para desencadear o mecanismo, abrir as portas e dar início à apresentação.

Em última análise, o mais importante era que os festeiros de Pompéia não se esquecessem de que os divertimentos oferecidos, fossem quais fossem, deviam ser apenas um pequeno adendo ao radiante espetáculo encarnado na própria pessoa do imperador. Naquela época falava-se de um citarista que percorria as tabernas de Roma, afirmando que uma das cordas de seu instrumento fora doada por Nero como recompensa por sua musicalidade, e ameaçando quem se recusasse a pagá-lo depois das apresentações.[27] A lógica das ameaças? Ora, a recusa de pagamento representava uma afronta ao juízo do imperador, um crime de traição.

Todas as cabeças de repolho que na véspera haviam escapado das panelas seriam agora, chegada a manhã, convocadas a aplacar a ressaca de boa parte da comitiva imperial. Superando todos os outros remédios na facilitação da digestão e conhecido por seus efeitos laxativos, o repolho certamente recebia destaque nas prescrições que o médico Magônimo passava àqueles que sofriam por conta de seus excessos — ingerido cru, para limpar o trato digestivo superior; escaldado e macerado com cominho e sal, para induzir o vômito de muco e bile durante os muitos dias de tratamento. Ao contrário dos asseclas de Nero, que decerto tinham desenvolvido um estômago forte para a bebida, os escravos imperiais que os acompanhavam, geralmente preocupados demais com a ascensão profissional para se entregar aos prazeres da bebida, teriam recebido de bom grado qualquer remédio que lhes permitisse comparecer em bom estado nas importantes cerimônias públicas daquela manhã.[28]

Todavia, enquanto se recompunham, mesmo os mais resistentes ficariam com saudades de casa ao pensar no que estava por vir: um dia inteiro de sorrisos forçados na companhia daquela gente medíocre e provinciana, deslumbrada com a presença imperial. "Embora estivéssemos ansiosos por vir, mais ansiosos ainda estamos por voltar a Roma, para os nossos próprios *lares*", era a reclamação recorrente deixada por uma meia dúzia de visitantes no gesso de seus respectivos anfitriões.[29] Teria sido uma tolice dos pompeianos esperar por outra coisa, e um equívoco tomar essa insatisfação dos romanos por uma ofensa pessoal. Sobre esse período, Lucrécio diz que a toda hora algum romano partia para o campo em busca de mudanças e novidades e, pelo mesmo motivo, acabava voltando à cidade poucos dias depois.

Talvez a única coisa imune a mudanças naquele período fosse a atmosfera de perseguição iminente em que os sequazes de Nero viviam. Quando os pompeianos se reuniram no teatro local para os primeiros ritos das homenagens do imperador a Vênus, para os quais Nero teria tomado seu costumeiro assento numa das laterais do palco, é possível que eles tenham se lembrado da visita do ator predileto do próprio imperador, Páris, alguns anos antes. Naquela ocasião, Páris caíra em desgraça com Agripina, mas agora seria Nero que, invejoso de seus talentos, ficaria ofendido; e dessa vez o ator não escaparia com vida.

Mais tarde, chegando aos escombros do Templo de Vênus para o ponto culminante da cerimônia, Nero não encontraria nada além de uma estátua cultual quebrada para direcionar sua devoção. No entanto, o momento da oferenda deve ter sido de grande emoção, tanto para ele quanto para os demais presentes. E, ao que parece, a deusa de fato atendeu as preces dos pompeianos pelas mãos do homem que se acreditava descendente dela — em espírito, senão em sangue —, por intermédio do grande Augusto, cujo título ele agora portava. "Quando César veio à prodigiosa Vênus — quando, Augusto, vossos pés celestiais vos carregaram — havia milhares e milhares de moedas de ouro", registra uma mensagem no gesso novo custeado pela benemerência de Nero. A deusa também recebeu o que lhe era devido: "Popéia presenteou a divina Vênus com um berilo e uma pérola em forma de gota; além de outra, muito maior", informa-nos um segundo grafito. Essa é uma das histórias de Nero que Tácito prefere omitir, talvez porque confira ao imperador uma indevida generosidade.[30]

Começava a anoitecer, e do alto da escadaria da cúria arruinada, Maio observava as portas improvisadas dos templos do fórum serem fechadas para assinalar o início das Lemúrias. Depois tomou a direção de casa, onde o aguardavam suas últimas obrigações.

Parecia-lhe que uma eternidade havia passado desde que acordara, ainda cedo, para acompanhar a partida da comitiva imperial, apenas para constatar que eles já haviam seguido viagem durante a noite. Mas a sensação de anticlímax perdurava. Nas ruas, os enfeites já pareciam mortiços; e as casas arruinadas em que eles se prendiam, mais desoladoras do que nunca. Afinal, que nova esperança o imperador de fato deixara? De que realmente adiantariam alguns sacos de ouro, a promessa de outros tantos e os palpites grandiosos de um ou dois arquitetos cheios de empáfia? Maio esperava que o otimismo que ele vira brotando no peito dos decuriões não lhes turvasse o juízo.

Tamanho era seu cansaço que as horas até a meia-noite pareciam se arrastar. Maio, contudo, não estava à procura de companhia. Mais uma vez chegara aquele momento em que os fantasmas da cidade, incansáveis e famintos, se levantavam para reclamar as casas que um dia haviam habi-

tado; a primeira das três noites em que seria preciso afugentá-los. Maio pensou nos muitos que haviam se mudado para aquelas casas depois do terremoto, imaginou a aflição que eles deveriam estar sentindo com a volta dos mortos desconhecidos. Julgava uma bênção ter morado a vida inteira numa mesma casa.

Quando por fim passou ao átrio, ficou aliviado ao ver que tudo havia sido preparado. Levando o polegar à testa, fez o sinal e lavou as mãos na bacia de água fresca antes de tomar os grãos de feijão preto na palma da mão. Ficou tocado com a leveza e a suavidade deles. Seria possível que tão pouco bastasse para mandar os mortos de volta às suas moradas?

Rapidamente ele se virou e arremessou os grãos, que se espalharam no piso de mosaico feito uma breve e repentina pancada de chuva. "Com estes que joguei, livro a mim e aos meus." Por nove vezes entoou essas palavras, bateu as mãos na água e, tocando os pequenos címbalos, expulsou os fantasmas de casa. O tilintar do bronze pairou no ar e, lentamente, desfez-se em silêncio.

— IX —

Antes que Nero pudesse seguir para o porto de Brindisi e embarcar para a Grécia, imprevistos forçaram-no a cancelar a turnê para a qual ele tanto havia se preparado. Ficaria para outra ocasião o desfile planejado para celebrar seu retorno a Roma: a entrada triunfal do imperador na cidade, a bordo de uma carruagem puxada por quatro ruidosos elefantes do rebanho imperial, mantidos numa reserva em Laurento. O espetáculo — para o qual partes dos muros da cidade teriam de ser destruídos — talvez tivesse sido inspirado nas imagens de Vênus nos murais de Pompéia que o imperador tivera o ensejo de ver durante sua visita (Figura 5e). Uma moeda de 55 d.C. também retratava um espetáculo semelhante, mas nesse caso a carruagem era ocupada pela dupla divina de Augusto e Cláudio, e a efígie de Agripina figurava no verso. Desde então, muita água já havia rolado sob a ponte de Nero.

Naquele mesmo verão, no teatro de Nápoles, Nero finalmente teria a oportunidade de exorcizar qualquer resquício de culpa pelo assassinato da mãe com a interpretação de Orestes — o filho de Clitemnestra, que assassina o marido Agamêmnon tão logo ele retorna de Tróia —, cujos bons motivos para o matricídio suplantariam os do próprio Nero, bem menos nobres. Outros crimes de seu reinado também seriam passíveis de expurgo semelhante, desde que Hércules e Creonte integrassem o repertório imperial. E, para surpresa e desconsolo daqueles que ainda idealizavam o passado republicano de Roma, quanto mais Nero adotava a persona de um rei grego — transitando entre o mundo dos mitos e o dos homens —, tanto mais o populacho parecia abraçar sua causa.

A generosidade dos presentes que ele distribuía certamente dissipava toda e qualquer dúvida acerca de suas intenções, bem como a aura de luxo e opulência perdulária que vicejava ao seu redor. Que Nero agora conferisse a propriedade dos tesouros do subsolo a quem os encontrasse, e não ao Estado, poderia ser visto como emblema do pensamento vigente de que os direitos de propriedade antigos já não valiam muita coisa, e que o destino podia dar a qualquer um a oportunidade de remodelar sua vida.

Todavia, com o passar dos anos, ninguém que se desse ao trabalho de olhar sob aquela casca de purpurina poderia deixar de perceber que os paradoxos do reinado de Nero haviam se tornado muito mais difíceis de conciliar. Assim como seu maior rival, Caio Calpúrnio Pisão — um homem, como Nero, de alta linhagem e com veleidades artísticas, que pregava contra os males do luxo ao mesmo tempo que chafurdava neles —, o imperador passava totalmente ao largo dos fatos. As diversas tesourarias do império sangravam suas riquezas, e o ouro e a prata dos cidadãos de Roma escoavam para o Oriente sem nenhuma espécie de controle. Cinqüenta milhões de sestércios migraram para a Índia no período de um único ano, com os mercadores embolsando lucros de até cem por cento a cada estágio do caminho. Quando avaliassem as perdas incorridas com a absurda munificência de Nero, os sucessores do trono romano chegariam a um montante superior a vinte bilhões.[1] Com uma esposa como Popéia, que exigia ferraduras de ouro para suas mulas e o leite de cem asnas para se banhar, Nero não teria dificuldades para justificar seus gastos.

"O romano conquistador agora dominava o mundo inteiro, mar e terra, o curso do sol e da lua. Mas ainda assim não estava satisfeito." O *Satiricon* alude à megalomania que rapidamente envenenava o governo de Nero. Já reconhecido como deus por alguns, Nero usaria as conquistas mais recentes de Corbulo na Armênia para reforçar sua imagem divina. Pela primeira vez em cento e onze anos as portas do Templo de Jano se fechariam para sinalizar que a guerra havia sido completamente banida do império. No entanto, embora a paz fosse uma aspiração nobre, a grandiosidade dos projetos de Nero tornava a guerra mais necessária do que nunca. Sem ela, a máquina econômica do império não tardaria a emperrar.

O destino interviria nas primeiras horas do dia 19 de julho de 64 d.C. Apenas alguns dias depois da orgia mais extravagante de Tigelino, a capital foi purgada com um terrível incêndio que finalmente empurraria as finanças do império para o fundo do abismo. Os decretos augustanos que limitavam a altura das construções vinham sendo ignorados desde muito, e, na periferia da cidade, prédios residenciais de estrutura de madeira chegavam a ter mais de seis andares, espremendo-se uns contra os outros em busca de apoio. Os incêndios eram comuns, mas nada de tamanha proporção jamais fora visto. Espalhando-se rápido demais para ser contido, o fogo ardeu por seis dias, arrefeceu, e depois ganhou novo ímpeto, chegando a consumir mais de um terço da cidade. Nero encontrava-se fora quando tudo começou, mas voltou às pressas para assumir as rédeas da emergência. E, apesar dos rumores de que se tratava de um incêndio criminoso, encomendado pelo próprio imperador, a reputação de Nero só fez crescer com o episódio.

Mesmo na sua decisão de cantar um lamento pela queda de Tróia enquanto a cidade ardia em brasa, Nero era interpretado como se estivesse dando voz ao pesar do povo. Seu juízo e sua devoção estavam acima de qualquer crítica. Os textos sibilinos sagrados que Augusto havia depositado no Templo de Apolo foram consultados; milho foi buscado nas cidades vizinhas a fim de garantir o suprimento; bodes expiatórios foram encontrados entre os membros de uma seita judaica messiânica, notória por seu repúdio ao prazer e sua obsessão pela morte. A ira do povo era justificada, e tão hediondo era o crime cometido contra os verdadeiros deuses cujos templos haviam sido destruídos que o próprio imperador chamou a si a responsabilidade de escolher a punição adequada. Visando à máxima publicidade, foi ao parque onde os sem-teto haviam acampado que as vítimas foram crucificadas — uma troça com o finado líder delas, Jesus — antes de serem queimadas vivas. Dessa vez foi Nero em pessoa que, vestido de Apolo, o deus-sol, acendeu as piras, sob os vivas de uma multidão ávida por acreditar que tinha um líder capaz de devolver a luz à sua obscurecida Roma.

Para alguns, o encanto de Nero jamais seria quebrado. Para muitos, contudo, os primeiros sinais de desencanto por certo apareceriam quando os escombros carbonizados da cidade começassem a ser recolhidos. Nada melhor que um meticuloso planejamento urbano para substituir o caos vigente antes do incêndio, mas, no lugar de uma ampla limpeza que possibilitasse a construção de novas moradias, um vale inteiro no coração da capital foi deixado vago para a construção da *domus aurea*, ou casa dourada, com a qual o imperador tanto sonhava. É possível que, como sugerem alguns, Nero tivesse realmente a intenção de abrigar a cidade inteira em sua nova casa, oferecendo banhos e jardins comunitários e satisfazendo todas as demais necessidades da população. Mas, diante da gigantesca estátua de Apolo-Nero que começava a ser erguida numa das extremidades da Via Sacra, e do ouro que vinha sendo pilhado dos templos arruinados e derretido para banhar os trinta e cinco metros dessa estátua, muitos teriam receado o regime despótico que poderia advir de um governante tão ególatra.

Quando a peste se abateu sobre a cidade enfraquecida, plantou-se a notícia de que a permanência de Nero em Roma — em comiseração a seus súditos — devia-se tão-somente a uma visitação da deusa Vesta. Dessa vez ninguém se importou. Os efeitos da peste eram horrendos: "Nas casas só se viam corpos inertes, e nas ruas, cortejos fúnebres. Homens e mulheres, jovens e velhos, ninguém estava a salvo da doença; escravos e cidadãos livres eram igualmente vitimados e, não raro, queimados na mesma pira, na presença de esposas e filhos que haviam, eles também, se deixado infectar enquanto cuidavam de seus doentes ou pranteavam seus mortos." Diante da doença, sequer o imperador podia fazer alguma coisa. A grandiloqüência de seus planos de construção servia apenas para evidenciar suas limitações mais que humanas, e, aos poucos, sua credibilidade começaria a ruir.

Foi nessa época que começaram a ser engendrados os primeiros planos de golpe contra Nero. No seio da elite, a animosidade era crescente. Senadores cujas mulheres e filhas Tigelino havia violado, e de cuja fortuna ele se sentia cada vez mais inclinado a apropriar, começavam a conspirar. Mas quando o aristocrata Torquato Silano foi acusado e induzido ao suicídio, o mais surpreendente não foi que um parente de Augusto estivesse no comando de tudo, mas sim que ele contasse sobretudo com o apoio de libertos. Pois agora os libertos estavam no coração do regime: Fáon era o secretário esbanjador de Nero; Doríforo atabalhoadamente mediava as relações de Roma com as províncias; Policlito havia liderado a comissão de inquérito enviada à Britânia depois da revolta de Boudicca e fora duramente criticado pelo fausto de seus hábitos naquela viagem tão longa. Mesmo assim não havia dúvidas quanto à lealdade dos aristocratas a Nero, o único protetor em que eles podiam confiar. Podiam mesmo? A paranóia rapidamente ganhava terreno. Nada mais podia ser dado como certo.

Como se para confirmar os piores receios do imperador, os presságios não se revelavam bons: mais uma vez a passagem de um cometa prenunciava uma mudança de governante, embriões bicéfalos haviam sido descobertos em animais sacrificatórios, e em Placência um bezerro nascera com a cabeça presa à perna. Em meio a tantos raios e trovões, um novo plano começava a fermentar naquele fim de ano; bastava apenas decidir onde o golpe seria realizado. Pisão, um suposto sucessor, não se decidia quanto à utilização de sua casa na Campânia. Outros mostravam-se mais firmes no propósito de que, chegado o verão de 65 d.C., Nero já não deveria mais ocupar o trono.

CAPÍTULO 10

Os reis das Saturnais

Dezembro de 64 d.C.

Quem passasse por Vétio Convívia enquanto ele atravessava a cidade naquela tarde fria de inverno pensaria duas vezes antes de cumprimentá-lo. A cada pisada, ele descarregava no chão uma parcela ínfima da raiva que trazia no peito. Boa parte da semana anterior fora dedicada às negociações finais para o casamento de seu irmão, um escravo liberto, com a segunda filha dos Gávio. Para Restituto, ligar-se a uma jovem tão bem-relacionada era claramente vantajoso. Mas para a família dela, agora em dificuldades, os benefícios daquela união também não eram poucos, e Convívia bem sabia disso.

Por acaso ele não tinha aceitado emprestar-lhes o dinheiro do dote na surdina a fim de poupá-los de qualquer constrangimento público? Também não tinha se oferecido para custear o banquete e os sacrifícios cerimoniais? E que paga ele recebera? Poucos minutos antes Convívia ficara sabendo que a tia da noiva — logo quem! — havia publicamente insultado Restituto ao ler os presságios para o futuro do casal. Que importância tinha para ela saber que havia tempestades pela frente e que um liberto talvez tivesse dificuldades para enfrentá-las? Por que aquela gente custava tanto a aceitar que as coisas haviam mudado para sempre?

Só quando entrou na sede dos Augustais foi que Convívia se deu conta do quanto estava atrasado. Os rituais de abertura em homenagem a Augusto e a seus sucessores já estavam em andamento. Uma meia dúzia de Junianos adequadamente recatados espalhava-se pelos cantos, junto com dois ou três pompeianos livres que, a par do espírito dos tempos, haviam pulado para dentro do barco. De modo geral, contudo, a sala estava repleta de libertos como ele próprio, que haviam prosperado no decorrer dos últimos anos. Lá estava Vesônio Fileros, admitido na confraria havia coisa de um ano. Seu rosto normalmente confiante agora exibia traços da tensão acumulada com uma parceria comercial em vias de se desfazer. Dizia-se que Orfélio Fausto vinha travando negócios paralelos com Ululitrêmulo, concorrente deles, mas o traidor acabaria por se arrepender: Fileros agora era um Augustal e decerto poderia contar com o apoio de seus pares. E lá também estava o velho Cerrínio Restituto, os cabelos prematuramente encanecidos por conta de seu impetuoso filho Vátia. No entanto, antes de qualquer outra coisa, Convívia precisava cumprimentar Popídio Ampliato, que transbordava de orgulho com o nascimento de seu último filho, Celsino.

Apenas Convívia cumprira essas amenidades, tiveram início os trabalhos. Gargalhadas e resmungos eclodiram quando foi anunciado que, mais uma vez, os Augustais seriam chamados a contribuir com o custeio da reconstrução da cidade. De imediato alguns reclamaram que os arquitetos locais vinham perdendo terreno para os figurões de Roma. Ora, não fora o campaniense Décimo Cossútio quem concebera o Olímpio em Atenas? E Cocceio não fora bom o bastante para projetar os templos de Putéolos, e Artório Primo, o novo pórtico do fórum?

Mas tudo isso se dera muito antes, e todos pareciam concordar que os planos ambiciosos dos arquitetos de Nero, Celer e Severo, constituíam um desafio que merecia ser enfrentado. Tratava-se de uma oportunidade imperdível para que os libertos pompeianos conquistassem, de uma vez por todas, o respeito da sociedade. Projetando lucros e fazendo contas, eles agora tinham uma só pergunta em mente: "Quanto e quando?".

Os menos afortunados da sociedade esperavam ansiosos pelos últimos dias de dezembro, quando então se davam as Saturnais. Nesse período, e somente nele, os escravos eram agraciados com uma suspensão temporária de sua servidão, e a ordem social, de ordinário tão rígida, sofria uma verdadeira reviravolta. Escravos e senhores portavam o capuz de feltro que denotava a condição de liberto, sinal de que tanto uns quanto outros estavam livres de suas obrigações regulares. Eles jantavam juntos, trocavam presentes e permitiam-se toda espécie de excessos. Lá pelo décimo inverno do reinado de Nero, a muitos parecia que a inversão de valores das Saturnais havia sido incorporada permanentemente à sua existência. Sêneca chegaria a comentar que, comparadas à vida diária sob "o mais saturnal dos príncipes", as Saturnais propriamente ditas pareciam um breve hiato dos excessos.[1]

O comportamento do próprio imperador só fazia estimular esse tipo de atitude. A devassidão da elite — segmento central nos espetáculos orgiásticos organizados por Tigelino — constituía tão-somente um exemplo extremo dos festejos de dezembro. E, como se quisesse dar um endosso pessoal àquele estado de perpétua anarquia, Nero usava nas suas audiências oficiais os trajes que normalmente só eram vistos nos banquetes saturnais. Na aparência e no comportamento, ele deixava claro seu desprezo pelas convenções que sufocavam as liberdades individuais e simultaneamente convidava a população a seguir seu exemplo.

Os libertos da Campânia não precisavam de nenhum estímulo desse tipo: sua ascensão social já se fazia suficientemente visível mediante a crescente popularidade dos Augustais, que agora atraíam o interesse de diversos segmentos da sociedade. Os numerosos fragmentos do álbum da loja de Herculano que sobreviveram ao tempo mostram que, para lidar com o afluxo, o clube acabou por desenvolver uma estrutura interna, representada por colunas que, à maneira militar, dividiam a totalidade dos membros em três "centúrias".[2] Na primeira delas, intitulada *Veneria*, listavam-se os verdadeiros libertos; na segunda, intitulada *Concordia*, os latinos Junianos; e na terceira encontravam-se os homens livres, mas de baixo estrato social, que não viam nenhum estigma naquela associação com os libertos e ambicionavam valer-se dela para ascender socialmente.

O único Augustal de Pompéia cuja casa foi identificada é Vétio Convívia, que, segundo nos informam os códices de Jucundo, tornara-se membro desde o final da década de 50 d.C. A atmosfera ligeiramente risível de autopromoção que permeia sua casa sugere um Vétio não muito diferente do que talvez fosse o Trimalquião de Petrônio: ostensivamente orgulhoso de suas conquistas e um tanto vulgar na sua maneira de exibi-las. Embora situada numa parte boa da cidade e cercada de vizinhos influentes, a Casa dos Vétio fica numa rua relativamente afastada e obscura, do outro lado de uma taberna. Mas logo depois de uma entrada e de um átrio modestos, tudo ali parece declarar uma confiança inabalável de que a fortuna continuará eternamente a sorrir para seus habitantes.

Uma das primeiras imagens com que o visitante se depara é a pintura, quase de tamanho natural, de um personagem barbudo, vestindo o capuz de feltro dos libertos, carregando uma balança repleta de moedas e exibindo sob a túnica um pênis de proporções descomunais. No que se refere à sorte, a imagem diz, o que realmente importa é a riqueza que ela produz — e nesta casa o que não falta é sorte e riqueza. Diante dessa pintura, ninguém duvidará de que as duas arcas presas às paredes do átrio, portando os nomes de Restituto e Convívia, ficassem permanentemente repletas de riquezas. E na hipótese de que alguém resolvesse testar a força dos parafusos que as prendiam às paredes, imagens de hermafroditas foram distribuídas pelos diversos ambientes da casa com o intuito de espantar o mau-olhado dos invejosos.

Mas essa estranha combinação de arrogância e superstição, tão característica da Casa dos Vétio, não pára por aí. Numa seqüência de pinturas mitológicas na parte posterior do peristilo, o tema da transgressão e do castigo é representado por histórias de deuses e homens; noutra, não muito distante, personagens míticos familiares são retratados no momento em que dão provas de sua grandeza. Ao que parece, os Vétio gostavam de propalar quanto era tênue a fronteira entre o ousado e o desmedido, assim como a inteligência com que transitavam entre uma coisa e outra. O envolvimento dos irmãos no comércio e na indústria é claramente retratado na atividade dos rechonchudos *putti*, ou querubins, que adornam as bordas das pinturas mitológicas: a produção de vinho e perfumes, o cultivo e comércio de flores (Figura 7). Em outra parte, uma coruja talvez represente o envolvimento dos Vétio numa oficina de pisoagem na mesma rua, algumas casas abaixo. Somente a ubiqüidade das imagens de Fortuna e Mercúrio, os deuses protetores do comércio, dá indícios de que um dia os irmãos pudessem vir a precisar de ajuda divina.

Em 64 d.C. faria oito anos que o senado havia debatido o que fazer com o número crescente de ex-escravos que se recusavam a observar as condições implícitas de sua alforria. O problema era grave: "A insolência, intensificada com a liberdade, havia alcançado tal ponto que os libertos não se contentavam mais em serem iguais a seus patronos, mas zombavam da docilidade deles e até mesmo levantavam a mão para atacar, e sem qualquer punição — ou com uma punição sugerida por si próprios!" No entanto, mesmo quando o contrato social que governava a escravidão romana começava a dar sinais de desgaste, o senado não tinha meios para mandar sequer os mais recalcitrantes de volta à servidão. Tal como os satiristas gostavam de apontar, a única opção restante era exilá-los para além do centésimo marco miliar desde Roma, o que obrigaria a Campânia a receber boa parte daquele contingente de ex-escravos intratáveis. Talvez isso explique a variedade de "tribos" de que se compunham os Augustais de Herculano, um terço dos quais são listados como estrangeiros à Menênia local, vindos de paragens mais distantes. Nesse caso, a sanção pelo exílio teria sido contraproducente. A presença de forasteiros simplesmente abriria novas possibilidades para o estabelecimento de redes mercantis passíveis de serem operadas ao largo da vigilância dos ex-senhores dos libertos.[3]

Os libertos Vétio certamente eram originários de Pompéia: eles e seu patrono moravam a apenas algumas ruas de distância. O ingresso na loja local dos Augustais teria dado a Convívia acesso não só a colegas oriundos da Menênia — que talvez viessem de lugares tão distantes quanto a península de Sorrento, com seus famosos vinhedos — mas também a comerciantes que tinham conexões com outros pontos da Itália. Mas em todos os ramos de negócio retratados pelos querubins nas pinturas de Convívia, o fundamental era mesmo manter boas relações com os produtores e comerciantes locais — sobretudo no fabrico de perfumes. Nesse caso, o princípio de dezembro era a época mais importante de todo o ano.

Uma quinzena antes do início das Saturnais, enquanto o deus das sementes e das semeaduras era apaziguado e o solo ainda descansava, o conselho de Columela era que nenhuma ferramenta de ferro fosse utilizada para revolver a terra. No entanto, ainda havia muitas outras tarefas com as quais os trabalhadores libertos poderiam se ocupar: enxertos de cerejeiras, amendoeiras, macieiras e marmeleiros podiam ser preparados nessa época, e, mais importante ainda para os Vétio, as melhores olivas do ano, colhidas em novembro, podiam ser joeiradas e processadas. Para uma família envolvida tanto na produção de vinho quanto na de perfume, o dinheiro obtido com a venda da safra do ano anterior era providencialmente embolsado a tempo de ser reinvestido na olivicultura. Apenas o azeite verde dessa extração era considerado puro o bastante para servir de base às essências florais e, por conseguinte, era vendido a um preço duas vezes mais alto, com especial demanda para os famosos azeites da Campânia.[4]

Plantar e extrair as próprias frutas era claramente a melhor forma de garantir a manutenção dos padrões de qualidade. Os proprietários de uma charmosa perfumaria haviam comprado um terreno próximo ao anfiteatro de Pompéia, abandonado depois do terremoto, e criado um grande jardim irrigado para o cultivo de flores e oliveiras. Esse jardim incluía uma área para refeições ao ar livre, que, se já não estivesse lá antes, poderia ser indício de uma predileção dos proprietários pelos prazeres mais simples da vida. Mas embora a existência de arranjos desse tipo provasse a viabilidade da produção de perfumes em pequena escala em Pompéia, uma operação bem mais complexa teria sido necessária para sustentar o refinado estilo de vida que os libertos Vétio passaram a cultivar.

O centro para a produção de perfumes na Campânia era Cápua — cerca de cinqüenta quilômetros a norte da baía de Nápoles —, bem como uma cidadezinha dependente dela, chamada Seplásia, onde era produzido um perfume feito com as rosas selvagens da região, supostamente superiores a todas as variedades cultivadas. Organizados numa cooperativa de oficinas, os *unguentarii* de Seplásia gozavam de considerável poder, e as principais famílias do ramo contavam com patronos de grande prestígio em Roma. A certa altura, o distrito inteiro impetrou uma demanda contra um coletor de impostos acusado de taxar ilicitamente a importação de ingredientes exóticos, fundamentais à produção local. Os contatos foram acionados, e a petição acabou sendo julgada na instância mais alta da magistratura romana, a dos cônsules. No tempo de Cícero, cerca de um século antes, a família mais proeminente era a dos Plotio: parte do clã comerciava com o Oriente a partir de Cápua, e outra parte, de Putéolos. O aristocrata que lhes servia de patrono, Lúcio Plotio Planco, chegara mesmo a ser traído pelo perfume forte que usava quando se escondia de uma acusação de traição. Todavia, na década de 60 d.C., eram os Fênio que estavam em ascensão, com tentáculos que alcançavam Roma, Putéolos, Ísquia e até a distante Lugdunum, atual Lyon.[5]

Em 62 d.C., Lúcio Fênio Rufo havia servido, junto com Tigelino, como comandante da guarda pretoriana. Com a crescente demanda por supérfluos na corte, e com Tigelino atuando como intermediário, os clientes de Fênio Rufo decerto se regalavam com as oportunidades de compra. Mas visto que a demanda já começava a ultrapassar a oferta, um monopólio teria sido impossível de sustentar, e pelo menos um outro perfumista de Cápua dedica uma tábula ao imperador como agradecimento pela preferência dele. Os floricultores, tanto quanto os próprios perfumistas, também teriam sofrido enorme pressão. Um suprimento constante de pétalas frescas era necessário para cobrir a superfície dos lagos nas ocasiões de festa ou para adornar a cama do imperador. E nenhuma imperfeição era tolerada: mesmo se uma única pétala estivesse crispada, Nero reclamaria de insônia. E visto que o teto do salão de jantar da Casa Dourada de Nero possuía duas chapas de marfim retráteis que, quando recolhidas, despejavam flores e perfume sobre os convidados, os floricultores e perfumistas de Pompéia teriam sido obrigados a desviar para Roma uma parcela cada vez maior de suas exportações. Os que pudessem se beneficiar de contatos — patronos ou companheiros Augustais, por exemplo — teriam tido enormes chances de fazer fortuna.

E Pompéia não era de todo desprovida de vantagens nesse setor. Ao listar os equipamentos e ferramentas especiais que podiam ser comprados em diversas cidades italianas, Catão escolhe Pompéia e Nola pela qualidade de seus moinhos de azeite — chegando ao ponto de recomendar um fornecedor em particular, chamado Rúfrio. Além disso, não era raro que as estradas rumo ao norte se congestionassem com o transporte dos pesados blocos de basalto extraídos em Pompéia. Na cidade, uma oficina exclusivamente dedicada à moenda de olivas situava-se numa das ruas agitadas da zona comercial, a leste do fórum e a poucos minutos de caminhada da Casa dos Vétio. Mas, se pudermos dar crédito às cenas descritas em seus murais particulares, os irmãos Vétio tinham níveis de exigência bem mais altos. Segundo esses murais, eles evitavam qualquer espécie de brutalidade no tratamento das olivas. No lugar de um moinho de pedra, usavam uma estrutura alta de madeira na qual os cestos de olivas — colhidas ainda verdes a fim de evitar a fermentação e a resultante acidez — eram cuidadosamente despejados. Em seguida, as paredes dessa estrutura eram lentamente prensadas mediante a inserção de cunhas de madeira, encaixadas a golpes de minúsculos martelos. O óleo assim extraído era de qualidade infinitamente superior. Mas seria possível que os Vétio, de tino comercial tão aguçado, preferissem esse processo tão trabalhoso para fabricar seus perfumes a outros mais rápidos e manufaturados?

Nenhum moinho semelhante foi encontrado em escavações recentes, mas à luz dos murais na residência dos Vétio, hoje se reavalia a função de várias estruturas de madeira carbonizadas descobertas no passado. Por certo, qualquer perfumista que também cultivasse suas próprias flores, como aparentemente faziam os Vétio, já estaria acostumado à faina necessária para extrair quantidades infinitesimais do precioso líquido. Dezenas de carroças abarrotadas de flores teriam de vir do campo para suprir os duzentos quilos de matéria-prima que seriam precisos para encher um frasco de 150 gramas de essência. Nesse contexto, economizar tempo no processo de extração do óleo talvez não fizesse muito sentido; além disso, aquelas senhoras dispostas a pagar uma verdadeira fortuna pelos diminutos frascos de perfume talvez gostassem de saber que todos os cuidados possíveis haviam sido tomados no processo de produção.

Pelo menos podemos ter certeza de que nenhum esforço era poupado no sentido de mimar as clientes tanto quanto possível no momento da venda: outro mural na Casa dos Vétio mostra uma mulher sentada numa cadeira, apoiando os pés numa almofada e farejando no dorso da mão uma das amostras que haviam sido retiradas de uma sofisticada vitrina com prateleiras. A atmosfera é semelhante àquela de uma joalheria: muito esmalte escuro e vendedores sabujos. E os preços cobrados decerto não seriam lá muito diferentes também.

Quando a noiva de um perfumista como Restituto visitava a loja para escolher suas fragrâncias pessoais nas vésperas da festa nupcial, a miríade de cheiros ao seu redor trazia consigo não só lembranças de passeios nas imediações dos mercados de flores, como também fantasias de lugares muito, muito distantes. Mas enquanto o cheiro de costo lhe provocava as narinas, e Vérace, o vendedor, tentava hipnotizá-la com histórias dessa flor amarela e espiralada que brotava de uma raiz aromática nas cercanias do Himalaia, nem mesmo o mistério evocado por tantos nomes poderia desviar sua mente do que estava por vir. E ainda haveria muito o que imaginar enquanto, na manhã do casamento, ela estivesse espalhando pelo corpo o creme de lomento — sua última esperança de preservar a juventude — que havia sido "enviado por Vérace a Gávia Severa", junto com uma "ânfora de mel com tomilho".

Valente sabia muito bem por que estava ali, quanto era importante para os irmãos Vétio sua presença na cerimônia. Décimo Sátrio Lucrécio Valente, ainda o flâmine de Nero, estava ali para referendar aquela união que, em qualquer outra época, teria causado espécie a muita gente. Seu desconforto, ele sabia, era compartilhado por Cúspio Pansa, o segundo decurião mais velho presente, cujo semblante de indignação ele podia perceber pelo canto dos olhos. Ambos estavam determinados a ajudar Pompéia a atravessar aqueles tempos difíceis, a despeito de seus sentimentos pessoais. Mas ver Gávia Severa casar-se com um liberto era especialmente difícil de digerir.

A formalidade da cerimônia já era de se esperar. Desde a túnica tecida num tear vertical e a rede de cabelos amarela que Severa usara para dormir na véspera até as seis tranças em que seus cabelos haviam sido divididos naquela manhã, todos os preceitos da tradição haviam sido rigorosamente respeitados. Igualmente rigorosos e detalhistas nas suas transações comerciais, os Vétio não estavam dispostos a deixar que nenhuma quebra de etiqueta por parte dos Gávio maculasse aquele momento de glória.

Valente conhecia Severa desde menina, e agora tanto se condoía dos pais dela que desejava que seu próprio filho fosse velho o bastante para estar à procura de uma esposa. Um marido já havia sido escolhido para ela — um jovem de boa linhagem — uns cinco anos antes, mais ou menos na época em que o primo dela havia levado a culpa, junto com outros, pelo confronto com os nucerinos. Eles haviam saído ilesos daquele episódio, mas o terremoto fora implacável: ambas as famílias haviam caído na desgraça, e o acordo de casamento tivera de ser desfeito. O dinheiro falava mais alto, e sem um bom dote a oferecer para cobrir as despesas de uma esposa, os Gávio tinham se visto de uma hora para outra sem muitas opções para casar a filha. Observado por uma matrona de honra — que podia se gabar de ter se casado apenas uma vez, um pré-requisito e, segundo refletiu Valente, uma distinção cada vez mais rara —, os noivos se deram a mão direita e o contrato do casamento foi confirmado. Mas tão logo começou a festa, Valente viu-se à beira de um vertiginoso poço de dúvidas. Cogitava se o imperador a quem ele havia dedicado sua inabalável lealdade durante toda uma década havia de fato promovido alguma mudança com o dinheiro dele. Afinal, não seria preciso muito mais que um punhado de prédios novos para livrar Pompéia de suas mazelas?

Um cinto de lã pendia frouxamente dos quadris estreitos e infantis de Severa. O nó apertado, sinal de castidade, mais tarde se revelaria um obstáculo para as mãos hesitantes do noivo. Ao ser puxada do abraço da mãe, ela não precisou fingir relutância. Dois meninos — portadores de boa sorte, já que ainda tinham pais vivos — tomavam-na pelas mãos, enquanto um terceiro acendia a tocha que dali a pouco teria de carregar diante do casal até a nova moradia deles.

Valente não participaria do cortejo. Conhecia muito bem os rituais que se dariam depois: a oferta de fogo e água do marido à mulher; o leito nupcial coberto de pétalas e arrastado para o átrio, numa feliz ou infeliz antecipação da primeira noite dos recém-casados. Em vez disso, ficou onde estava e observou o grupo se afastando, cantando canções obscenas que aos poucos morriam na escuridão. Em seguida, o flâmine de Nero orou por mudanças. Não sabia ao certo quais. Mas assustou-se com a própria oração.

O lendário patrono dos construtores era Dédalo, o homem convocado pelo antigo rei de Creta para criar uma prisão em forma de labirinto para o Minotauro, e cuja fuga com seu filho Ícaro, com asas feitas de cera e penas, havia resultado numa semitragédia. Tanto o pai quanto o filho figuram num mural em Pompéia, em que uma procissão de construtores carrega Dédalo numa liteira, do alto da qual ele olha para o corpo mutilado do menino que se espatifara no mar depois de voar demasiadamente perto do sol. O prazer obtido com um plano bem executado e o horror causado por um acidente qualquer teriam sido sentimentos familiares àqueles que passavam dias se equilibrando nos andaimes que ainda cobriam as construções emblemáticas de Pompéia (Figura 21). Mas os duúnviros, encarregados de negociar com os construtores em nome do conselho da cidade, muito provavelmente teriam se perguntado se o desafortunado Ícaro, em vez de seu engenhoso pai, não teria sido o patrono mais adequado para a classe.[6]

Mesmo com o progresso obtido em diversas frentes, e apesar da ajuda do imperador, Pompéia ainda oferecia uma paisagem desoladora ao final de 64 d.C., e seus habitantes por vezes devem ter achado que metade da cidade havia se reduzido a um canteiro de obras. Com tantos projetos de tão longa duração, a quebra de cláusulas contratuais por parte dos construtores decerto constituía um motivo de grande preocupação. No início do século II d.C., Plínio seria enviado à Bitínia justamente para auditar a contabilidade de projetos semelhantes, e um coetâneo seu, Juvenal, capturaria perfeitamente o sentimento de desconfiança que inspiravam os engenheiros sanitários e os arquitetos municipais, homens "Que jurando preto ser branco abocanham os melhores contratos / Assim, sem mais nem menos — um novo templo, uma drenagem de pântano, um conserto de porto / Uma limpeza de rio, comprometendo-se a tudo — e depois embolsando o dinheiro / E fraudulentamente declarando falência".[7] Em alguns casos os textos legais procuravam antever situações extraordinárias: se, por exemplo, uma coluna fosse quebrada ao ser transportada ou erguida, o construtor responsável pelo trabalho ficaria isento de qualquer penalidade caso pudesse provar que havia tomado todas as precauções esperadas de "uma pessoa muito cuidadosa".[8] De modo geral, contudo, o procedimento comum era aquele registrado numa inscrição de Putéolos, produzida um século e meio antes, em que o construtor dava terras em garantia do fiel cumprimento de seus contratos. Numa situação em que o controle dos direitos de propriedade de imóveis e terras ainda estava tumultuado em razão dos registros perdidos no terremoto — e das duplicatas possivelmente queimadas no incêndio de Roma —, arranjos dessa natureza talvez não tivessem o valor desejado.

Naturalmente, agora que Roma também precisava ser reconstruída, a carga sobre os arquitetos de Nero, bem como sobre a disponibilidade de caixa do Império, era bem maior. Mas é quase certo que o imperador tenha destinado parte de seus preciosos recursos a Pompéia — o projeto de um novíssimo templo no fórum, por exemplo, é bastante arrojado e em muitos aspectos lembra a Casa Dourada encomendada pelo próprio Nero. Os arquitetos raramente eram mencionados nas inscrições, a não ser que se tratasse de figurões do ramo que se dedicavam sobretudo aos templos e prédios públicos mais grandiosos. Todavia, um arquiteto em particular parece ter operado a um nível mais doméstico em Pompéia.

Há quase sessenta ocorrências do nome Crescente em grafitos e outros letreiros na cidade, muitas das quais podem ser explicadas pela popularidade de um gladiador que também portava esse nome relativamente comum. Mas pelo menos duas dessas ocorrências referem-se explicitamente a um Crescente "*architectus*", autor de reformas em duas casas situadas em partes opostas da cidade. Em ambos os casos, o nome é engenhosamente convertido na silhueta de um navio: as ligaduras entre as letras esticam-se para formar uma ordem de remos, e o "s" final de *Crescens* prolonga-se para cima para desenhar uma proa em forma de pescoço de cisne. Além disso, o nome aparece com destaque uma meia dúzia de vezes em alvenarias erguidas após o terremoto. Talvez tenha sido Crescente o autor das reformas na casa de Albúcio Celso, hoje conhecida como a Casa das Bodas de Prata, as quais incluem o acréscimo de uma suíte de banho. Talvez tenha sido ele também o supervisor dos extensos trabalhos de reconstrução das Termas do Sarno. E certamente foi ele quem substituiu as janelas de uma casa próxima ao fórum, deixando seu elegante logograma para prová-lo.[9]

Fosse qual fosse o escopo do trabalho, Crescente teria sido obrigado a lidar com os irritantes palpiteiros da elite, convictos de seus próprios conhecimentos de arquitetura. Tal como as críticas de Cícero a uma colunata, as opiniões insensatas decerto abundavam.[10] Mas os arquitetos, fossem eles cidadãos livres ou escravos — o que surpreendentemente não era raro —, poderiam defender suas propostas recorrendo ao treinamento profissional que haviam recebido. A tradição educacional era em grande parte grega: a mesma dos *tektones*, que aprendiam a usar maquetes a partir das quais as dimensões da construção final eram lidas com o auxílio de tabelas de equivalência e instrumentos especializados. Um compasso de escala foi encontrado em Pompéia, e um intérprete dos despojos da cidade tomou as formas geométricas desenhadas nas paredes de uma parte da Casa dos Cornélio como evidência de que, depois do terremoto, o lugar fora usado como escola para os que trabalhavam nos projetos de reconstrução do fórum, não muito longe dali. Profissionais minimamente capacitados decerto não faltavam em Pompéia. Mas para Vitrúvio, o teórico da arquitetura mais famoso da Antiguidade, havia uma terceira área de conhecimento pelo menos tão importante quanto os métodos de construção e a própria arquitetura. Tratava-se da arte de construir máquinas.[11]

Embora fossem apenas temporariamente necessárias à construção de um templo ou basílica, as máquinas eram indispensáveis para a execução dos projetos cada vez mais ambiciosos da civilização romana. Gruas feitas de duas hastes gigantescas, manietadas no alto e ancoradas ao chão por meio de cordas, eram empregadas para erguer colunas mediante um sistema de polias e contrapesos. Na área do porto, guinchos descomunais eram afixados a plataformas girantes para descarregar os blocos de pedra que chegavam pelo mar. Uma barca naufragada na costa da Sicília levava quinze blocos que somavam mais de 170 toneladas, carga impossível de ser movida sem ajuda mecânica. Os guindastes, todavia, figuravam entre os exemplos menos sofisticados do que a ciência mecânica podia oferecer.

Mais uma vez era ao Egito — especialmente ao grande museu de Alexandria e às sobras da biblioteca incendiada ali abrigadas — que a nova geração de técnicos romanos recorria. Os que não tinham meios de fazer a viagem podiam se valer do *Mechanica* de Heron, o mesmo teórico que concebia autômatos como o "Águia bebendo". Fazia mais de século desde que Vitrúvio classificara suas máquinas segundo a força motriz — escadas, vento ou tração —, e já naquela época ele acreditava veementemente que a imaginação dos arquitetos era o único limite.

Com a chegada das hordas de trabalhadores que se faziam necessários, a população de Pompéia certamente inchou, e pelo menos partes da cidade acabaram se adaptando às necessidades deles. Certo historiador assevera que a maioria dos itinerantes alojou-se na área a sul da rua principal — onde se encontravam suntuosas residências, como a Casa de Menandro — e que, para atendê-los, estabelecimentos comerciais aos poucos foram se instalando na mesma vizinhança.[12] O exemplo de uma casa próxima que dera lugar a um bordel parece corroborar a teoria, mas outros prestadores de serviços também proliferaram. Ferreiros eram necessários para afiar e consertar as ferramentas de cada setor — eles são incluídos na marca do construtor "Diógenes, vosso criado" inserida num dos muros de Pompéia —, e pelo menos por ora eles podiam se dar ao luxo de desdenhar de seus clientes menores. "Detesto pobres. Quem pede por algo de graça é louco; pague o preço e leve a mercadoria", escreveu um deles. Uma atitude que mais tarde esse mesmo ferreiro teria de reconsiderar, a julgar pelas palavras bem mais brandas que ele deixaria no mesmo muro nos anos seguintes.[13]

Com a chegada das Saturnais os pompeianos podiam, pelo menos por um curto período, esquecer suas dores, preocupações com o futuro e fronteiras sociais, pois o festival trazia consigo alguns dias de desacostumado prazer. Os banquetes eram o ponto culminante das festividades. Mediante uma inversão de papéis, os senhores serviam a seus escravos, ou pelo menos sentavam-se à mesa com eles; além disso, um rei das Saturnais era escolhido entre os subalternos da casa e recebia permissão para fazer alguma estripulia. Naturalmente, se tivesse juízo, esse Senhor da Baderna tomaria cuidado para que suas ações não deixassem nenhuma espécie de rancor em seus superiores, nem em seus pares, quando a ordem das coisas voltasse ao normal. Pois, como escreveu Dioniso de Halicarnasso, o verdadeiro propósito das Saturnais era dar vazão às pressões que se acumulavam no âmbito de uma *familia* e permitir que seus membros começassem o Ano Novo relativamente apaziguados.[14] A eficácia do festival, mesmo com o florescimento da população escrava, pode ser comprovada pelo alargamento de sua duração, de um único dia para quase uma semana inteira à época de Nero.

Embora os banquetes fossem importantes, o verdadeiro combustível das festividades era o vinho, que dava largas a todos os vícios ordinariamente reprimidos pela lei e pelos costumes. Alguns anos mais tarde, Juvenal faria menção à mais notória categoria de tabernas, as *popinae*, onde era possível pedir um copo de vinho acompanhado de um prato de sopa e uma garota: "Se encontrasse um escravo seu numa espelunca dessas, você não o despacharia para um período de trabalhos forçados nas fazendas?

Mas o sangue azul tem regalias, e permite-se comportamentos que fariam vergonha a qualquer trabalhador." Mas chegadas as Saturnais, os escravos podiam chafurdar na vergonha se assim quisessem, e rivalizar qualquer jovem aristocrata na esbórnia. Podiam beber até cair, brigar com os companheiros, tentar a sorte com as geralmente inacessíveis "garçonetes", perder todo o seu *peculium* — suas economias duramente conquistadas — no virar de um dado. E nenhum edil estaria por perto para bisbilhotar, para farejar as partidas de dado que se escondiam do outro lado das cortinas.[15]

Algumas tabernas às vezes podiam criar a ilusão de igualdade social. Numa discreta travessa da avenida principal, por exemplo, um bar havia tomado o lugar de uma respeitável residência. A entrada estreita havia sido derrubada para dar espaço a uma sala e um balcão onde os fregueses podiam se servir, e um buraco fora aberto numa das paredes para dar acesso à casa vizinha. Os freqüentadores do lugar talvez tenham sentido certo *frisson* ao saber que, onde agora seu vinho era derramado, pouco tempo antes ficavam as máscaras ancestrais de uma família aristocrata; e que o *cubiculum* onde eles se refugiavam com uma das garçonetes, à custa de alguns asses, talvez já tivesse abrigado um senhor de escravos.

As paredes das tabernas pompeianas dão excelente testemunho da vida que elas encerravam, desde as preocupações dos fregueses até as peculiaridades de cada estabelecimento: seja a respeitabilidade do bar gerido pela ambiciosa Caprásia, possivelmente mãe de um político em franca ascensão, seja a licenciosidade da espelunca vizinha, onde dançavam mulheres nuas; seja a afetada sobriedade do estabelecimento pertencente a um casal de clientes de Júlio Políbio, seja a alegria desregrada de um reduto de muleteiros nas imediações da Porta do Vesúvio.[16] No entanto, não era raro que os membros da elite, que jamais punham os pés em tais lugares, e os inveterados beberrões, que dificilmente saíam deles, se igualassem na crítica aos proprietários. De um lado, os taberneiros eram comparados a cafetões sórdidos, corruptores da moral pública; de outro, eram tidos na conta de velhacos que roubavam os clientes no troco e misturavam água ao vinho servido. "Um dia pagarás por todos os teus truques, taberneiro. Que vende água e guarda o vinho bom para si próprio!"[17] Trata-se de uma acusação grave, mas é possível que em certas ocasiões o vinho fosse diluído apenas para manter certo nível de sobriedade. Mesmo que descobertos e punidos, os taberneiros poderiam se consolar com a história de Asiático, um escravo de Putéolos que, por vender vinho aguado, havia sido aferrolhado pelo futuro imperador Vitélio, mas libertado logo em seguida para se tornar o paparicado amante dele.[18]

Uma boa desculpa para se misturar água ao vinho talvez pudesse ser encontrada nas restrições oficiais à oferta de comida nas tabernas. Tibério havia banido o pão; Cláudio havia proibido as carnes cozidas, ainda que se confessasse afeito a uma boquinha ocasional; e agora Nero impunha a sopa de ervilha aos consumidores. Mas as regras não eram rigidamente fiscalizadas. Nas tabernas de Pompéia, os balcões dispunham de vasilhas de barro embutidas que talvez fossem usadas para servir pratos frios, e as paredes exibiam pinturas de fregueses sentados sob fiambres e outros artigos de charcuteria pendurados em ganchos. Uma taberna em particular chegava ao ponto de se autopromover com o seguinte lema: "Quando nosso presunto é cozido e servido, os fregueses lambem a panela e o prato antes de tocar na carne."

"Se forem brigar, saiam já daqui!", exclama um proprietário bruscamente, expulsando dois homens envolvidos numa rusga provocada pelo jogo. As mulheres que trabalhavam nos bares decerto precisariam ser bem mais firmes do que isso para se defenderem. Para elas, trabalhar em tais lugares era o mesmo que admitir que seu corpo estava à venda e implicava, entre outras coisas, abrir mão de qualquer proteção legal nos casos de violência sexual. Sem dúvida, havia muitas tabernas em que de fato o sexo estava à venda: o relato ligeiramente ambíguo de um viajante chega a listar as despesas incorridas com uma garçonete, com a cama dividida com ela e com a forragem para sua mula. Alguns bares, contudo, adotavam uma postura diferente e, por escrito, alertavam os fregueses de que as funcionárias da casa não estavam disponíveis nesse sentido; outros faziam a mesma coisa por meio de imagens, como, por exemplo, a pintura de uma mulher apertando o pescoço do homem que tentara atacá-la com uma avantajada ereção.[19]

As paredes das tabernas muitas vezes são fonte de inesgotável deleite, sobretudo em razão das histórias que elas contam de indivíduos identificáveis, homens e mulheres que possivelmente ali tenham passado as Saturnais de 64 d.C. Uma série de vinhetas pintadas na *caupona* de Sálvio alude sedutoramente à idéia de uma garçonete, não como objeto passivo da luxúria alheia, mas como uma coquete atrevida e em pleno comando da situação. Numa delas, duas mulheres tocam os lábios num beijo experimental para a alegria dos observadores, e uma legenda próxima, censurada pelos escavadores, diz: "Não quero (...) com Mirtale." Noutra, uma garçonete esperta vale-se de um estratagema para afastar dois marmanjos que tentam roubar-lhe a jarra de vinho: dirige-se a um terceiro, que não aparece na cena, com o convite "Vem beber, Oceano". Oceano decerto era conhecido de todos, pois tratava-se do gladiador mencionado num grafito próximo, ao lado de um esboço em que ele aparece levantando sobre o corpo de gigante o ramo de palma que recebera como prêmio numa de suas vitórias na arena.

A taberna de Sálvio ficava numa parte afastada da cidade, na direção oposta à do anfiteatro. Se estivesse mesmo ali, Oceano estaria à procura de paz e tranqüilidade. A cena descrita da parede é pura comédia, e o que se passa depois não é difícil de imaginar: o macho-alfa entra em cena e obriga os dois espertalhões a recuar e abrir espaço no banco para acomodar sua oceânica presença.

Segundos antes a taberna estava às moscas, Ferusa e as outras meninas matando tempo enquanto os fregueses habituais bebericavam algo para justificar sua presença; mas agora o lugar fervilhava com a assuada dos operários recém-chegados — corpulentos, ruidosos, impacientes com a bebida que não chegava nunca.

Naquele dia ninguém trabalhara. Em vez disso, as termas haviam aberto suas portas mais cedo para celebrar o início das Saturnais, e era de lá que os trabalhadores tinham vindo, de tal modo limpos e barbeados que Ferusa precisou olhar duas vezes para se certificar de que Crescente não estava entre eles. Só então lembrou-se do quanto era longa sua jornada; talvez ele aparecesse mais tarde, pensou.

As garçonetes por fim chegaram com as jarras transbordantes, atiçando ainda mais as expectativas dos homens, que estalavam os lábios não só para o vinho. Mais tarde as meninas sentariam à mesa com eles para o banquete saturnal, umas e outros tão distantes de casa, tão sem amigos, temporariamente unidos numa grande família de iguais.

Ferusa tivera sorte com o novo patrão que a comprara depois da morte de seu ex-senhor no terremoto. Africano, ao contrário da maioria, sempre exigira o respeito dos fregueses para com suas funcionárias. Naquela noite, contudo, talvez não pudesse fazer muita coisa.

No decorrer das horas, Ferusa mais de uma vez precisou esquivar-se dos convites para se juntar aos homens num copo de vinho. Também foi prudente o bastante para recusar a oferta de um ou outro para sentar-se ao lado deles durante o banquete. Suas opções iam se reduzindo à medida que as outras garçonetes cediam aos avanços dos fregueses e tomavam seus lugares; diante dela descortinava-se a perspectiva de uma noite longa e desagradável.

A divisão na sala era evidente. De um lado sentava-se o grupo menor, formado pela equipe de aparelhadores vinculada à tripulação do vetusto Trifão, que de tanto passar os invernos em Pompéia já não era mais tido como o alexandrino que de fato era. Sob a tutela dele, os marujos se mostravam simpáticos e ordeiros, igualmente surpresos e satisfeitos com o direito a voto que a cidade julgara por bem conceder-lhes, além de generosos com a repentina fortuna. Aos olhos das meninas, eram a melhor pedida, e elas se juntavam em torno deles com sorrisos afetados. No lado oposto da sala acotovelavam-se os operários que trabalhavam sob a capatazia de Védio Turbão. Compostos sobretudo de Neropopeienses latinófonos, roíam-se internamente por terem sidos preteridos no amor por um bando de estrangeiros. A título de consolo, elegeram rei das Saturnais um integrante do próprio grupo.

Foi Trifão quem tomou a iniciativa de tentar uma aproximação: mesmo sabendo que ia perder, desafiou Turbão para um jogo de dados e depois entregou-lhe as moedas com bom humor, passando outras tantas a Ferusa a título de gorjeta. Ainda que inocente, o gesto do capitão suscitou uma onda de apupos por parte de seus companheiros, e foi justo nesse instante que Crescente chegou à taberna e tomou seu assento.

Tão logo percebeu a presença dele, Ferusa momentaneamente baixou a guarda, dando oportunidade a um atrevido de lhe passar a mão. Antes que Crescente pudesse fazer qualquer coisa, Africano agarrou o homem pelo braço e jogou-o porta afora. O incidente foi debelado tão rapidamente quanto começara.

Avistando Verânio Hipseu passar diante da taberna, o rei das Saturnais conduziu seus súditos à rua, e, juntos, puseram-se a zombar do decurião com uma crueldade que ia muito além do espírito anárquico da festa. Aquilo não era simplesmente uma brincadeira, e Crescente precisou intervir para livrar Hipseu, mesmo sabendo que isso não traria a ordem de volta à celebração. O vinho adocicado continuaria a ser servido, mas a noite já havia se azedado.

O gosto dos romanos para o vinho havia mudado substancialmente ao longo dos cento e cinqüenta anos anteriores. Até o século I a.C., as importações de vinho grego pela Itália excediam as exportações de vinho italiano para a Grécia, e a marca preferida era a Coam, produzida na pequena ilha de Cós no Egeu. Ainda que as variedades de videiras cultivadas na Grécia dificilmente pudessem ser transplantadas com sucesso, outras, mais adequadas ao solo e ao clima da Campânia, com o tempo começaram a dar frutos de qualidade comparável e resultaram num comércio de exportação que atingiria lugares tão distantes quanto o Mar Vermelho, bem como outras regiões com sua própria cultura vinícola, como Cartago, na costa norte-africana. Embora os vinhos de Pompéia não estivessem à altura de outros produzidos nas regiões vizinhas — na avaliação de Plínio, o Velho, eles não se aprimoravam com o tempo e ainda por cima eram fonte certa de ressaca —, a contribuição da vinicultura para a economia e para a cultura locais não pode ser subestimada.[20]

Numa famosa pintura na Casa do Centenário, o deus Baco é retratado nas verdejantes encostas do Vesúvio, vestindo tão-somente um gigantesco cacho de uvas pretas ainda cobertas de orvalho (Figura 15). Talvez sejam da variedade *aminaea*, sabidamente cultivadas na região — que produziam um vinho rascante demais, provavelmente em razão dos níveis de enxofre no solo —, ou da variedade *pompeianum*, conhecida como *murgentina* na Sicília, de onde havia sido importada.[21] Neste segundo caso, o vinho produzido a partir dela seria um dos melhores da Campânia e levaria o nome de Holcônio, homenagem à família que começara a produzir a uva murgantina na região e tanto se enriquecera com ela que chegara a ocupar posições de destaque na hierarquia pompeiana, tanto na magistratura quanto na política.[22] Pouco importava que uma incauta associação com Calígula, cerca de vinte anos antes, tivesse arruinado a reputação dos Holcônio. A maioria das pessoas via neles um modelo de ousadia e espírito empreendedor, já que, naquela década de 60 d.C., apenas uma pequena parcela dos cidadãos importantes de Pompéia não ambicionava participar do mesmo jogo.

Os nomes encontrados nas ânforas, nos registros de venda, nos muros e artefatos de locais associados à viticultura, são eminentemente conhecidos: os Vétio, os Popídio, os Fábio, os Védio, os Gávio. Lúcio Popídio Ampliato, o augustal proprietário da Casa do Citarista — que não deve ser confundido com Numério Popídio Ampliato, outra figura de destaque nos últimos anos de Pompéia — era um participante bastante ativo, de múltiplos vínculos com o setor. A família Fábio possuía vinhas e comercializava a próprio produção: Fábio Eupor, mencionado nos grafitos como "o rei dos libertos", operava em nome de seu patrono Telo, e Fábio Secundo saía-se tão bem de seus empreendimentos que pôde honrar a promessa de mandar erguer uma estátua no Templo de Vênus. Até mesmo Gávia Severa, o revendedor de mel e perfumes, viria a participar do comércio de vinho em 79 d.C.[23]

Mais de sessenta por cento das propriedades investigadas no território pompeiano parecem estar de algum modo vinculadas à produção de vinho, uma fração bastante superior aos vinte e cinco por cento de propriedades associadas ao processamento de olivas. Todavia, a proporção entre viticultores, vinicultores e comerciantes de vinho é difícil de ser estabelecida. Apesar dos lucros promissores da vinicultura, os custos iniciais eram altos: as videiras levavam cinco anos para começar a produzir frutos, e só depois disso era possível colher algum retorno sobre o investimento realizado. Além disso, o custo do maquinário para o processamento das uvas era proibitivo para os pequenos produtores. Nesse caso, compartilhar equipamentos móveis era uma opção; outra era reunir a produção de diversas vinhas num mesmo local para prensagem e armazenamento coletivos. Tudo parece apontar para a conveniência de um patrono que reunisse sob sua égide um bom número de clientes vinicultores, aos quais ele pudesse oferecer empréstimos e economias de escala.

Mesmo para os grandes produtores, as margens de lucro podiam ser exíguas. O transporte das uvas cultivadas num hectare de terra era aproximadamente quatro vezes mais caro que o de uma quantidade equivalente de grãos; assim sendo, cumpria encontrar um equilíbrio entre as condições ideais de cultivo — geralmente oferecidas nas encostas distantes — e a erosão dos lucros decorrente do transporte das safras até a cidade. Que as terras próximas de Pompéia e do Sarno fossem densas em vinhedos talvez indique uma ênfase cautelosa nos lucros em detrimento da qualidade. Numa carta escrita mais tarde em sua vida, Plínio, o Jovem, faria menção ao cultivo superintensivo nas amplas propriedades próximas à sua própria vila no norte da Campânia. Noutra parte, ele comenta: "A Campânia, em virtude seja do cuidado no plantio ou da mera sorte, tem conquistado uma reputação cada vez melhor nos últimos anos." Todavia, a apenas sete quilômetros de Pompéia, numa área não muito distante da estrada principal para Nucéria, foram encontrados vestígios do que aparenta ser um pequeno vinhedo posteriormente encampado por uma propriedade agroindustrial. Não só a vila foi abandonada alguns anos antes da erupção, mas alguns de seus muros foram desmanchados para reaproveitamento das pedras em outros lugares — um triste fim para um lugar que antes exalava o perfume do mosto recém-prensado que corria por pequenos canais até as talhas, ou *dolia*, em que permaneceria fermentando por vários meses. Acreditava-se que o próprio Baco havia morrido sob os pés, ou sob as prensas de madeira, que esmagavam as uvas para depois renascer na espuma e nas borbulhas do vinho pronto.

Os ritos solenes e as celebrações menos sóbrias em homenagem ao vinho novo eram realizados no mês de agosto, e enquanto as pessoas festejavam entre quatro paredes as Saturnais de dezembro, o vinho era abandonado à sua longa e solitária tarefa de fermentação. Numa das propriedades de Boscoreale, o busto de mármore de Baco teria observado de seu nicho as plantações vazias onde as videiras haviam sido podadas para o inverno, e apenas as pérgulas ou árvores sobre as quais elas cresciam haviam sido deixadas para quebrar a monotonia da paisagem. Quanto às enormes *dolia* — armazenadas a céu aberto em adegas com paredes perfuradas que deixavam passar o vento refrescante —, os vinicultores haviam terminado seu trabalho. A descoberta recente numa propriedade em Oplonte de mais de uma tonelada de romãs, ainda verdes à época, mas cuidadosamente acondicionadas entre camadas de palha de modo que amadurecessem quando se fizessem necessárias, revela um dos ingredientes que podiam ser misturados para acrescentar sabor ao mosto antes da fermentação. Mas a doçura era a característica mais desejada, e embora a adição de mel fosse uma opção, o xarope de acetato de chumbo era mais barato. Mediante a análise dos resíduos de chumbo nas ossadas de Pompéia e Herculano, pesquisadores chegaram à conclusão, mais ou menos óbvia, de que os homens consumiam muito mais vinho que as mulheres.

Já no século III a.C., o amor dos pompeianos pelo vinho e pelas coisas boas da vida encontrara expressão num santuário em homenagem a Baco, erguido a algumas centenas de metros dos limites da cidade, onde mais tarde seria construído o anfiteatro. A perseguição do senado às bacantes no ano de 186 a.C., durante a qual centenas de membros daquele culto supostamente subversivo haviam sido executados, já havia perdido boa parte de sua selvageria quando finalmente chegou à Campânia. Com efeito, o templo de Baco, rapidamente restaurado após o terremoto, havia sido construído pelo mesmo edil Maras Atinias que mandara instalar um relógio solar nas Termas Estabianas, ao passo que os nomes que aparecem na rampa de mosaico do templo pertencem a magistrados das décadas de 60 e 70 d.C.[24]

Atinias descendia de uma família de famosos vinicultores, e embora não saibamos ao certo quem eram os proprietários originais da grandiosa Vila dos Mistérios, é bastante provável que sua existência sempre tenha estado, de um jeito ou de outro, intimamente ligada ao comércio de vinho. Situada na estrada para Herculano, a uma curta distância da Porta do Sal, essa propriedade, como tantas outras nas décadas de 60 e 70 d.C., já havia sido parcialmente convertida ao uso comercial. Alguns dos cômodos guardaram seu aspecto original — sobretudo a sala de jantar, que contém uma impressionante seqüência de murais em que uma jovem mulher submete-se a diversos ritos iniciáticos, os tais "mistérios" que deram origem ao nome do lugar (Figura 18). E embora alguns tenham sugerido que se trate de uma metáfora para a passagem do noivado ao casamento, a maioria dos estudiosos parece concordar que ali está representada a iluminação obtida por intermédio do culto a Baco ou Dioniso, a recompensa desfrutada pela mulher na última pintura, a mais serena de todas, que retrata a etapa final de sua jornada.

Com o ano de 64 d.C. já se aproximando do fim, Aleu Nigídio Maio talvez tenha desconfiado que o mundo inteiro havia abraçado os valores das bacantes. Ele havia feito o possível para preservar a moral e a virtude em Pompéia naqueles tempos difíceis, chegando a doar uma série de códices em bronze que eternizavam as leis municipais e a realizar um torneio gladiatório para celebrar o término da feitura desses mesmos códices. É possível que, dando-se conta de que nem a letra nem o espírito da lei eram observados no resto do mundo, ele tenha aceitado a derrota e se entregado com gosto à aposentadoria dos serviços públicos a que fazia jus. Decerto achava difícil de digerir a prosperidade alcançada por aqueles que não a mereciam, sobretudo os libertos que, segundo Plínio, "chegavam com greda nos pés e voltavam coroados de louro, precedidos por uma comitiva de lictores empunhando fasces". O desgosto da elite não se resumia apenas a uma questão de arrogância ou prepotência, mas em muitos casos tinha origem num desprezo moral pelos que acreditavam que "Lucro é alegria!", tal como está escrito num mosaico na casa do duúnviro e Neropopeiense Védio Sírico. Todavia, o que restava fazer senão depositar uma oferenda no Templo de Fortuna Augusta, numa rua a norte do fórum, e lembrar-se de que a roda da fortuna podia derrubar os homens tão facilmente quanto os havia erguido?

Alguns talvez tenham sido menos resignados. Durante as Saturnais de 64 d.C., é possível que tenham chegado a ouvidos mais receptivos os rumores de que um novo e mais plausível complô contra Nero urdia-se tanto em Roma quanto nos porões da própria Pompéia. Para os que ainda hesitavam quanto à sua adesão, o argumento decisivo talvez tenha sido de ordem financeira. Quando uma nova moeda precisava entrar em circulação, era com ela que se pagava o soldo do exército e o custeio das obras públicas. E assim foi com o pagamento de uma das contribuições imperiais à reconstrução de Pompéia: sugada de uma tesouraria às voltas com a Casa Dourada de Nero, a nova remessa foi realizada com o recém-cunhado dupôndio. Oficialmente o dupôndio equivalia a dois asses, mas qualquer mão experiente que sopesasse a sacola recebida teria constatado imediatamente que algo estava errado com ela: era leve demais. Um oitavo do ouro e da prata havia sido raspado das moedas, ou então substituído por uma liga de bronze.[25] O que certamente resultaria numa significativa escalada da inflação. As famílias mais espertas não tardariam a esconder suas velhas moedas sob a terra. E mesmo aqueles para quem a fortuna havia sorrido até então não ficariam imunes ao pânico.

Três deles já haviam chegado, e um quarto ainda era aguardado. Sabiam qual era o assunto que os trouxera ali, mas ninguém ousava mencioná-lo. À luz fumegante de uma única lamparina, Aleu Nigídio Maio estudava o rosto de seus companheiros. Eles haviam deixado suas famílias em casa, pedido as devidas licenças e atravessado a cidade durante a noite sem nenhum escravo para auxiliá-los. Eram homens idôneos e sensatos, mas vistos ali, semi-escondidos na penumbra, os olhos ariscos e cintilantes, poderiam facilmente passar pelos mais traiçoeiros conspiradores. E, em abono da verdade, não seriam eles exatamente isso?

O tempo passava lentamente, e o alvoroço dos festejos vizinhos ecoava nos corredores da casa. Hélvio esticou as pernas para se acomodar melhor, muito embora sua vontade fosse mesmo sair depressa dali. Se aquilo não acabasse logo, pensou Maio, era bem possível que eles acabassem sucumbindo aos próprios nervos.

De repente, as risadas que vinham da rua deram lugar a toda sorte de vitupérios. Uma briga? Uma emboscada? Não seria de Verânio Hipseu aquela voz que tanto esbravejava? A mesma voz que agora assumia um tom de comando. Então ouviu-se um grito de agonia, seguido de outro, mais prolongado, e por fim o mais absoluto silêncio. Depois de um tempo, contudo, as conversas e as risadas voltaram à intensidade de antes.

Foi então que entrou o próprio Hipseu. Nunca parecera tão satisfeito consigo mesmo, tão descontraído. Ria e tagarelava ao mesmo tempo, comentando a opinião equivocada de seu velho pai: somente um tolo esperaria para punir um escravo quando o prazer de agir sob impulso era tão grande. Mas assustava os demais com o sangue surpreendentemente ver-

melho que lhe escorria da mão e pingava na manga da toga. Além disso, apertava entre os dedos algo viscoso e repugnante.

Hipseu havia se vingado. Cegara o rei das Saturnais, o escravo de Védio Sírico. Mas fazer mal ao escravo de alguém era o mesmo que fazer mal ao senhor dele. Caso Nero sobrevivesse, a ira de Védio não seria facilmente aplacada.

— X —

Nos primeiros meses de 65 d.C., o golpe mais perigoso do reinado de Nero — que visava colocar Calpúrnio Pisão no trono — falhara mesmo antes de ser intentado. Impaciente com a liderança dos conspiradores em Roma, uma mulher chamada Epicáris achou por bem aproximar-se de Volúsio Próculo, um oficial da marinha oriundo de Miseno, sabidamente ressentido com o fato de que sua participação no assassinato de Agripina não havia sido devidamente recompensada. Em razão do cargo que ocupava, ele poderia muito bem supervisionar o assassinato de Nero, uma vez que acompanharia o imperador num iminente cruzeiro pela baía de Nápoles. No entanto, fosse porque via mais vantagens na lealdade ou simplesmente porque compartilhava do medo generalizado da população, Próculo acabaria delatando os planos golpistas às autoridades imperiais.

A retribuição foi brutal. Seguiu-se uma pletora de execuções e suicídios forçados, cujo objetivo era purgar impiedosamente o corpo político. Mas à medida que os culpados eram presos e interrogados, outros nomes eram trazidos à tona, e as perseguições foram se multiplicando de tal modo que depois de um tempo poucos eram os que podiam se ver livres de qualquer suspeita. O simples fato de que alguém fora amigo de infância de um dos indiciados bastava para incriminá-lo, ou pelo menos para dar um pretexto àqueles que o queriam mal. Começava um período de terror e obscuridade que perduraria até a deposição de Nero.

Era inevitável que Nero ficasse perturbado com a revelação de que os últimos confidentes e conselheiros que ainda restavam da primeira parte de seu reinado estivessem envolvidos no conluio, muito embora ninguém pudesse ter previsto sua reação. Quando Popéia, grávida do segundo filho deles, cometeu a imprudência de reclamar mais uma vez dos atrasos do marido — que em vão tentava aliviar-se nos excessos do prazer —, ele explodiu. Com uma saraivada de chutes no ventre inchado da mulher, matou a criança em gestação e, com ela, a amada esposa de quem ele tanto havia dependido.

Tomado de culpa, Nero acabaria perdendo os últimos laivos de sanidade mental e autocontrole. Ainda convencido de que o esbanjamento era o caminho mais seguro para a salvação, tentou reconciliar consigo mesmo providenciando um funeral para Popéia que em tudo lembraria a extravagância que ela tanto prezara em vida.

A Itália inteira foi chamada a contribuir com perfumes e flores, até a última gota, até o último botão; mas os excessos desse luto serviram apenas para dar munição aos críticos do imperador, que viam com ceticismo o futuro econômico de Roma, cada vez mais próxima da derrocada.

O perdularismo de Nero não conhecia limites. Na primavera de 66 d.C. chegaria à Itália o novo rei da Armênia, Tiridates, para receber sua coroa das mãos do próprio imperador, no que seria, quando muito, um exercício ridiculamente dispendioso de propaganda. Cada dia da visita de nove meses saía a um custo superior a duzentos mil sestércios, mas Nero estava convencido de que era um excelente negócio a presença no cenário público daquele príncipe oriental tão adoravelmente sabujo. Lisonjeado pelo tratamento recebido de Tiridates, que se referia a ele como Apolo, o deus-sol, Nero preferia fazer ouvidos moucos aos elogios do monarca-títere ao verdadeiro herói da guerra, Corbulãoo. E a claque imperial mostrava-se cada vez mais ruidosa: "Somos os Augustanos, soldados do triunfo do imperador."

Desde seu anúncio, a visita de Tiridades causara tamanho entusiasmo que acabou dando cobertura a uma draconiana perseguição aos senadores recalcitrantes, inclusive aos mais moderados em suas críticas. Todos aqueles que por linhagem ou liberdade de espírito haviam ousado desafiar o imperador acabaram sendo afastados, exilados ou eliminados, por assim dizer, em caráter mais permanente. Para ocupar o lugar deles foram recrutados rostos inteiramente novos, de tal modo dependentes da patronagem imperial que não poderiam ser outra coisa senão leais.

Um desses era Vespasiano, que havia sobrevivido tanto à ira de Calígula, que culpara o então edil pela sujeira das ruas, quanto à ira do próprio Nero, que o repreendera severamente por ter fechado os olhos durante uma de suas apresentações teatrais. Vespasiano lograra tornar-se um estimado, além de graduadíssimo, comandante do exército. O expurgo senatorial empreendido por Nero vitimaria um bom número dos generais mais notórios de Roma. Tomando o lugar deles, Vespasiano poderia constatar com os próprios olhos a que ponto havia chegado o esmorecimento das legiões, bem como avaliar a eficácia, ou ineficácia, dos subornos imperiais às tropas, que já haviam sido renovadas duas vezes ao longo do reinado de Nero.

As moedas utilizadas para esse fim tinham um caráter cada vez mais propagandista, com referências visuais a Apolo e ao sol que havia trazido à luz os conspiradores de Pisão (Figura 5d). No entanto, os soldados mais astutos não teriam dificuldade para perceber o que de fato estava por trás de tamanha generosidade: o desespero. Um punhado de sestércios bastaria para conter temporariamente as tentativas de insurreição, mas o metal para a cunhagem das novas moedas precisava sair de algum lugar. Depois de alguns sucessos fugazes de uma política fiscal mais liberal nos primeiros anos do reinado de Nero, as agruras da ressaca econômica começariam a se fazer sentir, e, a cada nova fonte de renda encontrada, a insatisfação popular só faria crescer.

Em meados da década de 60 d.C., Tácito alegaria que "a Itália havia sido destruída pela exorbitâncias das contribuições monetárias". As contribuições compulsórias vinham de toda parte: os libertos, cujas infrações sociais até então vinham sendo perdoadas, súbito tiveram boa parte de suas fortunas subtraída em razão de transgressões relativamente veniais; os exilados tiveram suas propriedades confiscadas pelo estado; e mesmo os neronianos que no passado haviam sido agraciados com a espantosa munificência do imperador agora eram chamados a pagar uma quantia igualmente espantosa de quatro milhões de sestércios por um convite para jantar. Uma espécie de financiamento político levado aos extremos da loucura. E que solução melhor Nero poderia propor para cobrir o astronômico déficit do império senão mandar equipes de escavadores procurar pelo tesouro enterrado que a mítica rainha Dido havia levado de Tiro para Cartago e cuja localização havia sido revelada em sonho a um dos favoritos da corte? A idéia era ao mesmo tempo pateticamente ineficaz e ironicamente inadequada, vindo do mesmo imperador que pouco tempo antes havia modificado a lei de modo que os cidadãos pudessem guardar para si todo e qualquer tesouro eventualmente encontrado. Mas escavar para suprir os cofres imperiais não chegava a ser novidade.

A rapacidade de Roma ainda hoje pode ser constatada numa cicatriz de três quilômetros de largura na paisagem de Las Medulas, na Espanha. Trata-se da maior mina a céu aberto do mundo no período anterior à Revolução Industrial. Era ali que, mais ou menos nesta época, Plínio, o Velho, na qualidade de Procurador de Metais, supervisionava os processos hidráulicos utilizados na extração do ouro. Numa outra área de mineração do império, no atual reino da Jordânia, centenas de milhares de toneladas de escória preenchem uma fratura onde antes funcionava uma mina de cobre, com poços que se desdobravam em dezenas de galerias subterrâneas. Os custos ambientais do empreendimento, ainda que horripilantes, talvez sejam menos óbvios: mesmo hoje o pêlo das cabras, os caramujos e os pães locais contêm níveis de chumbo e cobre uma centena de vezes maiores que os aceitáveis. Nos poços propriamente ditos, os níveis de radônio aos quais os trabalhadores eram expostos os teriam levado à morte, decorrente do câncer nos pulmões, no espaço de alguns anos. Apesar de tudo isso, os frutos de seus esforços eram insuficientes para cobrir as despesas do império. Equilibrar as contas agora demandaria um milagre.

Ao receberem a notícia de que os habitantes da Judéia haviam levantado armas em protesto contra a exorbitância dos impostos, os assessores de Nero decerto acreditaram que suas preces haviam sido atendidas — isto é, caso a incalculável fortuna escondida no interior das espessas paredes do Templo em Jerusalém pudesse ser pilhada a tempo de salvar a economia. O golpe do destino que em 67 d.C. colocaria Tito Flávio Vespasiano, à época com 58 anos de idade, à frente do destacamento incumbido de subjugar os judeus — e que de quebra daria acesso à única fonte remanescente de dinheiro fácil para o império — teria um impacto profundo sobre a história de Roma.

Vespasiano seguiu para a Judéia tão logo os mares se abriram para navegação no início de 67 d.C., tendo sido nomeado para o comando das tropas na seqüência da catastrófica derrota impingida ao exército romano por insurgentes fanáticos na batalha de Beth-Horon no mês de novembro daquele mesmo ano. Não há dúvidas de que sua nomeação fora a melhor possível — pelo menos para Roma, e em última análise, para Nero. Vespasiano, que já dera provas de seu valor na conquista da Britânia, reagiu à ameaça de guerra na Judéia com uma acachapante demonstração do poderio militar de Roma; além disso, à diferença de tantos outros que haviam se valido de sua inofensiva mediocridade para chegar aos píncaros da hierarquia militar, revelou-se um sagaz e sutil articulador político.

Com a inquestionável superioridade de Vespasiano nos primeiros confrontos — para gáudio de seus observadores em Roma —, os caminhos para Jerusalém logo se viram desimpedidos. Se fosse obedecer à lógica militar, ele agora deveria tirar proveito de sua vantagem estratégica e seguir direto para a capital. Mas Vespasiano sabia muito bem quão valioso um general competente podia ser para seus superiores em tempos de necessidade, e quão dispensável ele se tornava quando já não possuía nenhuma utilidade imediata; lembrava-se de que até o venerável Corbulo havia sido induzido ao suicídio logo depois de voltar à Itália. Vespasiano fazia um jogo inquestionavelmente perigoso. Se por um lado suas procrastinações serviam para incrementar seu próprio valor, por outro sugavam os recursos financeiros de que Nero tanto precisava para comprar o apoio do povo.

Todavia, Vespasiano estava absolutamente correto ao supor mais seguro enfrentar os fanáticos da Judéia do que voltar e enfrentar os de Roma, onde o virulento Tigelino ainda fazia das suas. O poeta Lucano já estava morto; Sêneca havia finalmente seguido o generoso conselho dos pretorianos e se matado, mas só depois de se deixar convencer pela própria mulher de que deveria encarar seu destino com estoicismo. Mesmo Petrônio, que havia desempenhado papel tão importante na vida desregrada do imperador, fora forçado a cortar os próprios pulsos — sempre disposto a tirar a última gota de conhecimento das diversas situações, ele havia repetidamente lacerado e cerrado as veias a fim de prolongar a sensação de morte. Quem seria o próximo? E quantos ainda teriam de morrer antes que mais uma cabeça brotasse naquela Hidra conspiratória, como a que planejava interceptar Nero em Brindisi durante o retorno de sua mais recente turnê na Grécia?

No entanto, por mais forte que fosse a oposição, Nero agora não tinha como voltar atrás. Vendo-o chegar em Roma pavoneando as guirlandas que havia recebido como prêmio na Grécia, alguns talvez tenham interpretado as quatro mulas hermafroditas que puxavam sua carruagem como símbolos de boa fortuna. A maioria, contudo, teria tomado aquela extravagante demonstração de vaidade pelo que de fato era. Àquela altura pouco importava ao imperador que questionassem sua moralidade. Caminhando a passos largos na direção da ruína — e sem se deixar refrear pela surpreendente revelação de que Petrônio havia deixado um vasto relatório sobre a devassidão de seu soberano —, Nero tornava-se cada vez mais insolente em seu comportamento. Sempre que possível ostentava sua imodéstia e, com ela, sua ambigüidade sexual. O lugar de Popéia no leito imperial — componente importante de sua própria identidade — rapidamente havia sido ocupado por um escravo adolescente chamado Esporo, que embora apresentasse certa semelhança com a finada imperatriz, fora castrado e passara por cirurgias adicionais a fim de se tornar anatomicamente mais verossímil. Mas ainda que se acreditasse capaz de remodelar o mundo — e até mesmo o corpo humano — de acordo com suas preferências pessoais, Nero por fim começaria a pagar pelas excentricidades do passado.

"Ele destruiu o mundo romano...", declarou o governador da Gália meridional a suas tropas, dando partida à corrida sucessória, "...destruiu a fina flor do senado... e quanto às afrontas passadas, faltam-me palavras para descrevê-las... Das primeiras filas do teatro vi aquele homem empunhando a lira, vestido à maneira de um mambembe... vi-o cantando e interpretando tragédias... Por acaso um homem desses merece ser chamado de César? Ser saudado como imperador e Augusto? Jamais! ... Portanto, levantemo-nos por fim contra ele! Salvemo-nos a nós próprios; salvemos Roma; salvemos o mundo inteiro!" Uma das profecias mais célebres da época rezava que o apocalipse viria da Gália, e para o auto-obcecado imperador, a tal profecia estava prestes a se tornar realidade.

Nero recebeu a notícia do discurso de Víndice em Nápoles, e sua surpreendente inação foi a resposta de um homem consciente de que seu jogo havia chegado ao fim, por mais temerário que fosse admiti-lo. Longe dele a atitude de Calígula: "Se me cumpre cair, que eu caia com o mundo em frangalhos." Em vez disso, Nero aparentemente dedicou-se a buscar entendimento com aqueles que havia afrontado, tanto quanto possível no pouco tempo que lhe restava. Absorvido na construção do santuário dedicado à mulher que ele próprio matara — Popéia Sabina, agora divinizada como Sabina Vênus —, buscava refúgio da realidade nos palcos da vida pública, ensaiando a conclusão de seu psicodrama pessoal. À medida que baixava a guarda, revelava simultaneamente uma patética consciência de sua própria condição e uma exagerada autopiedade. Até mesmo o programa escolhido para suas últimas apresentações teatrais encerrava uma dolorosa ironia: *Orestes, o matricida*; *Édipo, o cego; Hércules, o louco.* Essas figuras trágicas já não convenciam mais como *personae* dramáticas: quanto mais Nero provocava as comparações, tanto mais o público percebia o absurdo das aspirações míticas daquele homem frágil e mortal.

Durante anos ele se esforçara para afugentar os fantasmas de seus antepassados. Agora esses mesmos fantasmas pareciam assombrá-lo a um só tempo, além de tantos outros que também haviam morrido por obra sua. A última peça apresentada por Nero foi *Édipo em Colono*, com sua derradeira e melancólica fala: "Mulher, mãe, pai, todos clamam por minha morte."

O colapso do regime deu-se de maneira repentina. O golpe de misericórdia foi dado por um oficial de escalão relativamente baixo, mas que exercia enorme poder. Tão logo os mares se abriram novamente para navegação, soube-se que Lúcio Clódio Macer, o governador da província da África, havia sido assassinado, e que Tibério Alexandro, o prefeito do Egito, ameaçava interromper o suprimento de grãos para Roma e instava que o senado considerasse outras opções. Intimidado com o poder e com a espantosa resiliência da popularidade de Nero, o velho senado sempre se sentira impotente para agir contra ele por outra via que não fosse o subterfúgio, e, em tese, o novo senado que se formara depois dos expurgos era o mais neroniano de todos. Mas a oligarquia romana, ainda que dormente na maioria das vezes, podia ser brutal nas suas reações. Enquanto não faltasse comida e diversão às plebes, um governante podia se sentir seguro; mas assim que o estômago coletivo da cidade começava a mandar sinais de fome ao cérebro político, tudo era possível. A despeito de tantas gratificações recebidas, o exército de Nero não hesitou em abandoná-lo tão logo se descortinou a possibilidade de atrasos no pagamento do soldo. E com tantas mágoas represadas, os poucos veteranos que ainda tinham assento no senado acabaram por convencer os novatos de que o imperador era inimigo do povo e não mais fazia jus a uma guarda pessoal. Quase da noite para o dia, o homem mais poderoso de todo o planeta viu-se sozinho e abandonado.

Apesar da impetuosidade de sua fuga da capital, Nero certamente sabia que o fim era inevitável. Mesmo assim não encontrou coragem para dar cabo da própria vida e precisou contar com o auxílio de um dedicado escravo. Ainda que desprovida de dignidade trágica, a morte do imperador cercou-se de uma espécie de simetria poética, e de certa pungência também, pois deu-se no dia nove de junho, aniversário do assassinato de sua primeira mulher, Otávia.

CAPÍTULO 11

O ano dos quatro imperadores

Junho de 68 d.C. a dezembro de 69 d.C.

O desastre passou perto quando um transeunte acidentalmente esbarrou em Papílio. No alto da escada que ainda cambaleava, o parceiro dele, Astilo, adejava um dos braços para recuperar o equilíbrio, enquanto pelejava para não deixar cair o pincel e as latas de tinta que carregava no outro. Da calçada, Papílio gritou suas desculpas, embora não pudesse fazer nada para conter a enxurrada de escravos que deixava uma casa duas portas abaixo, levando nos braços toda sorte de artigos para um dos leilões da cidade.

Naquele instante, Décimo Sátrio Lucrécio Valente sentiu nos ombros o peso de cada um de seus quarenta e cinco anos de idade. Acompanhando o trabalho dos pintores do outro lado da rua, olhava fixamente para o nome do filho — idêntico ao seu — ainda semi-acabado em letras vermelhas e pretas. As coisas estavam indo rápido demais. Mesmo que o garoto se elegesse edil no mês de março, Valente temia não ser capaz de bancar todos os custos. Quem poderia dizer onde ambos estariam dali a uma semana, quanto mais dali a um ano? Talvez lhe faltassem recursos até para acertar as contas com Astilo. O cheiro de revolução pairava no ar. E a roda da fortuna seguia girando: os que apenas alguns meses antes estavam no ápice do poder agora mal se sustentavam nas próprias pernas, atormentados pela sede de vingança dos desafetos que haviam conquistado no passado.

Valente tivera sorte até então. Na qualidade de flâmine do finado e esquecido imperador, encontrava-se numa situação no mínimo delicada. Tinha sido prudente na defesa dos interesses imperiais, mas salvara-se exclusivamente em razão dos amigos poderosos que tinha no conselho. E agora, já no comando do império, o velho Galba estimava que o rombo nos cofres públicos alcançava a astronômica cifra de dois bilhões e duzentos milhões de sestércios. Exigia que nove entre cada dez moedas fossem devolvidas, e, segundo rezavam os boatos, estava prestes a enviar um inquisidor a Pompéia, como aqueles que espremiam Roma na tentativa de recuperar as fortunas esbanjadas por Nero. Mas os mimos e presentes concedidos aos favoritos do imperador, que tanta inveja tinham causado a seus inimigos, já haviam virado fumaça. Impossível esperar que agora eles regurgitassem todos os banquetes de que tinham participado, que devolvessem os litros de perfume já consumidos.

De Herculano chegavam notícias de casas apedrejadas por multidões furiosas. Védio Sírico, o Neropopeiense que pouco tempo antes havia sido escolhido para supervisionar o recenseamento, agora preferia as sombras do anonimato. Os libertos Popídio espantavam os abutres que tentavam tirar proveito da situação para se apoderar do negócio deles. Outros tentavam leiloar seus pertences antes que os preços começassem a despencar, esperando que sua diligência pudesse ser tomada por contrição. A reconstrução do fórum precisara ser paralisada em razão da partida maciça dos operários de fora; além disso, multiplicavam-se as contendas legais para ajuizar o desvio de verbas públicas. Cornélio Tages, depois de tantos anos de bonança, estava às portas da bancarrota; dizia-se até que cogitava vender-se novamente como escravo.

O que Valente podia fazer? Ir às últimas conseqüências, como insistia a mulher, que reivindicava um investimento maior no futuro político do filho? A proposta dela era que novos gladiadores fossem comprados para realização de mais uma luta — embora a última tivesse acontecido havia menos de quatro meses —, a fim de mostrar à sociedade que os Décimo Lucrécio ainda não estavam mortos. Mas a oferta de gladiadores era escassa. O trabalho de mercenário mostrava-se muito mais lucrativo que o de lutador profissional; o próprio Valente havia recebido uma discreta proposta para a contratação de sua própria trupe. Ao que parecia, as coisas ainda piorariam muito antes de começarem a melhorar outra vez.

A morte de Nero foi um divisor de águas. Marcou o fim de uma dinastia que governara por mais de um século. Dali em diante, o imperador seria escolhido em razão de seus méritos pessoais, ou pelo menos era isso que todos esperavam. Beneficiando-se de sua vantagem sobre os concorrentes, o vetusto Galba subiu ao trono na primavera de 68 d.C. Mas como dissera Tácito, o maior segredo do império havia sido revelado: o imperador não precisava ser romano. O resultado disso foi que as portas se abriram para toda sorte de pretendentes, homens que se acreditavam qualificados para o posto ou se deixavam convencer por amigos ansiosos em tirar algum proveito da proximidade com o poder. Ainda que não houvesse escassez de candidatos no seio da aristocracia, os expurgos de Nero haviam eliminado os mais promissores e deixado no lugar deles um verdadeiro deserto de talentos. Um período de derramamento de sangue que duraria cerca de dezoito meses acabaria se revelando a única maneira de resolver a questão.

Durante a maior parte desse violento período, os pompeianos não fizeram muito mais que acompanhar de longe os acontecimentos, juntando os cacos depois dos derradeiros anos de Nero e prosseguindo na longa e árdua tarefa de reconstruir sua cidade. O nível de tensão na Campânia variava ao sabor das guinadas, ora para um lado, ora para outro, na disputa das diversas facções pelo trono imperial no norte do país. Mas, por incrível que pareça, podemos ter uma excelente idéia do que se passava à época mediante o olhar de dois participantes com fortes laços com Pompéia e com a vizinha Herculano. O mais velho deles era Alfeno Varo, para quem o leiloeiro Cecílio Jucundo havia viajado na qualidade de mercador de escravos uma década antes, quando ele ainda era o *trecenarius augustus*, ou primeiro centurião da guarda pretoriana. O outro, que ainda não havia visitado Pompéia mas que no futuro teria significância muito maior para a cidade, seguia pelo mesmo caminho do primeiro.[1]

No final de 98 d.C., Suédio Clemente — um jovem e ambicioso membro da guarda pretoriana, estacionado nas cercanias de Roma, na colina Viminal — observava com grande interesse o desenrolar dos acontecimentos políticos. Nascido de pais relativamente humildes, e jovem demais para ter tirado partido daquela repentina ascensão que beneficiara pessoas como Vespasiano durante os expurgos de Nero, Clemente tinha uma postura ambivalente em relação às circunstâncias. Naquela época de valores tão superficiais, que ainda não havia superado por completo a extravagância e o carisma do reinado de Nero, as feições engelhadas e o comportamento sovina de Galba provocavam certo estranhamento. Mas os pretorianos decerto viam com bons olhos a justiça sumariamente aplicada aos oficiais da marinha que, por capricho de Nero, haviam ocupado seu lugar na guarda pessoal do imperador: a dizimação, isto é, a morte de cada décimo integrante pelas mãos de um companheiro de armas. Como também devem ter apreciado a dispensa dos membros da cavalaria batava, enviados de volta a seus chuvosos Países Baixos, muito embora constituísse um desatino político abrir mão de combatentes tão implacáveis.

Fora isso, pouco podiam esperar de um governante de setenta e um anos que se recusava a viajar a menos que pudesse levar consigo uma carruagem contendo um milhão de sestércios, uma espécie de pecúlio para um possível futuro de vacas magras. A política de austeridade de Galba e as duras medidas que ele propusera para reaver recursos desviados eram justamente o antídoto de que Roma precisava para se curar do perdularismo que tanto a debilitara na década anterior; todavia, faltavam ao médico a autoridade pessoal e a sensibilidade política necessárias para convencer sua paciente a aceitar o remédio. O recém-aclamado imperador não tinha noção do erro que cometia ao se recusar a abrir uma exceção para os pretorianos e pagar-lhes a propina esperada sempre que o apoio deles era fundamental. Mas enquanto Galba fosse a única fonte de poder na cidade, homens como Suédio Clemente continuariam a cooperar, matando o tempo fazendo piadas com o suposto apetite do imperador por homens adultos. Mas o orgulho deles havia sido ferido, e outros deslizes dessa mesma ordem poderiam ser fatais.[2]

A opção mais óbvia e conveniente para suceder a Galba era Marco Sálvio Oto, um aristocrata romano que os pompeianos conheciam por ter sido o segundo marido de Popéia Sabina, antes de ela transferir seu afeto para o amigo de infância, Nero. Oto podia contar com o apoio das tropas leais ao finado imperador, que sentiam falta da boa vida de antes e viam nele uma possibilidade de continuísmo. No entanto, tendo labutado por dez anos para estabelecer sua credibilidade como governador da Lusitânia depois de uma juventude notoriamente desregrada, havia aprendido a virtude da paciência e decidido esperar pelo momento certo para dar o bote.[3]

A única exigência de Oto era que Galba o reconhecesse como herdeiro do trono, ou no mínimo deixasse de nomear outra pessoa em seu lugar. Todavia, Galba tinha perfeita consciência de que naqueles tempos de instabilidade sua idade avançada representava um ônus, e as pressões para que ele escolhesse um sucessor eram cada vez maiores. Ao tomar conhecimento de um plano de golpe por parte do exército da Germânia Inferior, o obstinado Galba cometeu outro erro, ainda mais catastrófico, de avaliação política. No lugar de Oto, nomeou como seu sucessor Lúcio Calpúrnio Liciano Pisão, o filho mais novo de Marco Crasso Frugi. Em seguida, à maneira de um azarado jogador que mete os pés pelas mãos sucessivas vezes, achou por bem acompanhar o jovem até Viminal para receber a aclamação dos pretorianos, sem contudo levar consigo uma reserva, por menor que fosse, de propinas. A única surpresa foi ambos terem saído dali vivos.[4]

Depois de ludibriar os assassinos que Nero havia mandado para matá-lo quando ainda era governador da Espanha, e com apenas alguns anos de vida pela frente, talvez Galba se sentisse suficientemente seguro para levar adiante, sem fazer concessões, sua missão de trazer o mundo de volta aos trilhos. Mas a ingenuidade de seus atos acabou por reduzir aqueles poucos anos a poucos dias. O célebre harúspice Umbrício Magno foi convocado para interpretar a vontade dos deuses. Depois de ler as vísceras, discretamente confidenciou a Galba que o usurpador do trono já estava na cidade. E como era esperado, a notícia não tardou a se espalhar.

Percebendo o perigo que corria, Oto achou que o momento havia chegado para entrar em ação, e aos primeiros sinais de que ele estava pronto para tomar o lugar que julgava seu, a cidade se dividiu politicamente em duas. Por um lado, os cidadãos comuns aglomeravam-se diante da residência de Galba, implorando pela execução de Oto — talvez porque ansiassem por paz e ordem, e não porque tivessem uma simpatia especial pelo imperador. Por outro, os partidários de Oto faziam discursos inflamados em diversos pontos da capital. Os ânimos se acirravam cada vez mais, até que, imperceptivelmente, o fiel da balança começou a pender a favor de Oto. E de uma hora a outra, a população se deu conta do terrível poder que tinha nas próprias mãos. Quando a turba revoltosa por fim alcançou a liteira que carregava Galba e derrubou-a ao chão, um silêncio macabro fez-se no fórum, os circunstantes na ponta dos pés para ver melhor o velhote esparramado no chão. Menos de seis meses depois de subir ao trono, Galba encontrou seu fim na ponta de uma espada, pressionada pela bota de um soldado sobre sua garganta emaciada. No cair da noite, Oto foi aclamado imperador.[5]

Mas violência gera violência. E o ano de 65 d.C. estava apenas começando.

A mensagem do senado anunciando que Oto havia sido instalado no lugar de Galba chegou à Germânia tarde demais: o exército já havia declarado fidelidade a seu recém-nomeado comandante, Aulo Vitélio, um aristocrata rechonchudo e mimado que em nada lembrava a imagem de um imperador romano. É bem possível que as legiões germanas tivessem agido de outra forma — e poupado a Itália de muito derramamento de sangue — caso lhes tivesse sido dada a chance de voltar atrás.[6] Pois, como observariam estudiosos posteriores, o trono de Roma estava prestes a ser disputado pelos dois piores candidatos que se poderia imaginar. A última coisa de que o Estado precisava era de mais um Nero, mas ao que parecia, tanto Vitélio quanto Oto prometiam seguir pelo mesmo caminho.

Os hábitos sexuais de Oto davam azo a intermináveis discussões, e na opinião de muitos ele conseguia ser, nesse quesito, bem pior que o próprio Nero: além de efeminado, era mais uma vez acusado de proxenetismo, de ter desposado Popéia apenas para entregá-la posteriormente nas mãos de Nero. Ademais, um de seus primeiros atos ao aceder ao trono foi consagrar um adicional de cinqüenta milhões de sestércios, em dinheiro imaginário, à construção da Casa Dourada, grandioso emblema do despotismo do finado imperador. Oto chegaria ao ponto de assumir o nome de "Nero", e assim passaria a ser aclamado pelo povo de Roma. Difícil dizer o que Suédio Clemente vira nele, mas fato é que Oto acabaria sendo o candidato dos pretorianos na guerra que viria a seguir; entretanto, vale lembrar que a possibilidade de ascensão pessoal era uma preocupação constante para Clemente.[7]

Talvez sejam mais claros os motivos que levaram Alfeno Varo a assumir um lugar de destaque nas legiões de Vitélio. Em primeiro lugar, ele à época ocupava o posto de prefeito dos acampamentos na Germânia; além disso, era natural de Nucéria como o próprio Vitélio, muito embora seus laços com a cidade fossem bem mais fortes que os dele. Vitélio, já com cinqüenta e dois anos de idade, havia sido criado em Capri, a infame ilha dos prazeres onde Tibério costumava dar vazão às suas fantasias, como, por exemplo, deitar-se numa sala rodeada de espelhos que lhe permitiam ver de diversos ângulos a cópula de um sem-número de casais. Dizia-se, inevitavelmente, que Vitélio havia adquirido certo gosto pela depravação sexual, e o escândalo preferido de todos era que ele se deixasse penetrar por homens mais velhos. Mas era sobretudo pela gula que ele seria lembrado mais tarde. Um dos pratos que o próprio Vitélio havia concebido para sua mesa tinha o nome de "Escudo de Minerva" e consistia em iguarias de todos os cantos do império, incluindo fígado de lúcio, cérebro de faisão e pavão, língua de flamingo e baço de lampreia.

Os pompeianos não poderiam ter ficado mais alarmados com o aparecimento de um possível usurpador do trono originário de Nucéria. Embora tivessem se decepcionado com o reinado de Nero em vários aspectos, já haviam se acostumado a pensar que o império fora comandado por "um dos nossos" ao longo dos dez anos anteriores. Pois agora, a cidade que até então era tida como sua maior rival ameaçava roubar-lhes o privilégio, e em péssima hora: a influência de Pompéia como entidade política e administrativa era cada vez menor, e sua dependência comercial em relação a Nucéria, cada vez maior. Duas mudanças no trono — em tão pouco tempo e em circunstâncias tão horrendas — já haviam suficientemente abalado os nervos dos que ainda não haviam se conformado com o fim da dinastia júlio-claudiana. Mas diante das aspirações de Vitélio, a decisão dos pompeianos não poderia ser outra: o posto de "um dos nossos" agora passaria a ser ocupado por Oto.

Em vista do caos iminente, as outras cidades da Campânia não hesitariam em tomar este ou aquele partido. Putéolos favoreceria Oto, e Cumas, Vitélio. Não sabemos ao certo quais eram as preferências de Estábias e Herculano, mas é possível que, diante da possibilidade de guerra civil, estabianos e herculanenses, assim como os pompeianos, tenham voltado os olhos para a Guerra dos Aliados que um século e meio antes havia dividido a região. À época, Nucéria havia servido de posição avançada para Roma, e Pompéia tornara-se um dos últimos bastiões dos aliados na Campânia depois de Estábias e Herculano sucumbirem a Sulla.[8] O ataque de Sulla a Pompéia havia sido particularmente feroz. Até hoje podemos ver as cicatrizes nos muros da cidade, entre a Porta de Herculano e a Porta do Vesúvio, deixadas pelas máquinas de cerco inimigas. No entanto, escavações recentes revelam que os muros não eram exatamente o alvo das balistas, mas antes, vítimas acidentais da falta de pontaria dos romanos. Em determinada área, a destruição causada pelos mísseis de pedra arremessados contra a cidade estende-se a uma distância superior a oitenta metros a partir dos muros. Construções inteiras foram ao chão, e as bolas propriamente ditas, bem como atiradeiras de chumbo, foram encontradas no entulho espalhado pela cidade. Mas em 69 d.C., havia outras razões para que Pompéia se sentisse ameaçada.

Ninguém o reconheceu. Fazia quase uma década desde que Grosfo partira para o exílio, e ele havia envelhecido demasiadamente sob o sol escaldante da África. Apesar disso, lembrava-se de cada centímetro quadrado da cidade que fora palco de sua humilhação, por ocasião do tumulto no anfiteatro, bem como do rosto de cada homem que o havia repelido.

Ao saber do terremoto, vira-o como uma punição justa para seus detratores e esperara que o estrago tivesse sido grande. Agora, contudo, deixando a área do porto sob a luz revigorante da manhã e atravessando o arco da Porta de Estábias, surpreendeu-se ao constatar quanto a cidade havia mudado. Vendo apenas aquela meia dúzia de trabalhadores velhos que pelejava para tapar as fendas no muro adjacente à guarita, perguntou-se como tamanha transformação havia sido possível.

Perto dali, percebeu certa agitação. Interpelando um homem que se apressava com uma braçada de guirlandas, descobriu que elas se destinavam à inauguração do novo Templo de Ísis. E o benfeitor, quem era? Um liberto dos Popídio chamado Ampliato, informou o florista. Com um sorriso irônico entre os lábios, Grosfo supôs tratar-se do mesmo neroniano bajulador que muitos anos antes fazia de tudo para subir na vida. Mas não, ele logo foi corrigido. O tal Ampliato pertencia a um ramo totalmente diferente da família.

Tudo era estranhíssimo. No entanto, Grosfo preferia a nova cidade à velha: era mais condizente com seu estilo. Antes, as ruas principais consistiam em bulevares de casas elegantemente espaçadas, e esticando-se o pescoço era possível avistar pátios igualmente elegantes do outro lado das portas; agora, no mais das vezes essas mesmas casas espremiam-se entre estrebarias e tabernas. A cidade parecia viva, o ar impregnava-se do cheiro da oportunidade, embora fossem poucos os sinais de felicidade. Grosfo chegou até a pensar que podia fazer negócios ali. Mas depois lembrou que sua estada seria breve; ainda no fim da tarde estaria a caminho de Nucéria, onde passaria a morar.

Passando diante do templo de Fortuna Augusta, percebeu na fachada o próprio nome — desbotado mas ainda legível —, e tomou isso como sinal de que deveria entrar. Afinal, antes de deixar a Itália, jamais poderia ter imaginado que sua memória sobreviveria à de Nero, cujo nome aparentemente havia sido apagado de todas as paredes e muros. Por esse motivo, Fortuna merecia uma oferenda especial. E essa oferenda seria acompanhada de uma prece: que a guerra iminente servisse para acirrar ainda mais a rivalidade entre Pompéia e Nucéria, de modo que ele, Grosfo, pudesse encontrar uma maneira de levar a cabo sua vingança.

Apesar dos péssimos augúrios que antecederam sua partida, Oto fazia uma majestosa figura à frente da coluna de soldados que deixara Roma e agora seguia para o norte. Vitélio, por sua vez, vinha dos Alpes, comandando um exército que se valia da ferrenha experiência adquirida nos confins do império. Até mesmo os comentaristas mais severos não poderiam deixar de admitir que tanto um quanto o outro, tomados pelo fervor das circunstâncias, haviam surpreendido na sua capacidade de liderança. Mas, quando eclodisse o confronto, um deles mostraria que era capaz de pôr o amor pelos compatriotas acima da própria ambição.[9]

Os dois exércitos convergiram ao longo da via Postumia e se enfrentaram no amplo vale do rio Pó, não muito longe de Cremona. Em determinada área do disperso campo de batalha, a Vigésima Primeira Legião Rapace de Vitélio confrontou-se com a Primeira Adjuvante de Oto; alhures, a Quinta e a Décima Terceira logo entraram em combate, com os cinco mil homens das coortes pretorianas dispostos em formação para

Oto. Mas a luta crucial deu-se nas águas do próprio rio, entre homens sobrecarregados com o peso de armaduras e túnicas ensopadas. Alfeno Varo, o nucerino, havia conquistado a confiança dos altíssimos e hirsutos batavos, depois de debelar, algumas semanas antes, um motim por parte de certas tropas desgostosas com a chegada dos presunçosos forasteiros. Agora eles o seguiam com entusiasmo contra um contingente de dois mil gladiadores comandado por Suédio Clemente, que havia sido promovido ao importante posto de primeiro centurião. Clemente contava, ele também, com a estima da soldadesca, mas por um motivo diferente: em face da catastrófica indisciplina e das ameaças de motim ao longo da penosa marcha desde a Gália, ele havia permitido que as legiões sob seu comando se comportassem como tropas invasoras, devastando e saqueando as fazendas de honestos fazendeiros italianos.

Mas agora não havia ocasião para nenhuma espécie de displicência. A luta na água era cerrada e violenta, uma disputa profissional em que a honra de cada uma das partes estava em jogo. Os gladiadores subiam em barcas, e os batavos chapinhavam na água para alcançá-los e derrubá-los. Tratava-se de um embate de proporções extraordinárias, mas, dada a natureza dos adversários — de um lado, gladiadores acostumados a empunhar a espada para divertir as multidões; de outro, homens dispostos a lutar até o limite de suas forças para salvar os companheiros —, o resultado não poderia ter sido outro. À medida que atravessavam os juncais à beira-rio para se juntar ao confronto principal, os batavos deixavam atrás de si um sangrento amontoado de corpos, homens que talvez tenham merecido clemência em razão de sua coragem no anfiteatro, mas que tinham descoberto na guerra um jogo infinitamente mais cruel.[10]

A inesperada chegada dos gigantes nórdicos ao campo de batalha — encharcados, mas ainda açulados pela adrenalina — foi decisiva: o impacto soçobrou o exército de Oto. Antes que um mensageiro pudesse alcançar o imperador, aquartelado na vizinha Brixelo, os trôpegos legionários que haviam saído da peleja com vida já estavam a caminho para dar suas próprias notícias. Transtornado por ter causado um massacre, Oto deu fim à própria vida, e à medida que a notícia se espalhou, as tropas rapidamente baixaram armas ou fugiram, amoitando-se até que o futuro se tornasse mais claro.[11]

Para Suédio Clemente, que decerto se martirizava por ver sua estrela apagar-se assim tão rápido, Flávio Vespasiano — o general que supervisionava o andamento da guerra contra os revoltosos da Judéia — agora representava a única esperança de resistência a Vitélio. O flanco oriental do império havia permanecido firme na defesa de Oto, e não haveria dúvida quanto à relutância de Vespasiano em ver Vitélio no trono. Sob Oto, o irmão de Vespasiano, Flávio Sabino, havia sido reempossado como prefeito da cidade de Roma, cargo que já havia ocupado durante o reinado de Nero. Agora, por mais que declarasse sua fidelidade a Vitélio e acreditasse nas promessas de anistia, Sabino encontrava-se numa posição vulnerável, assim como o filho mais novo de Vespasiano, Domiciano, que também estava em Roma. A muitos parecia que o general estacionado no Oriente seria forçado a entrar em ação.

Alfeno Varo, por sua vez, pairava nas alturas. Acompanhara Vitélio na entrada triunfal em Roma, já na condição de novo comandante da guarda pretoriana. Todavia, no lugar dos antigos pretorianos ele passaria a comandar uma força improvisada, recrutada entre as legiões para substituir aqueles que porventura ainda nutrissem algum resquício de lealdade a Oto. Medidas políticas como essa faziam parte de um projeto mais amplo, cujo objetivo era mostrar à população que Vitélio estava mesmo disposto a fazer cumprir a lei. E quando os cento e vinte cidadãos que pleiteavam uma recompensa por sua participação no assassinato de Galba foram pagos não com ouro mas com uma sentença de morte, ali ficou suficientemente claro que nenhum governante poderia ser conivente com o regicídio.[12]

No entanto, àquela altura dos acontecimentos, a constante troca de imperadores já havia deixado a população da capital relativamente insensível a esse tipo de tratamento de choque. Com efeito, muitos já se sentiam como espectadores de uma extravagante e soporífera peça de teatro, muito mais do que testemunhas de um período de turbulência política. A devassidão das tropas de Vitélio e a realização de gladiaturas em qualquer espaço público davam a impressão de que o tempo havia retrocedido à era neroniana, e os sacrifícios oferecidos a Nero pelos Augustais no Campo de Marte só faziam confirmá-la.

Mas os eventos deram uma guinada decisiva quando, em 1º de julho de 69 d.C., o prefeito do Egito declarou seu apoio a Vespasiano em detrimento de Vitélio e seus senadores. Essa revelação resultou numa onda de manifestações simpatizantes. Naquele verão, Vespasiano — auxiliado por seu filho mais velho, Tito — ainda se debatia com uma violenta insurgência por parte de revolucionários na Judéia. Até então ele vinha se mantendo à espreita, fazendo-se passar por um comandante preocupado demais com a defesa do império para pensar nos próprios interesses. De um segundo a outro, contudo, os ventos do poder começaram a soprar a seu favor, e ele já não tinha mais como continuar ignorando seu destino. Anos mais tarde, Vespasiano atribuiria o início de seu reinado à data do pronunciamento do prefeito do Egito.[13]

De início, Vespasiano permaneceu pessoalmente alheio à batalha para colocá-lo no trono, preocupando-se apenas em dominar o Egito e, por conseguinte, bloquear o suprimento de grãos. A tarefa de promover sua causa domesticamente ficara em grande parte a cargo das legiões do Danúbio, e ao que parecia, a vitória era iminente. Uma campanha pró-Vespasiano em pouco tempo espalhou-se de legião a legião através de todo o império. Pilhado em meio à festança de seus primeiros meses no poder — durante os quais conseguira aumentar o déficit imperial em nove bilhões de sestércios —, Vitélio viu-se afrontado por um exército poderoso e bem organizado.

Quando as legiões antagônicas se enfrentaram novamente numa batalha nas cercanias de Bedriaco, atual Cremona, o estandarte dos flavianos tremulava à frente de um exército que incluía um bom número de ex-combatentes de Oto. Em todos os outros aspectos, contudo, as circunstâncias das duas forças eram exatamente opostas ao que tinham sido mais cedo naquele mesmo ano. Amolecidas pelo breve período de paz e indolência, e comandadas por generais que secretamente simpatizavam com Vespasiano, as tropas de Vitélio agora já não representavam nenhuma ameaça ao exército inimigo, desejoso de vingança.[14] Os flavianos conquistaram uma vitória acachapante e, não satisfeitos, prosseguiram para a desafortunada Cremona a fim de dar vazão à sua sede de sangue. Até então, as batalhas de 69 d.C. haviam se desenrolado num ambiente de relativa normalidade para a maioria das pessoas. Certas cidades talvez tenham expressado preferência por este ou aquele imperador, sem contudo chegarem ao ponto de se enfrentar mutuamente. Súbito, tudo isso mudou. Quando o exército vitorioso tomou de assalto as ruas de Cremona, cravando a espada em quem cruzasse seu caminho, uma feira realizava-se na cidade, e o número de mortes alcançou os muitos milhares, entre locais e visitantes.[15]

Para os habitantes de Pompéia, no entanto, a vitória de Vespasiano certamente foi recebida com alívio. Os tripulantes da frota do Miseno haviam se juntado ao exército flaviano, e os gladiadores recrutados para combatê-los haviam sido derrotados. Aparentemente, o sangue derramado em Cremona havia salvado todo o resto da Itália.

Para Vespasiano, ainda que ausente, a vitória não poderia ter sido mais fácil. À medida que os flavianos marchavam através da Úmbria na direção de Roma, as coortes vitelianas, uma a uma, baixavam armas e os recebiam como irmãos. Na vasta planície de Terni, a magra força viteliana de quatrocentos homens, instruída para lutar até cair o último homem, sucumbiu depois de oferecer uma resistência meramente simbólica. Alfeno Varo, que tentava bloquear os Apeninos com um destacamento de pretorianos, levantou acampamento às pressas e seguiu para Roma com o que sobrara de suas tropas, as acusações de covardia esfuziando em seus ouvidos para nunca mais deixá-lo em paz.[16]

No entanto, quase simultaneamente, uma repentina virada das marés deixou o distante Vespasiano, ainda em Alexandria, preocupado. As tropas de Vitélio haviam contra-atacado e conquistado importantes vitórias em todas as frentes. Especialmente extraordinário fora o sucesso obtido a sul de Roma, com a completa destruição da base naval de Terracina, não muito distante de Miseno.[17] Caso tivessem pensado que haviam escapado da guerra, os pompeianos agora teriam de reavaliar a situação.

Popídio Natale chegara cedo para a cerimônia, muito embora já começasse a escurecer. Desde a abertura do novo Templo de Ísis, na primavera, ele estivera demasiadamente ocupado para fazer muito mais que comparecer vez ou outra aos serviços vespertinos para abençoar a água da vida; mesmo no Festival Naval ele havia se juntado à procissão somente quando ela já havia chegado à beira do mar. Mas vinha mantendo as contribuições para a manutenção do novo templo e gostava de saber que oferendas eram feitas em seu nome. Agora finalmente poderia dispensar alguns minutos para apreciar a mestria das pinturas e estátuas enquanto os outros fiéis acabavam de se acomodar.

O lugar agora era um pouco mais elegante do que fora antes, mas as semelhanças ainda eram suficientes para que os membros mais antigos se sentissem em casa: a deusa Ísis, em sua túnica diáfana, ainda ficava sobre o plinto do lado de fora do purgatorium*; Baco e Vênus, no interior do prédio. Mas, nas paredes, novos e maravilhosos trabalhos reluziam sob a luz do crepúsculo e das lamparinas a óleo: símbolos de fé, cenas ritualísticas, imagens do generoso* Nilo*. Além disso, uma pintura de trirremes ao mar, um sem-número de remos cravando as águas encapeladas, os marujos confiantes de que* Ísis *olhava por eles.*

Logo os coros masculino e feminino surgiriam na escadaria, acomodando-se em lados opostos do templo em prol da harmonia. Nos hinos e na cerimônia que viriam a seguir, eles invocariam o marido da deusa, Osíris*, que fora morto e desmembrado em milhares de pedaços. Anúbis, o lupicéfalo deus da morte, correria de maneira derrisória entre os sacerdotes de cabeça raspada até que eles se lembrassem de como, por fim, o amor de* Ísis *o havia trazido de volta à vida. Depois, os novos iniciados, abstinentes de comida e sexo por vários dias, desceriam às águas purificadoras para renascer.*

Harmonia, esperança, renascimento. Como era estranho celebrar ideais tão contrários à realidade da época. Mas esse, refletiu Natale*, era exatamente um dos propósitos de tudo aquilo.*

Tão logo terminaram os ritos e diversas surpresas míticas foram liberadas das câmaras de eco e entradas ocultas com que o novo templo fora dotado, Natale *pilhou-se com os olhos marejados de emoção. A celebração transbordara para as ruas, e agora todos os problemas pareciam submergir nos risos e abraços dos iluminados. Tudo parecia ter voltado ao normal. Só que, naquele ano, os irrequietos sentinelas nas diversas portas da cidade acharam por bem não aceitar o vinho que lhes era trazido em oferenda.*

Popídio Ampliato, sua mulher, Celsa, e o filhinho do casal, Celsino, foram extraordinariamente generosos em suas doações para a reconstrução do templo da deusa que eles adoravam (Figura 24). E o templo fora não só reconstruído como também ampliado; o nome de cada um deles figura no chão de uma sala situada atrás do templo, que de tão ampla chega a invadir o terreno do vizinho Ginásio Samnita. Pai e filho também são lembrados numa famosa inscrição acima da entrada do templo: um raro exemplo de homenagem à generosidade de um liberto, que também faz referência à admissão, a título de agradecimento, do filho de seis anos de Ampliato no conselho da cidade. Mesmo Décimo Lucrécio Valente não havia sido admitido antes dos oito anos de idade, e decerto seu futuro seria bem menos auspicioso que o de Celsino, dada a situação de seu pai, o velho Valente, flâmine do finado Nero.[18]

À altura do Festival de Osíris, que se iniciava no dia 12 de novembro, é bastante provável que já estivessem bastante adiantadas as negociações entre Vitélio e os representantes de Vespasiano, que avidamente tentavam convencer o imperador a abdicar do trono mediante a garantia de salvo-conduto até um palácio na baía de Nápoles, onde ele poderia passar o resto de seus dias na mais absoluta tranqüilidade. Ainda que os flavianos não fossem inteiramente confiáveis, tratava-se de uma oferta que Vitélio estava mais do que preparado para aceitar. Mas nada é previsível na guerra civil. Tão logo se chegou a um acordo quanto à abdicação e Flávio Sabino deu ordens para que a vida de Vitélio fosse poupada, soldados insurretos, temendo perder privilégios com a queda do imperador, voltaram-se contra Sabino. O prefeito da cidade, que sempre cumprira com honestidade o papel de intermediário entre seu irmão mais novo e Vitélio, foi forçado a se entrincheirar no antigo prédio do capitólio. Essa não era a vontade de Vitélio, ou pelo menos era isso que ele dizia; no entanto, não havia nada que o imperador pudesse fazer para evitar que o capitólio fosse incendiado, e Sabino, assassinado. Diante de ânimos tão acirrados, quem seria o próximo? Domiciano, o filho de Vespasiano?

Era dezembro de 69 d.C., e os últimos dezoito meses haviam se confundido com um longo e tenebroso pesadelo. Dizia-se que aqueles que haviam festejado a morte de Nero um ano e meio antes haviam usado o inconfundível quepe das Saturnais; e agora eles podiam ser vistos novamente nas ruas, uma vez que o verdadeiro festival de meio-inverno já havia começado. O vinho corria solto, o mundo encontrava-se mais uma vez de ponta-cabeça, e nada merecia ser encarado com demasiada seriedade — nem mesmo os homens das legiões danubianas de Vespasiano, que haviam conseguido se infiltrar na vulnerável capital e agora davam seqüência a um sanguinolento acerto de contas, enquanto os locais acreditavam assistir a uma brincadeira qualquer.[19]

Com a presença das tropas flavianas na cidade, os soldados e cortesãos de Vitélio sentiram-se ameaçados, e Domiciano imediatamente foi preso. Mantido sob rígida vigilância, aparentemente não lhe restava nenhuma saída — pelo menos até que sacerdotes de Ísis o disfarçassem como um de seus pares e miraculosamente o subtraíssem da cidade, levando-o para uma casa distante e segura. Que ele permanecesse vivo e apto a tomar as rédeas do governo em nome de seu pai seria mérito exclusivo desses sacerdotes e de sua deusa. Daquele resgate, nem Vespasiano nem Domiciano jamais se esqueceriam: o primeiro construiria uma capela para Júpiter, o Preservador, no mesmo lugar que abrigara seu filho refugiado; e o segundo, um maravilhoso templo para Ísis em Brindisi, cercado de estátuas e obeliscos. Num deles, Domiciano seria mencionado em hieróglifos como o "protegido de Ísis", e o culto seria respeitado durante todo o reinado, de outra forma violento, de Domiciano.[20]

Ainda jovem, Vitélio fora aconselhado pelo próprio pai a se manter o mais distante possível da vida pública, e mais tarde, quando subisse ao posto mais alto do império, causaria enorme pesar à mãe, que veria nele um homem marcado para morrer. Tivesse dado ouvido aos pais, Vitélio teria escapado de ser brutalmente assassinado na escadaria das tribunas, próximo ao local onde menos de um ano antes Galba havia encontrado o mesmo fim. Antes de receber o golpe de misericórdia, teria a cabeça levantada por seus algozes de modo que pudesse ver as estátuas que havia mandado erigir tombarem ao chão feito dominós. Sua única contribuição duradoura para a civilização européia seria o pistache, introduzido na Itália depois de seu retorno da Síria alguns anos antes.

Ao contrário de seu companheiro de comando na guarda pretoriana, que vergonhosamente dera cabo à própria vida, "Alfeno Varo", revela-nos Tácito, "sobreviveu à própria covardia e infâmia". Talvez tenha terminado seus dias na Nucéria natal.[21] Suédio Clemente, por sua vez, teria um futuro próspero sob o governo de Vespasiano. E pelos serviços que prestaria ao novo imperador em Pompéia, teria seu nome lembrado numa coluna erguida ao lado de cada uma das principais portas da cidade.[22]

— XI —

Vespasiano passaria o resto do inverno de 69 d.C. em Alexandria, no comando de homens que, sendo menos valiosos para o Estado do que ele, estavam dispostos a tentar a perigosa viagem de volta à Itália. O novo imperador esperaria pela reabertura das rotas marítimas na primavera. A demora decerto era frustrante, mas Domiciano encontrava-se em Roma na companhia de fiéis aliados do pai, o que pelo menos daria tempo à população de se acostumar à idéia de um novo governante. Enquanto isso, o mais seguro seria comunicar-se com a capital por meio de cartas que "se referissem com modéstia ao imperador e com grandeza ao império". Mas a ausência de Vespasiano teria a vantagem adicional de poupá-lo do desgaste resultante das diversas medidas de limpeza, invariavelmente impopulares, que precisavam ser tomadas com urgência (Figura 5f).

Os problemas diante de seus representantes em Roma eram inúmeros. O tesouro debatia-se com uma dívida astronômica, e o senado reclamava dos custos de reconstrução do capitólio; a título de precaução, os tenentes mais severos do imperador na Itália haviam orquestrado a execução sumária de todos que ainda pudessem ter alguma pretensão ao trono ou qualquer conexão com os regimes precedentes, incluindo os informantes que haviam servido a Nero durante o período de expurgos. No entanto, o mais grave de todos os problemas era a animosidade que a guerra civil havia engendrado: em alguns lugares, a violência simplesmente ainda não havia sido debelada, e em outros, ameaçava ressurgir a qualquer instante.

Escrevendo com o benefício da posteridade, Tácito pôde observar que, no período seguinte à morte de Vitélio, "a guerra aparentemente havia chegado ao fim, e o mundo inteiro, por assim dizer, expurgara-se de culpa". Mas na Campânia as cidades ainda se encontravam em ebulição, "devido a uma rivalidade mútua muito mais do que a qualquer rejeição ao novo imperador". Um destacamento de cavalaria leve foi enviado às colônias menores — talvez a Pompéia também —, que logo se emendaram. Mas no caso da incontrolável elite de Cápua, fez-se necessário um tratamento mais firme, e as tropas permaneceram na cidade até a primavera. Enquanto isso, na Gália e nas fronteiras, a indisciplina que se manifestara no ano anterior havia se tornado endêmica.

Insuflados pelo discurso de seus líderes — para quem eles haviam sido explorados como bucha de canhão nas guerras civis de Roma, enquanto em casa seus familiares ainda eram tratados como cidadãos de segunda categoria —, os soldados das províncias do norte encontravam-se num estado de franca revolta. "Vós sois", as tropas do Reno eram informadas, "uma raça pura e inconspurcada; e uma vez esquecida vossa servidão, sereis semelhantes a todos os demais, ou até mesmo governareis sobre eles." A retórica era persuasiva e contagiante, e com o passar do tempo tornava-se cada vez menos absurdo supor que o império romano, em sua totalidade, se encontrava à beira do colapso.

Por ora, contudo, a posição de Vespasiano era tranqüila, o que decerto parecia inacreditável aos olhos do próprio imperador. Um filho de coletor de impostos, que conduzira um negócio de transportes terrestres em sua cidade natal, jamais poderia ter sonhado um dia tornar-se o comandante do império. Suas qualificações para o posto eram de natureza essencialmente prática: a sagacidade tática que demonstrara tanto no campo de batalha quanto fora dele, seus filhos, sua probidade fiscal, sua anacrônica retidão moral, e sobretudo a ausência de vínculos com padrinhos políticos que talvez o antipatizassem em Roma. Tais atributos talvez bastassem naqueles tempos de desespero e pragmatismo, mas seria possível que ainda bastariam no decorrer dos meses e anos seguintes, quando ressurgisse na cena política o apetite para o hedonismo e o anseio por um líder carismático?

Durante os longos meses passados em Alexandria, Vespasiano buscou ardentemente o apoio das divindades orientais e revelou uma singela credulidade ao receber um sinal enviado pelo deus Serápis. Todavia, mostrou-se inicialmente relutante quando seus auxiliares o aconselharam a curar os doentes de Alexandria; somente depois de alertado para os dividendos políticos que isso lhe renderia foi que se dispôs a cuspir nos olhos de um cego e devolver-lhe a visão. Proezas desse tipo eram bastante úteis. Vespasiano não podia reivindicar uma descendência de Enéias, mas a capacidade de realizar milagres revelava-se uma ótima compensação. Até mesmo alguns dos mais respeitáveis místicos da Palestina colaboraram com a campanha pró-flaviana retrodatando suas profecias de modo que a ascensão do novo imperador ao poder figurasse entre elas.

O próximo truque de Vespasiano assumiria proporções gigantescas. Sob a liderança de seu filho Tito, as legiões romanas por fim conseguiriam tomar Jerusalém e saquear o majestoso templo da cidade. Muito mais que o antigo centro da religião judaica, o Templo de Jerusalém era o repositório de incalculáveis tesouros, bem como o coração de toda a economia do Oriente Próximo. Anualmente, todos os judeus adultos eram obrigados a doar meio *shekel* às reservas do Templo, que abrigava fortunas ainda maiores: os manuscritos de Qumran revelam, por exemplo, que só o tesouro dos essênios compreendia oito mil trezentos e sessenta quilos de prata e duzentos e cinqüenta de ouro.[1]

O butim conquistado em Jerusalém foi verdadeiramente fenomenal: que o valor dos metais preciosos na Síria tenha caído à metade dá-nos uma boa idéia do espantoso volume de riquezas repentinamente injetado na economia. Para aumentar a popularidade de um imperador, devolver a visão a um cego era uma coisa; outra bastante diferente era resgatar da queda livre a economia de todo o império.

Aos olhos dos judeus, milhares dos quais haviam sido mortos ou escravizados, a pilhagem do Templo fora um ato de incomparável brutalidade. Mas ao mesmo tempo tornara-se a pedra angular, bastante sólida, de uma dinastia imperial. Vespasiano havia realizado uma jogada de mestre. Semanas antes, ainda na estação de tempestades, ele havia mandado carregar de grãos seus navios mais velozes e os despachado para Roma, onde restolhos de sementes mal cobriam o chão dos armazéns e o populacho encontrava-se à beira da miséria. Recado mais certeiro do que esse não poderia haver.

A fortuna pilhada por Tito dera a Vespasiano a liberdade de que ele precisava para implementar as reformas e medidas restauradoras que Galba havia tentado e que em grande parte haviam contribuído para a ruína dele. Roma não tinha visto nada igual desde a derrota de Marco Antônio e Cleópatra na Batalha do Áccio, que colocara o Egito, e suas colheitas, sob o jugo romano. Uma enxurrada de dinheiro e escravos passara a vir pelo Mediterrâneo. Nos mercados de Gaza, homens, mulheres e crianças — cerca de cem mil ao todo — eram vendidos no atacado e deportados para a capital do império. Com a contínua rebeldia dos judeus, e com os dízimos anteriormente depositados no Templo agora devidos a Júpiter, Tito daria seqüência ao influxo de dinheiro e escravos. A solução perfeita para remediar a prodigalidade neroniana sem contudo provocar a grita do populacho havia caído do céu para o novo imperador.[2]

Mas os ventos que sopravam a favor de Vespasiano traziam consigo uma série de desafios, e o maior deles consistia em administrar a expectativa generalizada de que a vitória resultaria na volta do esbanjamento que as plebes tanto desejavam. Para lidar com o déficit nos cofres públicos, Vespasiano viu-se obrigado a implementar severas medidas fiscais que lhe renderiam uma reputação de parcimônia, certamente exacerbada pela vitória na Judéia. E embora o influxo de riquezas do Oriente contribuísse largamente para a recuperação da economia, uma profunda mudança de comportamento por parte da sociedade — sobretudo uma moderação nos hábitos de consumo — também se fazia necessária.

Nada menos que uma revolução cultural seria cabível. Sabemos, por exemplo, que uma comissão seria sorteada "para administrar a devolução de propriedades roubadas durante a guerra; para identificar e substituir os códices legislativos de bronze que haviam sido corrompidos pelo tempo; para expurgar os registros públicos das adições com que o autoengano dos tempos os havia aviltado; para examinar os gastos públicos". E justo com essa missão Suédio Clemente seria enviado a Pompéia, em 75 ou 76 d.C. A essa altura, os choques iniciais causados pela mudança de regime já teriam sido inteiramente absorvidos.

CAPÍTULO 12

Um banquete de feijões

Junho de 75 d.C.

Era chegada a hora de aqueles provincianos intoleráveis compreenderem a verdadeira extensão da autoridade de que ele, Suédio Clemente, dispunha na qualidade de juiz escolhido por Vespasiano. Na presença dele eram suficientemente educados. "Venerável", "honorável", "respeitável", diziam. Mas nenhum desses epítetos bajulatórios significaria nada enquanto os infames da cidade não se emendassem. Sempre que ele dava início a algum tipo de investigação, obstáculos apareciam em seu caminho: portas eram inesperadamente trancadas, documentos tornavam-se convenientemente ilegíveis, provas eram astutamente subtraídas. Por mais rápido que ele agisse, o resultado era sempre o mesmo. Clemente nunca primara pela sutileza nem pela persistência, qualidades que agora ele rapidamente procurava conquistar. De que outra forma poderia descobrir e afastar o espião que certamente estava a seu serviço?

Quando chegara a Pompéia, dois meses antes, Clemente mal podia disfarçar o entusiasmo pela missão que tinha a cumprir. Ainda hoje lembrava-se de como seus ossos haviam doído quando, acompanhado com toda pompa pelo comitê de recepção, ele entrara no fórum depois da interminável viagem pelas estradas calçadas de pedra. Mas a bela tropa de quatro mulas pretas que puxava a carruagem, símbolo de sua nova posição social, havia provocado a admiração de muita gente ao longo do caminho, e seu bom humor em nada havia sido afetado. Ninguém poderia ter imaginado as agruras que recentemente haviam sido infligidas àquela malfadada parte da alegre Campânia: badernas, terremotos, furacões, guerra civil

— tudo isso havia deixado cicatrizes. Os homens que o haviam recebido com guirlandas e palavras tão gentis certamente mereciam ajuda.

Clemente ainda não adivinhava o verdadeiro alcance da tarefa que estava prestes a atacar. Superficialmente a cidade fizera um bom trabalho no sentido de esconder seu passado neroniano; em alguns lugares, os elogios ao finado imperador haviam sido cobertos com água caiada, embaralhando as letras de modo que os autores não se sentissem envergonhados. Já não se via qualquer sinal do perdularismo do passado, salvo um ou outro Apolo banhado a ouro, que traía as simpatias políticas de seus proprietários. Afinal, quantos entre aqueles que haviam passado por tudo aquilo podiam se dizer inteiramente puros? Mas Clemente suspeitava que algo mais profundo fermentava ali, enterrado nas redes de aliança que qualquer forasteiro teria dificuldade para entender: uma hierarquia que medrava nas sombras e se congelava ao perceber a aproximação dele.

De início, comprazia-se com aqueles que o apoiavam ou que tinham sido recomendados para assisti-lo em sua missão. Não havia dúvidas de que Aleu Nigídio Maio havia feito um belo trabalho desde que fora arrancado da aposentadoria para atuar como magistrado no primeiro recenseamento flaviano; Pompéia lhe devia muita coisa, mas agora o tempo dele havia passado. E com Marco Epídio Sabino e Numério Popídio Rufo, escolhidos depois de longas deliberações como defensores da cidade, Pompéia parecia estar nas mãos de dois jovens capazes e promissores.

Pompéia não foi a única a receber as atenções de um juiz imperial, despachado por Vespasiano nos primeiros anos da década de 70 d.C., cuja função principal era resolver litígios envolvendo a apropriação de terras e propriedades públicas por pessoas físicas. Registros de missões semelhantes foram encontrados em Orange, no sul da França, bem como em Cirta e Apolônia, no norte da África.[1] No caso de Pompéia, as disputas levadas a Clemente talvez remontassem à confusão que se seguira ao terremoto. Tais disputas provavelmente eram resultado de reconstruções desavisadas ou da localização indevida de sepulcros fora dos confins da cidade. Outra área que talvez estivesse igualmente sob sua alçada eram as terras e propriedades cedidas aos protegidos de Nero, gratuitamente ou a taxas preferenciais, da mesma forma que os presentes em dinheiro eram doados aos Augustais como Popídio Ampliato. Vespasiano certamente tentou reaver das colônias neronianas — das quais Pompéia fazia parte — o território que havia sido reservado para distribuição aos veteranos e que nunca fora repartido, muito embora em alguns casos ele tenha sido obrigado a recuar diante da oposição. É possível que Clemente tenha descoberto que isso também estava relacionado com as práticas de corrupção vigentes à época de Nero. A regulamentação de fronteiras, em especial, era fonte de grande preocupação na Campânia; havia uma ampla margem para abusos no arrendamento de pastagens, tinturarias etc., mediante contratos qüinqüenais não-renováveis, semelhantes àqueles mencionados nos códices de Jucundo. Por fim, assim como precisara fazer Plínio, o Jovem, em Prusa alguns anos antes, Clemente talvez tenha sido incumbido de exigir que os construtores prestassem contas dos pagamentos já recebidos por obras públicas ainda longe de serem concluídas.[2]

A despeito de todos os pecadilhos da cidade, em outros aspectos Pompéia havia sido bastante diligente ao reagir à ascensão de Vespasiano ao trono. A rápida nomeação de Aleu Nigídio Maio para o flaminato do império marcara uma clara quebra com tudo que se passara antes. O último cargo público exercido por Maio fora o de duúnviro qüinqüenal em 55-6 d.C., quando o reinado de Nero ainda dava seus primeiros passos, após o qual ele se recolhera a uma vida mais privada. No entanto, fosse por genuína afeição ou mera sagacidade, ele havia mantido certa presença pública mediante ocasionais atos de generosidade que lembravam aos pompeianos os prazeres e as virtudes tradicionais que eles deviam cultivar: murais retratando gladiaturas durante o período de proibição, o restauro de tábulas legislativas destruídas com o terremoto, a realização de jogos comemorativos uma vez revogada a proibição. Agora ele podia vir à tona como alguém pertencente a outra era, imaculado pelas vergonhas e desvios morais do reinado de Nero. Essa idéia de um veterano ser retirado da tranqüilidade de sua fazenda para salvar a comunidade encontrava uma poderosa ressonância na alma romana e fazia eco com o mito autopromovido de Vespasiano — mais velho do que Maio, já passado dos cinqüenta anos —, que relutantemente havia obedecido a um chamado para ocupar o posto mais alto do império.

Para celebrar sua nomeação, Maio imediatamente organizara uma gladiatura: "Em honra da saúde do imperador Vespasiano César Augusto e de seus filhos, e pela dedicação de seu altar, pares de gladiadores lutarão em Pompéia sem mais delongas, quatro dias antes das nonas de julho. Haverá uma caçada, aspersões e toldo sobre a arena."[3] Estava claro que Maio e os demais pompeianos tinham pressa em explicitar sua lealdade ainda nos primórdios daquilo que todos esperavam ser uma duradoura dinastia. E numa demonstração ainda mais permanente de dedicação, é bastante provável que eles tenham convertido e canibalizado determinados prédios públicos: estudiosos asseveram que um dos templos do fórum fora reconsagrado a Vespasiano e que o altar que hoje lá se encontra fora retirado, à época, do Templo de Fortuna Augusta.

Ao longo de seu passeio preliminar por Pompéia, Suédio Clemente não teria deixado de perceber os esforços da cidade no sentido de apagar seus vínculos com o regime fracassado de Nero. As estátuas do ex-imperador haviam sido removidas dos logradouros públicos, e parte das moedas de seu reinado haviam sido novamente cunhadas com a efígie e com o nome de Vespasiano. Tal comportamento não era comum nas trocas de poder; tratava-se sobretudo de uma resposta à condenação de Nero pelo senado, pouco antes de sua morte, pelos crimes cometidos contra o Estado.

Para um imperador com as aspirações de Nero, nenhuma punição poderia ter sido mais severa que a *damnatio memoriae*, geralmente reservada aos traidores e aos culpados de *maiestas* (ambição excessiva). Nesse caso, o nome do criminoso era apagado de todos os registros históricos — inscrições ou qualquer outra coisa que lembrasse sua imagem —, de modo que o mundo se lembrasse da punição muito além do desaparecimento do punido. O decreto relativo a uma pena semelhante, aplicado a um traidor na primeira metade daquele mesmo século, proibia explicitamente que máscaras mortuárias ou quaisquer outras imagens do réu fossem utilizadas em cerimônias fúnebres ou casamentos.[4] Pesquisas recentes sugerem que Nero talvez não tenha recebido do senado uma sentença tão específica quanto essa, mas não há dúvida de que nos séculos seguintes seu nome povoaria o imaginário popular como sinônimo de decadência e despotismo.[5]

A pintura de Nero como Apolo no Murecine talvez seja a única representação do imperador a ter sobrevivido em toda Pompéia, e mesmo assim porque a sala em que ela se encontra havia sido abandonada. Ainda que grafitos do tipo "Ave Nero, ave Popéia" tivessem permanecido visíveis nas residências privadas, os mais ostensivos sequazes de Nero, como Popídio Ampliato e o ganancioso Védio Sírico, decerto teriam tido a prudência de manter certa discrição.

É possível que a sensibilidade cívica de determinadas figuras políticas, mesmo daqueles que haviam servido durante o período de Nero, os tenha livrado da ignomínia: entre eles talvez estivessem Júlio Políbio, que ainda teria certa influência nas épocas de eleição, e Brútio Balbo, que ocupara o posto de edil em 56 d.C. e subiria ao de duúnviro cerca de dez anos depois. Durante sua campanha, Balbo amealhara um surpreendente número de simpatizantes do sexo feminino; Júlia Primigênia, por exemplo, demonstraria certa intimidade com a administração pública ao deixar registrado numa inscrição que ele havia "preservado a economia".[6] Mas ao utilizar a palavra *munera*, ela talvez estivesse sugerindo que não passavam de gestos casuais a realização de gladiaturas gratuitas e as contribuições para a reconstrução da cidade por parte de Balbo. Outra inscrição não muito distante homenageia o magistrado em termos semelhantes, mas dessa vez a palavra utilizada é *aerarium*, mais próxima de "tesouro", o que parece indicar que a generosidade de Balbo havia ajudado a cidade mais diretamente naqueles tempos de inquestionável aperto econômico.[7]

A casa de Balbo na cidade era razoavelmente simples e talvez fosse compartilhada com um liberto chamado Tito Dentácio Pantera. Seria Balbo um daqueles membros da elite que colocavam os interesses públicos acima dos pessoais e dispunham de seus recursos com liberalidade, colocando em risco a posição de seus descendentes? Em caso afirmativo, seu sacrifício pelo menos seria bem-visto pela sociedade e, nos últimos anos de Pompéia, seu apoio seria buscado por boa parte dos políticos mais jovens e promissores. Talvez tenha sido o senso de equanimidade e justiça introduzido por Suédio Clemente que tivesse estimulado a aceitação popular de valores mais magnânimos, bem diferentes daqueles cultivados à época de Nero.

Embora os números permaneçam relativamente pequenos, as mensagens deixadas por mulheres nos muros de Pompéia — sobretudo as de caráter eleitoral — sofrem um significativo acréscimo com o passar dos anos.

Não sabemos ao certo se isso revela um engajamento maior por parte das mulheres na vida política ou uma tolerância maior com a opinião delas. Também é possível que a cidade tenha desaparecido antes que essas mensagens pudessem ser substituídas por outras consideradas mais relevantes, de autores masculinos. Mas ao que tudo indica, nos últimos anos de Pompéia, muitas mulheres poderosas e independentes lograram ocupar um lugar importante no mundo dos negócios.

Na extremidade inferior do espectro, agiotas do sexo feminino davam a outras mulheres a oportunidade de tomar dinheiro emprestado. Uma dessas usurárias, possivelmente a proprietária do negócio, operava a partir da taberna de Lusória, na rua principal que unia a Porta do Vesúvio ao centro da cidade, e em pelo menos alguns casos o dinheiro fora emprestado a mulheres também. Faustila sacara o equivalente a sessenta sestércios, dando um manto como garantia; Vétia, por sua vez, retirara uma quantia um pouco maior, mas ambos os empréstimos haviam sido realizados a uma taxa anual de quarenta por cento. Embora os juros fossem extorsivos, a mera existência dessas pessoas contribuiria sobremaneira para a independência financeira das mulheres, dando-lhes a oportunidade de tentar a sorte por conta própria.[8]

Mas talvez Suédio Clemente se interessasse mais pelo caso de Júlia Félice, a filha de um liberto da família imperial que presumivelmente havia se mudado para Pompéia em meados da década de 60 d.C. À época da visita de Clemente ela já havia dado início à conversão de duas quadras inteiras num luxuoso conjunto de lojas, apartamentos e estabelecimentos de lazer, todos para aluguel.[9] É possível que tenha começado sua vida de empresária em circunstâncias não muito diferentes das de Faustila e Vétia — tomando algum dinheiro emprestado e trabalhando duro para garantir a lucratividade —, mas em muito pouco tempo ela havia alcançado um nível bastante superior. Negócios como o de Júlia Félice faziam parte de um mundo essencialmente masculino, e embora pudessem penetrá-lo mediante algumas brechas na lei e nas convenções sociais, as mulheres seriam toleradas somente enquanto concordassem que um homem assinasse por elas todos os contratos envolvidos nas suas transações.

"Para aluguel, de propriedade de Júlia Félice, filha de Espúrio: termas adequadas ao mais fino gosto, lojas com quartos no andar superior, apartamentos"[10], diz um anúncio divulgado nos anos ou meses finais de Pompéia. Para tornar tudo isso possível, duas quadras do tipo *insula* haviam sido unidas, e a rua entre elas, eliminada. A perda fora compensada pelo alargamento da rua seguinte, em prejuízo do flanco oriental das propriedades de Júlia Félice. Todavia, uma mudança tão radical no plano urbano teria demandado a aprovação do conselho da cidade. A eliminação da travessa, que unia quase diretamente a rua principal ao anfiteatro, certamente havia sido motivo de debate, e para conseguir seu intento, Júlia Félice decerto contara com padrinhos poderosos, ou pelo menos com recursos suficientes para comprá-los.

Em todo caso, ela conseguira criar um ambiente verdadeiramente luxuoso para seus clientes e inquilinos: a entrada principal do complexo decorava-se com dezenas de cenas da vida comercial no fórum; o jardim contava com um espelho d'água comprido e elaborado, representando o canal de Canopo no Egito; uma seqüência de salas de jantar, repleta de cascatas e murais de cenas nilóticas, ladeava a água (Figura 4). É possível que essas referências ao Nilo tivessem como objetivo acrescentar um toque exótico ao lugar, ou então agradar os visitantes alexandrinos, como o Ptolomeu que vendia peças de linho no mercado, ou, mais particularmente, os seguidores de Ísis. Seja como for, nada no projeto era aleatório.[11] E para fazê-lo funcionar como um todo comercial, um restaurante menos exclusivo fora instalado à margem das termas, que contavam com duas vias de acesso: de um lado, diretamente pela rua; de outro, pelos jardins e apartamentos.

Caso tenha investigado esse empreendimento ousado, porém relativamente intimista, Suédio Clemente também terá lançado seu olhar inquisidor sobre as grandiosas Termas Centrais, ainda em construção. O novo estabelecimento ocupava uma área pouco maior que o de Júlia Félice, mas não havia demandado a junção de duas quadras nem a eliminação de uma rua, muito embora tivesse invadido o espaço de uma avenida nos fundos. A arquitetura, no entanto, era significativamente mais imponente: incluía três amplos salões abobadados e um sofisticado complexo esportivo externo. Difícil imaginar quem tivesse meios de bancar um projeto tão grandioso, localizado bem no coração da cidade, o que decerto deixara bastante intrigado o nosso juiz imperial.[12]

A construção de um complexo termal de tamanhas proporções sugere que àquela altura o abastecimento de água já tivesse voltado mais ou menos ao normal, muito embora sejam numerosas as evidências de que as atividades sísmicas que haviam provocado o terremoto na região de Pompéia em 62 d.C. tenham se repetido mais de uma vez nos anos seguintes.

As oportunidades de corrupção no ramo da pisoagem eram muitas, e Suédio Clemente talvez tenha se interessado particularmente por ele, já que pelo menos uma das oficinas era explorada diretamente pelas autoridades municipais. A sonegação do imposto estabelecido por Vespasiano sobre os pisoeiros pode ter sido uma das fontes de atrito. "Todo lucro é bom, a despeito de sua procedência", dissera o imperador a seu filho Tito, levantando uma moeda à altura do nariz do general endurecido pela guerra, para quem essa fonte de renda era questionável. O interessante é que duas das mulheres envolvidas na oferta de apoio eleitoral, em parceria com seus respectivos maridos, também participassem do negócio: Ovia e Mústio administravam uma oficina de pisoagem próxima à Porta do Vesúvio; Apuléia e Narciso eram os proprietários.[13]

As subcorrentes políticas ainda eram fortes em Pompéia, e não chega a ser surpreendente que conflitos eclodissem entre os sócios de um empreendimento local que antes haviam sido bons amigos. Não sabemos ao certo qual foi o motivo exato para a pugna entre Vesônio Fileros e seu parceiro comercial, Orfélio Fausto. O túmulo construído por Fileros — para abrigar seus próprios despojos, bem como os de Fausto e de sua ex-amante Vesônia — é um eloqüente testemunho da fúria que se apoderara dele com a traição sofrida, embora não nos dê nenhum detalhe do que se passara antes. Três estátuas foram colocadas lado a lado sobre o túmulo, com Vesônia ao centro; na inscrição original, Fileros acrescentou a seu próprio nome o título honorífico de "Augustal", mas em seguida vemos uma adição, escrita numa letra bem menos profissional, que diz: "Estranho, espera um pouco mais caso não seja muito trabalho, e aprende o que deve ser evitado. Este homem que eu esperava ser meu amigo, eu agora abandono: uma injúria foi lançada contra mim; fui acusado, processos foram instaurados; agradeço aos deuses e à minha inocência. Que os lares e os deuses do submundo não recebam aquele que desvirtuou os nossos negócios."[14]

Amaldiçoar os mortos era uma forma de vingança, mas as paredes da basílica sugerem que muitos preferiam se deleitar com o sofrimento de seus inimigos quando eles ainda estavam vivos. Mais de trinta por cento das tíbias analisadas a partir dos esqueletos encontrados em Pompéia e Herculano apresentam marcas de inflamação que só podem ser resultantes de um pequeno número de doenças: lepra, tuberculose e sífilis. Exames adicionais desses esqueletos revelaram que uma parcela dos indivíduos também apresentava lesões no crânio, onde as úlceras sifilíticas haviam cicatrizado. Mais de mil e quatrocentos anos passariam até que a tripulação de Colombo levasse a doença das Américas de volta à Europa, mas a imprecação deixada por certo Pirro nas paredes da basílica, não muito longe das mensagens dos *cinaedi*, compraz-se com os detalhes do sofrimento de um colega acometido pela sífilis: "Oh, Quio, espero que tuas pústulas ulcerosas reabram e queimem muito mais do que antes." No momento em que Pirro escreveu essas palavras, a doença provavelmente já havia atacado as vísceras de Quio, talvez o coração e os pulmões; mais tarde, ele acrescentaria uma nota impenitente acerca da morte de Quio.

Se pudermos tomar esses dois exemplos como indicativos da acrimônia vigente entre os pompeianos, teria sido duplamente importante para Suédio Clemente poder contar com o auxílio de moradores locais para se guiar através da complexa rede de rivalidades e maledicências. Aparentemente ele acreditara ter encontrado esse auxílio na figura de dois homens que haviam sido recrutados para agir como defensores da cidade quando infrações fossem descobertas. Um deles era Popídio Rufo, o jovem representante de uma velha e importantíssima família pompeiana que ocupara lugar de destaque na vida da cidade durante os últimos anos mediante as ações de dois de seus libertos, ambos chamados Ampliato apesar de associados a ramos diferentes da família: Numério Popídio Ampliato financiara a reconstrução do Templo de Ísis, e Lúcio Popídio Ampliato havia sido um proeminente Augustal, além de principal autor das modificações realizadas em sua casa, a do Citarista, por ocasião da visita de Nero.

O outro defensor a serviço de Suédio Clemente, Marco Epídio Sabino, havia servido como edil já nos estertores do regime neroniano, e aparentemente não se deixara conspurcar por ele. O nome Epídio, apesar das raízes pompeianas da família, tinha origem em Osca, e supostamente derivava da deificação da família pelo antigo deus do rio Sarno. Não sabemos ao certo o nome desse deus, mas seu rosto hirsuto pode ser encontrado em diversos murais pompeianos: no Murecine, ele aparece cercado pela flora e fauna dos pântanos vizinhos; nas Termas Suburbanas, emborcando uma jarra e despejando as águas do rio sobre o *frigidarium*.

Acredita-se que Sabino e seu pai, Epídio Rufo, ocupassem duas casas vizinhas na rua principal, em frente à Casa do Citarista onde viviam os libertos da família Popídio. A de Rufo era a maior das duas, e a mais grandiosa. Julgando pela fachada, qualquer forasteiro que passasse diante dela acharia tratar-se de um prédio público, e não de uma residência. Uma escadaria conduzia a um pódio que corria de um lado a outro; no centro, uma porta dava para um pequeno vestíbulo onde outras portas bloqueavam a vista dos pedestres; e no átrio, dezesseis colunas dóricas sustentavam o teto a uma altura vertiginosa. O altar erguido num dos lados do átrio e consagrado à família por dois irmãos libertos talvez seja indício da incontestável dignidade dos proprietários.

O dia havia sido bom e a noite prometia ser melhor ainda, refletira Suédio Clemente atravessando o átrio em direção à sala de jantar dos Epídio. Embora não houvesse nada para comer além do habitual feijão das calendas, o juiz apreciava o contraste entre a frugalidade da cerimônia e a suntuosidade do ambiente. Seu anfitrião, o pai de Epídio Sabino, era uma raposa velha e conduzia a conversa com uma elegância que Clemente já supunha não existir mais.

Enquanto se serviam do prato de feijão, toucinho, espelta e nenhum tempero, os comensais pareciam mais alegres do que contritos; somente o defensor Popídio Rufo insistia em se comportar como se cada garfada fosse um ato de penitência. Clemente mal podia olhar para ele, julgando de péssimo gosto tamanha falsidade. Mas preferia ficar calado enquanto os demais faziam um apanhado dos acontecimentos do dia e tentavam alcançar o significado dos fatos.

A pista principal viera à tona na tarde anterior, quando os homens de Clemente haviam esquadrinhado as contas municipais à procura de ano-

malias que porventura tivessem passado despercebidas. Encontrando certas coisas escamoteadas, o juiz havia convocado os defensores para acompanhá-lo ao campo na manhã seguinte.

Eles haviam se encontrado próximo à fronteira com o território nucerino, num vinhedo que ocupava parte do que devia ser um terreno de oitenta jeiras; os campos vizinhos eram de propriedade da cidade e oferecidos para arrendamento. À primeira vista, nada havia ali que sugerisse alguma impropriedade: a documentação para as terras vizinhas comprovava a total adimplência do arrendatário, um liberto chamado Recepto. Mas um inspetor mais arguto havia reparado no valor estranhamente baixo das prestações — menores do que haviam sido quinze anos antes — e sabia que algo estava errado.

O supervisor que de hábito servia à cidade, Popídio Nicostrato, pusera-se a trabalhar com afetada eficiência, tomando medidas com sua groma *e demarcando com passadas largas o terreno de Recepto.*

Clemente acompanhava a cena de longe, ladeado pelos defensores — Sabino observando calado, e Rufo tagarelando sem parar. Naquele instante tudo ficara claro para o juiz. Como ele pudera deixar de ver o total domínio que a família Popídio exercia sobre os negócios de Pompéia? Rufo ainda fingia ignorância, mesmo percebendo que o juiz já havia descoberto que o vinhedo pertencia a seu próprio liberto, Popídio Ampliato.

O juiz esperara o supervisor terminar sua encenação e sinalizar que tudo estava dentro dos conformes para depois mandar sua própria equipe repetir o trabalho e expor a fraude. Metodicamente seus homens puseram-se a vasculhar o terreno, sondando o chão e eventualmente cavoucando a terra até que, minutos depois, o juiz fora chamado com um grito triunfal. Eles haviam encontrado o que estavam procurando: lá estava a fileira de demarcadores, quebrados e semi-enterrados nas terras dos Popídio.

O segredo fora enfim revelado: eles arrendavam as terras da cidade a um preço de tal modo irrisório que algum pobre ingênuo — nesse caso, Recepto — achasse estar fazendo um excelente negócio e jamais suspeitasse que elas haviam sido redermarcadas a favor dos Popídio. Os comensais ainda mal podiam acreditar na ousadia do crime. Quando terminasse o jantar, Suédio Clemente não hesitaria em mandar seus homens arrancarem Rufo da mesa e jogá-lo nas ruas.

Mas por ora tinha assuntos a tratar com Sabino. Talvez começasse recontando as histórias de suas lutas com Alfeno Varo de Nucéria durante as guerras civis, desfrutando um pouco mais da companhia do anfitrião antes de informar que ele agora estava acima de qualquer suspeita. Só depois anunciaria sua intenção de apoiá-lo como um dos próximos duúnviros da cidade. Rufo permaneceria à mesa somente o bastante para ver Sabino recebendo tudo que ele próprio acabara de perder.

Como tantas outras em Pompéia, as paredes da Casa dos Epídio haviam precisado de amplas reformas depois do terremoto de 62 d.C., justo no momento em que as fantasias deíficas de Nero começavam a escalar. Um Augustal ricamente recompensado pelo imperador morava nas proximidades, e Ampliato, perversamente, encontrava enorme prazer sempre que tinha a oportunidade de informá-lo quanto à disposição, ou resistência, da elite da cidade em apoiar o jogo neroniano. Mas ainda que os Epídio não fossem imunes a esse tipo de pressão, as reformas empreendidas em sua sala de jantar são um bom exemplo de como era possível atravessar em segurança as tempestades ideológicas da época.

Os temas escolhidos para os murais encomendados pelos Popídio aparentemente se coadunam com as preferências de Nero: de aspecto histriônico, a pintura central mostra a vitória de Apolo sobre o presunçoso Mársias e todos os demais competidores num torneio musical presidido pelas Musas. Mas os Epídio eram espertos o bastante para garantir que diferentes interpretações também fossem possíveis: Apolo podia representar o cruel e caprichoso Nero, claro, mas também podia ser despersonalizado para representar a autoridade do imperador e do Estado, a ser judiciosamente exercida contra a perigosa *libertas* de Mársias e do povo.[15] E a maneira pela qual as Musas cercavam Mársias podia ser interpretada como o juízo imparcial e inflexível sobre a afronta de um insolente à ordem natural das coisas.

Em termos de gosto estético — tanto na forma quanto no conteúdo —, o reinado de Vespasiano representa uma evidente ruptura com o passado. Tácito chegaria ao ponto de afirmar que, nesse aspecto, o tempo havia retrocedido em cem anos e voltado à época da Batalha do Áccio, quando o gosto romano pelo luxo ainda não havia suplantado os valores tradicionais. Ainda que exagerada, a avaliação de Tácito ilustra claramente o espírito dos tempos, pois, na frugalidade de sua própria existência, o vetusto imperador dava um exemplo de austeridade muito parecido com o de Augusto, sobre quem Suetônio escreveria: "A simplicidade de suas alfaias pode ser constatada nos divãs e nas mesas que sobreviveram ao tempo, muitos dos quais sequer caberiam a um cidadão comum."

A revolução moral de Vespasiano acabaria por provocar uma mudança radical nas artes em Pompéia, agora mais aparentadas com o estilo do passado: menos exuberantes e mais fiéis à realidade. A nova pintura de Concórdia na entrada da Casa dos Vétio talvez pudesse ser interpretada como um gesto de conciliação com o novo regime, e a julgar pelas ocasionais referências à arte nos grafitos da cidade — "Quem ainda não tenha visto a Vênus pintada por Apeles deveria dar uma olhada na minha menina: ela é igualmente radiante" —, essas mudanças não haviam passado despercebidas.[16] Para artistas como Lúcio, um dos poucos que assinavam seus trabalhos, não deve ter sido fácil reaprender aquelas técnicas de pintura que haviam caído em desuso ao longo da última década. Mas não lhes faltariam oportunidades para praticar: duzentos potes de tinta foram encontrados nos sítios arqueológicos de Pompéia, além de inúmeras evidências de redecoração em todas as partes da cidade.

Não muito longe da avenida que conduzia ao fórum, a oficina de um colorista chamado Numério Fufídio Sucesso continha nove pilões em que os arqueólogos do futuro encontrariam amostras de pigmento. Uma quadra abaixo, um segundo estabelecimento estocava grandes blocos de ocra laranja; três a leste, blocos de carbonato de cálcio branco exibiam a marca dos Átio, que supostamente os empacotavam. A ocra nas tonalidades de marrom e laranja era relativamente barata e servia como base para as tintas, preparadas com água em grandes recipientes. Mas vasos menores eram utilizados para acondicionar os pigmentos mais caros e especializados: hematita e óxido de ferro para os amarelos e vermelhos, goetita de Putéolos para os azuis e verdes azulados, além de muitos outros que permanecem obscuros. Plínio chega a mencionar a utilização de orelhas e órgãos genitais de touros na manufatura de pigmentos; além disso, o sempre útil comércio marítimo com o Oriente propiciava a importação dos mais variados e cintilantes matizes.

Nas oficinas dos artistas, junto com numerosos potinhos de tinta, podiam ser encontradas as outras ferramentas de trabalho: minúsculos pilões, colheres, espátulas, bem como os compassos e prumos utilizados na transferência de esboços para as paredes. Ter uma base de operações era importante para as equipes de artesãos — com cerca de cinco ou seis integrantes — que colaboravam a cada trabalho e viajavam assiduamente quando ganhavam fama.

Na ausência de assinaturas, a autoria dos murais podia ser revelada mediante idiossincrasias de estilo — especialmente nas pinceladas mais intuitivas usadas na pintura de olhos e narizes. Os murais retratando a guerra de Tróia na casa de Numinano, filho de Védio Sírico, por exemplo, foram executados pela mesma pessoa responsável por grande parte das obras no Templo de Ísis; e para realizar os *tableaux* de sua residência, os Vétio contrataram o mesmo artista que havia pintado os murais da basílica de Herculano, trabalho que lhe rendera a posição de celebridade local. Por vezes, a enorme tarefa de executar uma seqüência inteira de cômodos era delegada a um único artista, como fizera Lucio Cornélio Primógenes em sua casa a norte do fórum; no entanto, o mais comum era contratar uma equipe de artistas com especialidades diferentes, como preferira fazer seu vizinho Nigídio Vacula na redecoração da Casa dos Dioscuros.

A unidade de certas obras de grande escala é tão impressionante que podemos supor a supervisão de um único artista, pelo menos durante o estágio de planejamento. Inicialmente uma camada colorida era pintada como plano de fundo, e sobre ela eram esboçados, geralmente com ocra amarela, as imagens figurativas e os aspectos mais complicados da obra. De modo geral os diagramas eram realizados em seções ainda no ateliê da equipe, para que diaristas menos habilidosos os executassem depois, *in loco*. É quase certo que livros de padrões eram consultados, não só para os motivos recorrentes que emolduravam muitas pinturas mas também para as imagens centrais, embora variações intrigantes fossem ocasionalmente introduzidas e houvesse amplo espaço para a livre expressão da genialidade individual dos artistas. O talento artístico era muito bem recompensado. O *pictor imaginarius* responsável pelas composições centrais podia receber até 150 denários por um dia de trabalho, duas vezes mais que seu assistente imediatamente inferior, que trabalhava nos painéis laterais meramente decorativos. Além de uma sensibilidade especial para a cor e para o traço, uma das habilidades mais importantes que um muralista precisava ter para subir na hierarquia era a rapidez. Pois as pinturas eram afrescos, e os artistas trabalhavam ao lado de um rebocador — ou às vezes acumulavam as duas funções — de modo que os pigmentos pudessem ser fixados antes que a fina camada de argamassa e pó de mármore secasse sob o sol quente da Itália meridional.

Para que tudo chegasse a bom termo era preciso que a equipe trabalhasse em perfeita harmonia, desde o homem que alisava a argamassa com uma pá de pedreiro, do menino que assentava o pigmento sólido ao plano de fundo, até o mestre propriamente dito, que dava vida à imagem final com suas pinceladas delicadas e hábeis. Equilibrando-se em escadas e andaimes, todos tinham consciência de suas obrigações individuais. Alternadamente completavam sua tarefa em determinada seção da parede e desciam para começar a seguinte. Raramente tinham tempo para fazer uma pausa e admirar o todo à distância. A fixação dos pigmentos completava-se com a carbonatação da cal hidratada, que dava à superfície uma textura coriácea. Por fim, a pintura era polida até adquirir um lustro, como se as cores estivessem revestidas de vidro.[17]

Somente o *pictor parientarius* talvez tivesse a oportunidade de contemplar o balé que se desenrolava enquanto seus colegas trabalhavam, uma vez que os painéis laterais e as molduras ornamentais eram pintados sobre a parede seca. Em alguns casos a argamassa era retirada a fim de permitir a adição de uma nova matriz, e no caso de padrões geométricos, geralmente era necessário o emprego de compassos para traçar os desenhos intricados que eram bosquejados em carvão antes da aplicação dos pigmentos. Embora realizasse um trabalho difícil e meticuloso, o *pictor parientarius* ainda tinha muito que aprender com o artesão-mestre, e muitos praticavam à noite a fim de melhorar suas pinceladas, deixando-as mais livres e ousadas; com o tempo, talvez pudessem duplicar seu salário.[18]

A mitologia era de longe o tema mais comum nos murais de Pompéia, mesmo nas residências relativamente modestas; mas ainda que as histórias se perpetuassem numa tradição em grande parte oral, a aparente familiaridade com os detalhes das narrativas aponta para níveis relativamente altos de alfabetização na sociedade pompeiana. Além das pinturas mitológicas, retratos e naturezas-mortas revelavam as aspirações dos cidadãos mais cultivados. Os retratos mostram homens e mulheres de aspecto contemplativo, às vezes com um estilo levantado à altura dos lábios como se o retratado estivesse à procura do próximo *bon mot*, do próximo verso ou de um revolucionário conceito filosófico — nas residências mais sofisticadas era possível encontrar instrumentos de escrita, como frascos de tinta, penas e tábulas de cera.

À diferença de Nero, que favorecia as artes cênicas, Vespasiano era afeito à poesia épica, em particular à de Virgílio, o poeta predileto de Augusto. Embora o imperador não pudesse se gabar de nenhum laço direto com o herói virgiliano, Enéias, a afinidade que ele sentia com a mensagem de renascimento e renovação do Estado aparentemente era compartilhada pelos autores de uma ampla seleção de versos deixada nas paredes e muros de Pompéia. Em alguns, quase podemos ouvir um adeus consciente ao passado: "Agora esqueci todas as minhas canções", ou "Sejas quem fores, doravante esquece os gregos".[19]

O túmulo do poeta nacional, em Nápoles, não tardaria a ser restaurado, e as pessoas olhariam com renovado interesse para os murais retratando os feitos de Enéias.[20] Mas as prioridades do novo regime eram outras: restaurar a ordem moral e cívica, e simultaneamente manter o povo feliz, ou pelo menos entretido. No caso de Pompéia, tratava-se de uma missão especialmente difícil. Embora prosseguissem os trabalhos de recuperação do fórum, os contínuos tremores de terra decerto apavoravam os pompeianos. Os motivos *memento mori* que figuravam nos mosaicos da cidade — os esqueletos bebendo à luz do sol, os relógios solares sobre os quais desliza a sombra do tempo, as frágeis borboletas de vida efêmera — adquiriam um novo e mais intenso significado. E entre a vasta maioria que permaneceu na cidade até o final da década de 70 d.C. — por não ter para onde ir, ou por ter-se acostumado à intensidade de uma vida constantemente em perigo —, alguns aparentemente acharam consolo na superstição ou nos confins mais obscuros da religião.

Bíria era uma autoproclamada "sibila de Pompéia". Em sua modesta residência, a apenas duas quadras do amplo complexo de Júlia Félice, ela e seu pai, Onamasto, haviam erguido um altar particular dedicado ao culto misterioso do deus frígio Sabázio.[21] Próximo dali, na casa de um lapidador chamado Ceriale e de sua mulher Cássia, foi encontrada toda uma parafernália associada ao culto de Héracles ou Hércules: a taça de terracota vitrificada com motivos vinícolas e a faca sacrifical de bronze talvez tivessem sido usadas ali mesmo, ou então no pequeno Templo de Hércules situado fora dos muros da cidade. Para muitos, Sabázio equivalia a Dioniso ou Baco, a quem o monte Vesúvio era consagrado; Hércules, naturalmente, salvara a Campânia na sua batalha com os irrequietos gigantes locais. Ao que parece, é possível que os mais aflitos entre os cidadãos pompeianos tivessem certa presciência de seu destino.

Mas em Pompéia, ninguém mais que os judeus tinha motivos para adivinhar uma espécie de castigo divino nas agruras sofridas pela cidade. "Sodoma e Gomorra", sentenciou um conhecedor do Velho Testamento num dos muros próximos ao cruzamento central da cidade. Não sabemos se o grafito foi realizado de maneira presciente na década de 70 d.C. ou poucos minutos antes da erupção — ou até mesmo depois dela, por um dos saqueadores mais precoces. Em todo caso, trata-se de uma reação compreensivelmente rancorosa àquele mundo decadente que os judeus sonhavam ver erradicado da face da Terra. Ninguém havia sofrido mais do que eles na década anterior. Popéia os tinha apoiado com firmeza em toda a Itália, mas com a morte dela os judeus viram-se privados de sua única protetora e, nos últimos anos do reinado de Nero, muitas vezes eram equiparados à herética seita dos cristãos. A busca por bodes expiatórios continuava em Roma, e, na Judéia, as demandas de independência haviam sido reprimidas com selvageria, resultando na fuga da população e na captura de seus mais valentes guerreiros.

Nas inscrições de Pompéia, muitos nomes têm sido identificados como de origem judaica, muito embora possam ser originários da Síria ou de outro povo semítico qualquer: "Maria" aparece pelo menos três vezes, além de "Iesus", "Ieshua" e "Marta". Abinérico, um liberto da casa dos Valério, era um mercador de vinho que comerciava com a Etrúria e cujo nome aparece em mais de cento e cinqüenta ânforas; Fábio Eupor e Félice Iudaicos, os judeus mais reconhecíveis, também trabalhavam no comércio de vinho. Muitos judeus acabaram optando por latinizar seus nomes depois de emigrar para a Itália; Abinérico é um claro exemplo disso, e outros nomes, como Astro e Zózimo, talvez sejam adaptações. À exceção de um único, todos os grafitos de autores claramente judeus concentram-se numa mesma área limitada por algumas ruas, próxima à extremidade leste da rua principal. Também é ali que se localiza a confortável Casa dos Hebreus, um possível local de encontro para a comunidade judaica em Pompéia.

Na década de 70 d.C., os princípios e crenças da seita judaica consagrada ao messias de Nazaré já haviam sido filtrados pela filosofia grega, por obra de São Paulo, e resultado num pacote religioso que resistiria ao teste do tempo. Em 75 d.C., quase dez anos já haviam se passado desde a morte de Paulo, provavelmente executado durante as perseguições aos cristãos como bodes expiatórios do grande incêndio de Roma. Mas em 60 d.C. ele havia passado por Putéolos — vindo de Alexandria e seguindo para Roma na condição de prisioneiro acusado de sedição —, onde permaneceria por uma semana na companhia de outros cristãos. Que o centurião responsável por sua escolta tenha consentido nisso, provavelmente seduzido pelo prospecto de uma confortável acolhida na cidade portuária, é sinal de que, à época, a seita ainda não havia caído na clandestinidade.[22]

Na altura de 75 d.C., contudo, as comunidades judaicas de Roma e da Campânia muito provavelmente já viviam sob a impressão de que os judeus do mundo inteiro haviam sido criminalizados. As milícias de Jerusalém haviam contado com um contingente de 25 mil homens experientes à época do cerco, mas depois, sob ordens do império, os que tinham sobrevivido à execução ou ao trabalho forçado nas minas seriam reservados para a arena. Quando ainda estava no Oriente, Tito organizara gladiaturas para celebrar os aniversários de seu pai, Vespasiano, e de seu irmão, Domiciano, provocando a morte de centenas de prisioneiros judeus; no decorrer de sua viagem de volta a Roma, encenara uma falsa batalha que resultaria na morte de mais algumas centenas; e após sua triunfal chegada na capital, uma segunda batalha daria cabo de cerca de setecentos dos mais valorosos guerreiros judeus. O sangue prisioneiro era barato, e derramá-lo, uma forma eficaz de desviar a atenção dos romanos do arrocho financeiro que seria exigido deles.

Mas se esses jogos extravagantes fossem o meio pelo qual Vespasiano contava conquistar o coração de seus súditos, nada mais justo que realizá-los num local apropriado, livre de qualquer associação com os regimes júlio-claudianos do passado. Em Putéolos já começara a ser construído um novo anfiteatro, que, apesar de inovador, logo teria seu brilho empanado pelo nova e gigantesca arena de Roma: o Coliseu. Os alicerces haviam sido cavados próximo ao local onde antes ficava o colosso banhado a ouro retratando Nero como Apolo. O término do projeto consumiria boa parte de uma década, bem como o suor de quinze mil escravos judeus. Empilhando pedras tão grandes quanto aquelas que os romanos haviam jogado por terra com a destruição do Templo de Jerusalém, os judeus certamente se roíam ao pensar que o medonho edifício estava sendo custeado com a fortuna pilhada de sua própria nação. Com efeito, uma inscrição na arquitrave do Coliseu original informava: "O imperador Tito César Vespasiano Augusto ordenou que o novo anfiteatro fosse construído com o espólio de guerra."[23] Um belo espólio, claro, porém finito.

Os espetáculos sanguinolentos com que os romanos tanto se deleitavam já não possuíam mais nenhum vínculo significativo com suas origens sacrificais arcaicas, mas haviam, em grande medida, assumido um caráter de entretenimento puro e simples. O novo anfiteatro de Putéolos representou um salto qualitativo nesse processo. Nos jogos inaugurais que se deram ali em meados da década de 70 d.C., as multidões puderam testemunhar um mórbido espetáculo de inédita sofisticação: a arquitetura grandiosa do lugar dava a entender que havia naquelas incessantes demonstrações de brutalidade algo de esteticamente refinado, por mais superficial que fosse esse refinamento.

É bastante provável que gladiadores vinculados às trupes comandadas por pompeianos — Aleu Nigídio Maio, Décimo Sátrio Lucrécio Valente, e talvez Cláudio Vero — tenham sido contratados para lutar ali. Os que pertenciam a Suétio Certo e Suétio Vero certamente lutaram, num raro exemplo de jogos comprovadamente realizados por libertos. Uma dupla de pai e filho, os Suétio já arquitetavam em 75 d.C. sua campanha conjunta para edil e duúnviro, e a certa altura convidariam Epídio Sabino para juntar-se ao pacote: uma chapa formada pelos organizadores dos melhores espetáculos da cidade e pelo candidato predileto de Suédio Clemente dificilmente poderia ser derrotada. Ao que parece, havia um espaço a ser preenchido. Décimo Sátrio Lucrécio Valente havia parado de organizar jogos em seu próprio nome — ou em nome do filho, que a essa altura talvez já tivesse morrido —, mas há indícios de que a família, visando ao lucro, tenha mantido relações indiretas com o negócio. Na área de treinamento de gladiadores, atrás do teatro, uma transação ficaria registrada no seguinte grafito: "Vendidos para a esposa de Décimo Lucrécio Valente: Onusto, cavaleiro, primeira categoria; Ságato, *mirmillo* trácio, primeira categoria."[24]

Os lutadores mais populares de Pompéia deixavam sua marca não só nos muros como também nos corações da cidade: Oceano, o predileto da garçonete; Félice, o que enfrentava ursos; Celado, o trácio; Crescente, o *retiarius*; Severo, que conquistara cinqüenta e cinco vitórias; Náscia, que conquistara sessenta; Albano, um liberto do clã Escauro, que vencera dezenove vezes; Petrônio Otávio, que morrera em seu trigésimo quinto combate. Os gladiadores eram em sua grande maioria escravos; cerca de um terço consistia em libertos que lutavam por iniciativa própria e pelo dinheiro; pugilistas livres ocasionalmente tentavam a sorte nas arenas, assim como eventuais aristocratas sedentos de emoções mais fortes. Alguns dos integrantes da trupe dos Suétio eram ousadamente anunciados como egressos da escola de Nero em Cápua, que no passado havia produzido exímios lutadores e por certo contribuído com boa parte dos gladiadores que haviam servido como auxiliares na guerra civil.

Seis anos mais tarde, contudo, poucos entre os homens comandados por Suédio Clemente e derrotados por Alfeno Varo no rio próximo a Cremona ainda estariam vivos: as chances de se sobreviver a uma carreira na arena eram exíguas. A probabilidade exata é impossível de ser calculada, mas a morte de Glauco, vencedor de sete lutas, aos vinte e três anos talvez seja um bom indício.[25] Um gladiador bem treinado valia muito dinheiro e merecia ser preservado, mas as chances de sobrevivência para qualquer lutador — depois de entrar desarmado na arena e ser abandonado aos caprichos do juiz, ou *editor* — eram de aproximadamente uma em cinco, ou ainda menores quando o propósito dos jogos era aplacar a sede de sangue dos espectadores. Nessas ocasiões, quando o *editor* se sentia especialmente generoso, nem mesmo o vencedor de um torneio podia ter certeza de que chegaria vivo ao fim do dia. Sêneca escreveria:

"Os espectadores querem ver os que mataram enfrentando os que ainda matarão; reservam o vencedor de um embate para mais uma rodada de matança. A morte é o único fim possível para quem luta."[26] Certos anúncios de Pompéia prometem justamente este tipo de confronto: "até que sobre um único lutador de pé".

Mas os gladiadores não podiam reclamar de nada: nenhum deles tinha permissão para entrar na arena sem antes abrir mão da própria vida, "livre e espontaneamente", anuindo à possibilidade de serem queimados, amarrados, chicoteados ou mortos pela espada, e renunciando a qualquer esperança de um destino mais generoso.[27]

Ao longo das últimas semanas Suédio Clemente não pensara em outra coisa que não fosse a monumental tarefa que tinha nas mãos. Severo e meticuloso nas suas investigações, não vira muita coisa além dos porões mais sórdidos da cidade. Ainda na véspera surpreendera-se ao constatar que havia finalmente cruzado o último obstáculo e que logo poderia dar sua missão por cumprida. Estava satisfeito com seu trabalho. As velhas injustiças haviam sido expostas, e novamente os cidadãos reconheciam que os direitos da cidade sobrepunham-se aos de qualquer indivíduo. Tudo que precisava fazer agora era garantir que o medo fosse de uma vez por todas banido da cidade e que os homens de bem tivessem plenas condições de ocupar um assento no conselho.

Seu sucesso viera em boa hora. Hoje começaria o festival das Vestais, ocasião escolhida pelo nobre Caio Aleu Nigídio Maio para realizar o último dos inúmeros jogos gladiatórios que ele havia promovido ao longo dos anos e celebrar seu afastamento — dessa vez definitivo — da vida pública. Desde que chegara a Pompéia, Clemente vinha pensando em visitar os quartéis de gladiadores à procura de velhos conhecidos, embora dificilmente fosse reconhecer o rosto de qualquer um dos auxiliares que seis anos antes ele havia comandado no campo de batalha.

Na noite anterior, já tarde demais para assistir ao treinamento dos gladiadores, Clemente havia caminhado na direção da Porta de Nucéria até a taberna predileta deles — onde se viam adoráveis ventoinhas na fachada — e examinara com curiosidade o interior daquele lugar que os homens haviam elegido para passar as últimas horas antes de seu embate com a morte. Mas à luz bruxuleante das lamparinas a óleo, não vira mais que um agrupamento de rostos indistintos, porém claramente tristes. O juiz sabia muito bem quais eram os sentimentos que jaziam sob aqueles urros de alegria e fanfarrice que precediam as batalhas. Dera meia-volta e fora embora.

E agora também se compungia ao vê-los bem ali à sua frente, saudando a ele e aos magistrados que o flanqueavam. Crescente, o terror das virgens; Celado, o irresistível conquistador de mulheres; Hilaro, Brébece, o valente Oceano. A multidão conhecia e berrava o nome de cada um.

Floreando seu cajado, o mestre de cerimônias traçou uma seqüência de linhas sobre a areia, esperou que os gladiadores se colocassem atrás delas e afastou-se tão logo seu companheiro sinalizou o início do combate. Rodeando a arena, precisou brandir o cajado para açular os lutadores, congelados numa postura de desafio. Só então eles começaram a se mexer: inicialmente em círculos, golpeando a espada no ar. E no primeiro contato entre eles, o clamor da batalha aumentou: os grunhidos profissionalmente exagerados nas investidas e defesas, o tilintar do aço sobre o bronze dos escudos.

Os vizinhos de Clemente acompanhavam a luta com atenção, mas ele deixava o pensamento vagar, correndo os olhos pelos diversos rostos ao seu redor. Com homens como Epídio Sabino, a fidelidade de Pompéia a Vespasiano estaria assegurada; mas quem poderia acompanhá-lo nesse desafio? Afinal, a família de Cúspio Pansa vinha circundando o poder durante três gerações e não dava o menor sinal de que pretendia se afastar. Havia Brútio Balbo, um homem honesto, mas que estava velho e se ressentia dos muitos anos de pouco caso, mesmo quando ainda era magistrado.

Talvez o legado neroniano acabasse desaparecendo por conta própria, permitindo que outros voltassem ao jogo. Júlio Políbio nunca perdera sua influência, e os Popídio ainda eram uma boa aposta. Seria ótimo se Védio Sírico permanecesse longe da ribalta, mas seu filho tinha claras ambições políticas. Também havia Cerrínio Vétia, o atrevido filho do estimado Augustal — vejam só como ele se vira para cumprimentar as garotas nas arquibancadas mais altas —, um predestinado à vida pública. E Hélvio Sabino, que apesar de suas origens modestas contava com um número crescente de seguidores.

Clemente demorou um instante para perceber a mudança ao seu redor: a multidão estava imóvel, e os ruídos da batalha eram mais esparsos e mais intensos. Apenas dois pares de lutadores ainda estavam de pé. Súbito um homem foi ao chão, e agora uma única dupla continuava na peleja. Um ataque, uma defesa. Uma cimitarra reverberou no escudo do mirmillo, *desequilibrando-o. Uma queda? Uma queda. E o trácio rapidamente aproveitou-se da situação: roçando a espada contra o pescoço do adversário, virou a cabeça na direção do* editor *à espera da decisão dele.*

Clemente cogitou se o vencido seria capaz de permanecer perfeitamente imóvel. Estaria ali um verdadeiro guerreiro digno de ser preservado? O anfiteatro inteiro observava a cena com absoluta atenção quando, de repente, um espasmo quase imperceptível perpassou o corpo estirado ao chão. Então seria isto: morte ao vencido.

Tão logo Suédio Clemente deixou Pompéia, pedras inscritas — celebrando a contribuição que ele dera à cidade — foram colocadas nas imediações das portas da cidade, a quase cem metros exatos dos muros. Os textos faziam menção sobretudo à devolução das terras públicas, mas referências implícitas ao *pomerium* talvez encerrassem um conteúdo simbólico maior. Pois a integridade e a fé religiosa da própria cidade haviam sido aviltadas ao longo de muitos anos de oportunismo ímpio.[28]

No decorrer de seu reinado, Vespasiano conseguiria aprumar boa parte do que havia desandado no mundo romano, mas em 75 d.C. sua saúde já começava a inspirar cuidados. Tudo indica que ele tenha precisado de uma pequena estada de convalescença em Herculano na primeira metade de 79 d.C. Seu médico particular, Apolinare, certamente esteve na cidade a essa época, e é pouco provável que tenha deixado para trás seu combalido paciente. Talvez uma cura rápida pudesse ser obtida a partir da inabitual profusão que se dera naquele ano dos gases sulfúricos subterrâneos que alimentavam os sudatórios. Mas não foi isso que aconteceu.

Em julho, enquanto as cidades italianas lidavam com a transição anual dos magistrados e os cidadãos comuns trasladavam seus pertences de um imóvel alugado a outro, Vespasiano sucumbiu a uma grave crise de complicações intestinais. O melhor remédio que Galeno tinha a propor para diarréia aguda era uma sopa de lentilhas, beterraba e *garum*. É possível que alguém tenha mandado um mensageiro a Pompéia para buscar o melhor molho de peixe do império — o de Umbrício, considerado "a flor da flor" de todos os *gari*. Nesse caso, o mensageiro terá chegado tarde demais. Em Roma, sempre fiel a seus princípios, Vespasiano levantaria de sua imperial latrina para proferir estas derradeiras e célebres palavras: "Um soldado deve morrer de pé."

A essa altura, o belo trabalho de Suédio Clemente em Pompéia já lhe havia rendido o posto de Prefeito dos Acampamentos no Egito. Seria ali, em Alexandria, que ele receberia a notícia da morte do imperador e da coroação de Tito — bem como da reviravolta substancialmente maior que a natureza vinha preparando havia muito.

— XII —

Rogo que elejais Marco Epídio Sabino, esse jovem notável, como duúnviro com poderes judiciais. O venerável conselho decerto o elegerá. Boa sorte a Clemente, venerável juiz.

Que a boa fortuna da Fênix seja também a tua.

Se cabe honrar o homem que vive uma vida modesta, honra é devida ao jovem Cúspio Pansa.

A trupe de gladiadores de Aulo Suétio Certo lutará em Pompéia no dia 31 de maio. Haverá uma caçada e toldo sobre a arena.

O amor dita o que escrevo, e o Cupido rege a minha mão; que eu morra caso tenha desejado ser um deus sem ti.

Peço que voteis em Lúcio Popídio Ampliato e Lúio Védio Numiano para edis.

Todos os adoradores de Ísis querem ver Cneu Hélvio Sabino eleito como edil.

Se integridade na vida tiver alguma serventia, este homem, Lucrécio Fronte, é digno de grande honra.

Os beberrões da cidade pedem que Marco Cerrínio Vátia seja eleito edil. Floro e Fructo escreveram isto.

Macério e todos os malandros pedem seu voto para Vátia como edil.

Epídio e todo o seu clã apóiam Cn. Hélvio Sabino como edil.

Marco Cerrínio para edil. Alguns o amam, outros são amados por ele. Para mim ele é insuportável. — *Quem abomina, ama.*

Valente, estás dormindo; dormindo e sonhando; acorda do teu sono e faz Hélvio Sabino edil.

Admiro-te, muro, por ainda não teres caído com tantos rabiscos.[1]

CAPÍTULO 13

Apocalipse

Agosto de 79 d.C.

Ninguém poderia ter dito que não fora avisado. Desde o primeiro grande terremoto que assolara Pompéia, Nero havia caído, a guerra civil havia temporariamente cindido o império, e Suédio Clemente, o juiz de Vespasiano, havia feito sua devassa nas contas municipais. No entanto, percebia-se claramente que o estado geral da cidade era ainda pior do que fora vinte anos antes. As partes do fórum que haviam sido reconstruídas davam prova tão-somente do espírito cívico que norteara os pompeianos naqueles tempos difíceis, mas não de que o perigo havia passado. A algumas centenas de metros a noroeste, as equipes que trabalhavam na construção das majestosas, mas ainda incompletas, Termas Centrais haviam sido obrigadas a reparar e escorar as paredes nos diversos pontos em que tremores mais recentes haviam provocado estragos. E nas ruas e residências da cidade, o quotidiano ainda era estorvado pelas incessantes tentativas de reparar e reforçar o sistema de abastecimento de água: a última delas consistia em cavar trincheiras e enterrar a tubulação de chumbo a uma profundidade maior na esperança de que isso limitasse os riscos de danos futuros.

Embora os que viviam do lado interno dos muros pudessem se dar ao luxo de olhar apenas para dentro, os que trabalhavam no campo não tinham como negligenciar os diversos sinais emitidos pela natureza. À medida que avançava o estranho verão de 79 d.C., as exigências sazonais da terra sobrecarregavam ainda mais o trabalho dos agricultores de Pompéia. No início de agosto, as atenções voltavam-se para o preparo dos equipamentos: as prensas de vinho sofriam manutenção, e os enormes jarros de fermentação eram selados com um tratamento à base de piche, lavados com água do mar e deixados para secar por pelo menos duas semanas. Feito isso, ainda era preciso arar o solo, arrancar as avencas e junças, cortar os pés de milho e enfardar a palha.

Grande parte desse trabalho era realizada nas áreas mais baixas do território de Pompéia, onde se concentravam as terras mais adequadas ao plantio. Ali não se falava de outra coisa além da inexplicável seca daquele ano: da vegetação desbotada; dos poços e minas sem água a despeito dos índices pluviométricos normais dos meses anteriores; dos peixes mortos que boiavam no Sarno, vítimas do aumento da concentração de ácido sulfúrico nas águas vazantes do verão. Mas os que se aventuravam até as encostas do Vesúvio — para conferir as vinhas ou dar pasto aos rebanhos — decerto traziam notícias ainda mais preocupantes. Pois ali o próprio solo estava mudando: em certos lugares, bolhas formavam-se no chão e deixavam escapar gases que definhavam as parreiras e secavam as frutas.

Em 19 de agosto, as primeiras uvas do ano seriam colhidas no festival de Vinalia Rustica, e uma ovelha seria sacrificada a Júpiter, com súplicas de tempo bom até o início da colheita principal, dali a um mês. A essa altura, muitos em Pompéia já teriam finalmente percebido que havia motivos para preocupação.

Dali a no máximo um ou dois dias, novos tremores voltariam a abalar a cidade, menos fortes do que aqueles aos quais os pompeianos já haviam se acostumado, porém muito mais amiudados. Mediante analogia com erupções mais recentes, vulcanólogos modernos não só confirmam as observações de Plínio, o Jovem, como também acrescentam descrições dos terríveis ruídos que os antigos teriam ouvido, algo semelhante a trovões ribombando das profundezas da Terra. O historiador Dio Cássio talvez tenha se valido de relatos coevos para descrever, um século depois, o impacto psicológico — próximo ao delírio — decorrente das atividades do Vesúvio: "Surgiram hordas de homens enormes, de tamanho sobre-humano, tal como são representados os Gigantes (...). Dia e noite podiam ser vistos perambulando sobre a terra, vagando pelo ar (...). Acreditava-se que eles haviam se rebelado, pois agora suas silhuetas fantasmagóricas também podiam ser vistas na fumaça, ouvia-se o clangor das trombetas de guerra."[1]

O geógrafo Estrabão já havia chamado a atenção de seus leitores para as evidências geológicas de que num passado remoto o Vesúvio havia sido um perigoso vulcão, embora afirmasse categoricamente que as atividades vulcânicas já tivessem se encerrado muito antes do primeiro século antes de Cristo. Em agosto de 79 d.C., diante das provas oferecidas pela natureza, decerto eram poucos os que ainda acreditavam nele. Os sintomas de catástrofe iminente multiplicavam-se a cada dia, e é extraordinário que muitos pompeianos — talvez a maioria — tenham insistido em permanecer na cidade. Seria possível que a constante atividade sísmica na Campânia os tivesse cegado? Que a sucessão de tremores desde a catástrofe de 62 d.C. tivesse afugentado os mais precavidos e deixado a cidade entregue a uma população de incautos pretensamente invulneráveis? Ou que, por outro lado, a impassibilidade dessas pessoas — que tinham muito a perder e pouco a fazer ao deixar Pompéia — não passasse de resignação diante do inevitável?

Por fim, em 22 de agosto, pelo menos alguns pompeianos se dariam conta do que estava por vir. Os mais aflitos, ou minimamente prescientes, começariam a se preparar para abandonar a cidade.

É bastante provável que as pessoas tenham juntado seus pertences — de pratarias a ferramentas de jardinagem — para decidir o que levar e o que deixar para trás, escondido na cidade, e talvez isso explique a dispersão de objetos que ainda hoje intriga os intérpretes da vida doméstica em Pompéia. Também é possível que a evasão de utensílios de cozinha — em vista das dificuldades inerentes aos acampamentos de emergência — explique a relativa escassez das evidências de atividade culinária nas casas da cidade. Mas para cada um daqueles que seguiam pelas estradas a norte ou a sul da baía havia outros tantos que olhavam para os refugiados com desdém, acusando-os de covardia ou vangloriando-se do lucro embolsado em razão da ingenuidade de seus conterrâneos.

Os habitantes da Casa das Vestais continuavam a desfrutar de seus jardins aquáticos sem nenhuma preocupação com o futuro, parabenizando-se pela decisão de converter um cômodo inteiro, próximo ao peristilo, numa enorme cisterna reforçada e selada com gesso impermeável. A escassez de água que afligia quase todos os demais era prova de que a transformação não havia sido inútil. Os Popídio certamente ainda se irritavam com a lentidão das reformas necessárias para manter as fontes da Casa do Citarista em funcionamento, sobretudo porque os buracos no chão bloqueavam o acesso às lojas das quais eles agora tanto dependiam para complementar sua renda. Algumas quadras mais abaixo, Júlio Filipo permanecia impávido e inarredável com sua família, que incluía uma filha (ou nora) grávida; Blésia Prima, vizinha dele, esperava ansiosamente que os cidadãos de Pompéia confirmassem sua solidariedade nos jogos teatrais previstos para dali a alguns dias, para os quais ela já havia comprado ingressos. Outros não viam muito além do dia seguinte, quando se daria o Festival de Vulcano, deus do fogo e da fertilidade.

Supondo-se que os rituais em Pompéia eram semelhantes aos de Roma, no dia 23 de agosto sacerdotes jogariam peixes pequenos e outros animais nas piras sacrificais em busca de redenção pelas afrontas que porventura tivessem levado Vulcano a cuspir vapor e fumaça sobre os mesmos campos que em tese ele deveria proteger. Subliminarmente, pretendia-se ainda que os animais oferecidos aplacassem a fome do deus e o impedissem de vir atrás de seus adoradores. Talvez os mais supersticiosos, ou aqueles para quem uma única cerimônia não bastava, também tenham comparecido à casa de Bíria, cujo peristilo era suficientemente amplo para acomodar a realização de culto semipúblico. A cerimônia era conduzida num altar na extremidade posterior do jardim, atrás do qual as paredes eram pintadas de amarelo e equipadas com nichos onde se alojavam os objetos sagrados do culto: uma escultura em bronze de tamanho natural representando "as mãos mágicas de Sabázio", e uma serpente banhada a ouro que os iniciados enfiavam sob o paramento e levavam ao peito como parte dos mistérios.[2] Além disso, a fim de apaziguar quem duvidasse das credenciais de Bíria, o lugar era rotulado numa das paredes como *antrum*, referência direta ao santuário da Sibila de Cumas mencionado por Virgílio na *Eneida*.[3]

No entanto, qualquer minuto adicional de culto naquele dia teria sido em vão. Quando as lojas e oficinas que ainda tinham funcionários para operar dessem o dia por encerrado, inserindo nas portas as ripas compridas que faziam as vezes de tranca, faltaria pouco para que uma família pudesse deixar a cidade e alcançar um lugar seguro a bordo de uma carroça sobrecarregada de alfaias e alimentos; ainda que isso fosse possível, a viagem seria longa e dificultada pelo breu da noite. Quando por fim caíssem em si, os procrastinadores dispostos a partir apenas com bagagens de mão talvez pudessem encontrar um ou outro barco no porto, para aluguel ou venda a preços muito acima do mercado. E se na última hora chegassem a suspeitar que haviam sido precipitados, certamente mudariam de idéia ao ver a luz argêntea da lua refletindo nas escamas dos peixes mortos sobre a superfície do mar. Quando se afastassem da baía, ouviriam os ruídos de mais um terremoto — bastante identificáveis mesmo àquela distância —, retumbando pelos campos e soçobrando as pedras da cidade.

Plínio, o Jovem, diria que "Muitos dias antes, a terra já havia tremido mais de uma vez".[4] Como decerto já haviam se acostumado a fazer, os habitantes de Pompéia teriam corrido para espaços abertos onde estivessem a salvo da queda de alvenaria. Mas ainda que o mês de agosto fosse mais quente que o normal, poucos teriam conseguido dormir naquela noite; na manhã seguinte, homens e mulheres chegariam fatigados ao trabalho para avaliar a extensão dos estragos e providenciar os consertos mais prementes. Mas havia na cidade uma família que não arredaria pé dali: "No dia 23, quinta-feira", diz um grafito, "a ursa deu à luz seus filhotes."[5]

E então amanheceu o dia 24. Na padaria de Popídio Prisco, um liberto dos proprietários da Casa do Citarista, o pó desprendido do teto teria de ser varrido antes que ele pudesse sovar a massa para os pães de oito nacos que seus clientes exigiam. Embora Prisco tivesse corrido o risco de voltar ao trabalho quando ainda era noite, as bandejas de massa já devidamente provada não seriam levadas ao forno antes do final da manhã.

Na Casa dos Amantes Castos, onde amplas reformas estavam em andamento, as mós da cozinha estavam paradas, e as mulas que de ordinário as tracionavam zurravam aflitas no estábulo. Talvez o leitão e a ave que assavam no forno se destinassem à equipe de pintores que trabalhava na casa — um gesto do proprietário no sentido de convencê-los a continuar ali, por mais desesperados que estivessem ao constatar que o gesso recém-pintado havia rachado. Àquela altura já não fazia mais sentido economizar com ninharias, e só nos resta imaginar os demais apetites que seriam aplacados nas horas seguintes.

Entre os que haviam permanecido em seus respectivos postos encontravam-se os sacerdotes de Ísis, que realizavam o culto da manhã para celebrar o retorno do sol e cozinhavam peixe e ovos na pequena cozinha local, fosse para consumo próprio ou para oferenda à deusa. Foi enquanto faziam isso que se ouviu o mais tenebroso estrépito, seguido de um estrondo que reverberava num raio de muitos quilômetros, como energia em dispersão.

Nas encostas distantes do Vesúvio, no que hoje é uma pedreira próxima à atual Terzigno, o magma quente e branco que durante anos vinha pressionando para subir através da crosta terrestre, causando tremores e impregnando a água potável de toxinas sulfúricas, finalmente irrompera no mundo dos vivos. A explosão desintegrara o tampão, ejetando no ar uma densa nuvem de cinzas que aos poucos encobriria todo o entorno da montanha. Tomados de pânico, os habitantes dos numerosos vilarejos vizinhos tentavam desesperadamente se orientar na escuridão, tropeçando e sufocando na fumaça. Em Pompéia, contudo, a consternação teria sido apenas moderada. Os mais otimistas talvez tivessem interpretado o evento como um ruidoso clímax — um fim, e não um começo —, ao passo que os mais realistas ainda não sabiam ao certo se deviam se preparar para a catástrofe ou contemplar aquele espetáculo pirotécnico que por ora parecia suficientemente distante. Alguns, no entanto, acharam por bem agir sem demora.

Ainda era manhã quando o aristocrata Rectina despachou uma carta para o almirante da frota ancorada no porto de Miseno: a distância a ser percorrida era de 33 quilômetros, e a carta chegaria nas mãos de Plínio, o Velho, às duas horas da tarde. A essa altura, o drama do Vesúvio já teria passado ao ato seguinte. Enquanto eram cumpridas as instruções de Rectina — dispersar a tripulação das trirremes, a espinha dorsal da frota —, Plínio não poderia ter feito outra coisa senão observar, ciente de que àquela altura dos acontecimentos seu missivista já não poderia fazer o mesmo.

Em torno do meio-dia, uma segunda explosão repentina e substancialmente mais forte desintegraria o cume da montanha por inteiro. Uma coluna flamejante de partículas de púmice, a maioria pesando não mais que meio grama, subiria a mais de quarenta quilômetros no céu, formando — nas palavras de Plínio, o Jovem, que à época passava uns dias com seu tio homônimo — a silhueta de um pinheiro-manso, o que hoje seria descrito como uma nuvem-cogumelo. Tratava-se do começo de uma descarga explosiva que, ao longo do dia seguinte, excederia em cem mil vezes a da bomba atômica que destruiu Hiroshima. O Vesúvio finalmente revelaria sua face monstruosa.[6]

Os profetas judeus decerto ficariam satisfeitos ao saber, dali a algum tempo, que a escala da tragédia que assolara a Campânia havia sido verdadeiramente apocalíptica. Uma erupção de tamanha força ocorre, em média, apenas uma vez a cada mil anos; no primeiro século da era cristã não haveria precedentes na história registrada, e a mitologia forneceria o único ponto de referência. É espantoso que o jovem Plínio, dotado de sólida formação científica, tenha sido capaz de manter a calma enquanto via seu tio zarpar para a morte e organizar suas observações para depois produzir um relatório exato dos acontecimentos. Seus escritos seriam por muito séculos a mais confiável obra de referência da vulcanologia, material que os cientistas modernos, valendo-se de eventos semelhantes, como a erupção do Monte Pelée em 1902, corroboram em grande parte e apenas pontualmente corrigem ou amplificam. Com efeito, a coluna de detritos vulcânicos do tipo que se viu no dia 24 de agosto ficaria conhecida como "pliniana". Baseando-se em evidências arqueológicas — especialmente nas camadas de escombros formadas em diferentes estágios da erupção e na posição dos corpos encontrados entre elas —, os relatos antigos e modernos possibilitam uma reconstrução bastante fiel da experiência vivida pelos pompeianos no decorrer da tragédia.[7]

O horizonte de fogo e pedras que Plínio vislumbrava do outro lado da baía — "jorrando (...) intumescendo e dissipando-se (...) como se as entranhas quentes da terra tivessem sido extirpadas e arrastadas rumo aos céus" — teria sido infinitamente mais tenebroso quando observado de Pompéia. Embora fossem individualmente inofensivas, as pelotas de púmice que despencavam das alturas eram coletivamente capazes de acaçapar quem porventura estivesse fora de casa, ou mesmo matar, no caso de pedras maiores e mais pesadas. Cumpria agir com rapidez, mas, em vista do calor que irradiava do Vesúvio, da tempestade de pedras e do barulho infernal, desorientação e puro terror teriam sido as reações mais comuns. Para onde ir? Onde buscar ajuda? Fugir, na esperança de vencer a fúria do vulcão? Ou permanecer abrigado, na confiança de que o pesadelo fosse passar? Os que já haviam sobrevivido ao terremoto de 62 d.C. veriam a confusão daquele dia multiplicada uma centena de vezes.

Homens, mulheres e crianças, sozinhos ou em grupos, acorreriam aos portões da cidade, rumo ao rio ou à costa. Aqui e ali, alguns cairiam, vítimas do cansaço, de uma pancada na cabeça ou de outro ferimento qualquer. Uma vez iniciada a chuva de pedras, em poucos minutos o chão se transformaria num instável tapete de alguns centímetros de espessura. Um homem, corajoso o suficiente para deixar a cidade através do portão mais próximo, ainda que isso implicasse ir frontalmente na direção do Vesúvio, iria ao chão e morreria a poucos metros além dos muros, próximo à coluna de pedra, ou estela, erguida em homenagem a Suédio Clemente. Outro encontraria o mesmo destino na estrada de lajes do outro lado da Porta de Nola, na extremidade nordeste de Pompéia. Embora três grupos diferentes tivessem buscado abrigo atrás do túmulo de Esquília Polia, ninguém teria conseguido arrastá-lo para o que seria, pelo menos temporariamente, um lugar seguro. Talvez o esforço fosse grande demais: àquela altura, andar seria tão difícil quanto chapinhar numa perigosa mistura de granizos e neve.

Depois de determinado estágio da erupção, fosse por instinto ou pela esperança de salvação junto ao mar, os que ainda tinham condições de se locomover tomariam a direção sul, rumo às Portas do Sarno e de Nucéria, diametralmente opostas ao vulcão.

Enquanto os sacerdotes de Ísis continuavam a rogar à misericordiosa deusa por sua salvação, dezenas de cidadãos desesperados teriam passado pela entrada do templo, na tentativa de alcançar a rua que levava à Porta de Estábias. O pavor decerto era contagiante. Por fim, vendo um de seus pares ser atingido por escombros no *ecclesiasterion*, os sacerdotes perderiam a fleuma e tentariam escapar: um deles buscaria refúgio na área de culto; outro cairia na rua, a poucos metros da porta de entrada. Um terceiro — a quem havia sido confiado um par de canecas de prata decoradas com motivos litúrgicos — iria mais longe, mas não chegaria a deixar os limites da cidade. É possível que, indo até o porto e percebendo a ausência de uma frota de evacuação, ele tenha achado mais seguro voltar e procurar abrigo nas sólidas construções da cidade. Como tantos outros, o sacerdote de Ísis viraria para a direita antes de alcançar a Porta de Estábias e seguiria para o complexo de teatros.

Nem o teatro principal — onde o cenário preparado para a apresentação daquela tarde já havia sido reduzido a pó pela saraivada vulcânica — nem o pequeno *odeum* vizinho forneceriam qualquer proteção. Mas atrás do palco principal ficava a *palestra* em que os gladiadores costumavam se exercitar e onde talvez ainda estivessem para dar exemplo de coragem naquele momento adverso. O espaço era amplo e cercado de colunas; embora ficasse a céu aberto, abrigava nos fundos uma pequena seqüência de quartos, adjuntos aos muros da cidade, e decerto era para lá que se dirigiam os retardatários, atropelando corpos macabramente semienterrados nos detritos vulcânicos. O sacerdote de Ísis teria ido para lá também, mas vacilaria um instante — talvez distraído pelos gritos que vinham de um dos cômodos onde quatro lutadores escravos se encontravam agrilhoados e submersos em detritos até a altura do peito — e teria o crânio fraturado por uma das pedras mais pesadas.

Nos seus aposentos, no anexo reservado à criadagem na Casa de Menandro, o senescal Popeu Eros tentaria em vão consolar sua filhinha de sete anos. Outros permaneceriam na casa principal, de portas seguramente fechadas e aferrolhadas. Mas pouco antes Eros havia escondido no balneário a baixela de prata de seu senhor ausente e sabia que era seu dever ficar onde estava para protegê-la. Outras residências seriam abandonadas sem qualquer proteção. A baixela de prata de Blésia Prima seria descoberta nas mãos de um infeliz que, enquanto tentava escapar da cidade, entraria rapidamente na casa de outro patrício. Estaria ele transportando a prataria sob ordens da própria Blésia, esvaziando a casa para evitar que ela fosse saqueada, ou seria ele o próprio saqueador, e sua breve escala, a compulsão de alguém incapaz de resistir ao impulso de tentar a sorte mais uma vez?

Com a morte rondando à larga, e as chances de sobrevivência tendendo ao zero, é difícil crer numa escalada dos saques. Mas as agruras da última década haviam ensinado aos pompeianos a identificar e abraçar uma oportunidade sem grandes hesitações. Qualquer sentimento de culpa que porventura os tivesse acometido teria sido rapidamente mitigado com o vinho abandonado no balcão de uma taberna qualquer. O gatuno que abandonaria seu butim na taberna localizada no último cruzamento importante antes da Porta do Vesúvio, além da qual fumegava o vulcão, teria merecido o melhor Falerno para apaziguar os nervos. Mas teria ele ficado excessivamente ganancioso e confiante sob efeito do vinho? Ou teria simplesmente embolsado os itens mais valiosos para facilitar a fuga?

No fim da tarde, as ruas do centro de Pompéia já estariam quase desertas. Algumas das casas estariam abandonadas, mas outras ainda abrigariam famílias acuadas, ouvindo com atenção os ruídos dos tetos que ameaçavam ruir sob o púmice acumulado, implorando aos deuses para que o pior já tivesse passado. A essa altura — e não pela última vez —, o Vesúvio frustraria a esperança dessas pessoas com uma explosão de tal modo ensurdecedora que o troar da erupção que vinha sacudindo a cidade pelas últimas sete horas pareceria quase suportável. A coluna de cinzas ganharia novo alento, enfunando-se, subindo mais seis quilômetros rumo aos céus e carregando com ela uma interminável massa de pedras, agora de um cinza mais escuro e duas vezes mais pesadas que as anteriores. Carregadas pelo vento que soprava na direção sul, essas pedras açoitariam Pompéia numa torrente, obliterando a crosta de sedimentos brancos que ali se formara.

Segundo as normas de construção do presente, as estruturas de estocagem pesada, como os armazéns de concreto reforçado, devem ser capazes de suportar uma carga de aproximadamente 110 quilos por 0,1 metro quadrado. O púmice que até então já se acumulava a uma profundidade de 1,5 metro em muito ultrapassava essa franquia, e a tempestade ainda continuaria por muito tempo. Assim sendo, os tetos que em grande parte se sustentavam em vigas de madeira não tardariam a desabar. O pânico logo se alastraria entre os que se encontravam isolados em casa, atentos ao estalar das ripas, cientes do que se passava. Mas essas pessoas não teriam nada a fazer além de se espremer contra as paredes ou se arrastar para o vão das escadas em busca de mais proteção.

No Murecine, a coleção de tábulas de cera dos Sulpício já se encontrava soterrada havia muito, junto com centenas de lajotas de mármore gravadas com as letras SUL, com as quais um dos membros do clã —

provavelmente Fausto — pretendia personalizar a propriedade. Nenhum sinal seria encontrado dos Sulpício propriamente ditos, a não ser pelos corpos das mulheres e três crianças — a mais nova das quais com apenas quatro anos de idade — que haviam subido ao pavimento superior. Quando as vigas do telhado, já abauladas, finalmente cedessem, os sedimentos levariam consigo o piso onde elas se encontravam, e o grupo morreria entre os escombros.

Não muito longe do fórum, um homem havia permanecido na Casa do Marinheiro — o velho Lólio Sínodo, talvez, ou seu suposto filho, Fusco. Escondera-se no *tablinum*, onde os visitantes geralmente eram recebidos, e ali esperara pelo inevitável. Tratava-se de um cômodo estreito, de paredes sólidas e teto de vigas espessas, talvez o mais robusto de toda a casa. Sentado ao lado de sua arca de dinheiro, Sínodo ou Fusco veria reduzir-se a pó o trabalho de duas gerações: de um lado, o átrio e seus delicados murais; de outro, o jardim que encimava um labirinto subterrâneo de espaços reservados para armazenagem e panificação. Por fim, o telhado ali também ruiria, soterrando a solitária e obstinada criatura.

A vila de Popéia em Oplonte seria ainda mais castigada que a cidade de Pompéia. A essa altura, a magnífica estatuária da propriedade já teria sido encoberta pelos detritos. A beldade de cabelos cor-de-âmbar e seu principesco consorte estariam submersos, e é possível que até mesmo a desgraciosa figura de Fortuna — em cujas pernas um escultor começara a trabalhar fazia apenas alguns dias — se afundasse até o pescoço no mar de pedras. Uma década antes, a proprietária do lugar decerto não teria tolerado tamanha intrusão, e é possível que, com a erupção, o canhestro artista tenha se sentido aliviado ao saber que o fruto de seus esforços jamais seria comparado às obras-primas vizinhas.

A estátua de outra imperatriz, a Lívia de Augusto, situada na Vila dos Mistérios, sofreria o mesmo destino quase simultaneamente. A área em torno do peristilo da vila, que havia sido adaptada para a produção de vinho, seria inundada pelas pedras, resultando na morte de uma mulher e uma criança. Certamente com muito esforço, uma segunda mulher preferira escalar a pilha de lapíli, cada vez maior, em vez de se deixar soterrar pelo desabamento da alvenaria. Por muitas horas ela venceria sua batalha particular, as mãos esfoladas, o corpo e o rosto açoitados pelos minúsculos mísseis que caíam do céu e contra os quais não havia qualquer proteção. Não pensava em outra coisa que não fosse a própria sobrevivência, e certamente orava pelo término da tempestade.

Por fim, em torno das 11 horas da noite de 24 de agosto, suas preces seriam atendidas. A torrente de pedras arrefeceria parcialmente, bem como os rugidos do vulcão. Um ponto crítico havia sido alcançado: a massa que pairava a quilômetros do chão tornara-se de tal modo densa e pesada que o jato da explosão não bastava mais para sustentá-la. Por um breve momento, o ar escaldante que irrompia das profundezas da terra a uma velocidade extraordinária seria vencido pelo contrapeso dos gases e detritos e pressionado para baixo e para os lados.

Tivesse interrompido sua batalha pela vida por alguns segundos e olhado na direção do Vesúvio, a mulher da Vila dos Mistérios por certo teria tido a impressão de que a montanha estava prestes a engolir de volta tudo que tão furiosamente havia cuspido para o alto. Mas a coluna de fogo não seria depositada ordenadamente na enorme cratera que se formara no lugar do cume, mas espalhada pela superfície das encostas, em todas as direções. Pouco depois, perplexa e exausta, já desprovida de qualquer esperança, a mulher desconhecida sucumbiria à renovada saraivada de pedras.

Entre os últimos sons que teria ouvido estaria o fragor da enxurrada que despencava na direção de Herculano, a alguns quilômetros de distância, densa de metralhas voadoras e iluminada por furiosas centelhas saídas diretamente das vísceras da Terra. Tratava-se da primeira das seis ondas piroclásticas — que se formavam quando a torrente encontrava algum obstáculo no relevo e seguia adiante, deixando para trás uma nuvem de sedimentos — que assolariam os arredores do Vesúvio durante as horas seguintes. Varrendo o solo a uma velocidade superior a 160 quilômetros por hora e arrastando em mais de quatro metros as pedras grandes que encontrava pelo caminho, essa primeira onda inundaria toda a parte norte de Herculano e, ainda que relativamente mais fria do que as que viriam depois, não deixaria sobreviventes em seu percurso; os que não morressem queimados acabariam asfixiados pelas cinzas presas à parede da traquéia. Antes de se dissipar no mar, a enxurrada fumegante deixaria partes da cidade instantaneamente carbonizadas, e outras, ardendo aos poucos em meio às chamas.

É possível, mas dificilmente comprovável, que alguns habitantes de Herculano tenham sobrevivido a esse primeiro assalto — ainda que num estado de semivida, agravado pelas condições infernais ao seu redor. Nos sítios arqueológicos vesuvianos, os primeiros corpos não seriam encontrados antes de 1982. Como Pompéia, Herculano era uma cidade costeira, embora a maior parte de sua área ficasse muitos metros acima do nível do mar. Por motivos que logo ficarão claros, os depósitos de lava alcançariam uma espessura muito maior ali do que na cidade vizinha, e anos de escavações seriam precisos para que se alcançasse a região mais baixa, próxima ao mar, onde finalmente seriam encontrados os corpos de 51 homens, 49 mulheres e 39 crianças — que talvez tenham tentado escapar nos barcos ancorados sob os arcos.

Seria possível que Venédio Êutico, Petrônia Justa e Comínio Primo estivessem entre eles? Nesse caso, todos teriam abandonado nas cercanias de suas respectivas casas, próximas umas das outras, os cestos contendo as tábulas que tornariam suas biografias conhecidas; descendo a rua íngreme, teriam atravessado a Porta do Mar, passado pelas termas de Herculano e, por fim, descido as escarpas até a água.

Os que tivessem seguido seus instintos mais básicos e corrido à procura de um abrigo qualquer não poderiam ter deixado de se arrepiar com a ruidosa aproximação daquele implacável perseguidor, algo parecido com o cerco de uma cavalaria de gigantes endemoniados. Com os sentidos aguçados, teriam tido tempo suficiente para perceber os diferentes estágios do avanço inimigo, pelos campos e bosques vizinhos, pelos muros da cidade, e por fim até a soleira de suas portas. No entanto, mesmo que por obra de um cruel milagre esse primeiro fluxo piroclástico passasse acima deles, sem tocá-los, o calor irradiado teria sido muito mais que desconfortável. O mar fumegava e borbulhava ao passo que, na cidade, a umidade da própria terra fervia e começava a tornar o solo viscoso. É possível que os ruídos sinistros daquela massa pastosa que se aproximava tenham provocado um frio na espinha daqueles que, num hiato de relativa paz, cuidavam de suas queimaduras.

A avalanche de lama fervente que afogaria toda a cidade de Herculano, mumificando-a a uma profundidade de até vinte metros sob o futuro marco-zero, não alcançaria o mar antes do segundo fluxo piroclástico —

dessa vez muito mais quente, chegando a quatrocentos graus centígrados — que derrubaria os muros mais altos da cidade e provocaria a morte instantânea dos que porventura ainda estivessem vivos. Além disso, esse segundo fluxo roubaria dos arqueólogos o que poderia ter sido um extraordinário arquivo de códigos genéticos, visto que a estrutura do DNA se torna indecifrável quando submetida a temperaturas semelhantes. No entanto, essa combinação de morte súbita e sepultamento quase imediato resultaria numa espécie de imagem congelada daquela parcela de habitantes do mundo antigo, possibilitando uma análise altamente informativa das ossadas. Uma das maiores frustrações decorrentes da degradação do DNA dos esqueletos é a impossibilidade de se determinar o grau de parentesco entre os indivíduos. Mas no caso de Júlio Filipo, escavações bastante recentes em Pompéia deslindariam, pelo menos até certo ponto, a estrutura familiar desse clã, bem como as circunstâncias em que eles se encontravam no momento da tragédia.

Às cinco horas da manhã de 25 de agosto, mais de 16 horas teriam se passado desde que todas as idéias preconcebidas a respeito do Vesúvio haviam sido pulverizadas numa gigantesca explosão, e pelo menos oito desde que a família estendida de Júlio Filipo havia sido pilhada pela torrente de magma em dois cômodos adjacentes nos fundos de sua casa. Ali estavam ao todo 13 pessoas — se incluirmos a que mais tarde despencaria do pavimento superior —, de idades que iam dos 13 aos quase setenta anos.

Faziam parte do grupo dois homens com mais de sessenta anos, o mais jovem dos quais talvez fosse Júlio Políbio, e o outro, um robusto criado ou parente: Júlio Filipo, se momentaneamente aceitarmos a tese de que ele era o irmão mais velho de Políbio, e não seu pai. Ambos sofriam de osteoporose, o que talvez os tenha levado a permanecer onde estavam, além da condição da filha de dezoito anos de Políbio, grávida de oito meses do segundo filho. Tanto ela quanto a mãe, que beirava os quarenta anos e era uma prolífica genitora, encontravam-se acuadas no pequeno cômodo, junto com o marido da jovem, de quase trinta anos, e três ou quatro irmãos, primos ou escravos dela, todos mais jovens.[8] Que a primogenitura dos filhos de Políbio coubesse a uma menina explica o fato de que nenhum membro da segunda geração ainda tivesse ocupado o posto de edil, mas dali a uma década, fossem outras as circunstâncias, a família teria mais de um candidato a essa primeira honra pública. Se todos os jovens confinados ali fossem produto do mesmo útero, então a mulher de Políbio teria procriado regularmente a cada três anos.

Afirmando sua autoridade, Políbio teria tentado acalmar seus ansiosos dependentes de modo que pudesse se comunicar, fosse gritando ou batendo na parede, com os demais no cômodo adjacente. O que os levara a se separar provavelmente era um mistério para Políbio tanto quanto o é para nós. A resposta pode estar no garotinho de três anos de idade, cuja desobediência talvez tenha levado sua abnegada tia-avó a buscá-lo depois de ele ter escapado para ver o que se passava do lado de fora; em seguida, é possível que um jovem escravo tenha sido enviado atrás dos dois e que nesse ínterim a tempestade de pedras tenha se intensificado, obrigando os três a procurar abrigo no cômodo mais próximo. Seja como for, tudo indica que um sexagenário enfermo tenha sido apartado de sua esposa, e uma jovem grávida, de seu primogênito. Não é difícil imaginar a agonia dessas pessoas, que, em meio à barulheira do cataclismo, tentavam saber se umas e outras ainda estavam vivas.

A escuridão já se prolongava por tanto tempo — um breu interrompido apenas por chamas distantes e empanadas pela espessa camada de material vulcânico na atmosfera — que uma noite interminável parecia ter descido sobre a Terra. Dezenas de pessoas ainda se agarravam à vida do outro lado dos muros setentrionais da cidade, pilhadas ali no início da erupção e pouco dispostas a buscar segurança em outro lugar. Cinco ou seis encontravam-se espalhadas em torno da Vila dos Mistérios; mais de vinte na Vila de Diomedes, mais próxima da cidade; e outras tantas entre os túmulos, ou dentro deles, da necrópole vizinha à Porta de Herculano, talvez porque quisessem ficar próximas a seus antepassados, a quem logo se juntariam. Histórias semelhantes passavam-se nos arredores da Porta do Vesúvio. A certa distância da cidade, uma mulher, decerto num momento de histeria, recusara-se a desagrilhoar os tornozelos do escravo que a acompanhava; noutra estrada, um grupo inteiro de escravos agrilhoados arrastava-se pelo caminho. Impossível calcular o vasto número de pessoas que da mesma forma acabariam sendo pilhadas enquanto fugiam pelas estradas locais ou pelos campos, ou então se acuavam nas casinhas que pontilhavam as cercanias do vulcão, área que possivelmente jamais será escavada. Por certo todos rezavam para que aquele caos não passasse de um terrível pesadelo e que a serenidade voltasse em breve com a luz do sol.

Mas a luz que desceria sobre eles às cinco e meia da manhã seria de natureza bem diversa. Pela terceira vez a coluna de detritos subiria aos céus, rugindo furiosamente, para depois refluir ao chão. Agora, o fluxo piroclástico engoliria todo o entorno da cidade, até os seus confins mais externos.

Para Júlio Políbio e sua família, para Popeu Eros e sua filha, para os gladiadores e todos os demais que se espremiam nos quartos em torno do campo de exercícios, o cheiro de enxofre e a repentina escalada da temperatura ambiente teriam lembrado, ainda que momentaneamente, os sudatórios de que a Campânia tanto se orgulhava. Recomendados como cura para as doenças respiratórias, esses espaços confinados abrigavam pequenas chamas que tinham como objetivo extrair do subsolo a fumaça expectorante que recuperaria a saúde dos pacientes. Depois de pagarem uma taxa de ingresso e se exporem a temperaturas superiores a oitenta graus, inválidos e hipocondríacos podiam sair à luz do dia com a sensação de que haviam recebido em sofrimento um bom retorno para o dinheiro gasto. Mas do sudatório vesuviano não haveria saída. Todas as entradas de todas as casas de Pompéia seriam bloqueadas com toneladas de lapíli, e, de qualquer modo, o ar do lado de fora não seria mais respirável que o de dentro.

É possível que Políbio, já resignado com o fim iminente, tenha dedicado seus últimos momentos a apaziguar os ânimos dos que estavam com ele. Talvez ele e Filipo — que liderara a embaixada pompeiana à corte de Nero quase vinte anos antes e possivelmente conhecera Sêneca na ocasião — fossem estóicos e tenham se comportado como tais, convencendo alguns de seus companheiros, tantos quanto possível, a se deitar nas camas ou divãs disponíveis no cômodo; outros se acomodariam no chão ou aguardariam seu destino de pé. Depois de trocar despedidas carinhosas com os ocupantes do cômodo vizinho, a idosa esposa de Filipo apertaria a mão do jovem ao seu lado, procurando acalmar-se de modo que a criança que repousava a cabeça em sua perna pudesse adormecer.

Nem todos aceitavam seu destino com a mesma resignação. Na oficina de pisoagem de Estéfano, as invectivas que durante horas os escravos vinham dirigindo ao feitor — que os havia dispensado do trabalho somente no ultimíssimo instante — agora davam lugar a desesperadas tentativas de sobrevivência. Estéfano agarrava firmemente um saco de moedas, talvez o faturamento de muitos dias, enquanto seus funcionários se atropelavam mutuamente em busca de refúgio sob o sólido lintel da porta de entrada. No estábulo situado nos fundos da Casa do Fauno, três escravos e seu feitor já tinham, havia muito, desistido de conter os cavalos e bois ensandecidos, deixando-os partir em disparada pelas ruas da cidade; e na Casa de Menandro, como em tantas outras, um grupo que se vira encurralado ou apartado dos familiares, como acontecera a Júlio Políbio, desesperadamente improvisava ferramentas para abrir caminho através das paredes na esperança de escapar ou se juntar aos demais.

Os sobreviventes dessa última investida do Vesúvio teriam apenas mais uma hora de agonia, pois o quarto fluxo piroclástico, o mais letal de todos, viria às seis e meia da manhã. Menos quente que o que destruíra Herculano, mas contendo menos oxigênio e mais gases venenosos, o furacão de pedras e escombros urbanos avançaria a uma velocidade de aproximadamente 290 quilômetros por hora. O fenômeno piroclástico é letal em todos os aspectos, mas autópsias realizadas nas vítimas da erupção do monte Santa Helena em 1980 acabariam por revelar que a maioria das mortes havia sido provocada por asfixia. Os efeitos mais visíveis, alguns dos quais ainda podem ser constatados na postura dos corpos, devem-se à intensidade do calor, que cozinhava as carnes em vez de queimá-las, mumificando mãos e pés e encolhendo órgãos internos. Carregadas pela força do vulcão, as vítimas seriam encontradas de bruços sobre o chão, mãos e antebraços apertando a cabeça, pernas e braços flexionados por ligamentos retesados, a espinha estendida.

A taberna de Mústio e Óvia teria sido a primeira a sofrer o impacto, segundos antes da residência dos libertos Vétio, da Casa do Touro e da Casa das Vestais, cujas reservas de água evaporariam num átimo. Os pastores no celeiro da Casa do Fauno sequer teriam piscado antes de serem atingidos; no fórum, a agonia de dois homens que aguardavam seu fim orando na escadaria do Templo de Júpiter seria interrompida pelo desabamento de uma coluna. Cinco pessoas seriam mortas na residência de Epídio Sabino; uma, na de Umbrício Escauro; e quatro, na sala de jantar da Casa de Fábio Rufo, que dava vista para o mar (Figura 27). Blésia Prima morreria na casa de seu marido Postúmio Modesto, portando ao pescoço um colar de pingentes mágicos e, numa caixinha ao seu lado, as fichas que lhe teriam dado acesso à apresentação teatral prevista para a véspera. As 13 pessoas na casa de Júlio Políbio morreriam simultaneamente.

As centenas de desesperados que muitas horas antes haviam acorrido à área do teatro e da *palestra*, talvez em busca de alguma orientação, jamais sairiam vivas dali. Décimo Sátrio Lucrécio Valente e sua mulher, caso sejam eles mesmos, morreriam junto de seus gladiadores sob o pórtico da palestra: depois de 24 horas de agonia e terror, é bastante provável que tenham recebido a morte com alívio. Os outros tantos que haviam conseguido chegar ao porto — talvez a tempo de ver a frota de Plínio, o Velho, cruzar a baía de Nápoles e aportar em Estábias, ainda na véspera — não teriam mais a oportunidade de fugir pelo mar. No que ficaria conhecido como o Jardim dos Fugitivos, próximo à Porta de Nucéria e à estrada que levava à ponte do Sarno, 13 pessoas seriam vitimadas, incluindo duas crianças e três bebês. Talvez um deles fosse a menininha cujo retrato havia sido, menos de um mês antes, canhestramente rabiscado por um pai orgulhoso na parede de um pequeno quarto no coração da cidade, ao lado das palavras: "Juvenila nasceu no dia 4 de agosto, sábado, na segunda hora da noite."[9]

Minutos depois da matança, os detritos vulcânicos já cobririam os corpos das vítimas. Quase imediatamente, um quinto fluxo piroclástico varreria a região mais uma vez, e pouco depois das sete da manhã, uma hora e meia após a extinção de todas as formas de vida em Pompéia, um sexto e último fluxo passaria ao largo de boa parte da arquitetura que ainda estava de pé e seguiria em frente até alcançar a praia onde se encontrava Plínio, o Velho, enchendo seus veteranos pulmões de poeira e cinzas, sufocando-o.

Desde a meia-noite, seu sobrinho homônimo o teria observado do outro lado da baía, sob o clarão dos raios que espocavam das nuvens vulcânicas. Plínio, o Jovem, vivenciaria de perto os efeitos dos tremores que reverberavam pela região e da turbulência que eles provocavam no mar. A paisagem distante já se tornara irreconhecível. Com a nuvem de cinzas ainda sobrelevando o Vesúvio e prometendo novas desgraças, ele recolheria os livros de Lívio que vinha lendo e bateria em retirada.

Vários dias se passariam até que a descarga de cinzas e lapíli do Vesúvio gradualmente se dissipasse, revelando uma cratera fumegante que mal alcançava metade da altura da montanha que até pouco tempo antes ali estivera. Mas as mudanças não parariam nisso. Ao todo, um quarto de quilômetro cúbico de rocha havia sido pulverizado e espalhado pela erupção; grande parte dessa massa aterrissara num raio de dez quilômetros, e algumas pedras haviam sido lançadas a uma distância oito vezes maior. O mar havia avançado em mais de quatrocentos metros, e o relevo se transformara numa paisagem lunar de dunas cinzentas. Mesmo as construções mais altas haviam sido inteiramente soterradas, à exceção dos pináculos de um ou outro templo, muito embora Plutarco afirme que "quem passasse por ali durante o dia não saberia dizer ao certo onde aquelas [cidades] haviam se localizado".[10]

O terreno não demoraria a esfriar, e quando os primeiros avaliadores chegassem de Roma para pisar naquele tapete de lapíli e menear a cabeça num gesto de estupefação, os primeiros saqueadores e especialistas em resgate — entre os quais talvez se encontrassem alguns sobreviventes em busca de seus pertences — já teriam começado a cavar túneis nos locais onde supostamente estavam soterradas as maiores riquezas ou suas próprias residências. Entre os antigos grafitos de Pompéia há exemplos de mensagens deixadas, sem sombra de dúvida, após a destruição da cidade: inscrições do tipo "Casa alcançada por túnel", sempre em grego, são bastante comuns e sugerem uma ação coordenada, provavelmente de natureza privada, e não oficial.[11] Cavar túneis numa camada de pedras pequenas e soltas decerto constituía uma empreitada de risco, e os primeiros arqueólogos da era moderna muitas vezes tiveram dificuldade para fazer a distinção entre os corpos de escavadores soterrados e os das vítimas da erupção.

Embora a população de Pompéia e arredores girasse em torno dos vinte ou trinta mil habitantes, apenas dois mil esqueletos foram escavados até o presente. A maioria encontrava-se no topo da camada de púmice, e disso podemos inferir que essas pessoas haviam sofrido muitas horas de agonia antes de seu momento final. Um terço da cidade intramuros, bem como a maior parte de seu entorno, permanece inexplorado, e não há dúvida de que o contingente de corpos aumentará no futuro. No entanto, é provável que um bom número de pessoas tenha deixado a cidade cedo o bastante para alcançar as estradas muito antes da catástrofe, o que não quer dizer que todas elas tenham sobrevivido. Milhares de corpos ainda poderão ser encontrados a muitos quilômetros de distância, em regiões recém-urbanizadas.

Somente na era moderna começariam a arrefecer os pudores de se reconstruir na área de Pompéia. Embora tivesse agido com presteza para aplacar o sofrimento dos sobreviventes e apaziguar a população como um todo, o novo imperador Tito, que havia sucedido ao trono menos de dois meses antes do desastre, não manifestaria nenhuma intenção de ressuscitar a cidade. Viajando pela atmosfera, as partículas vulcânicas chegariam a lugares tão distantes quanto a África — onde formariam uma fina camada de pó escuro, empanando o sol por muitos meses —, e a prioridade de Tito, naturalmente, era provar ao império que a erupção não havia sido um sinal de censura divina nem a seu governo nem às afrontas do passado, como a pilhagem do Templo de Jerusalém. Para conciliar os deuses e reparar possíveis ofensas, ele providenciaria a realização de cultos elaborados, em que um par de cadeiras seria reservado a um deus e uma deusa, com símbolos representando a natureza de cada um deles. Além disso, valendo-se do mecanismo mais eficaz de propaganda imperial, mandaria cunhar moedas retratando diversos exemplos de sua reverência religiosa. Entretanto, como observaria Suetônio, a reação pessoal do imperador teria sido mais humana, próxima a uma "afeição paternal", resultando na designação de diversos ex-cônsules para o acompanhamento dos esforços de recuperação da Campânia. Tito destinaria às cidades sobreviventes toda a receita oriunda da venda das propriedades dos que haviam morrido sem deixar herdeiros, e, numa demonstração de boa-fé pessoal, visitaria a região depois de um ano do desastre, aproveitando a oportunidade para autorizar a substituição do relógio de sol em Sorrento, arruinado com a sucessão de terremotos.[12]

Mas quanto a Pompéia, nenhuma menção seria feita. O desaparecimento da cidade fora de tal modo execrável que o melhor a fazer talvez fosse mesmo seguir em frente sem dizer nada. A Campânia jamais reconquistaria seu prestígio como principal centro de lazer dos romanos: o fantasma da morte assombraria o lugar por muitos anos. De qualquer modo, os flavianos preferiam construir suas vilas de veraneio na região dos Apeninos, numa demonstração consciente de seus modos honestos e rústicos, moda que seria seguida por muitos outros. Mas dali a alguns anos a vida voltaria a medrar à sombra do Vesúvio. As estradas que antes passavam por Pompéia seguiriam por diferentes caminhos, contornando a montanha junto à qual a cidade estava enterrada e cruzando a rota que ligava Estábias a Nucéria; além disso, os campos recém-fertilizados com os ricos fosfatos vulcânicos acabariam se revelando uma tentação a que os agricultores dificilmente poderiam resistir. Com o passar dos anos e a sucessão de novas gerações, a história do lugar seria relegada ao folclore. Pompéia continuaria a figurar nos mapas até o século IX, mas com freqüência cada vez maior seria designada como *Civita* (Cidade), e o ponto de parada na ponte do Sarno, simplesmente como Sarno. Preferindo ignorar o que jazia sob a superfície de suas terras, os lavradores do futuro fariam poucas perguntas quando um punhado de moedas brotasse do chão, e muito menos quando um crânio emperrasse as lâminas de seus arados.

Apenas algumas poucas covas, cavadas no solo de lapíli e singelamente marcadas com placas de cerâmica ou com uma ânfora, fariam as vezes de um memorial na região. Surgiriam alguns anos depois da erupção, e os despojos no interior delas decerto pertenciam a sobreviventes desejosos de reencontrar, na morte, os parentes e amigos vitimados pelo Vesúvio. A decisão de ser enterrado naquela área abandonada implicava abrir mão de certas coisas, não só dos túmulos mais elaborados que poderiam ter sido construídos em outra parte, como também da cremação tradicional dos ritos fúnebres: a devastação causada pelo vulcão fora tão grande que simplesmente não havia árvores para suprir a madeira necessária à construção de uma pira, e os corpos precisariam ser enterrados intactos. Mas pelo menos os moribundos teriam tido a certeza de que, muito abaixo de suas covas, estariam enterradas lembranças felizes, fosse um jazigo onde a família costumava celebrar a memória de seus antepassados ou um bosque de árvores frutíferas que outrora havia coleado ao sabor dos ventos num aparentemente interminável verão.[13]

Nenhum outro registro dos que haviam conseguido se salvar naquele mês de agosto de 79 d.C. seria encontrado, à exceção de um: o túmulo de um veterano do exército que morreria e seria enterrado na Espanha alguns anos mais tarde. "Ao merecido repouso de Numério Popídio Celsino, decurião. Quinto Cecílio, seu filho, ergueu isto."[14] Seria esse Celsino o mesmo que havia garantido seu lugar no conselho de Pompéia aos seis anos de idade, como recompensa por seu pai ter reconstruído o Templo de Ísis? Dificilmente poderia uma figura mais representativa dos últimos anos da cidade ter sobrevivido para contar sua trágica história.

> *Eis o Vesúvio, que até pouco se cobria com o verde das vinhas, cujo célebre sumo transbordava dos tonéis. Baco tinha mais apreço por estas encostas do que pelas colinas de sua própria Nisa, e aqui Sátiros costumavam realizar suas danças. Esta era a morada de Vênus (...), o lugar onde Hércules deixaria seu nome. Tudo agora destruído pelo fogo e enterrado nas cinzas. Aos próprios deuses teria sido preferível não dispor de tamanho poder.*[15]
>
> Marcial, *Epigramas*

AGRADECIMENTOS

Os agradecimentos aos nossos colaboradores começam a se acumular muito antes da concepção deste livro. A cooperação entre os autores teve início durante um programa de televisão realizado pela produtora Illuminations, e somos gratos a todos os participantes, especialmente ao visionário John Wyver, autor do projeto. Desde esse período, nossa gratidão é devida a Seb Grant e Linda Zuck, em Londres, e a Nicole Leghessi-Mazdi e James Walker, na Itália. Maria Pia Malvezzi e seus colegas na Escola Britânica de Roma foram fundamentais para a obtenção das autorizações de que precisávamos para visitar as áreas menos acessíveis das ruínas; Pietro Giovanni Guzzo e os funcionários da Soprintendenza di Pompei foram invariavelmente solícitos e prestativos. As equipes da biblioteca conjunta das Sociedades Helênica e Romana (Universidade de Londres), da Biblioteca Britânica e da Biblioteca de Londres guiaram nosso caminho pelos meandros de suas respectivas instituições; a extensa bibliografia fornecida a seguir é fruto do trabalho de muitas gerações de acadêmicos dedicados ao estudo de Pompéia. Todavia, reconhecimento especial é devido a Greg Rowe, Renata Henneberg e Lisa Fentress, que nos aconselharam em tópicos específicos.

Na Weidenfeld & Nicolson, o entusiasmo de Richard Milner revelou-se um grande estímulo para o início da produção textual, e a firmeza de nossa editora Kirsty Dunseath poupou-nos de muitos erros de estilo e avaliação, pelo que somos profundamente gratos. Agradecimentos também são devidos a nosso agente Patrick Walsh — pelo apoio, pela hospitalidade e pela sólida amizade —, bem como a todos na agência Conville & Walsh. Agradecemos a Andy Beckett, Jerry Brotton, Sara Holloway, Mary Harlow, Rachel Holmes, Helen King, Ingrid Lawrence, Deborah

Levy e Ruth Scurr pelo estímulo e pelos preciosos conselhos. Nossas jovens famílias souberam tolerar com humor e boa-vontade as inevitáveis ausências, tanto de corpo quanto de espírito, inerentes à gestação de um livro. Sobretudo, somos imensamente gratos a Rebecca Carter; na ausência de seus incansáveis e constantes préstimos, este livro não seria a metade (mas poderia ter sido o dobro) do que é. Todas as falhas e limitações são de nossa inteira responsabilidade.

As fotografias aqui incluídas devem-se à permissão generosamente concedida pelas seguintes entidades: Sociedade dos Antiquários de Londres (26), Soprintendenza di Pompei (3, 23a, 27), Coleção Heberden do Museu Ashmolean em Oxford (5, a-f), Fotografica Foglia em Nápoles (1, 2, 4, 6, 7, 8, 9, 10, 11, 12, 13, 14, 15, 16, 17, 18, 19, 20, 21, 22, 23b, 24), e Instituto Poligrafico e Zecca dello Stato em Roma (25 – extraída de *Pompei alla luce degli scavi nuovi di via dell'Abbondanza [anni 1910-1923]*, de Vittorio Spinazzola). As instituições detêm o *copyright* sobre as fotografias reproduzidas.

NOTAS

INTRODUÇÃO

1. A Casa de Goethe é atualmente conhecida como Casa do Fauno.
2. Na Casa do Marinheiro, onde outrora o nome de um escravo, Monastatos, foi escrito na parede, talvez para que Mozart passasse e tomasse nota para o seguidor da Rainha da Noite, agora restam apenas paredes nuas.
3. *Corpus Inscriptionum Latinarum* (doravante *CIL*), 3.33; 10.768, 791, 1018, 1059, 7203, 7579.
4. Comparar Calpúrnio Sículo, 1.42; Sêneca, *Apocolycyntosis*, 4.1; *Carmina Einsidlensia*, 2.22.

CAPÍTULO 1 A MORTE DE UM CAVALEIRO ROMANO

1. O ponto de partida para a caracterização de Décimo Lucrécio Valente vem da inscrição em sua tumba, descoberta em recente escavação nos arredores de Pompéia: Conticello de Spagnolis 1993-4.
2. Tácito, *Anais* 12:66.
3. Pesquisas nos arquivos relacionados às escavações do final do século XIX, aliadas a recentes escavações de resgate na área de Scafati, revelaram a tumba e as aldeias a ela associadas. Esta pesquisa foi publicada por Conticello de Spagnolis 1993-4, 1994, 1995 e 2001.
4. Cícero, *Pro Sulla* 60-62. *CIL*, 10.844, 937, 997.
5. Inscrições preservadas e escavadas fornecem os indícios da existência dessas famílias. A decisão de apresentar Pompéia como um sítio histórico cercado de muros motivou escavadores do século XIX a trabalharem no interior da cidade. Em conseqüência, os cemitérios de Pompéia são apenas parcialmente conhecidos. Escavações posteriores lançariam nova luz sobre as relações das famílias da cidade. As notas sobre eleição, ou *programmata*, fornecem informações de valor inestimável, mas por sua natureza tendem a se referir a eleições relativamente

recentes, até 79 d.C. James Franklin (2001) esforçou-se na busca de material do período pré-augusto. Veja também Henrik Mouritsen (1988) para discussão mais detalhada sobre a *programmata*.

6. Sérvio, *Comentário sobre a Eneida*, 7.662. Veja também Isidoro, *Etimologias*, 15.1.51.
7. *Diodoro*, 4.21.5-22.2.
8. Estrabão, *Geografia*, 5.4.3-13.
9. *Année Epigraphique*, 1971, nº 88. Um documento que registra as obrigações contratuais de um certo agente funerário, encontrado no porto de Putéolos, alude ao tipo de interdição que distinguia, ele e seus associados, do resto da sociedade.
10. Museu de Nápoles, sala 97.
11. Ele é apontado como testemunha em um dos arquivos de Jucundo.
12. Para discussão sobre as tensões envolvendo a libertação dos escravos veja Dioniso de Halicarnasso, 4.24.
13. Um relato clássico do funeral romano é oferecido por Políbio, *Histórias*, 6.53-4; além disso, um friso escultural de Amiterno fornece uma representação visual da procissão fúnebre com enlutados e músicos.
14. Plauto inicia sua comédia *Aulularia* ("Pote de Ouro") com o deus da habitação, ou *lar*, dizendo que zelou pela casa não apenas por seu dono atual, mas também por seus avós, e é claro que foi o avô que enterrou o pote de ouro sob o piso da lareira, fato desconhecido por seus descendentes. Possuir uma casa ao longo de várias gerações pode ocasionar tal situação; quando ela é vendida para outra pessoa, preserva o nome que lhe foi dado por seus antigos donos.
15. Andrew Wallace-Hadrill (1995) argumenta que as ruas formam um eixo processional. Deve-se notar, no entanto, que a junção com a Via de Estábia era intransitável para essas procissões, e a rota teria sido desviada pelo Fórum Triangular e pelos teatros antes do retorno à Via dell'Abbondanza.
16. *CIL*, 10.890.

I 300 a.C.-56 d.C.

1. Plínio, *História Natural*, 35.49.
2. Filo, *In Flaccum*, 26.
3. Referência a Vitrúvio, *Sobre arquitetura*, 2.6; por exemplo, em 179 a.C., Marco Emílio Lépido construiu, em favor do Estado romano, um porto em Terracina (Livy, *History of Rome* 40.51); partes deste porto ainda podem ser vistas na cidade.

CAPÍTULO 2 A SETE SEMANAS DO EGITO

1. *CIL*, 4.9867.
2. Escavações não revelaram um candidato a estátua principal do templo de Vênus, mas um condutor de tamanho adequado para acompanhar a imponente estátua foi encontrado em uma casa próxima ao templo, para onde deve ter sido removido durante a renovação do santuário nos anos imediatamente anteriores à erupção.
3. *CIL*, 4.1410.
4. Estrabão, *Geografia*, 5.4.8.
5. Valerie Maxfield oferece um esclarecedor resumo dos indícios.
6. Registrado como naufrágio número 301, nas imediações de Chiessi (Elba).
7. Petrônio, *Satiricon*, 119.
8. Tão importante era esse mercado que um autor especializado em assuntos médicos, Rufo de Éfeso, escreveria um livro chamado *Sobre a compra de escravos*.
9. Berlim, Papiro No. 27.
10. Plínio, *História natural*, 3.61-2: ao utilizar o verbo *adluo*, Plínio talvez fizesse referência a uma fonte histórica grega segundo a qual o Sarno fluía nas adjacências de Pompéia. Não sabemos, contudo, se o rio passava rente aos muros ou cortava o território da cidade.
11. J-P Descoeurdes, comunicações pessoais; N. Wood, comunicações pessoais.
12. O Canale Conte di Sarno, construído em 1592 para o suprimento de água dos moinhos de Torre Annunziata, alimentava-se das águas do Sarno e prosseguia por tubulações subterrâneas na parte meridional de Pompéia, correndo de oeste para leste, e hoje pode ser visto na Via di Nocera.
13. Ver Sogliano (1901), Della Corte (1928) e Fienta (1932-3), para relatórios de escavações.
14. *CIL*, 10.804, 853, 942, 1027, 1042, 1074.
15. Sabemos a respeito do poder desse homem em virtude, sobretudo, da inscrição tumular deixada por seu pai: *CIL* IV, 10:1024. A casa de Umbrício Escauro situa-se na Região VII, Insula Occidentalis 12-15.
16. Cícero, *Dos deveres*, 3.58-60.
17. Giordano (1966) faz uma vasta análise dos textos encontrados nesta casa.
18. Cícero, *Dos deveres*, 1.150-2.
19. Maio tem especial destaque nos anúncios pintados de Pompéia: *CIL* IV.138, 499, 504, 512, 1177, 1179, 1180, 1493, 3453, 3785, 3883, 7690, 7980, 7989, 7990, 7991, 7993; *Notizie Degli Scavi* (1980): 333; ele também é mencionado nos códices de Jucundo. Ainda assim, pouco sabemos a respeito de Maio.
20. Os textos das inscrições são reproduzidos em D'Ambrosio e De Caro (1983), como parte da descrição do túmulo 11OS.13.

21. Ele ainda estaria em atividade, resgatado da aposentadoria, vinte anos mais tarde, durante o reinado de Vespasiano.
22. Plínio, *História natural*, 31.95; Sêneca, *Questões naturais* 3.17.
23. Para exemplos de inscrições oscas, ver Vetter (1953), no. 23; Columela, 10.135-6 faz referência aos pântanos de Pompéia, próximos dos quais situavam-se as salinas de Hércules; um grupo ativista com o nome de "Salinenses" é incluído na *programmata* eleitoral — *CIL*, 4.128.
24. Plínio, *Cartas*, 7.3.2, 2.6.2; Sêneca, *Cartas*, 94.14. Cada categoria de amizade demandava um comportamento específico.
25. Nosso conhecimento sobre a operação desse negócio deve-se aos rótulos de entrega encontrados numa ânfora, mencionando os nomes dos libertos e libertas — proprietários, gerentes ou funcionários — envolvidos na produção do molho de peixe. Cerca de 30 por cento desses rótulos, pelo menos dos legíveis, fazem menção a Escauro e seus parceiros.
26. Cícero, *Cartas a amigos*, 7.4. Marco Mário também sofria diversas crises de saúde, provavelmente relacionadas à gota.
27. Para mais informações sobre os filhos dos libertos, ver Paul Weaver (1991).
28. *CIL*, 10.1403, para a lista de Augustais de Herculano.
29. D'Ambrosio e De Caro (1983): 9ES, para o túmulo original e suas inscrições; *CIL, 10.1030,* para a inscrição do segundo mausoléu erguido por Nevólia Tiche.
30. Apuleio, Metamorfose, II.
31. Meyer (1970) fornece uma ampla descrição da produção desse pigmento na Antiguidade.
32. Plínio, *História natural*, 32.6.21, 32.6.63.

II Abril de 58 d.C.

1. *CIL*, 4.8232, 8484, 8696, 8856, 8885, 8888 a—c.

CAPÍTULO 3 OS ESCRAVOS E O TERRITÓRIO

1. Floro, *Epítome da história romana*, 1.2.3-6; Plínio, *História natural*, 3.60-65, 18.19; Estrabão, *Geografia*, 5.4.3-8. As escavações de vilas rurais e a análise dos solos e dos despojos vegetais confirmam essas idéias. Outras evidências arqueológicas mencionadas neste capítulo foram retiradas de *Os jardins de Pompéia*, de Wilhelmina Jashemski.
2. Suetônio, *Vida de Cláudio*, 27.1, para um relato do acidente.
3. Uso do prédio de Eumáquia para leilões de escravos: comunicações pessoais, Lisa Fentress.
4. A natureza da venda é estabelecida em *O compêndio de Justiniano*, Livro 18; para ações relativas à venda, ver Livro 19, seção I.

5. Papiros de Oxirrinco, IV, 744, "Se for menino, cria-o; se for menina, descarta-a".
6. Columela, *Da agricultura*, 1.8.19.
7. Para informações sobre as atividades de feitores (villici) e escravos na Antiguidade: Columela, *Da agricultura*, 1.8-9; Catão, *Da agricultura*, 5; Varrão, *Da agricultura*, 1.17-18. Em *Vida de Catão*, Plutarco revela a imagem de um homem mais gentil com seus cães e cavalos velhos do que com seus escravos.
8. Columela, *Da agricultura*, 1.4-9: para diretrizes sobre como estabelecer uma vila ou fazenda.
9. Plínio, *História natural*, 17.
10. Varrão, *Da agricultura*, 3.17; Plínio, *História natural*, 9.170.
11. Um mural da casa VII.3.30 retrata uma distribuição de pães. O túmulo construído por Nevólia Tiche exibe uma cena de semelhante benemerência.
12. O pai de Lúcio Albúcio fora duúnviro em 33-4 d.C., *CIL* , 10.901. Não há registros que comprovem a presença deles em Pompéia antes disso.
13. Os discursos de Cícero, *Contra Verres*, mencionam os abusos cometidos pelo governante contra a população da Sicília. Um dos aspectos notáveis do Império Romano é o fato de que os provincianos podiam recorrer aos tribunais uma vez terminado o mandato do governador, sobretudo com o auxílio de poderosos aliados no Senado.
14. Tácito, *Anais*, 14.17. Infelizmente, a razão para o exílio de Livineu é dada em um dos livros dos *Anais*, do qual nenhum manuscrito sobreviveu.
15. Os sinetes medem 1-2cm por 3-5cm. Dos noventa encontrados em Pompéia, a grande maioria porta o nome de escravos e libertos. Os sinetes talvez tivessem por objetivo identificar a atividade produtiva de escravos e libertos individuais nos negócios ou na residência de um membro da elite urbana.
16. Residiu na casa em IX.13.1-3. Sua candidatura a edil é atestada em *CIL* , 4.429, 699, 1050, 3384, 7279, 7333, 7409, 7588, 7923, 7925, 7958.
17. Sua campanha para duúnviro é atestada em CIL , 4.99, 108, 113, 121, 132, 133, 134, 146, 147, 271-2, 316, 348, 523, 875, 886, 909, 1034, 1053, 1060, 7136, 7167, 7189, 7204, 7232, 7264, 7277, 7345, 7841, 7864, 7867, 7872, 7888, 7941, 7956, 9831, 9837.
18. O texto da carta, inscrito em bronze, é reproduzido em *Estatutos romanos*, de Michael Crawford, bem como o de todas as outras cartas do mundo romano que sobreviveram ao tempo.
19. Códices de Jucundo, 81.
20. Baseada na porcentagem a ser subtraída de todas as vendas para se chegar a um número redondo.
21. Códices de Jucundo, 45.

III Inverso de 58-59 d.C.

1. Tábulas de Herculano, 61.

CAPÍTULO 4 UM HOMEM DIGNO, VOTE NELE

1. Macróbio, *Saturnália*: cita as opiniões de Cícero.
2. *CIL*, 4.128, 470, 480, 783, 7676, 7706, 7747: para as *programmata* relacionadas a esses grupos. Para os Popeienses: *CIL*, 4.6682; para os *Nero Poppaeenses* ou *Neroppaee(n)ses*, *CIL*, 4.259, 1499, 2413i.
3. Os textos das cartas de Urso e de outros lugares são traduzidos em *Estatutos romanos*, de Michael Crawford.
4. *Inscriptionis Latinae Selectae*, 5531.
5. *CIL*, 4.817.
6. Encontrada em 15 de novembro de 1977, Número de Inventário OP 2789. CIL, 4.1064; Vetter, 8, para uma inscrição semelhante da Pompéia pré-colonial.
7. *Compêndio de Justiniano*, Livro 19, seção 2.30.
8. Dio Cássio, 52.30.
9. No *Compêndio de Justiniano*, o capítulo 50 é dedicado a esse tópico.
10. Sobre os pormenores desse ritual: Marcial, *Epigramas*, 3.36, 4.8, 10.70; Horácio, *Cartas*, 2.1.104.
11. Vitrúvio, *Da arquitetura*, 6.3-5: inclui uma descrição da arquitetura dessa casa opulenta. A coincidência entre esse ideal e as casas de Pompéia ainda é motivo de debate. Comparar com a casa de Trimalquião no *Satiricon*, 28-30.
12. Juvenal, *Sátiras*. I.77-104.
13. Quintiliano, *Institutos*, 1.3.14 e 6.3.25, 48: traumas causados pelas surras recebidas na infância. *Hic ego cum veni futui deinde redei domi* — *CIL*, 4.2246, de um prostíbulo em VII.12.18.
14. *CIL*, 4.451, 668, 3599.
15. Plutarco, *Vida de Catão, o Velho*, 20.4-7.
16. Plínio, *História natural*, 7.16.
17. Estrabão, *Geografia, 5.4.7.*
18. *CIL* , 4.3302.
19. Macróbio, *Saturnalia*, 1.24.5
20. Horácio, *A arte da poesia, 325-32.*
21. Petrônio, *Satiricon*, 29.4.
22. Catão, *Da agricultura*, 60.
23. O *Commentariolum Petitionis* dá uma idéia sobre a manipulação de eleições em Roma. A eleição mencionada provavelmente é a de Cícero ao consulado em 64 a.C.

24. A *programmata* publicada em *CIL* , 4, revela todo o vocabulário associado às eleições. Grupos ocupacionais respondem por apenas 6% de todos os endossos, ainda que representassem uma parcela muito maior do eleitorado.
25. *CIL*, 4.423, 7525, 9831 = Astilo; *CIL*, 4.480, 908, 1157, 3367, 7251, 7298, 7418, 7465, 7536, 9829[a] = Papílio. É possível que eles também tenham se associado a um larinate.
26. VB = *virum bonum*; DRP = *dignum rei publicae*; OVF = *oro/oramus/orat/orant vos faciatis*.

CAPÍTULO 5 AQUI NÃO É LUGAR PARA PREGUIÇOSOS

1. *CIL*, 4.8863.
2. Detalhes podem ser encontrados nas Cartas Municipais — ver M. Crawford, *Estatutos romanos*, para os textos mais relevantes.
3. O contraste é ilustrado por Sêneca em *Da boa vida*, 7.3.
4. *CIL*, 4.1768 e 1769.
5. Apuleu, *Metamorfose*, 1.24-5.
6. Varrão, *Da língua latina*, 6.21. A cultura predominantemente oral das plebes resultava numa facilidade de memorização.
7. Sêneca, *Da boa vida*, 7.3.
8. Vetter. 23. Enéas Tácito, *Da defesa de posições fortificadas*, 1.1, para a composição de defesas muradas e utilização de postos de reunião de tropas.
9. *CIL*, 10.1064.
10. Atos dos Apóstolos, 9:11.
11. *CIL*, 4.8356.
12. Em Londres, a rua atualmente conhecida como Grope Lane chamava-se, na Idade Média, Grope Cunt Lane (Grope = apalpar; Cunt = boceta).
13. Suetônio, *Vida de Vespasiano*, 5.3.
14. II.12.8: uma ânfora foi encontrada com ossos de aproximadamente oitenta e duas anchovas.
15. Taxa sobre a urina: Suetônio, *Vida de Vespasiano*, 23.
16. Columela, *Da agricultura*, 8.8.1: menciona a criação de pombos silvestres; Varrão, *Da agricultura*, 3.7: dá detalhes sobre dois tipos de pássaros e diretrizes sobre como construir um pombal.
17. Frontino, *Estratagemas*, 1.5.21.
18. Cícero, *Pro sestio*, 34. Cícero, *De Domo Sua*, 54.
19. *CIL*, 4.60, datando de 47 ou 46 a.C., contem o único *album* de autoridades distritais a ter sobrevivido em Pompéia, e talvez se refira a um distrito localizado a norte desse importante cruzamento. O texto é gasto e fragmentado. Os nomes dos libertos e alguns de seus *ministri* escravos são quase ilegíveis, e muitos ou-

tros apagaram-se inteiramente. Mas a identidade dos *vici* em questão é clara: os Urbulanenses.

20. Frontino, *Dos aquedutos*, 2.97.
21. Lívio, *História de Roma*, 31.4.5.
22. Carta de Urso: para o texto, ver M. Crawford, *Estatutos romanos*; *Compêndio de Justiniano*, 48.6 e 7, menciona a aplicação das *Lex Julia de Vis* nos casos de agrupamentos armados ou como mero instrumento de intimidação.
23. Tácito, *Anais*, 14.17.
24. Vitrúvio, *Da arquitetura*, 5.1.
25. Pequenas fichas de chumbo, encontradas em Roma e usadas como ingressos no teatro, são rotuladas *Iuvenes Augustiani*, sugerindo o nome mais completo da famosa claque de Nero, os Augustanos.
26. *CIL*, 4.115 (IV V 1,15).
27. Códices de Jucundo, 144, para os magistrados empossados em 8 de maio de 60 d.C..
28. *CIL*, 4.2508, 4286, 4287, 4291, 4302, 4309, 4325, 4361, 4374, 4384, 4405, 4413, 4870.
29. *CIL*, 4.1293.

V Janeiro de 61 d.C.

1. Ovídio, *Fasti*, 1.46-310.
2. *CIL*, 4.671, 1074, 3225, 3726, 3625.

CAPÍTULO 6 VOSSA POR DUAS MOEDAS

1. Propércio, *Elegias*, 4.11.33; Lactâncio, 2.4.13; Plínio, *Cartas*, 5.16; Sorano, *Ginecologia*, 1.33.
2. *CIL*, 4.1684, 1894; Propércio, *Elegias*, 4.5.45-62.
3. *CIL*, 4.8258, 8259.
4. Marcial, *Epigramas*, 2.36; Sêneca, *Cartas*, 114.14; Ovídio, *A arte do amor*, 1.505-24; *CIL*, 4.1830.
5. *CIL*, 4.743.
6. Sêneca, *Cartas*, 95.20-21.
7. *CIL*, 4.1796.
8. *CIL*, 4.4200. *CIL*,, 4.3999, 8940, 2400.
9. *Canções de Príapo*, 13, 22, 74.
10. As *Lex Julia* para a punição de adultérios são listadas no *Compêndio de Justiniano*, 48.5.
11. Sêneca, *Cartas*, 95.20-21.

12. *CIL*, 4.4091.
13. *CIL*, 10.1059; *CIL*, 4.8820.
14. *CIL*, 4.8384.
15. *CIL*, 4.107.
16. Giordano, 34; *CIL*, 4.4185.
17. Horácio, *Sátiras*, 1.2.114-19.
18. Petrônio, *Satiricon*, 75.11; Columela, *Da agricultura*, 1.8, para escravos que serviam a esse fim.
19. Catão, *Da agricultura*, 5; Plutarco, *Vida de Catão*, 4, 5, 21; Cícero, *Da República*, 3.37; *CIL*, 4.6892.
20. *CIL*, 4.2310b, 5048, 10004.
21. Tácito, *Anais*, 2.85; Suetônio, *Vida de Tibério*, 35; *Compêndio de Justiniano*, 25.7.1.2; 48.5.11.2. Marcial, *Epigramas*, 1.34, 3.82.
22. Petrônio, *Satiricon*, 75; Juvenal, *Sátiras*, 9.43-6.
23. Marcial, *Epigramas*, 9.3; Petrônio, *Satiricon*, 27.
24. *CIL*, 4.3340.15. Observe que o registro de venda diz: "os escravos Símplice e Petrino, ou seja lá qual for o nome deles".
25. Marcial, *Epigramas*, 11.43; *CIL*, 4.2048, 4977, 5007.
26. Ovídio, *A arte do amor*, 3.771-88; Marcial, *Epigramas*, 12.43; Suetônio, *Vida de Tibério*, 44. O *Livro do Elefante* talvez seja um dos mais conhecidos manuais de sexo do século I, mas definitivamente não é o mais ousado. Marcial — dizendo-se um leitor contrafeito — confidencia que o livro revelava "novas possibilidades eróticas que somente um fornicador desesperado poderia contemplar, o que os prostitutos fazem mas não admitem, em quais combinações cinco pessoas podem se ligar, outras tantas para mais de cinco pessoas, bem como o que acontece quando a luz se apaga".
27. Columela, *Da agricultura*, prefácio, 14-15; Juvenal, *Sátiras*, 2.51-115; 9.25-123; Petrônio, *Satiricon*, 23.
28. "Vesbino, seu catamito, Vitálio comeu você" — *CIL*, 4.2319b; "Lúcio Abônio machuca Cesônio Félice e depois manda ele chupar." — *CIL*, 4.10232a.
29. *CIL*, 4.2310b, 2335, comparar com 2337, 2338, 2335, 2334, comparar com 2333.

CAPÍTULO 7 QUANDO TERÃO FIM OS NOSSOS MEDOS?

1. *CIL*, 10.794; 10.796.
2. Durante o mandato de um sacerdote, nenhum instrumento de bronze podia ser usado para cortar seus cabelos; por outro lado, facas de bronze, das quais diversas amostras foram encontradas em Pompéia, eram usadas na realização dos sacrifícios.

3. Cícero, *Da natureza dos deuses*, 2.10-12; para as atividades dos harúspices na história romana: Lívio, *História de Roma*, 5.15.4; 8.9; 41.14.7 — 15.4.
4. Comentário pessoal, Stuart Black.
5. Sêneca, *Questões naturais*, Livro 6; Tácito, *Anais*, 15.22.
6. Sêneca menciona alucinações semelhantes ocorridas nas termas de Herculano.
7. *L'année epigraphique*, 1971:88; *Compêndio de Justiniano*, 47.2; 47.12.
8. *Compêndio de Justiniano*, 47.9, 50.8; Dio Cássio, 55.26; Suetônio, *Vida de Augusto*, 42.
9. Comparar com o terremoto de 17 d.C. na Ásia Menor; Sardis recebeu dez milhões de sestércios do imperador Tibério e uma dispensa de impostos pelo período de cinco anos: Tácito, *Anais*, 2.47; Dio Cássio, 57.17.
10. *CIL*, 4.7989a, jogos realizados em 25 e 26 de fevereiro em agradecimento à saúde de Nero.

CAPÍTULO 8 CINZAS DE UM MAXILAR

1. Inscrição publicada em Conticello de Spagnholis (1994): 48-50.
2. *Compêndio de Justiniano*, 47.12.
3. Lex Heraclenensis, 56-61, texto em *Estatutos romanos*, de M. Crawford.
4. Veleio Paterculo, *História de Roma*, 2.19.4; Apiano, *Punica*, 81-9.
5. Lívio, *História de Roma*, 10.47; Ovídio, *Fasti*, 1.289-94.
6. Celso, *Da medicina*, 2.29.2; Dioscórides, 2.34; Plínio, *História natural*, 20.55, 31.97, 32.90.
7. *Compêndio de Justiniano*, 19.2.15.
8. Tratava-se igualmente de uma provisão na Carta Municipal de Urso; *Compêndio de Justiniano*, 1.8.6; 30.41.5, 9, 39.2.48, 39.2.72, 43.8.7.
9. Dio Cássio, 57.16, sobre os problemas resultantes da destruição de documentos.
10. Tácito, *Anais*, 6.5; Petrônio, *Satiricon*, 65; Cícero, *Das leis*, 2.22.55.
11. Plínio, *Cartas*, 10.18.
12. *CIL*, 4.7316.
13. *CIL*, 4.973.
14. Cícero, *Cartas a Atico*, 14.9.
15. *Compêndio de Justiniano*, Livro 26.
16. Plínio, *Cartas*, 7.24.
17. Juvenal, *Sátiras*, 3.72-8, 10.190-240; Plínio, *Cartas*, 4.2.
18. Códices de Herculano, 5 e 89. Gaio, *Institutos*, 1.28-34.
19. Caio, *Institutos*, 1.22-4, 2.275-6, 3.56.
20. *CIL*, 10.758, 790, 788.
21. *CIL*, 4.1939.

VIII Julho de 63 d.C.-Maio de 64 d.C.

1. Luciano, *De saltatione.*

CAPÍTULO 9 UM BERILO PARA VÊNUS

1. Sêneca, *Cartas*, 122.8.
2. Ovídio,*Fasti*, 4.943-51.
3. *CIL*, 4.2413.
4. Algumas estimativas revelam que o número de casas com tubulação própria girava em torno de cento e trinta, pouco mais que o número de decuriões no conselho. Um exemplo pernicioso do que modernamente chamamos de efeito "trickle-down"(em que a geração de riqueza nos estratos mais altos da sociedade alcança, por disseminação, os estratos mais baixos).
5. Métodos manuais ou de fundição não eram capazes de produzir duas superfícies que se contrapunham tão perfeitamente de modo a evitar qualquer possibilidade de vazamento, mas nenhuma evidência de ferramentas mecânicas adequadas jamais foi encontrada.
6. Um leão em bronze, proveniente de Olímpia e datando do século VII a.C., constitui o exemplo mais antigo de peças desse tipo.
7. As limas decerto eram muito procuradas durante o Festival Sukoth, celebrado pela população judia da cidade, quando eram usadas em buquês formados com ramos de salgueiro e palma.
8. Varrão, *Da agricultura*, 3.17.7.
9. Plínio, *História natural*, 32.145; Columela, *Da agricultura*, 8.161-2; Varrão, *Da agricultura*, 3.3.10.
10. Tácito, *Anais*, 15.33-4.
11. *CIL*, 4.528, 670, 671, 820, 1074, 3525, 3726; Giordano, 5.
12. Giordano, 4: deixa claro que Popéia não acompanhou Nero durante a visita, mas enviou presentes ou *munera*. Suetônio, *Vida de Nero*, 35, para relatos sobre Popéia.
13. *CIL*, 4.2145.
14. *CIL*, 4.8078a, 8065, 8066, 8075, 8092.
15. *CIL*, 4.7755.
16. *CIL*, 4.2413i.
17. Suetônio, *Vida de Nero*, 32.
18. Suetônio, *Vida de Calígula*, 39.
19. Plínio, *História natural*, 9.169, 32.59-64; Horácio, *Sátiras*, 2.4.33-4; Juvenal, *Sátiras*, 4.137-143.
20. Juvenal, *Sátiras*, 11.37-45; Plínio, *História natural*,9.64-7; Suetônio, *Vida de Tibério*, 34; Sêneca, *Cartas morais*, 95.42

21. Sêneca, *Cartas morais*, 47.7.
22. Ibid.
23. *CIL*, 4.1679, 2290, 1661, 2180, 10236c. A carta preservada no Ateneu foi escrita por Hipóloco.
24. *CIL*, 4.1679, 10643, 5198; Marcial, *Epigramas*, 1.34; Plínio, *Cartas*, 7.24.
25. Lactâncio, 1.20.10; Tácito, *Anais*, 15.38; Dio Cássio, 62.28, 63.13; Suetônio, *Vida de Nero*, 28-9.
26. Petrônio, *Satiricon*, 54.4.
27. Filostrato, Vida de Apolônio, 4.39.
28. Catão, *Da agricultura*, 156-8
29. *CIL*, 4.8114.
30. Giordano, 4 e 5.

IX Julho de 64 d.C.-Novembro de 64 d.C.

1. Plínio, *História Natural*, 12.84; ibid. 6.162.

CAPÍTULO 10 OS REIS DAS SATURNAIS

1. Sêneca, *Apocolocyntosis*, 8 & 12.
2. Los (1995), (1996); Ostrow (1985).
3. Tácito, *Anais*, 13.26-7.
4. Columela, *Da agricultura*, 11.2.93-6.
5. Plínio, *História natural*, 3.40, 15.8, 18.III.
6. Plínio, *História natural*, 7.198.
7. Juvenal, *Sátiras*, 3.29-33.
8. *Compêndio de Justiniano*, 19.2.25.7-8.
9. *CIL*, 4.4755.
10. Cícero, *Cartas a seu irmão Quinto*, 3.1.
11. Vitrúvio, *Da arquitetura*, Livro 10.
12. Andrea, J., em *Economic and Seismic History*, propõe que os empresários da indústria e do setor de prestação de serviços reagiram às novas oportunidades expandindo seus negócios, tal como fizeram, sem titubear, os empresários de Lisboa depois do terremoto ocorrido ali no século XVIII.
13. *CIL*, 10.868. As estimativas do número de bordéis em Pompéia variam em quase mil por cento; da mesma forma, alguns estudiosos defendem a existência de centenas de tinturarias administradas por verdadeiros gângsteres com forte influência na política, ao passo que, para outros, apenas uma parcela dos locais apontados como suporte à tese poderia ter abrigado atividades semelhantes. A verdade provavelmente se encontra em algum lugar entre os dois extremos.

14. Dionisio de Halicarnasso, *Antiguidades romanas*, 14. 14.3-4.
15. Juvenal, *Sátiras*, 8.146-230.
16. *CIL*, 4.171, 207, 923.
17. *CIL*, 4.3948.
18. Suetônio, *Vida de Vitélio*, 12.
19. *Compêndio de Justiniano*, 23.2.43; *CIL*, 9.2689.
20. Plínio, *História natural*, Livro 14: faz menção a uma grande variedade de vinhos.
21. Plínio, *História natural*, 14.21.
22. Plínio, *História natural*, 14.34-5.
23. *CIL*, 10.801, *CIL*, 4.5742, 5842, 5744, 5737, 5731.
24. Vetter, 11, 12; Poccetti, 107. Óvio Epídio e Trébio Métio são os nomes de outros dois edis.
25. O áureo foi reduzido de 7,98g para 7,3g; o denário, de 3,89g para 3,41g, com até 10 por cento da prata substituídos pelo bronze.

CAPÍTULO 11 O ANO DOS QUATRO IMPERADORES

1. Carreira de Alfeno Varo: códices de Jucundo, 45; Tácito, *Histórias*, 2.29, 2.43, 3.36, 3.55, 3.61, 4.11. Carreira de Suédio Clemente: Tácito, *Histórias*, 1.87, 2.12; *CIL*, 3.33, 10.768, 791, 1018, 1059, 7203, 7579.
2. Tácito, *Histórias*, 1.6-7; Suetônio, *Vida de Galba*, 14-17.
3. Suetônio, *Vida de Oto*.
4. Tácito, *Histórias*, 1.14, 1.48.
5. Suetônio, *Vida de Galba*, 18-20.
6. Suetônio, *Vida de Vitélio*, para caracterização e carreira de Vitélio.
7. Suetônio, *Vida de Oto*, 10, relata as lembranças do pai de Oto na qualidade de comandante do filho.
8. Apiano, *Guerras civis*, 1.39, 1.50; Veleu Patérculo, *História de Roma*, 2.16; Orósio, *Histórias contra os pagãos*, 5.18.22.
9. Tanto Suédio Clemente quanto Alfeno Varo precisaram, no decorrer dessas semanas, desbaratar focos de insubordinação: para conseguir seu intento, Clemente cedeu aos piores instintos de suas tropas e permitiu que elas saqueassem o território italiano; Varo, por sua vez, foi bem mais calculista, negando aos rebeldes a participação nas rotinas diárias do acampamento até que eles entrassem novamente na linha.
10. Tácito, *Histórias*, 2.43.
11. Tácito, *Histórias*, 2.46-50; para o heróico suicídio de Oto.
12. Tácito, *Histórias*, 3.36.
13. Tácito, *Histórias*, 2.79-81.

14. Tácito, *Histórias*, 3.15-21.
15. Tácito, *Histórias*, 32-4; Dio Cássio, 54.15.
16. Tácito, *Histórias*, 3.55; Tácito, *Histórias*, 3.61.
17. Tácito, *Histórias*, 3.76.
18. *CIL*, 10.846.
19. Tácito, *Histórias*, 3.32-35.
20. Suetônio, *Vida de Domiciano*.
21. Tácito, *Histórias*, 4.11.
22. *CIL*, 3.33, 10.768, 791, 1018, 1059, 7203, 7579.

XI Julho de 69 d.C.-Junho de 75 d.C.

1. Stegeman H., 1994. *Die Essener, Qumran, Johannes der Taufer und Jesus*, Feiburg-Base-Viena: Herder.
2. Dali em diante, o dinheiro tradicionalmente pago como dízimo pelos judeus de todo o império passaria a ser pago a Júpiter.

CAPÍTULO 12 UM BANQUETE DE FEIJÕES

1. É interessante que várias tábulas de Herculano (77, 78, 80, 53, 92) registrem uma interpelação legal de L. Apuleu Próculo por parte de Comínio Primo, inquirindo se ele havia recebido demarcadores de um depositário independente, tal como havia sido determinado anteriormente por um árbitro. O interrogatório data de 26 de janeiro de 69 d.C. Em 10 de julho de 70 ou 72 d.C., as portas de Primo foram apedrejadas por uma turba.
2. Plínio, *Cartas*, 10.17a e 10.17b.
3. *CIL*,4.1180.
4. Um caso clássico de condenação é registrado nos códices de bronze associados à condenação de Cneu Pisão; a lei que regulamentava as condenações claramente circulava em todas as cidades do império, uma vez que os códices foram encontrados na Espanha.
5. Edward Champlin faz uma abrangente crítica da *damnatio memoriae* em seu livro *Nero*.
6. *CIL*, 4.3373.
7. *CIL*, 4.3773, 3702.
8. *CIL*, 4.4528.
9. *CIL*, 4.1136.
10. *CIL*, 4.1136.
11. *CIL*, 4.3340.100; *CIL*,10.796 registra a oferenda do alexandrino Caio Júlio Efaísto a Júpiter Frígio em 23 de abril de 3 a.C. em cumprimento a uma promessa.

12. Provavelmente durante o período de expurgos nos anos finais de Nero, certo Crasso Frugi, aparentado com o conspirador Pisão, havia comprado uma casa de banhos em algum lugar próximo à costa, talvez em busca de um lucrativo refúgio de Roma.
13. *CIL*,4.3528, 3529.
14. No túmulo 23OS na necrópole de Nucéria. A presença de escombros do terremoto dentro desse túmulo tem sido usada para comprovar uma data anterior, mas levando-se em conta a freqüência dos terremotos e o fato de que os mausoléus eram construídos quando seus futuros habitantes ainda eram vivos, essa datação é pouco confiável.
15. Para uma ampla descrição e análise das pinturas, ver A. Gallo (2000), "I quadri perduti del triclinio della casa di M.Epidio Rufo (IX.1.20). Una lettura politico-sociale", *Rivista di Studi Pompeiani*, 11: 87-100.
16. *CIL*,4.6842.
17. O processo tem sido estudado com maior profundidade na Casa dos Amantes Castos, que ainda está em processo de conservação e exibe com clareza os vestígios dos trabalhos do pintor.
18. Os preços baseiam-se no edito de Diocleciano.
19. *CIL*, 4.10085a, 1841.
20. No *Silvae* de Estácio.
21. *CIL*,IV 9885.
22. A marca distinta de uma cruz de gesso, que tanto alarde provocou ao ser encontrada pelos antigos escavadores de Herculano no apartamento de Petrônia Justa, é iconograficamente anacrônica, e hoje sabemos que foi deixada por uma prateleira que se desprendera da parede.
23. Reconstruída, de forma abreviada, a partir de fragmentos; outra inscrição seria sobreposta a esta vários séculos mais tarde. Alfody (1995), *Eine Bauinschrift aus dem Colosseum*, *ZPE* 109, 19-226.
24. *CIL*, 4.8590.
25. *CIL*, 5.3466 — Aurélia, a mulher de Glauco, ergueu um mausoléu em homenagem a seu "marido merecedor". Acredita-se que os grafitos anunciando as vitórias e derrotas dos gladiadores na verdade anunciassem a forma em que eles se encontravam, a fim de orientar as apostas.
26. Sêneca, *Cartas*, 7.4.
27. Petrônio, *Satiricon*, 117; Sêneca, *Cartas*, 71.23.
28. *CIL*, 10.1018.

XII Agosto de 79 d.C.

1. *CIL*, 4.7579, 9850, 1189, 3549, 6626, 576, 7201, 575, 7708, 2993t, 1904.

CAPÍTULO 13 APOCALIPSE

1. Dio Cássio, 66.21-3 para um relato completo.
2. Demóstenes, 18.259-60
3. *Eneida*, 3.446. Versos do poema também são reproduzidos em fachadas vizinhas, numa espécie de referência velada ao culto.
4. Plínio, *Cartas*, 6.20.
5. *CIL*,4.8820. É possível que o grafito se refira a uma mulher chamada Ursa, recém-parida, e não ao animal propriamente dito.
6. São as *Cartas* de Plínio (6.16 e 6.20) ao historiador Tácito que incluem uma abrangente testemunho da seqüência de erupções.
7. Haraldur Sigurdsson e Steven Carey são os autores da mais plausível reconstituição das sucessivas erupções, e seus estudos são a principal fonte bibliográfica deste capítulo.
8. Dez por cento da amostra de crânios encontrados nas cidades próximas ao Vesúvio apresentam sintomas de *hyperstosis frontalis interna* (HFI), comum na fase pós-menopausa. Isso é proporcional à população total da região, o que vem a desmentir o mito de que sobretudo os velhos e crianças haviam sido abandonados na cidade.
9. *CIL*, 4.294.
10. Plutarco, *Moralia*, 398E.
11. *CIL*, 4.2311.
12. *Oráculo sibilino*, 4.130-6; Suetônio, *Vida de Tito*, 8; Dio Cássio, 66.24.
13. É o túmulo da família Décio, erguido antes da erupção, que se encontra imediatamente abaixo de um conjunto de ânforas enterradas.
14. *CIL*, 10846.
15. Marcial, *Epigramas*, 4.44.

BIBLIOGRAFIA

FONTES PRIMÁRIAS

Para os leitores que não possuem informações prévias sobre Pompéia, chamamos a atenção para os trabalhos listados abaixo. Recentemente, Alison Cooley e Melvin Cooley tornaram disponível uma seleta de textos traduzidos para o inglês: *Pompeii: a sourcebook* (Routledge, 2004). Ao longo do livro fazemos referência a importantes textos clássicos: a série Loeb oferece textos e traduções. As inscrições em pedra são reproduzidas no volume 10 do *Corpus Inscriptionum Latinarum*; os decretos, grafitos e outros itens iconográficos, assim como os códices de Jucundo, podem ser encontrados no volume 4. Outras inscrições mencionadas neste livro foram reproduzidas de *L'Anée Epigraphique*. Também são essenciais as seguintes coleções de inscrições e estudos sobre Pompéia:

D'Ambrosio, A. & De Caro, S. (1983), *Un impegno per Pompei: fotopiano e documentazione della necropolis di Porta Nocera*, Milão.

Camodeca, G. (1999), *Tabulae Pompeianae Sulpicorum: Edizione critica dell'archivio puteolano di Sulpicii*, Roma: Quasar.

Funari, P.P.A. (1991), *La cultura popular en la antiguădad clasica*, Ecija.

Giordano, C. (1966), 'Le iscrizioni della Casa di M. Fabio Rufo', *Rendiconti dell'Accademia di Archeologia, Lettere e Belle Arti, Napoli*, 41: 73-89.

Giordano, C. (1974), 'Iscrizioni graffite e dipinte nella Casa di C. Iulio Polibio', *Rendiconti dell'Accademia di Archeologia, Lettere e Belle Arti, Napoli*, 49: 21-8.

Giordano, C. & Casale, A. (1991), 'Iscrizioni pompeiane inedited scoperte tra gli anni 1954-1978', *Atti dell'Accademia Pontaniana*, 39: 273-378.

Kockel, V. (1983), *Die Grabbauten vor den Herkulaner Tor in Pompeji.*

Langner, M. (2001), *Antike Graffitizeichnungen: Motive, Gestaltung und Bodeutung*, Wiesbaden.

Maulucci Vivolo, F.P. (1993), *Pompei: i grafitti figurati*, Foggia.

Sabbatini Tumolesi, P. (1980), *Gladiatorum paria: Annunci di spettacoli gladiatorii a Pompei*, Roma.

Vetter, E. (1953), *Handbuch der Italischen Dialekte*, volume I, Heidelberg.

AUTORES MODERNOS

São escassas as publicações sobre as escavações de Pompéia; mesmo a escavação recente da Casa dos Amantes Castos não produziu mais que relatos preliminares. Por outro lado, os jardins e o meio ambiente da cidade encontram-se amplamente documentados nos livros de Wilhelmina Jashemski: *The gardens of Pompeii* e *The natural history of Pompeii* (com Frederick Meyer). A interpretação dos decretos ainda é controversa: Paavo Castrén, James Franklin e Henrik Mouritsen oferecem descrições e interpretações pessoais do material sobrevivente. O estudo de Jean Andreau sobre os códices de Cecílio Jucundo e sua interpretação do arquivo dos Sulpício (encontrado no Murecine) são a base para nossa compreensão dos sistemas de crédito na Antiguidade. Wim Jongman segue com um estudo sobre a economia de Pompéia, relacionando-a com a estrutura social da cidade. A interpretação que Paul Zanker faz do desenvolvimento artístico e urbano de Pompéia é de fundamental importância, bem como os estudos de Andrew Wallace-Hadrill sobre a vida doméstica e as instituições sociais. A obra de John Clarke sobre a sexualidade dos romanos contribui sobremaneira para uma compreensão mais aprofundada da produção artística pompeiana. Num de seus primeiros livros, Ray Lawrence joga luz sobre as relações sociais e urbanas em Pompéia.

A.A.V.V. (1990), *Rediscovering Pompeii*, Roma.

Allison, P.M. (1992), 'Artefact Assemblages: Not the Pompeian Premise', in E. Herring, R. Whitehouse & J. Wilkins, *Papers of the Fourth Conference of Italian Archaeology*, volume 3: 49-56.

—— (1995), 'On-Going Seismic Activity and its Effects on Living Conditions in Pompeii in the Last Decades', in T. Fröhlich & L. Jacobelli, *Archäologie und Seismologie*, Munique: 183-9.

Andersson, E. B. (1990), 'Fountains and the Roman Dwelling: Casa del Torello in Pompeii', *Jahrbruch des Deutsches Archaelogia Instituut*, 105: 207-36.

Andreau, J. (1973), 'Histoire des séismes et histoire économique. Le tremblement de terre de Pompei (62 ap. J-C)', *Annales ESC*, 28: 369-95.

—— (1974), *Les affaires de Monsieur Jucundus*, Roma: L'Ecole Française.

—— (1980), 'Pompéi: mais où sont les veterans de Scylla?', *Revue des Etudes Anciennes*, 82: 183-99.

—— (1984), 'Il terremoto del 62', in F. Zevi, *Raccolta per il Decimo Centennario dell'Eruizione Vesuviana*, Nápoles.

—— (1999), *Banking and Business in the Roman World*, Cambridge.

Bagnani, G. (1954), 'The House of Trimalchio', *American Journal of Philology*, 75: 16-39.

Barbet, A., Tuffreau-Libre, M. & Coupry, C. (1999), 'Un Ensemble de Pots à Peinture à Pompéi', *Rivista di Studi Pompeianne*, 10: 71-81.

Beacham, J. R. C. (1991), *The Roman Theatre and Its Audience*, Londres.

Beard, M., North, J. & Price, S. (1998), *The Religions of Rome*, Cambridge.

Bergmann, B. (1991), 'Painted Perspectives of a Villa Visit: Landscape as Status and Metaphor', in E. K. Gazda, *Roman Art in the Private Sphere*, Ann Arbor: 49-70.

—— (1994), 'The Roman House as Memory Theater: The House of the Tragic Poet in Pompeii', *Art Bulletin*, 76: 225-56.

Bernstein, F. (1988) 'Pompeian Women and the *Programmata*', in R. I. Curtis, *Studia Pompieana et Classica in Honor of Wilhelmina F. Jashemski*, Nova York: 1-17.

Berry, J. (1997), 'The Conditions of Domestic Life in Pompeii in AD 79: A Case-Study of Houses II and 12, Insula 9, Region I', *Papers of the British School at Rome*, 65: 103-25.

—— (1997), 'Household Artefacts: Towards a Reinterpretation of Roman Domestic Space', in R. Laurence & A. Wallace-Hadrill, *Domestic Space in the Roman World: Pompeii and Beyond* (Journal of Roman Archaeology Supplement 22): 183-95.

—— (1998), *Unpeeling Pompeii. Studies in Region I of Pompeii.* Milão.

Berry, P. (1995), *The Christian Inscription at Pompeii*, Londres.

Bisel, S. C. & Bisel, J. (2003), 'Health and Nutrition at Herculaneum: An Examination of Human Skeletal Remains', in W. F. Jashemski & F. G. Meyer, *The Natural History of Pompeii*, Cambridge, 451-75.

Bonifacio, R. (1997), *Ritratti Romani da Pompeii*, Roma.

Bradley, K. R. (1984), *Slaves and Masters in the Roman Empire*, Bruxelas.

—— (1991), *Discovering the Roman Family*, Oxford.

—— (1994), *Slavery and Society at Rome*, Cambridge.

Camodeca, G. (1999), *Tabulae Pompeianae Sulpicorum: Edizione critica dell'archivio puteolano di Sulpicii*, Roma.

—— (2003), 'Il Credito negli Archivi Campani: Il Caso di Puteoli e Herculaneum', in E. Lo Cascio, *Credito e Moneta nel Mondo Romanno*, Bari: 69-98.

Carandini, A. (1977), *L'Instrumentum Domesticum di Ercolano e Pompei nella Prima Età Imperiale*, Roma.

Carp, T. (1980), '*Puer senex* in Roman and Medieval Thought', *Latomus*, 39: 736-9.

Caspers, D. (1981), 'The Indian Ivory figurine from Pompeii — A Reconsideration of its Functional Use', *South-East Asian Archaeology*, 1979: 341-53.

Castiglione Morelli, N. (1983), 'Le Lucerne della Casa di Giulio Polibio a Pompei', *Bollettino dell'Associazione Internazionale Amici di Pompei*, 1: 213-58.

Castren, P. (1975), *Ordo Populusque Pompeianus. Polity and Society in Roman Pompeii*, Roma.

Cerulli Irelli, G. (1997), 'Officina di Lucerne Fittili a Pompei', in A. Carandini, *L'Instrumentum Domesticum di Ercolano e Pompei*, Roma.

Champlin, E. (1991), *Final Judgements: Duty and Emotion in Roman Wills 200 BC-AD 250*, Berkeley.

—— (2003), *Nero*, Harvard.

Chiaramonte Treré, C. (1986), *Nuovi Contributi sulle Fortificazioni Pompeiane*, Milão.

Ciarallo, A. (2000), 'About an Ancient Mixture Found in Pompeii', in *Homo Faber*, Roma.

—— (2001), *The Gardens of Pompeii*, Roma.

Cicerelli, C. (1995), 'Effetti Seismici, sugli Insediamenti Abitativi di terzigno Estremo Suburbia Nord di Pompei', in T. Fröhlich & L. Jacobelli, *Archäologie und Seismologie*, Munique: 211-19.

Clarke, J. R. (1991), *The Houses of Roman Italy 100 BC-AD 250: Ritual, Space and Decoration*, Berkeley.

—— (1998), *Looking at Lovemaking. Constructions of Sexuality in Roman Art 100 BC-AD 250*, Berkeley.

—— (1998/1999), 'Look Who's Laughing: Humor in Tavern Painting as Index of Class and Acculturation', *Memoirs of the American Academy at Rome*, 43/44: 27-48.

Coarelli, F. (1996), 'Fregellae, Arpinuim, Aquinum: Lana e Fullonicae nel Lazio Meridionale', in M. Cébeillac-Gervasoni, *Les Elites Municipales de l'Italie Péninsulae des Gracques à Néron*, Roma: 199-205.

Cohen, A. (1997), *The Alexander Mosaic: Stories of Defeat and Victory*, Cambrige.

Coleman, K. M. (1990), 'Fatal Charades: Roman Executions Staged as Mythological Reenactments', *Journal of Roman Studies*, 80: 44-73.

Conticello de' Spagnolis, M. (1993-4), 'Di Due Ville Rustiche Rinvenute a Scafati (SA) in Via Spinelli ed in Via Poggiomarino', *Rivista di Studi Pompeiani*, 6: 137-46.

—— (1994), *Il Pons Sarni di Scafati e la Via Nuceria-Pompeios*, Roma.

—— (1995), 'Osservazioni sulle Fase Edilizie di Alcune Ville Rustiche di Scafati, Suburbio Orientale di Pompei Seppellite dall'Eruzione del 79 d.C., in T. Fröhlich & L. Jacobelli, *Archäologie und Seismologie*, Munique: 93-103.

—— (2001), *Pompei e la Valle del Sarno in Epoca Preromana: la Cultura delle Tomba a Fossa*, Roma.

Cooley, A. E. (2003), *Pompeii*, Londres.

Cooley, A. E. & Cooley, M. G. L. (2004), *Pompeii: A Sourcebook*, Londres.

Coralini, A. (2001), *Hercules Domesticus. Immagini di Ercole nelle Case della Regione Vesuviana*, Nápoles.

Curbs, R. I. (1979), 'The Garum Shop of Pompeii', (I. 12.8), *Cronache Pompeiane* 5: 5-23.

—— (1984), 'A Personalised Floor Mosaic from Pompeii', *American Journal of Archaeology*, 88: 557-66.

—— (1988), 'A. Umbricius Scaurus', in R. I. Curtis, *Studia Pompeiana et Classica in Honor of Wilhelmina Jashemski*, Nova York: 19-49.

—— (1991), *Garum et Salsamenta: Production and Commerce in Materia Medica*, Leiden.

—— (1997), 'Food Technology in the Ancient Urban Context', ensaio apresentado na Archaeological Institute of America Conference.

Dapato, P. (1987), 'Circolazione Monetale a Pompeii', *Rivista di Studi Pompeiani*, 1: 107-10.

Dalby, A. F. (1972), *Small Buildings in Earthquake Areas*, Watford.

D'Ambrosio, A. & De Caro, S. (1983), 'La Necropoli di Porta Nocera', in *Un Impegno per Pompei*, Milão: 23-42.

D'Ambrosio, A., Guzzo, P. & Mastroberto, M. (2003), *Storie da Un'Eruzione: Pompeii, Ercolano, Oplontis*, Milão.

D'Arms, J. H. (1970), *Romans on the Bay of Naples. A Social and Cultural Study of the Villas and Their Owners from 150 BC to AD 400*, Cambridge, Mass.

—— (1981), *Commerce and Social Standing in Ancient Rome*, Cambrige.

—— (1988), 'Pompeii and Rome in the Augustan Age and Beyond: The Eminence of the *Gens Holconia*', in R. I. Curtis, *Studia Pompieana et Classica in Honor of Wilhelmina F. Jashemski*, Nova York: 51-69.

—— (1991), 'Slaves at the Roman *Convivia*', in W. J. Slater, *Dining in a Classical Context*, Ann Arbor.

Day, J. (1932), 'Agriculture in the Life of Pompeii', *Yale Classical Studies*, 3: 166-208.

De Caro, S. (1987), 'The Sculptures of the Villa of Poppaea at Oplontis: A preliminary Report', in E. B. MacDougall, *Ancient Roman Villa Gardens*, Washington, D.C.: 79-133.

De Carolis, E., Patricelli, G. & Ciarallo, A. (1998), 'Rinvenimenti di corpi umani nell'area urbana di Pompei', *Rivista di Studi Pompeiani*, 9: 75-123.

De Franciscis, A. (1976), 'Sepolcro di M. Obellius Firmus', *Cronache Pompeiana*, 2: 246-8.

Delta Corte, M. (1913), 'Il *Pomerium* di Pompei', *Rendiconti Lincei*, 22: 261-2.

—— (1928), 'Pompei — Borgo Marinario', *Notizie degli Scavi*, 1928: 369-72.

—— (1965), *Casa ed Abitanti di Pompei*, Nápoles.

De Ruyt, C. (1983), *Macellum. Marché Alimentaire des Romains*, Louvain.

De Simone, A. (1995), 'I Terremoti Precedenti l'Eruzione: Nuove Attestazione da Recenti Scavi', in T. Fröhlich & L. Jacobelli, *Archäologie und Seismologie*, Munique 37-43.

Dixon, S. (1992), *The Roman Family*, Baltimore.

Duncan Jones, R. P. (1982), *The Economy of the Roman Empire: Quantitative Studies*, Cambridge.

—— (1990), *Structure and Scale in the Roman Economy*, Cambridge.

—— (2003), 'Roman Coin Circulation and the Cities of Vesuvius', in E. Lo Cascio, *Credito e Moneta nel Mondo Romanno*, Bari, 161-80.

Dunbabin, K. M. D. (2003), *The Roman Banquet: Images of Conviviality*, Cambridge.

Dwyer, E. (1991), 'The Pompeian Atrium House in Theory and Practice', in E. K. Gazda, *Roman Art in the Private Sphere*, Ann Arbor: 25-48.

Edwards, C. (1993), *The Politics of Immorality in Ancient Rome*, Cambridge.

Elefante, M. (1988), 'Testimonianze epigrafiche relative alla gens Crassia', *Rivista di Studi Pompeianne*, 2: 99-102.

Engels, D. (1980), 'The Problem of Female Infanticide in the Greco-Roman World', *Classical Philology*, 75: 112-20.

Eyben, E. (1993), *Restless Youth in Ancient Rome*, Londres.

Faulkner, N. (2002), *Apocalypse, The Great Jewish Revolt against Rome, AD 66-73*, Stroud.

Fienga, F. (1932-3), 'Esplorazione del Pago Marittimo Pompeiana', in *Atti dell'III Congresso Nazionale di Studi Romani*, II: 172-6.

Fiorelli, G. (1875), *Descrizione di Pompei*, Nápoles.

Flower, H. (1996), *Ancestor Masks and Aristocratic Power in Roman Culture*, Oxford.

Foss, P. (1997), 'Watchful Lares: Roman Household Organization and the Rituals of Cooking and Eating', in R. Laurence & A. Wallace-Hadrill, *Domestic Space in the Roman World: Pompeii and Beyond*.

Franklin, J. L. (1980), *Pompeii: The Electoral Programmatta, Campaigns and Politics AD 71-79*, Roma.

—— (1987), 'Pantomimists at Pompeii: Actius Anicetus and His Troupe', *American Journal of Philology*, 108: 95-107.

—— (1990), *Pompeii: The Casa del Marinaio and Its History*, Roma.

—— (1997), 'Cn. Alleius Nigidius Maius and the Amphitheatre *Munera* and a Distinguished Career at Ancient Pompeii', *Historia*, 46: 434-47.

—— (2001), *Pompeis Difficile Est. Studies in the Political Life of Imperial Pompeii*, Ann Arbor.

Frayn, J. M. (1979), *Subsistence Farming in Roman Italy*, Londres.

—— (1984), *Sheep Rearing and the Wool Trade in Italy during the Roman Period*, Liverpool.

—— (1993), *Markets and Fairs in Roman Italy*, Oxford.

Frederiksen, M. W. (1980/81), 'Puteoli e il Commercio del Grano in Epoca Romana', *Puteoli*, 4/5: 5-27.

—— (1984), *Campania*, Londres.

Frier, B. W. (1994), 'Natural Fertility and Family Limitation in Roman Marriage', *Classical Philology*, 89: 318-33.

Fröhlich, T. (1991), *Lararien und Fussadenbilder in den Vesuvstädten: Unterscuchungen zur Volkstümlichen pompejanischen Malerei*, Mainz.

—— (1995), 'La Porta di Ercolano a Pompei e l Cronologia dell'Opus Vittatum Mixtum', in T. Fröhlich & L. Jacobelli, *Archäologie und Seismologie*, Munique: 153-9.

Fulford, M. & Wallace-Hadrill, A. (1999), 'Towards a History of pre-Roman Pompeii: Excavations beneath the House of Amarantus (I.9.11-12), *Papers of the British School at Rome*: 37-144.

Funari, P. P. A. (1993), 'Graphic Caricature and the Ethos of Ordinary People at Pompeii', *Journal of European Archaeology*, 1: 133-50.

Gallo, A. (2000), 'I Quadri Perduti del Triclinio della Casa M. Epidio Rufo (IX.1.20). Una Lettura Politico-Sociale', *Rivista di Studi Pompeiani*, II: 87-100.

Gardner, J. F. (1986), *Women in Roman Law and Society*, Londres: Routledge.

Garnsey, P. (1970), *Social Status and Legal Privilege in the Roman Empire*, Oxford.

—— (1981), 'Independent Freedmen and the Economy of Roman Italy under the Principate', *Klio*, 63: 359-71.

—— (1988), *Famine and the Food Supply in the Greco-Roman World*, Cambridge.

—— (1991), *Child Rearing in Ancient Italy*, in D. I. Kertzer & R. P. Saller, *The Family in Italy from Antiquity to the Present*, New Heaven: 48-65.

—— (1999), *Food and Society in Classical Antiquity*, Cambridge.

Gazda, E. K. (2000), *The Villa of the Mysteries in Pompeii: Ancient Ritual — Modern Muse*, Ann Arbor.

Gigante, M. (1995), *Philodemus in Italy. The Books from Herculaneum*, Ann Arbor.

Gilman, R. (1979), *Decadence, The Strange Life of an Epithet*, Londres.

Giordano, C. (1966), 'Le iscrizioni della Casa di M. Fabio Rufo', *Rendiconti dell'Accademia di Napoli*, 41: 73-89.

Gordon, M. L. (1927), 'The Ordo of Pompeii', *Journal of Roman Studies*, 17: 165-83.

—— (1931), 'The Freedman's Son in Municipal Life', *Journal of Roman Studies*, 21: 65-77.

Gradel, I. (1992), 'Mamia's Dedication: Emperor and Genius. The Imperial Cult in Italy and the Genius Coloniae in Pompeii', *Analecta Romana Instituti Danici*, 20: 41-57.

—— (2002), *Emperor Worship and Roman Religion*, Oxford.

Griffin, M. (1984), *Nero: The End of a Dynasty*, Londres.

Guadagno, G. (1995), 'Documenti Epigrafici Ercolanesi Relativi ad Un Terremoto', in T. Fröhlich & L. Jacobelli, *Archäologie und Seismologie*, Munique: 119-35.

Guidoboni, E. (1989), *I Terremoti Prima del Mille in Italia e nell'Area Mediterranea*, Bolonha.

Hallett, J. (1984), *Fathers and Daughters in Elite Roman Society*, Princeton.

Hallett, J. & Skinner, M. (1997), *Roman Sexualities*, Princeton.

Harlow, M. & Laurence, R. (2002), *Growing Up and Growing Old in Ancient Rome: A Life Course Approach*, Londres.

Harris, W. V. (1980), 'Roman Terracotta Lamps: The Organisation of an Industry', *Journal of Roman Studies*, 70: 126-45.

Harris, W. V. (1980), 'Towards a Study of the Roman Slave Trade', *Memoirs of the American Academy at Rome*, 36: 117-40.

—— (1982), 'The Theoretical Possibility of Extensive Infanticide in the Greco-Roman World', *Classical Quarterly*, 32: 114-16.

—— (1994), 'Child Exposure in the Roman Empire', *Journal of Roman Studies*, 84: 1-22.

Henneberg, M. and Henneberg, R.J. (2000), 'Reconstructing Medical Knowledge in Ancient Pompeii from the Hard Evidence of Bones and Teeth', *Homo Faber*, Roma.

Heres, T. L. (1992-3), 'The Structures Related to the Water Supply of Pompeii: Building Materials and Technology', *Mededelingen van het Nederlands Instituut te Rome*, 51: 42-61.

Higginbotham, J. (1997), *Piscinae: Artificial Fishponds in Roman Italy*, Chapel Hill.

Hopkins, K. (1965), 'The Age of Roman Girls at Marriage', *Population Studies*, 20: 309-27.

—— (1966), 'On the Probable Age Structure of the Roman Population', *Population Studies*, 20: 245-64.

—— (1978), *Conquerors and Slaves*, Cambridge.

—— (1983), *Death and Renewal*, Cambridge.

Hori, Y. (1993), 'The Upper Floors in Regio VII Insula 12', *Opuscula Pompeiana*, 3: 1-24.

Horden, P. & Purcell, N. (2000), *The Corrupting Sea: A Study in Mediterranean History*, Oxford.

Horsfall, N. (2003), *The Culture of the Roman Plebs*, Londres.

Houston, G. W. (1980), 'The Administration of Italian Seaports during the First Three Centuries of the Roman Empire', *Memoirs of the American Academy at Rome*, 36: 157-71.

—— (1988), 'Ports in Perspective: Some Comparative Materials on Roman Merchant Ships and Ports', *American Journal of Archaeology*, 92: 553-64.

Iaccobelli, I. (1987), 'Lo Scavo delle Terme Suburbane: Notizie Preliminari', *Rivista di Studi Pompeiani*, 1: 151-3.

—— (1988), 'Terme Suburbane: Stato Attuale delle Conoscenze', *Rivista di Studi Pompeiani*, 2: 202-8.

—— (1995), *Le Pitture Erotiche delle Terme Suburbane di Pompei*, Roma.

Ioppolo, G. (1992), *Le Terme del Sarno a Pompei*, Roma.

Jackson, R. (1988), *Doctors and Diseases in the Roman Empire*, Londres.

Jansen, G. C. M. (1991), 'Water Systems and Sanitation in the Houses of Herculaneum', *Mededelingen van het Nederlands Instituut te Rome*, 50: 145-63.

Jashemski, W. F. (1964), 'A Pompeian Copa', *Classical Journal*, 59: 337-49.

—— (1974), 'The Discovery of a Market-Garden at Pompeii. The Garden of the "House of the Ship Europa"', *American Journal of Archaeology*, 78: 391-404.

—— (1979 & 1993), *The Gardens of Pompeii*, volumes 1 e 2, Nova York.

—— (1999), *A Pompeian Herbal: Ancient and Modern Medicinal Plants*, Austin.

Jashemski, W. F. & Meyer, F. G. (2002), *The Natural History of Pompeii*, Cambridge.

Jongman, W. (1988), *The Economy and Society of Pompeii*, Amsterdã.

Keppie, L. (1984), 'Colonisation and Veteran Settlement in Italy in the First Century AD', *Papers of the British School at Rome*, 52: 77-115.

Kilmer, M. F. (1982), 'Genital Phobia and Depilation', *Journal of Hellenic Studies*, 102: 104-12.

Kleberg, T. (1957), *Hôtels, Restaurants et Cabarets dans l'Antiquité Romaine*, Uppsala.

Koloski-Ostrow, A. O. (1997), 'Violent Stages in Two Pompeian Houses. Imperial Taste, Aristocratic Response and Messages of Male Control', in A. O. Koloski-Ostrow & C. L. Lyons, *Naked Truths. Women, Sexuality and Gender in Classical Art and Architecture*, Londres: Routledge.

La Rocca, E., de Vos, M. & de Vos, A. (2002), *Pompei: Guide Archeologiche*, 3ª ed., Milão.

La Torre, G. F. (1988), 'Gli Impianti Commerciali ed Artigianali nel Tessuto Urbano di Pompei', L. Franchi dell'Orto & A. Varrone, *Rediscovering Pompeii*, Roma.

Laurence, R. (1994), *Roman Pompeii: Space and Society*, Londres.

—— (1999), *The Roads of Roman Italy: Mobility and Cultural Change*, Londres.

Laurence, R. & Wallace-Hadrill, A. (1997), *Domestic Space in the Roman World: Pompeii and Beyond* (Journal of Roman Archaeology Supplement 22).

Leach, E. W. (1988), *The Rhetoric of Space. Literary and Artistic Representations of Landscape in Republican and Augustan Rome*, Princeton.

—— (1997), 'Money, Class and Decorative Taste in Flavian Pompeii', ensaio apresentado na Archaeological Institute of America Conference.

—— (2004), *The Social Life of Painting in Ancient Rome and on the Bay of Naples*, Cambridge.

Leppmann, W. (1968), *Pompeii in Fact and Fiction*, Londres.

Levick, B. (1999), *Vespasian*, Londres.

Ling, R. (1990), 'A Stranger in Town: Finding the Way in an Ancient City', *Greece and Rome*, 37: 204-14.

—— (1990), 'Street Plaques in Pompeii', in M. Henig, *Architecture and Architectural Sculpture in the Roman Empire* (Oxford University Committee for Archaeology Monograph 29): 51-66.

—— (1995), 'Earthquake Damage in Pompeii 1.10: One Earthquake or Two?', in T. Fröhlich & L. Jacobelli, *Archäologie und Seismologie*, Munique: 201-9.

—— (1997), *The Insula of the Menander at Pompeii, Volume I: The Structures*, Oxford.

Littlewood, A. R. (1987), 'Ancient Literary Evidence for the Pleasure Gardens of Roman Country Villas', in E. B. Macdougall, *Ancient Roman Villa Gardens*, Washington, D.C.: 7-30.

Los, A. (1995), 'La Condition Sociale des Affranchis Privées au Ier Siecle après J.-C.', *Annales HSS*, 90: 1011-44.

—— (1996), 'Les Fils d'Affranchis dans l'Ordo Pompeianus', in M. Cébeillac-Gervasoni, *Les Elites Municipales de l'Italie Péninsulae des Gracques à Néron*, Roma: 145-52.

Macmullen, R. (1970), 'Market Days in the Roman Empire', *Phoenix*, 24: 333-41.

Maiuri, A. (1942), *l'Ultima Fase di Pompei*, Roma.

Marchis, V. and Scalva, G. (2000), 'The Engine Lost: Hydraulic Technologies in Pompeii', in *Homo Faber*, Roma.

Marturano, A. & Rinaldis, V. (1995), 'Il Terremoto Vesuviano del 62 d.C. Evento Carico Responsibilità', in T. Fröhlich & L. Jacobelli, *Archäologie und Seismologie*, Munique, 131-5.

Mattingly, D. J. (1990), 'Paintings, Presses and Perfume Production at Pompeii', *Oxford Journal of Archaeology*, 9: 71-90.

Mau, A. (1899), *Pompeii: Its Life and Art*, Washington D.C.

Maulucci Vivolo, F. P. M. (1990), *E l'Acqua Zampillera dal Deserto (Testimonianze Giudaiche e Cristiane a Pompei prima del 79)*, Pompéia.

Mayeske, B. J. B. (1972), 'Bakeries and Bread at Pompeii: A Study in Social and economic History', tese de doutorado, University of Maryland.

McGinn, T. (1999), 'Widows, Orphans and Social History', *Journal of Roman Archaeology*, 12: 617-32.

Mckenzie, J. (2003), 'Glimpsing Alexandria from Archaeological Evidence', *Journal of Roman Archaeology*, 16: 35-61.

Meiggs, R. (1980), 'Sea-Borne Timber Supplies to Rome', *Memoirs of the American Academy at Rome*, 36: 185-96.

Meyer, M. (1970), *History of Purple as a Status Symbol in Antiquity*, Bruxelas.

Moeller, W. O. (1970), 'The Riot of AD 59 at Pompeii', *Historia*, 19: 84-95.

Moeller, W. O. (1973), 'Gnaeus Alleius Nigidius Maius Princeps Coloniae', *Latomus*, 32: 515-20.

—— (1976), *The Wool Trade of Ancient Pompeii*, Leiden.

Mouritsen, H. (1988), *Elections, Magistrates and Municipal Elite: Studies in Pompeian Epigraphy (Analecta Romana Instituti Danici Suplementum 15)*.

—— (1990), 'A Note on Pompeian Epigraphy and Social Structure', *Classica et Mediaefalia*, 41: 131-49.

—— (1996), 'Order and Disorder in Late Pompeian Politics', in M. Cébeillac-Gervasoni, *Les Elites Municipales de l'Italie Péninsulae des Gracques à Néron*, Roma: 139-44.

—— (1998), 'The Album from Canusium and the Town Councils of Roman Italy', *Chiron*, 28: 229-54.

Mouritsen, H & Gradel, I. (1991), 'Nero in Pompeian Politics. Edicta Munera and the Imperial Flaminate in Late Pompei', *ZPE*, 87: 145-55.

Mourques J.-L. (1988), 'Les Augustians et l'espérience théâtrale Néronienne', *Revue des Etudes Latines*, 66: 156-81.

Nappo, S. C. (1988), 'Regio I, Insula 20', *Rivista di Studi Pompeiani*, 2: 186-92.

—— (1989), 'Fregio Dipinti dal "Praedium" di Giulia Felix con rapresentazione del Foro di Pompei', *Rivista di Studi Pompeiani*, 3: 79-96.

—— (1995), 'Evidenze di Danni Structurali, Restauri e Rifacimenti nelle Insulae Gravitanti su Via Bocera a Pompei', in T. Fröhlich & L. Jacobelli, *Archäologie und Seismologie*, Munique: 45-56.

Ostrow, A. K. (1990), *The Sarno Bath Complex*, Roma.

Ostrow, S. E. (1985), '*Augustales* along the Bay of Naples: A Case for Their Early Growth', *Historia*, 34: 64-101.

Packer, J. E. (1975), 'Middle and Lower Class Housing in Pompeii and Herculaneum: A Preliminary Survey', in B. Andreae & H. Kyrieleius, *Neue Forschungen in Pompeji*, Recklinghaussen: 133-42.

—— (1978), 'Inns at Pompeii: A Short Survey', *Cronache Pompeiane*, 4: 5-53.

Painter, K. S. (2001), *The Insula of the Menander at Pompeii Volume IV: The Silver Treasure*, Oxford.

Parkins, H. (1997), 'The "Consumer City" Domesticated? The Roman City in Elite Economic Strategies', in H. Parkins, *Roman Urbanism: Beyond the Consumer City*, Londres: 83-111.

Parslow, C. (1998), 'Documents illustrating the excavations of the Praedia Julia Felix', *Rivista di Studi Pompeiani*, 2: 37-48.

Paterson, J. (1998), 'Trade and Traders in the Roman World: Scale, Structure and Organisation', in H. Parkins & C. Smith, *Trade, Traders and the Ancient City*, Londres, 149-67.

Peacock, D. P. S. (1977), *Pottery and Early Commerce. Characterisation and Trade in Roman and Later Ceramics*, Londres.

—— (1989), 'The Mills of Pompeii', *Antiquity*, 63: 205-14.

Peacock, D. P. S. & Williams, D. F. (1986), *Amphorae in the Roman Economy*, Londres.

Popplow, M. (2000), 'The Concept of *Machina* in the Roman Period', in *Homo Faber*, Roma.

Pucci, G. (1976-7), 'Considerazioni sull'articolo di J. Andreau "Remarques sur la société Pompéienne (à propos des tablettes de L. Caecilius Jucundus)"', *Dialoghi di Archeologia*, 9-10: 631-47.

Raper, R. A. (1977), 'The Analysis of the Urban Structure of Pompeii: A Sociological Study of Land Use', in D. L. Clarke, *Spatial Archaeology*, Londres.

Rathbone, D. (2003), 'The Financing of Maritime Commerce in the Roman Empire, I-II AD', in E. Lo Cascio, *Credito e Moneta nel Mondo Romanno*, Bari: 197-230.

Rawson, B. (1991), *Marriage, Divorce and Children in Ancient Rome*, Oxford.

Rawson, B. & Weaver, P. (1997), *The Roman Family: Status, Sentiment and Space*, Oxford.

Rawson, E. (1987), 'Discriminum Ordinum: Lex Julia Theatralis', *Papers of the British School at Rome*, 55: 83-114.

Richardson, L. (1978), 'Concordia and Concordia Augusta: Rome and Pompeii', *La Parola del Passato*, 33: 260-70.

Ricotti, E. S. P. (1987), 'The Importance of Water in Roman Garden Triclinia', in E. B. Macdougall, *Ancient Roman Villa Gardens*, Washington, D.C.: 135-84.

Riggsby, A. M. (1997), 'Public and Private in Roman Culture: The Case of the *Cubiculum*', *Journal of Roman Archaeology*, 10: 36-56.

Rossiter, J. J. & Haldenby, E. (1989), 'A Wine Making Plant in Pompeii Insula II.5', *Echos du Monde Classique*, 33: 229-39.

Rowe, G. (2001), 'The Archive of the Sulpicii at Murecine: A Family of Roman Businessmen Put Roman Law to Work', não publicado.

—— (2002), 'Law and Society in the Murecine Archive', não publicado.

Ruddell, S. M. (1964), 'The Inn, Restaurant and Tavern Business in Ancient Pompeii', dissertação de mestrado, University of Maryland.

Sallares, R. (2002), *Malaria and Rome. A History of Malaria in Ancient Italy*, Oxford.

Saller, R. P. (1982), *Personal Patronage under the Roman Empire*, Cambridge.

—— (1987), 'Men's Age at Marriage and Its Consequence for the Roman Family', *Classical Philology*, 86: 351-7.

—— (1994), *Patriarchy, Property and Death in the Roman Family*, Cambridge.

Saller, R. P. & Shaw, B. D. (1984), 'Roman Tombstones and Roman Family Relations in the Principate', *Journal of Roman Studies*, 74: 124-57.

Sabbatini Tumolesi, P. (1980), *Gladiatorum Paria: Annunci di Spettacoli Gladiatorii a Pompei*, Roma.

Scheid, J. (1992), 'The Religious Roles of Women', in P. Schmitt-Pantell, *A History of Women, Volume I, from Ancient Goddesses to Christian Saints*, Cambridge, Mass.: 377-408.

Scullard, H. H. (1981), *Festivals and Ceremonies of the Roman Republic*, Londres.

Schurmann, A. (2000), 'Pneumatics on Stage in Pompeii: Ancient Automatic Devices and their Social Context', in *Homo Faber*, Roma.

Senatore, F. (1998), *Pompei, il Vesuvio e la Penisola Sorentina (Atti del primo ciclo di conferenze di geologia, storia e archeologia)*, Roma.

—— (1999), *Pompei, il Vesuvio e la Penisola Sorentina (Atti del primo ciclo di conferenze di geologia, storia e archeologia)*, Roma.

Shaw, B. D. (1987), 'The Age of Roman Girls at Marriage: Some Reconsiderations', *Journal of Roman Studies*, 77: 30-46.

—— (1991), 'The Cultural Meaning of Death: Age and Gender in the Roman Family', in D. I. Kertzer & R. P. Saller, *The Family in Italy from Antiquity to the Present*, New Haven.

Sigurdsson, H. (2002), 'Mount Vesuvius before the Disaster', in W. F. Jashemski & F. G. Meyer (2002), *The Natural History of Pompeii*, Cambridge: 29-36.

Sigurdsson, H. & Carey, S. (2002), 'The Eruption of Vesuvius in AD 79', in W. F. Jashemski & F. G. Meyer (2002), *The Natural History of Pompeii*, Cambridge: 37-64.

Sogliano, A. (1901), 'Il Borgo Marinaio presso Il Sarno', *Notizie degli Scavi*, 1901: 423-40.

Spinazzola, V. (1953), *Pompei alla Luce degli Scavi Nuove di Via dell'Abbondanza (Anni 1910-1923)*, Roma.

Sirks, B. (2001), 'Sailing in the Off Season with Reduced Financial Risk', in J.-J. Aubert & B. Sirks, *Speculum Iuris. Roman Law as a Reflection of Social and Economic Life in Antiquity*, Ann Arbor: 134-50.

Stefani, G. (2003), *Menander: La Casa del Menandro di Pompei*, Milão.

Toynbee, J. M. C. (1971), *Death and Burial in the Roman World*, Londres.

Treggiari, S. (1969), *Roman Freedmen during the Late Republic*, Oxford.

—— (1991), *Roman Marriage*, Oxford.

Trevor Hodge, A. (1996), '*In Vitruvium Pompeianum:* Urban Water Distribution Reappraised', *American Journal of Archaeology*, 100: 261-76.

Tsujimura, S. (1991), 'Ruts in Pompeii. The Traffic System in the Roman City', *Opuscula Pompeiana*, 2: 58-86.

Tuffreau-Libre, M. (1999), 'Les Pots à Couleur de Pompéi: Premiers Résultats', *Rivista di Studi Pompeiani*, 10: 63-70.

Varrone, A. (1995), 'Più Terremoti a Pompei? I Nuovi Dati degli Scavi di Via dell'Abbondanza', in T. Fröhlich & L. Jacobelli, *Archäologie und Seismologie*, Munique: 29-35.

—— (2001), *Eroticism in Pompeii*, Roma.

—— (2002), *Erotica Pompeiana: Love Inscriptions on the Walls of Pompeii*, Roma.

Verney, P. (1979), *The Earthquake Handbook*, Londres.

Veyne, P. (1990), *Bread and Circuses*, Londres.

Wallace-Hadrill, A. F. (1989), *Patronage in Ancient Society*, Londres.

—— (1994), *Houses and Society in Pompeii and Herculaneum*, Princeton.

Weaver, P. R. C. (1991), 'Children of Freedmen (and Freedwomen)', in B. Rawson, *Marriage, Divorce and Children in Ancient Rome*, Oxford: 166-90.

Wiseman, T. P. (1977), 'Cicero, pro Sulla 60-1', *Liverpool Classical Monthly*, 2: 21-2.

—— (1979), 'Vesuvius: The Giants' Revenge', *History Today*, 29: 790-4.

Zanker, P. (1988), *The Power of Images in the Age of Augustus*, Ann Arbor.

—— (1998), *Pompeii: Public and Private Life*, Cambridge, Mass.

Zevi, F. (1984), *Pompei 79. Raccolta per il Decimo Centennario dell'Eruzione Vesuviana*, Nápoles.

ÍNDICE